ज्ञान गरिमा के
68 वर्ष

भारतीय
ज्ञानपीठ

णाणं
पयासयं

वीर नि.सं. 2470

ई.सन् 1944

भारतीय ज्ञानपीठ

खिंचाइयाँ

(व्यंग्य-संग्रह)

खिंचाइयाँ

गंगाधर गाडगिल

रूपान्तर : रेखा देशपाण्डे

भारतीय ज्ञानपीठ

राष्ट्रभारती/लोकोदय ग्रन्थमाला : ग्रन्थांक 678

ग्रन्थमाला सम्पादक

रवीन्द्र कालिया

सह-सम्पादक

गुलाबचन्द्र जैन

ISBN 978 - 81 - 263 - 4006 - 4

प्रकाशक :

भारतीय ज्ञानपीठ

18, इन्स्टीट्यूशनल एरिया, लोदी रोड

नयी दिल्ली-110 003

मुद्रक : बालाजी ऑफसेट, नवीन शाहदरा, दिल्ली-110032

आवरण : अमितभ राय

दूसरा संस्करण : 2012

मूल्य : 220 रुपये

KHINCHAAIYAAN

(Satire)

by Gangadhar Gadgil

Published by

Bharatiya Jnanpith

18, Institutional Area, Lodi Road

New Delhi-110 003

Website : www.jnanpith.net

e-mail : Jnanpith@satyam.net.in, sales@jnanpith.net

Second Edition : 2012

Price : Rs. 220

खिंचाई से पहले

श्री गंगाधर गाडगिल मराठी साहित्य की बहुत बड़ी हस्ती हैं, ग़ज़ब के शैलीकार हैं, गद्य की नयी धार हैं, विकट अन्वेषी उपन्यासकार हैं, मराठी व्यंग्य साहित्य की नयी दिशाओं के अद्भुत दिशासूचक यन्त्र हैं, राष्ट्रीय साहित्य अकादेमी के उपाध्यक्ष भी हैं (अब तो कहना होगा कि रह चुके हैं) वग़ैरह-वग़ैरह...यह सब तो मैंने बहुत बाद में जाना, सबसे पहले मैंने उन्हें खिंचाईकार के रूप में जाना और इस नाते मैंने उनकी खिंचाइयों पर कुछ लिख सकने का 'पुश्तैनी हक़' जैसा माना। मेरा यह आलेख उसी 'पुश्तैनी हक़' की अदायगी का नतीजा है।

उनकी खिंचाइयों का पहला शिकार मेरी निगाह में भारतीय हिन्दुस्तानी संगीत हुआ। क़िस्सा ज़रा पुराना है ज़्यादा नहीं चालीस साल पुराना। मैं ताज़ा-ताज़ा मुम्बई विश्वविद्यालय की प्राध्यापकी छोड़कर धर्मयुग में डॉ. धर्मवीर भारती के साथ सम्पादकीय विभाग में दाख़िल हुआ था। भारती जी 'धर्मयुग' को साहित्य, कला, राजनीति, अर्थशास्त्र, खेलकूद, साज-शृंगार यहाँ तक कि रसोईघर के व्यंजनों तक के नये आस्वाद से भरना चाहते थे, मैं उनकी इस मुहिम में सहायक बनकर टाइम्स ऑफ़ इण्डिया में दाख़िल हुआ था। चूँकि ज़्यादा दिन विश्वविद्यालय की नौकरी में नहीं गुज़रे थे, केवल विभागाध्यक्ष तक की सीढ़ियाँ ही चढ़ा था, इसलिए पढ़ने-लिखने की आदत से पूरी तरह छुटकारा नहीं पा सका था। सो मैं ऐरिक फ्रॉम, आर्नल्ड टॉयनबी, ऑर्थर कोस्लर, बोर्ख़ेस जैसे विदेशी दिमाग़ों की खँगाल तो करता ही रहता था, अपने देश में विभिन्न भारतीय भाषाओं के उन लोगों के लेखन पर भी निगाह रखता था जो लीक को तोड़कर खुरदरे रास्तों पर चलने में यक़ीन रखते थे। मुम्बई, जो तब तक बम्बई था, आज भी मराठी लेखन का 'मक्का-मदीना' माना जाता है। उस समय पु. भा. भागवत, विन्दा करन्दीकर, मंगेश पाडगाँवकर, बसन्त बापट, पु. ल. देशपाण्डे, गंगाधर गाडगिल, विजय तेन्दुलकर जैसे नाम साहित्य में चमक रहे थे। मैं एक दिन बम्बई विश्वविद्यालय लाइब्रेरी के अध्यक्ष जी के साथ बैठा एल ग्रेको, मतीस, रोदाँ, वान गॉग जैसे विश्वप्रसिद्ध कलाकारों से सम्बन्धित एक शृंखला को 'धर्मयुग' में प्रकाशित करने

के लिए सामग्री जुटाने के चक्कर में मार्शल साहब से बातचीत कर रहा था कि मेरी निगाह 'एटलाण्टिक' पत्रिका के कवर पर पड़ गयी। उसमें गंगाधर गाडगिल का लिखा भारतीय संगीत पर एक लेख था जिसे प्रमुखता के कारण कवर पर भी स्थान दिया गया था। अँग्रेज़ी की विश्वप्रसिद्ध पत्रिका में भारतीय संगीत पर मराठी का लेखक लिख रहा है और जिसका कवर पर उल्लेख है! मेरी दिलचस्पी बढ़ी। मैं मार्शल साहब से माँगकर पत्रिका ले आया। लेख को पढ़ा तो हँसते-हँसते पेट में बल पड़ने लगे। गायक के मंच पर आने से लेकर तानपूरा और तबला मिलने और आलाप शुरू करने तक 'वक़्त की बरबादी' का जो जीवन्त नज़ारा गाडगिल साहब ने खींचा, उसने मुझे डॉ. भारती के केबिन में दाख़िल किया। मैंने सुझाव दिया कि इस लेख का अनुवाद 'धर्मयुग' में हमें छापना चाहिए, भारतीय संगीत की अद्‌भुत खिंचाई की गयी है। भारती जी ऐसे आलेखों को लपकने में माहिर थे। हिदायत यह ज़रूर थी कि अनुवाद में इस आनन्द की आत्मा बरक़रार रहनी चाहिए। और इस चक्कर में उसके अनुवाद की ज़िम्मेदारी भी मुझे उठानी पड़ी। अनुवाद की भाषा में कठिनाई नहीं थी, बात खिंचाई के मुहावरे की थी।

बहरहाल; अनुवाद छपा और गाडगिल साहब मुझे अनुवाद के लिए धन्यवाद देने 'धर्मयुग' के दफ़्तर आये। धन्यवाद का लहज़ा गाडगिलीय था, "तो आप भी किसी संगीत-सम्मेलन में फँस चुके हैं! ज़रूर किसी संगीतकार के सताये हुए हैं वरना ऐसी जली-कटी ज़बान अनुवाद में आ ही नहीं सकती थी।"

मैंने उन्हें बताया कि 'घायल की गति घायल जाने' का मुहावरा इसीलिए ईजाद किया गया है।...और हम दोनों ने दफ़्तरी माहौल को शाइस्तगी से बचाकर एक-एक ठहाका लगा लिया। तब से आज तक इन चालीस सालों में मुझे याद नहीं पड़ता कि गाडगिल साहब ने मेरी खिंचाई में किसी एक मुलाक़ात में भी कोई कोताही की हो। जब से मैं दिल्ली आ गया, उनकी खिंचाइयों का ताल्लुक़ दिल्ली की राजनीतिक उठापटक और सरगर्मियों से भी जुड़ गया, साहित्य और सामान्य जीवन तो था ही। जब भी दिल्ली में कोई राजनीतिक गड़बड़ होती है गाडगिल साहब मुझे पूरी गम्भीरता से बधाई देने की कोशिश करते हैं और मैं अपनी समस्त गम्भीरता की चाशनी डालते हुए उन्हें आश्वस्त करने की कोशिश करता हूँ कि मेरे रहते उन्हें कोई परेशानी महसूस नहीं करनी चाहिए। मैं अपने तईं पूरी कोशिश करूँगा कि स्थितियाँ ठीक न होने पावें।...यह एक तरह से हम दोनों की दुआ-सलाम का एक सिलसिला है जिसके बाद हमारे ठहाकों से टेलीफ़ोन के तारों के 'डिस्प्लेसमेण्ट' का ख़तरा पैदा हो जाता है। एक बार तो स्थिति टेलीफ़ोन की ख़राबी को लेकर ऐसी बनी कि गाडगिल साहब ने संचार मन्त्री तक को मेरी शिकायत लिखने की धमकी दी कि वे संचार मन्त्री को लिखेंगे कि आपके टेलीफ़ोन के तार जब सामान्य बातचीत का संवहन कर पाने में कमज़ोर हैं तो यह शख़्स इतने ज़ोर-ज़ोर के ठहाकों के आदान-प्रदान से आपकी लाइनों पर

अतिरिक्त ज़ोर डाल रहा है इसलिए इसके टेलीफ़ोन की दरों में इज़ाफ़ा किया जाना चाहिए।

टेलीफ़ोन की दरों में इज़ाफ़ा तो नहीं हुआ, अलबत्ता हमारी दोस्ती में इज़ाफ़ा ज़रूर होता रहा। इसका असली आधार उनकी 'खिंचाइयाँ' रही हैं, जिसे मराठी के पाठक नियमित पढ़ते रहे हैं, हिन्दी के पाठकों को अब उसका आनन्द मिल सकेगा। मराठी में इसे 'फिरकी' के अन्तर्गत प्रभूत आदर मिल चुका है। बल्कि कहना यह सही होगा कि उनके इस लेखन से मराठी हास्य-व्यंग्य साहित्य को एक नया प्रस्थान-बिन्दु मिला। उनके इस लेखन और उसकी सहज भाषा में गुँथी हुई व्यंग्य की शैली ने समूचे मराठी कहानी-लेखन को एक दिशा दी। उन्होंने आत्मनिष्ठ लेखन के ज़रिए 'मैं' का ऐसा अद्‌भुत समागम मराठी लेखन में किया जो उनके पूर्ववर्ती और परवर्ती लेखकों के 'मैं' से एक भिन्न छवि लेकर उभरा। उनका यह 'मैं' ना.सी. फड़के, अनन्त काणेकर, दुर्गा भागवत जैसे रचनाकारों के 'मैं' से बिलकुल भिन्न एक ऐसा आत्मनिष्ठ चरित्र है जो गाडगिल साहब के स्वभाव की विशेषताएँ साथ लेकर अपने समय और समाज पर टिप्पणी करता है। वह अपनी खिंचाई भी करता है। यह विश्वसनीयता उनके 'मैं' की विशेषता है। उसमें काल्पनिकता की छौंक भी यथार्थ से अलग नहीं जाती, बल्कि वह समूचे यथार्थ को और अधिक आह्लादकारी बना देती है।

इस 'मैं' को केन्द्र बनाकर लिखा हुआ उनका लेखन न तो नितान्त संस्मरणात्मक है और न ही बिलकुल आत्मकथात्मक। उन्होंने कहीं लिखा है कि "आत्मचरित्र लिखनेवाला लेखक जिस तरह ब्यौरा प्रस्तुत करता है, वैसा बन्धन मैंने स्वीकारा नहीं है।" यह बन्धन न स्वीकारना उनके लेखन को एक नया फलक देता है क्योंकि वे कल्पना का ज़रूरत के मुताबिक इस्तेमाल करते हैं और कथ्य की विश्वसनीयता को आधार देते हैं। मसलन् उनका एक निबन्ध है 'शतक जो मैं नहीं बना सका'। उसमें वे अपने क्रिकेट खेलने के शौक़ को पूरा करने के लिए बॉलिंग, बैटिंग, विकेट कीपरी वग़ैरह-वग़ैरह सभी कुछ करते हैं लेकिन बेचारों की हसरत रह जाती है, खेल नहीं पाते। विकेट कीपरी तो उन्होंने हार कर की और जब की तो हर बॉल को पकड़कर स्टम्प पर ठोंक देना उनका शग़ल बन गया। दो एक बार तो स्टम्प पर ठोंकने के बजाय बल्लेबाज की पीठ पर ही ठोंक दी। भले ही इसके लिए बल्लेबाज ने इनकी ठोंकाई कर दी।

खेल-खेल में उन्होंने मुर्ग़ी पकड़ने का भी अभ्यास किया बताया है लेकिन उसका विवरण देने से क़तरा गये हैं। स्पष्ट स्वीकार किया है : "जाने क्यों हम बच्चों ने यह ग़लतफ़हमी पाल रखी है कि मुर्ग़ी पकड़ना बायें हाथ का खेल है। असल में यह काम कितना मुश्किल है यह बहुत बाद में जाना।"

ज़ाहिर है उन्होंने बहुत बाद में तभी जाना होगा जब 'असल में' वे मुर्ग़ी पकड़ने निकले होंगे। गाडगिल साहब मुर्ग़ी पकड़ते ही, मुर्ग़ा बनने तक की स्थिति में जा सकते हैं बशर्ते कि उनके कथ्य की धार और उसकी विश्वसनीयता बढ़ सके।

उनका 'मैं', एक दिन 'प्रधानमन्त्री के अनुरोध' पर विदेश मन्त्रालय का कार्यभार सँभाल बैठा। अब आप देखिए विदेश मन्त्रालय में उनके कुछ कारनामे। वे लिखते हैं : "विदेश मन्त्री की हैसियत से भारत-रूस दोस्ती को बरकरार रखवाने का पूरा बन्दोबस्त कर चुकने के बाद मैं पश्चिम यूरोप की यात्रा पर निकल पड़ा।" चलते समय सेक्रेटरी ने उन्हें आगाह किया कि उन्हें वहाँ कुछ अलग तरह से पेश आना चाहिए। इस पर गाडगिल साहब का बयान देखिए! "मैंने हँसकर कहा—न, न, इसकी कोई ज़रूरत नहीं है। मैं जानता हूँ कि कैसे पेश आना चाहिए। पहली बात यह कि आपके चेहरे पर मग़रूरी झलकनी चाहिए। दूसरी बात यह कि आपके बोलने का अन्दाज़ भी थोड़ा मग़रूर होना चाहिए। तीसरी बात, बराबर यह जताते रहना चाहिए कि विकसित देशों का बहुत बड़ा गुनाह है उनकी सम्पन्नता। उन्हें क़दम-क़दम पर यह याद दिलाते रहना चाहिए कि अविकसित देशों की सारी समस्याएँ हल करने की ज़िम्मेदारी उनकी है।"

उनका यह बयान भारतीय विदेश-सेवा का नीतिगत बयान है जो विदेश मन्त्रालय के अफ़सरों के व्यवहार में रक्त-मांस-मज्जा की तरह पैठ गया है। इस व्यवहारगत खुलासे के बाद गाडगिल साहब विदेश मन्त्री की हैसियत से ऐसे-ऐसे बारीक़ पेंच खोलते हैं कि लगता है वे कभी विदेश मन्त्रालय में ज़रूर रहे हैं।

जी नहीं, वे रहे कहीं नहीं। उनकी दृष्टि हर जगह रही है। वह दृष्टि सास-बहुओं के बीच भी अपनी दूरबीन लगा कर बैठती है और पिता-पुत्र के बीच भी। एक पिता-पुत्र का ज़िक्र उनकी एक खिंचाई में ऐसी स्थितियाँ उत्पन्न करता है कि पिता अपने पुत्र के हिप्पीनुमा बड़े-बड़े झबरे बालों से परेशान है। लेकिन पुत्र को सुधारकर 'लाइन' में लाने का उन्हें कोई उपाय नहीं सूझता। अगली बार गाडगिल साहब जब दुबारा अपने मित्र मधु उर्फ़ उस पिता को मिलने जाते हैं तो पाते हैं कि पिता पुत्र से कई गुना ज़्यादा हिप्पी हो चुका है और अब पुत्र को उसका यह हिप्पी-पितृत्व बहुत अधिक परेशान किये हुए है। पुत्र पिता को पिता की तरह देखना ही पसन्द करता है। इसके लिए अन्ततः एक समझौता होता है कि पिता तभी अपने बाल कटवाएगा जब पुत्र भी उनके साथ ही अपने बाल कटवाने जाएगा। आगे का बयान गाडगिल साहब की कलम से : "काफ़ी देर तक बीच-बचाव चलता रहा। आख़िर समझौता हो गया।

मधु ने तुरन्त मोटर साइकिल निकाली। पीछे बण्टी को बिठाकर वह स्टार्ट करने लगा।

'मगर सैलून तो अब बन्द हो चुका होगा!' मैंने कहने की कोशिश की।

'खुलवा लूँगा। तुम क्या समझे?' मुझे डाँटते हुए एक धमाके के साथ मधु ने मोटर साइकिल स्टार्ट की और दोनों चले गये।"

यह 'खिंचाई' जिस संकेत के साथ समाप्त होती है उसमें आशय गाडगिल

साहब ने यह भी दिया है कि नयी पीढ़ी असंयत होकर अगर चलती है तो हार मानने की ज़रूरत नहीं है। एक समय ऐसा आता है जब नयी पीढ़ी को भी तथ्य के प्रति सहमति का मन बनाना पड़ता है। और जब वह क्षण आ जाए तो मौक़ा नहीं चूकना चाहिए चाहे 'सैलून' खुलवाना ही पड़ जाए।

गाडगिल साहब अपने इस 'फिरकी' लेखन में कहीं स्वयं चरित्र हैं और कहीं पैदा किये गये चरित्रों के बीच एक निवेदक। दोनों ही स्थितियों में वे अपने अभिप्रेत पर नज़र रखते हैं और ऐसी-ऐसी स्थितियों की कल्पनाएँ उसमें जोड़ते हैं जो यथार्थ से दूर लगती हैं लेकिन निशाना यथार्थ को ही बनाती हैं। विदेश मन्त्री का कार्यभार सँभालने के लिए उनसे पूछा जाता है कि वे अपना कार्यभार कब सँभालेंगे। जवाब मिलता है, "हमारे दर्ज़ी का कोई भरोसा नहीं है। जैसे ही वह बन्द गले का कोट सिलकर दे देगा, मैं आ जाऊँगा।"

यथार्थ से कोसों दूर है यह स्थिति, लेकिन इसके निशाने पर दर्ज़ियों की समय पर कपड़ा सिलकर न देने की प्रवृत्ति भी है और बन्द गला कोट पहनने के बाद राजनीतिज्ञों की मग़रूरी भी।

मराठी के एक समीक्षक हैं श्री गो. मा. पवार। प्रोफ़ेसर पवार ने गाडगिल साहब की कहानियों में इस अकल्पनीय स्थिति को मराठी हास्य-व्यंग्य की विक्षिप्ति प्रवृत्ति की संज्ञा दी है। इस प्रवृत्ति में वे कहते हैं कि कार्य-कारण भाव के अनुपात में परिवर्तन कर कारण को मामूली यानी गौरव और कार्य को गहन-गम्भीर और अत्यन्त महत्त्वपूर्ण बताना इस प्रवृत्ति का लक्षण है। इस प्रवृत्ति का इस्तेमाल गाडगिल साहब अपनी कहानियों में चरित्र बनकर भी करते हैं और निवेदक बनकर भी।

निवेदक की शैली में वे एक प्रोफ़ेसर पण्डित का वर्णन कर रहे हैं। व्यक्तित्व की गुरुता का बोझ क्या गुल खिला रहा है। देखें : "ज्ञान के बोझ तले दबे रहने से उनकी हर हलचल मन्दगति से होती थी। अतः घण्टी बजने के बाद जब वे क्लासरूम में जाने के लिए निकलते थे तो क्लासरूम पहुँचने में ही उन्हें पाँच मिनट लग जाते थे।"

मैंने पहले ही कहा है कि गाडगिल साहब का कहानीकार अपनी विलक्षण दृष्टि से हर उस जगह मौजूद होता है जहाँ हम और आप हास्य-व्यंग्य की कल्पना भी नहीं कर सकते। उदाहरण के लिए, होटल में बैरा बिल लाता है तो एक कवर के अन्दर रखकर लाता है। ताज इण्टरकाण्टिनेण्टल में भी बिल उसी तरह आया। सामान्य बात है। लेकिन नहीं, गाडगिल साहब की निगाह बैरे के बिल लाने की स्टाइल पर तो है ही, निगाह बिल की रक़म पर भी है—"बिल इतना भारी भरकम था कि उसे इस क़दर फोल्डर में छिपा कर देना ही इष्ट था।"

जब छोड़ा उन्होंने अपने को ही नहीं, तो फिर अपने समकालीनों को कैसे छोड़ें। स्टाइल देखें निर्जीव से जीव तक पहुँचने का। उनका टेलीफ़ोन बन्द हो गया। रिसीवर उठाकर देखा, कोई आवाज़ नहीं। डायल टोन भी नहीं। "पुनः मैंने बड़ी आशा से कान

में रिसीवर लगाया। उस वक़्त भी वैसी ही नीरव शान्ति। कहीं कोई खुटपुट, फुसफुस नहीं। निःशब्द शान्ति...जैसी कि मंगेश पाडगाँवकर की कविता में होती है।" कहाँ टेलीफ़ोन का रिसीवर और कहाँ मंगेश पाडगाँवकर की कविता। लेकिन यह स्थूल जगत् से भावजगत् में जाने का गाडगिल स्टाइल है।

स्टाइल कोई भी हो, गाडगिल साहब के यहाँ सीमाओं के अतिक्रमण की गुंज़ाइश नहीं होती। चिकोटी वे काटते हैं लेकिन ऐसी कि न निशान पड़े, न दर्द ज़्यादा हो। स्थिति को कितना ही हास्यजनक बनाकर वे पेश करें, हमेशा लक्ष्य किसी गम्भीर उद्देश्य की ओर संकेत करता मिलेगा। यही उनकी चिकोटी की विशेषता है।

कभी-कभी मुझे ताज्जुब होता है कि बण्डू सीरीज़ की कहानियों के ख़ासे लम्बे अन्तराल के बाद इन फिरकी सीरीज़ की खिंचाई प्रधान कहानियों तक आते-आते वे गम्भीरता के जंगल में क्यों नहीं भटक गये। मगर मैंने पाया है कि इस मामले में वे बेहद संयमी लेखक हैं। उपन्यास लिखते हैं तो 'दुर्दम्य' जैसा, जिसके कथ्य की महत्ता और गम्भीरता के आगे गम्भीरता भी लजा उठे। अर्थशास्त्र की गुत्थियों पर अपनी सम्मतियाँ देते हैं तो इस अन्तर्दृष्टि के साथ कि कार्पोरेट जगत् उन टिप्पणियों से अपनी योजनाओं का चेहरा बदलने की सोचने लगे। बहुत कम लोग जानते होंगे कि वे इस देश के गिने-चुने अर्थशास्त्रियों में से हैं जिनकी सालाना बजट सम्बन्धी टिप्पणियों के लिए अख़बारवालों की क़तार लगती है। सरस्वती ने उन्हें वाणी का ऐसा वरदान दिया हुआ है उनका व्याख्यान सुनने के लिए पाँच सितारा होटलों में भी श्रोताओं की भीड़ लगती है। बोलने के लिए उन्हें विषय की बन्दिशें नहीं सतातीं। वे जैसे लेखन के लिए अपनी कहानियों के अपार वैविध्य में सन्तरण करते हैं, उसी तरह बोलने के लिए किसी भी विषय का चुनाव कर सकते हैं। एक बार एक उड़ान के दौरान हवाई जहाज़ में भेंट हुई। पता चला गाडगिल साहब ऑल इण्डिया परफ्यूमर्स एसोसिएशन के वार्षिक समारोह का उद्घाटन करने के लिए जा रहे हैं जहाँ वे सुगन्धों पर व्याख्यान देंगे।

नफ़ासत के साथ जीने और नफ़ासत के साथ जीवन के हर सुखभोग का उनका अन्दाज़ अनोखा है। इस क्रम में वे ताज इण्टरकाण्टिनेण्टल में भी उसी सहजता के साथ होते हैं जिस सहजता से मौर्या शेरेटन या ओबेराय काण्टिनेण्टल अथवा ताज मानसिंह में ठहरते हैं लेकिन उनकी यह सुख-सुविधा की स्थिति उनके सरोकारों पर कोई पर्दा नहीं डाल पाती। उसके वे बेताज बादशाह हैं। मराठी साहित्य जगत् में उनका जितना आदर है उससे कम आदर देश की अन्य भाषाओं के साहित्यकारों के बीच नहीं है। साहित्य अकादेमी के उपाध्यक्ष के रूप में उनकी यह छवि मैं यहाँ दिल्ली में देख चुका हूँ। उनके लेखन को भारत की विभिन्न भाषाओं के पाठकों तक पहुँचना चाहिए, ऐसी ज़रूरत मैं महसूस करता हूँ।

1 जनवरी, 2001
नयी दिल्ली

—कन्हैयालाल नन्दन

प्रस्तावना

आधुनिक मराठी साहित्य के अग्रगण्य लेखकों में गंगाधर गाडगिल जी प्रमुख हस्ताक्षर हैं। आपने परम्परागत अनुभव, सीमित कथ्य, रूढ़ अभिव्यक्ति संकेत, घिसी-पिटी भाषा में आबद्ध मराठी कहानी में नयी चेतना जाग्रत कर उसे अन्तर्बाह्य परिवर्तित किया और कुण्ठामुक्त भी। आपके इस महत् प्रयास एवं प्रयोग के कारण मराठी कहानी-विधा समृद्ध तथा विकसित हुई, साथ-साथ मराठी की अन्य गद्य विधाओं ने इस नयी दिशा में अपनी यात्रा आरम्भ की जिसके परिणामस्वरूप इन विधाओं में भी यथार्थ, अतल, प्रामाणिक अनुभूतियों को विभिन्न स्तरों पर एवं बहुविध आयामों से अभिव्यक्त किया जाने लगा। गाडगिल जी ने कथ्य के अनुरूप भाषा और शैली के प्रयोग कर सिद्ध कर दिखाया कि कथ्य-भाषा-शैली के मणिकांचन योग से साहित्य की जीवनदर्शनाभिव्यक्ति क्षमता एवं वाङ्मयीन सौन्दर्य वृद्धिगत होता है। उनके इन्हीं प्रयासों के कारण मराठी गद्य साहित्य को विकास की नयी-नयी दिशाएँ उपलब्ध हो सकीं।

मराठी कहानी के स्वरूप में अन्तर्बाह्य परिवर्तन लाने के अपने इस मौलिक कार्य के साथ-साथ गाडगिल जी उपन्यास, नाटक, यात्रा-वर्णन आदि गद्य विधाओं में अपनी विशेष शैली के दर्शन कराते हैं। इन विधाओं को नया रूप एवं शिल्प प्रदान करने की उनकी चेष्टा लक्षणीय है। उनका हास्य लेखन भी इससे सम्पृक्त है। हास्य कहानी लेखन—विशेषतः 'बण्डू' पर लिखी कहानियों के—द्वारा उन्होंने विक्षिप्त (विमृज़िकल) प्रवृत्ति को व्यंग्यात्मक कहानी शैली में प्रस्तुत कर अब तक की मराठी हास्य कहानी को हास्य-व्यंग्य कहानी के स्तर पर पहुँचा दिया। 'फिरकी' शीर्षकान्तर्गत का उनका समूचा लेखन इस बात का साक्ष्य है कि यही वह प्रस्थान-बिन्दु है जहाँ से मराठी हास्य-व्यंग्य साहित्य को अपनी सही दिशा प्राप्त हुई। उनका आत्मनिष्ठ, हास्य-व्यंग्य प्रधान, मुक्त शैली युक्त 'फिरकी' लेखन मराठी के परवर्ती आत्मनिष्ठ एवं हास्य प्रधान लेखन में (1960 से 1970 तक के) मूलाग्र क्रान्ति लानेवाला आत्मनिष्ठ लेखन सिद्ध हुआ है।

गाडगिल जी की लिखी 'फिरकी' में दृष्टिगोचर होनेवाली आत्मनिष्ठ दृष्टि एवं भूमिका मराठी के समकालीन आत्मनिष्ठ साहित्य--लघुनिबन्ध और ललित निबन्ध--में व्यक्त हुई आत्मनिष्ठ दृष्टि एवं भूमिका से नितान्त भिन्न है। यह भिन्नता गाडगिल जी के 'मैं' और उनके परवर्ती तथा समकालीन लेखकों के निबन्ध, लघुनिबन्ध में आनेवाले 'मैं' को लेकर है। अन्य लेखकों के लेखन में अभिव्यक्त हुआ 'मैं' विदग्ध या अभिजन 'मैं' हुआ करता था जैसे कि ना. सी. फडके जी की 'गुजगोण्टी' (कहानी का एक प्रकार) में व्यक्त 'मैं'; अनन्त काणेकर जी के लघुनिबन्ध में दृष्टिगोचर होनेवाला 'मैं'; दुर्गा भागवत जी के ललित निबन्ध में झाँकनेवाला 'मैं'; निवेदक के रूप में आता है, इस 'मैं' का वास्तविक जीवन के किसी पात्र से तादात्म्य या साधर्म्य दिखाने की चेष्टा उनके स्रष्टा लेखकों ने नहीं की थी। यह 'मैं' कहीं भी अपना वास्तविक परिचय नहीं देता या लेखन में अभिव्यक्त घटनाओं के साथ उस 'मैं' का लौकिक व्यक्तित्व प्रतिबद्ध होता हुआ कहीं दृष्टिगोचर नहीं होता जबकि 'फिरकी' में व्यक्त गाडगिल जी का 'मैं' गाडगिल जी के व्यक्तित्व की समूची संवेदनशीलता एवं स्वभावगत विशेषताओं के साथ साकार हुआ है। इसी बिन्दु पर गाडगिल जी की 'फिरकी' के 'मैं' की व्यक्तिनिष्ठता अन्य 'मैं' से भिन्न प्रतीत होती है। 'फिरकी' लेखन को हम विशुद्ध रूप से संस्मरणात्मक लेखन नहीं कह सकते क्योंकि इस लेखन में लेखक ने अपने जीवन में घटित घटनाओं का आद्योपान्त कथन करने की प्रतिबद्धता को स्वीकारा नहीं। 'फिरकी' में लेखक के जीवन के सामाजिक, सांस्कृतिक आदि क्षेत्रों में घटित घटना समय-समय पर लेखक से मिले विविध व्यक्ति आदि का आवश्यकतानुसार औचित्यपूर्ण उल्लेख प्राप्त होता है। व्यक्ति के यथार्थ जीवन में घटित घटनाओं में लेखक ने काल्पनिकता को ऐसे कलात्मक रूप से घोल दिया है कि यथार्थ यथार्थ रहते हुए भी आह्लादकारी बन गया है। गाडगिल जी की कलात्मकता की एक और विशेषता यह है कि हास्य-व्यंग्य के नाम पर उन्होंने कभी अपने लेखन में आवारगी या निन्दा जैसे निम्न भाव को प्रश्रय नहीं दिया। गाडगिल का यह लेखन जयवन्त दलवी तथा वामन मल्हार जोशी के लेखन से भी अलग प्रकार का है। दलवी के 'ठणठणपाळ' में ठणठणपाळ व्यक्ति के रूप में स्वयं कभी नहीं आता है। जोशी जी की 'स्मृति लहरी' में साकार धोंडोंपन्त बर्वे भी तख़ल्लुस नाम लेकर आता है लेकिन गाडगिल जी की 'फिरकी' में व्यक्त गाडगिल और प्रत्यक्ष जीवन में प्राचार्य, लेखक, पति आदि भूमिकाएँ निभाने वाले गाडगिल दोनों एक ही हैं। अतः इस दृष्टि से इस लेखन को आत्मचरित्रात्मक लेखन कहा जा सकता है। स्वयं गाडगिल जी भी इस मत से सहमत हो सकते हैं। वैसे अपने आत्मचरित्र 'एका मुंगीये महाभारत' (एक चिंटी का महाभारत) की प्रस्तावना में उन्होंने स्वयं लिखा है, "इस आत्मचरित्र के पूर्व मैंने मुटक-बिखरे हुए रूप में, हास्य-व्यंग्य शैली में, आंशिक रूप से आत्मचरित्र लिखा ही है! 'फिरकी' शीर्षक से प्रकाशित हुई तीन पुस्तकों में और इसी शीर्षक से प्रकाशित

होने जा रही चौथी पुस्तक में ये अंश उपलब्ध हो सकते हैं! साथ ही बण्डू की कहानी में भी आत्मचरित्र का अधिकांश प्राप्त हो सकता है।" गाडगिल जी जब 'मुक्त शैली में लिखे गये अंश' कहते हैं तब उनका तात्पर्य यह होता है कि 'आत्मचरित्र लिखनेवाला लेखक जिस तरह ब्यौरा प्रस्तुत करता है वैसा बन्धन मैंने स्वीकारा नहीं है।' गाडगिल जी कथ्य के आवश्यकतानुसार कल्पित की निर्मिति करते हैं और अपने सम्मिश्र जीवनानुभव के सत्त्व उद्घाटित करते जाते हैं। आत्मनिष्ठ दृष्टि के साथ-साथ व्यक्त हुई इसी प्रामाणिकता के कारण 'फिरकी' शीर्षकान्तर्गत किये गये लेखन को साहित्यिक मूल्य प्राप्त हुआ है तथा हास्य-व्यंग्यात्मक शैली के कारण इस लेखन में कोमल, रोमांचक, मनोरंजनकारी प्रवृत्तियाँ समाविष्ट हो पायी हैं। इस कथन में कल्पित कथ्य भी औचित्यपूर्ण रूप में तथा आवश्यकतानुसार आया है। अतः इनकी 'फिरकी' मराठी हास्य-व्यंग्य साहित्य में नया गवाक्ष खोलने की नान्दी सिद्ध हुई।

मराठी के समूचे हास्य प्रधान लेखन को उच्च कोटि का कहना दुःसाहस होगा। इस सन्दर्भ में हम इतना ही कह सकते हैं कि मराठी में हास्य को अनेकविध रूपों-स्तरों पर अभिव्यक्त करने की चेष्टा कई लेखकों ने की है और उनमें से कुछ प्रयास बहुत ही सक्षम, समृद्ध बन पड़े हैं! मराठी के अन्य हास्य-व्यंग्य लेखकों से गाडगिल जी के हास्य-व्यंग्य लेखन की भिन्नता समझने के लिए हमें हास्य साहित्य का स्वरूप तथा भिन्न-भिन्न रूपों में की गयी उसकी अभिव्यक्ति को संक्षेप में क्यों न हो, देखना होगा, तभी हम मराठी के हास्य-व्यंग्य साहित्य के परिप्रेक्ष्य में गाडगिल के हास्य-व्यंग्य साहित्य का मूल्यांकन कर उसकी विशेषता पर प्रकाश डालने में सक्षम हो पाएँगे।

साहित्यिक रचना में भाषा अभिव्यक्ति का एकमात्र माध्यम होती है तथा जीवन सम्बन्धी बोध उसमें अनिवार्यतः अभिव्यक्त होता रहता है। अभिव्यक्त होनेवाले ये जीवन बोध या अनुभव दो प्रकार के होते हैं—त्रासद एवं सुखद। ये दो प्रकार उनमें व्यक्त हुई जीवन प्रेरणाओं के स्वरूप के अनुसार निर्धारित किये जाते हैं। जीवन प्रेरणा यदि असहाय, दुर्बल, हारे हुए स्वरूप में चित्रित की गयी हो तो अनुभव का स्वरूप त्रासद बन जाता है और यदि वह जीवन सफल बनाने का प्रत्यय देनेवाले स्वरूप में चित्रित की गयी हो तो अनुभव सुखान्त होता है। हास्य सुखान्त प्रतीति देता है लेकिन मात्र ऐसी प्रतीति देना हास्यात्मक होना नहीं होता। हास्यात्मक प्रभावोत्पादकता के लिए सुखात्मक बोध को विशिष्ट अभिव्यक्ति सामर्थ्य के साथ प्रस्तुत करने की आवश्यकता होती है। हम उस विशिष्ट अभिव्यक्ति का सहजता से विश्लेषण कर सकते हैं। सक्षम हास्य निर्मिति के लिए भिन्न स्तरों के विभिन्न बोधों का सहसा आपस में टकराना और आघात उत्पन्न करना आवश्यक हो जाता है। इस सन्दर्भ में ऑर्थर कोस्लर का प्रस्तुत किया हुआ उद्धरण हमारी पर्याप्त सहायता कर सकता है। उद्धरण इस प्रकार है—जेल के कुछ अधिकारी समय बिताने के हेतु किसी क़ैदी के

साथ ताश खेल रहे थे! कुछ ही समयोपरान्त जेलर के ध्यान में यह बात आयी कि जीतने के हेतु वह क़ैदी हेरा-फेरी कर उनको फँसा रहा है! तब जेलर ने गुस्से में आकर उसे धमकाया, "देख बे साले! खेल में इस क़दर धोखा-धड़ी करेगा तो लात मारकर तुझे हम भगा देंगे!" कहने का तात्पर्य यह कि आघात उत्पन्न करने की विशेषता के साथ सुखात्मक बोध की प्रतीति करानेवाली प्रवृत्ति, हास्यात्मक प्रवृत्ति कहलायी जा सकती है। और इस प्रवृत्ति से युक्त साहित्य को हास्य साहित्य की उपाधि से अलंकृत किया जा सकता है!

सुखात्मक बोध की अभिव्यक्ति साहित्य में भिन्न-भिन्न रूपों में पायी जाती है और इसी भिन्नत्व को ध्यान में रखते हुए हास्य के तीन प्रमुख प्रकार माने गये हैं! उनमें से एक है व्यंग्य प्रधान हास्य। मानवीय जीवनेच्छा या उत्तम जीवनयापन प्रवृत्ति की प्रतिरोधक बातों, प्रवृत्तियों आदि की आलोचना कर या कमियों को दर्शाकर प्रकारान्तर से मूल्यों की स्थापना व्यंग्य प्रधान हास्य में की जाती है। दूसरे शब्दों में हम यह कह सकते हैं कि अच्छाई पर किये जाने वाले विविध प्रकार के आक्रमणों को व्यंग्यात्मक पद्धति द्वारा उद्घाटित किया जाता है। कई प्रकार की विकृतियाँ जीवन के सन्तुलन को हमेशा डाँवाडोल करती रहती हैं तथा चैतन्य, चेतना को दबाने की, मिटाने की चेष्टा भी। विकृतियों पर व्यंग्य करने से अ-विकृत की सुखात्मक प्रतीति आ सकती है। आधुनिक मराठी के प्रथम हास्य साहित्यकार माने गये श्रीपाद कृष्ण कोल्हटकर जी के 'श्रावणी', 'शिमगा'-जैसे लेख ऐसी सुखात्मक प्रतीति देनेवाले हास्य-व्यंग्य के उत्तर हैं।

स्त्री-पुरुष प्रेम तथा विविध मानवीय सम्बन्धों के द्वारा, अपनत्व, भाईचारा जैसी प्रवृत्तियों के द्वारा मनुष्य की जीवन प्रेरणा अकसर व्यक्त होती रहती है। प्रेम के इन विविध रूपों का तथा स्वस्थ जीवन का साक्षात् चित्रण सुखात्मक बोध का प्रत्यय दे सकता है। ऐसे चित्रणों में हास्य निर्मिति के हेतु हास्य के जिस स्वरूप को अभिव्यक्त किया जाता है उसे शुद्ध हास्य कह सकते हैं। मराठी के प्रमुख हास्य रचनाकार चिं. वि. जोशी की रचनाओं में शुद्ध हास्य के उद्धरण पर्याप्त मात्रा में उपलब्ध होते हैं। उदाहरण स्वरूप इस वर्णन को हम देख सकते हैं—भक्ति-भावना से सराबोर लोगों के रोज़मर्रा के व्यवहारों एवं उनके गाँव का वर्णन करते हुए वे लिखते हैं : "सुबह के समय चाय-पान, नाश्ते का प्रबन्ध करने की अपेक्षा वहाँ की स्त्रियाँ पूजा का सजाया हुआ थाल हाथ में लिये हुए ईश्वर दर्शन हेतु जाना अधिक पसन्द करती थीं और उसी वक़्त पुरुष भी जाते थे—ईश्वर दर्शन हेतु!" ('भक्त कसौटी'—'वायफळा चा' मळा, पृष्ठ 40 से) उपर्युक्त चित्रण गें विरोधात्मक चित्रण विशेष के कारण हास्य निर्मिति हुई है। लेखक ने शब्द संयोजन कुछ ऐसा किया है कि वाच्यार्थ के ठीक विपरीत अर्थ ध्वनित होता है।

हास्य के तीसरे प्रकारान्तर्गत यथार्थ जीवन के अनुभवों को इस तरह तोड़-मरोड़कर

उसकी इकाइयों को कुछ ऐसे विक्षिप्त (वि+क्षिप) रूप में प्रस्तुत किया जाता है कि उससे हास्य निर्मिति सम्भव हो जाती है। इस प्रकार की हास्य निर्मिति का उद्गम मानवीय मन की मुक्त आचरणेच्छा में छिपा रहता है। मनुष्य अपनी चेतना को मुक्त रूप में अभिव्यक्त करना चाहता है लेकिन यथार्थ जीवन में कई प्रकार के बन्धन, नियम, संयम उसकी इस चेतना को दबाते रहते हैं। सामाजिक नीति-नियम, रूढ़ि-परम्पराएँ, श्रद्धा आदि के कारण वह इस चेतना को उन्मुक्त होने से अवरुद्ध करता रहता है। चिन्तन प्रक्रिया में, वैचारिक संसार में भी यह कार्य-कारण शृंखला हमेशा अनुशासन की बागडोर सँभालती रहती है और जब हम इन दोनों प्रकार के बन्धनों को तोड़कर विमुक्त होने का प्रत्यय प्राप्त करते हैं, तब हमें सुखात्मक अनुभूति प्राप्त होती है। पारम्परिक मराठी प्रहसनों, तमाशा (मराठी का एक लोकनाट्य प्रकार), वग (लोकनाट्य की कथावस्तु) आदि में देव, राजा, पिता आदि अधिसत्ताओं को विपर्यस्त रूप में चित्रित कर उनके प्रति की भय भावना को कम करके उससे मुक्ति पाकर विमुक्त स्थिति का अनुभव प्रदान करने का प्रयास दृष्टिगोचर होता है। विक्षिप्तता को इस पद्धति से चित्रित करनेवाले हास्य प्रकार को हम नर्मोक्ति हास्य कह सकते हैं।

नर्मोक्ति हास्य के शब्दश्लेष और अर्थश्लेष दो प्रकार होते हैं। इनकी निर्मिति हेतु संक्षेपीकरण तथा स्थानान्तरण जैसी दो प्रमुख तकनीकों को प्रयुक्त किया जाता है। शब्दश्लेष में संक्षेपीकरण की तकनीक एवं अर्थश्लेष में स्थानान्तरण या सन्दर्भ विपर्यय की तकनीक के द्वारा विक्षिप्तता का प्रत्यय अधिक तीव्र स्वरूप में दिया जा सकता है। मूल सन्दर्भ को परिवर्तित कर देना, मूल विषय की ओर अग्रसर हुए विचार को दूसरी दिशा में मोड़ देना, महत्त्वपूर्ण बात को नज़रअन्दाज़ कर किसी गौण बात को प्रधानता देना आदि प्रयासों में इस तकनीक के दर्शन होते हैं। स्थानान्तरण में तर्क को ताक पर रखकर निरर्थकता, मूर्खता आदि को बख़ूबी महत्त्व देकर हास्य निर्मिति की जाती है। नर्मोक्ति हास्य पाठकों को विशुद्ध एवं विमुक्त हास्यस्थिति प्रदान करने में सक्षम होता है। नर्मोक्ति हास्य का प्रयोग त्रुटित स्वरूप के हास्य लेखन में किया जा सकता है तथा विक्षिप्त का विस्तार से वर्णन कर कहानी लेखन भी इससे सम्भव हो सकता है।

मराठी के कई सक्षम लेखकों ने हास्य के इन तीनों प्रकारों से युक्त हास्य साहित्य की रचना की है। कुछ लेखकों ने इन हास्य प्रकारों को विभिन्न शैलियाँ प्रदान कर मराठी के हास्य साहित्य का गुणात्मक विकास करने में अपना अमूल्य योगदान दिया है! मराठी हास्य साहित्य की पार्श्वभूमि देखने के उपरान्त गंगाधर गाडगिल जी की 'फिरकी' का अनोखापन किसी के भी ध्यान में तुरन्त आ सकता है।

प्राचीन मराठी साहित्य 'लीळाचरित्र', सन्त तुकाराम और एकनाथ का भक्ति साहित्य आदि में व्यंग्य, शुद्ध हास्य एवं नर्मोक्ति हास्य का उत्तम प्रयोग दृष्टिगोचर होता है। आधुनिक संकल्पन के अन्तर्गत हम जिसे हास्य-व्यंग्य साहित्य कहते हैं

उसकी निर्मिति का आरम्भ बिन्दु श्रीपाद कृष्ण कोल्हटकर जी का साहित्य है। इनके साहित्य में व्यंग्य प्रधान तथा नर्मोक्ति प्रधान हास्य पाया जा सकता है। इनके हास्य-व्यंग्य की प्रेरणा सामाजिक जीवन के अनेक दोषों को उजागर करना, सक्षम सामाजिक जीवन की कल्पना से युक्त जीवन के दर्शन कराकर आदर्श जीवन दर्शन प्रस्तुत करना थी। इसी प्रेरणा से उन्होंने 'शिमगा', 'श्रावणी', 'गणेशचतुर्थी', 'धर्मान्तर' जैसे श्रेष्ठ हास्य-व्यंग्य लेखों की रचनाएँ की थीं। उनके लेखन का प्रमुख विषय था विषमता पर आधारित हिन्दू धर्म की वे रूढ़ियाँ जो व्यक्ति की स्वतन्त्रता को सीमाबद्ध कर देती हैं। मूल्याधिष्ठित दृष्टिकोण से समाज का अवलोकन करनेवाले शुद्ध हास्य निर्मिति के हेतु उन्होंने प्रमुखतः नर्मोक्ति हास्य का प्रयोग कर 'आमचे बैठे खेळ', 'आमच्या गावातील पाव्याचे दुर्भिक्ष्य' आदि लेख लिखे।

श्रीपाद कृष्ण कोल्हटकर जी ने अपने साहित्य में शुद्ध हास्य को थोड़ा-सा उपेक्षित रखा था जिसकी आपूर्ति चिं. वि. जोशी जी ने अपने साहित्य में की। शुद्ध हास्य का सक्षम, समृद्ध सृजन करने वाले चिं. वि. जोशी को इस अर्थ में मराठी के पहले हास्य लेखक कहा जाता है। हास्य का यह रूप उन्होंने चिमणराव की विस्तृत जीवन कथा में प्रचुर मात्रा में प्रस्तुत किया है। इसमें जीवन का यथार्थ इस क़दर हास्य रूप धारण कर आया है कि पाठक चकित रह जाता है। मनुष्य-मनुष्य का आपसी प्रेम, अपनत्व के सम्बन्ध, सम्बन्धों की जटिलता, मनुष्य के निम्न स्तर के स्वार्थ, ईर्ष्याएँ, उसकी अच्छाइयाँ आदि का यथार्थ चित्रण हास्य रूप धारण कर उनके साहित्य में मानवता के आईने में मानो अपनी परछाइयाँ देखता हुआ प्रतीत होता है। लेखक इतना पारदर्शी चित्रण इसलिए कर पाया क्योंकि न तो वह भावातिरेक में बहता चला गया था और न ही घृणा का चश्मा ओढ़ बैठा था। हास्य निर्माण करने में जोशी जी ने कई तकनीकों का भी सक्षम प्रयोग किया है।

स्वातन्त्र्योत्तर काल के मराठी साहित्य में हास्य के तीनों प्रकारों का विकास दृष्टिगोचर होता है! यह हास्य अनेकविध शैलियों और रूपों में व्यक्त हुआ है। पहले जो विधाएँ हास्य निर्मिति के लिए अयोग्य मानी गयी थीं उनमें भी इस काल में हास्य निर्मिति की जाने लगी! यह बात सही है कि मराठी में स्तरीय हास्य रचनाओं की संख्या कम है लेकिन मराठी लेखकों ने अपने लेखन द्वारा यह सिद्ध कर दिखाया है कि लगभग सभी विधाओं में हास्य निर्मिति की जा सकती है। यह निश्चित रूप से सराहनीय प्रयास था। पु. ल. देशपाण्डे जी के द्वारा चित्रित रेखाचित्रों में शुद्ध हास्य निर्मिति इसी सराहनीय प्रयास की एक सशक्त कड़ी है। व्यंग्य का प्रयोग न करते हुए जीवन के यथार्थ का शुद्ध हास्य शैली में चित्रण करना देशपाण्डे जी की विशेषता है। शंकर पाटील की आरम्भ काल की लिखी हुई कहानियों में इसी तरह की हास्य निर्मिति पायी जाती है। 'नाटक', 'टिपिशन', 'आफ़त' जैसी उनकी कहानियों में वास्तव में पाये जानेवाले हास्य निर्माण के घटकों को लेकर हास्य निर्मिति की हुई दिखाई देती

है। इस हास्य का और एक साक्षात् रूप है—यात्रा-वर्णन! पु. ल. देशपाण्डे जी का लिखा हुआ 'अपूर्वाई' यात्रा-वर्णन इसी शैली में लिखा गया पहला यात्रा-वर्णन है। देखनेवाले व्यक्ति का दृष्टिकोण यदि इस क़दर हास्य प्रधान हो तो विदेशों में भी किस तरह रोचक, मज़ेदार अनुभव प्राप्त किये जा सकते हैं इसकी सुन्दर अनुभूति देनेवाला यह यात्रा-वर्णन अपने आप में एक मिसाल है। इन अनुभवों की व्याख्या करने की उत्कट हास्य शैली, अपनी संस्कृति तथा विदेशी संस्कृति में विविध मुद्दों पर होनेवाली टकराहट को हास्य रचना में ढालने की कला आदि विशेषताओं के कारण देशपाण्डे जी के 'अपूर्वाई', 'अन्तरंग' यात्रा-वर्णन मराठी हास्य साहित्य में मील का पत्थर बन गये। इस शृंखला के अन्तर्गत जयवन्त दलवी, बाल गाडगिल आदि लेखकों के यात्रा-वर्णन भी समाविष्ट किये जा सकते हैं।

समकालीन मराठी लेखकों ने प्रचुर मात्रा में व्यंग्य प्रधान हास्य रचनाएँ निर्मित की हैं। ये रचनाएँ विविध स्तरों एवं शैलियों की परिचायक हैं। द. मा. मिरासदार जी ने 'माझी पहिली चोरी' शीर्षक से लिखी कहानी द्वारा स्पष्ट कर दिया कि हास्य-व्यंग्य का सक्षम प्रयोग करने से कहानी की कलात्मकता को कैसे नया आयाम प्रदान किया जा सकता है। द. मा. मिरासदार जी की हास्य-व्यंग्य कहानियों का शिल्प गठा हुआ, मँजा हुआ है और अपनी कहानियों में उन्होंने व्यंग्य का प्रत्यक्ष अहसास न दिलाते हुए भी दोषमुक्त जीवन के अपेक्षित संकेत सक्षमता से पाठकों तक सम्प्रेषित करने की तकनीक का सफल प्रयोग किया है। जयवन्त दलवी जी की कुछ हास्य-व्यंग्य कहानियों में यह विशेष दृष्टिगोचर होता है। हास्य-व्यंग्य शैली का नया रूप लीलाधर हेगडे जी के राजनीति सम्बन्धी लेखों में हम देख सकते हैं। उनकी 'गुन्तागुन्त' (जटिलता), 'फेडाफेडी' (बबाळी) पुस्तकों में संग्रहित लेखों में राजनीति एवं राजनीतिक विषयों को व्यापक स्तर पर ले जाकर हास्य-व्यंग्य द्वारा पर्दाफ़ाश करने की प्रवृत्ति के दर्शन होते हैं। इन लेखों में अभिव्यक्ति की जटिलता भी दृष्टिगोचर होती है।

स्वातन्त्र्योत्तर काल में नर्मोक्ति हास्य को कथा रूप प्रदान कर हास्य निर्मिति को एक और नये मोड़ पर ले जाया गया! इसमें सन्दर्भ को स्थानान्तरित कर एवं दो विभिन्न बातों के संक्षेपीकरण से तकनीकी कौशल प्राप्त कर नर्मोक्ति हास्य को विक्षिप्त रूप प्रदान किया हुआ दिखाई देता है। आमतौर पर नर्मोक्ति शब्द का प्रयोग कल्पना विलास या चुटकुले के सन्दर्भ में किया जाता है लेकिन हमने इस शब्द में निहित तकनीकी क्षमता, ख़ूबियों को ध्यान में रखते हुए इसका व्यापक स्तर पर प्रयोग किया है। जैसे किसी कहानी में स्थानान्तरण या संक्षेपीकरण की सहायता से हास्य को पल्लवित नर्मोक्ति का स्वरूप प्रदान किया जा सकता है।

द. मा. मिरासदार जी की 'माझ्या बापाची पेंड', 'व्यंकूची शिकवणी' आदि कहानियाँ अभिव्यक्ति शैली के इसी प्रारूप पर प्रकाश डालती हैं! 'व्यंकूची शिकवणी' (व्यंकू की ट्यूशन) का मास्टर अपने प्रौढ़ विद्यार्थी व्यंकू से नौटंकी देखने और औरत

को चंगुल में फँसाने की शिक्षा ग्रहण करता है! लेखक ने दोनों की भूमिका में हेर-फेर कर हास्य निर्माण किया है। जयवन्त दलवी की 'मी बोका होतो' कहानी में संक्षेपीकरण से नर्मोक्ति हास्य निर्मिति की गयी है। प्रेमभंग का मारा एक युवक जादुई साईत मिल जाने से मनचाहा रूप धारण कर सकता है! तब वह बोका-बिलाव का रूप धारण कर अपनी प्रेयसी के घर में विचरण करने लगता है। एक ही व्यक्ति के प्रेमी और बिलाव दो-दो रूप धारण करने से घटित होने वाली हास्यात्मक घटनाओं के ताने-बाने से कथा आकार धारण करती है!

आधुनिक मराठी हास्य-व्यंग्य साहित्य का अवलोकन करने के उपरान्त ज्ञात होता है कि स्वातन्त्र्यपूर्व काल में कोल्हटकर जी ने व्यंग्यात्मक एवं नर्मोक्तियुक्त त्रुटित लेखन द्वारा उत्तम तथा सशक्त हास्य साहित्य की नींव डाली। इसी बैसाखी को पकड़कर चिं. वि. जोशी ने शुद्ध हास्य साहित्य के द्वारा जीवन के यथार्थ का बड़े पैमाने पर चित्रण किया और मराठी के हास्य-व्यंग्य साहित्य में अमूल्य योगदान दिया। इस क्षेत्र में इतना अधिक लेखन होने के उपरान्त भी विक्षिप्त स्वरूप के हास्य-व्यंग्य साहित्य का अभाव रहा था और इस अभाव की आपूर्ति का महत्तम कार्य गंगाधर गाडगिल जी ने—मिरासदार, दलवी के पूर्व ही—हास्य-व्यंग्य साहित्य निर्मिति के द्वारा आरम्भ किया था। आपने कहानियों में बण्डू, स्नेहलता जैसे पात्रों के द्वारा मनुष्य के अन्तर्मन का उद्‌घाटन करते हुए सामाजिक जीवन में अवरोध निर्माण करनेवाली विसंगतियों के दर्शन कराये हैं! बण्डू-स्नेहलता इन पात्रों को लेकर आपने लगभग पचास कहानियाँ लिखी हैं। इन कहानियों में गाडगिल जी ने मनोरंजन करनेवाला विक्षिप्त स्वरूप का हास्य पिरोया है। अपनी इस नर्मोक्ति प्रधान हास्य-व्यंग्य लेखन शैली के कारण गाडगिल का नाम मराठी कहानीकारों में अग्रगण्य माना जाने लगा और उनकी कहानियाँ मराठी कहानी साहित्य में नयी परम्परा की अगुआ बनीं।

बण्डू की कहानियाँ लिखने के उपरान्त क़रीबन पच्चीस-तीस वर्षों बाद गाडगिल जी ने 'फिरकी' लिखना आरम्भ कर दिया। और मराठी के हास्य प्रधान साहित्य को और एक नया आयाम प्रदान किया। उनका 'फिरकी' लेखन 1975 में साप्ताहिक 'सोबत' में धारावाहिक रूप में प्रकाशित होता रहा और उसके पश्चात् भी वे समय-समय पर 'फिरकी' लिखते रहे। उनका समूचा 'फिरकी' लेखन 'फिरकी' (1976), 'बाबूजी का तरबूज और बिटिया का स्वेटर' (1979), 'हम अपने उल्लू के पट्ठे!' (1991) इन पुस्तकों में संग्रहित है।

गाडगिल जी की 'फिरकी' में हास्यात्मकता दो कारणों से उत्पन्न हुई है। पहला कारण यह कि वे अपनी कल्पना-शक्ति की सहायता से विक्षिप्त स्वरूप की घटनाएँ निर्माण करते हैं और उनमें नर्मोक्ति तथा व्यंग्य पिरोकर इस हास्य को बहुस्तरीय बना देते हैं। दूसरा कारण यह कि हास्य निर्माण के लिए पूरक बननेवाली निवेदन शैली का प्रयोग करते हैं।

गाडगिल जी के 'फिरकी' एवं अन्य हास्य-व्यंग्य साहित्य को देखने पर पता चलता है कि विक्षिप्त का चित्रण करने में उनकी अधिक रुचि रही है। यह चित्रण करते हुए वे अलग-अलग पहलुओं से विमुक्त हास्य निर्माण के लिए आवश्यक घटनाएँ एवं घटना निर्माण में पिरोयी गयी निवेदन शृंखला तथा टिप्पणियों के सम्मिश्रण से चित्रण में स्वाभाविकता एवं व्यापकता भर देते हैं। हास्य निर्मिति के लिए उन्हें अकसर यथार्थ के घटकों का सामान्य क्रम बदलकर उनके स्थान परिवर्तित करने पड़े हैं, या उन्हें उल्टा-पुल्टा कर देना पड़ा है। 'फिरकी' के चित्रणों, निवेदनों, टिप्पणियों में इस मुक्त शैली के द्वारा निर्माण होनेवाले हास्य का प्रत्यय प्राप्त होता है।

कई बार गाडगिल जी की लिखी 'फिरकी' में विक्षिप्त घटना निर्मिति देखने को मिलती है। 'मधु की फिरकी' इसी श्रेणी की 'फिरकी' है। इसमें चित्रित पिता-पुत्र के सम्बन्ध विक्षिप्त कोटि के हैं। निवेदक की भूमिका निभानेवाले लेखक के द्वारा हम ये सम्बन्ध जानना आरम्भ करते हैं। मधु का बेटा अशोक आजकल के 'हीरो' जैसा है। लम्बे-लम्बे बाल, ढीले-ढाले, मटमैले कपड़े, घनी दाढ़ी-मूँछों में चेहरा छिपा हुआ, फट-फट की भयावह आवाज़ कर स्कूटर चलानेवाला यह बेटा और बेटे की इन बेवक़ूफियों से त्रस्त बाप निवेदक की प्रभावोत्पादक शैली के कारण हमारे सम्मुख संवेदना प्राप्त करने पहुँचते हैं। बेटे को 'सभ्य' बनाने के हेतु हेअरकटिंग के लिए हर महीने ब्राइब–साठ रुपये–देने के लिए भी पिता तैयार हो जाता है लेकिन पुरानी पीढ़ी के भ्रष्टाचार, घूसखोरी पर व्यंग्य कसकर बेटा चला जाता है! निवेदक लेखक एक साल बाद जब पुनः मधु के गाँव जाता है तब पिता अपने बेटे की हर अदा सीखा हुआ, शत-प्रतिशत उसके जैसा बना हुआ देखकर लेखक चौंक जाता है और पाठक भी! इस नाट्यात्मक मोड़ के कारण पाठकों का औत्सुक्य बढ़ाने में पर्याप्त सहायता प्राप्त हुई है। अब बेटे को अपने पिता से शिकायत है और निवेदक के ज़रिये बेटा अपने पिता को 'ठीक-ठाक कपड़े पहनकर, अन्य बच्चों के पिता जैसे रहें' की सलाह-आदेश देता है! पिता 'बेटा भी बाल कटवाएगा' की शर्त पर समझौता करने को तैयार हो जाता है! भूमिका विपर्यय से विक्षिप्तता लाकर लेखक ने समूची 'फिरकी' को नर्मोक्ति व्यंग्य का उत्तम उदाहरण बनाया है। घटना विपर्यय के कारण इसे सुगठित कहानी का स्वरूप भी प्राप्त हुआ है! अपने 'फिरकी' लेखन में गाडगिल जी ने पूर्ण या आंशिक रूप में विक्षिप्त घटनाएँ और नर्मोक्ति हास्य पिरोकर 'फिरकी' को कहानी का सुगठित शिल्प प्रदान किया है। 'विदेश मन्त्रालय में मेरी बहादुरी' इसी कथन की पुष्टि करनेवाली 'फिरकी' है! इन्दिरा गाँधी के फ़ोन आने पर लेखक पत्नी से कहलवाता है, 'वे दाढ़ी बना रहे हैं, थोड़ी देर बाद फ़ोन कीजिए!' और इन्दिरा गाँधी के पूछने पर कि 'विदेश मन्त्री के रूप में कार्यभार कब ग्रहण करेंगे?' कहता है, 'हमारे दर्ज़ी का कोई भरोसा नहीं है, जैसे ही वह बन्द गले का कोट सीकर देगा मैं आ जाऊँगा!' ये उत्तर विक्षिप्त प्रवृत्ति के द्योतक हैं। कोई भी सामान्य जन प्रधानमन्त्री से

इस तरह बात नहीं करेगा लेकिन अधिसत्ता के आतंक को उखाड़ फेंक देने का और विमुक्ति का अनुभव लेने का भाव ऐसे विक्षिप्त व्यवहार की प्रेरणा होता है। 'मेरी हिरासत' 'फिरकी' में प्राचार्य बने लेखक का चौपाटी जाकर गोलगप्पे खाना, फनफेअर में दोले के बाघ पर चढ़ जाना और उसी वक़्त उसके छात्रों का उसे देखना, विश करना, डिफिकल्टी पूछना आदि में इसी विक्षिप्तता के कारण हास्य निर्माण हुआ है। 'प्रस्थापितांचा खिमा' में लेखक कल्पना करता है कि सन्तप्त साहित्यिकों ने उसे घेर लिया है और गुनहगार समझकर कठघरे में खड़ा किया है। कई मार्क्सवादी, दलित लेखक उन पर धावा बोल देते हैं और गाडगिल जी अपनी जान बचाने की जी जान से चेष्टा करते रहते हैं। इस समूची कल्पना में एवं कल्पित घटना में ही विक्षिप्तता के अंश बिखरे हुए हैं।

विक्षिप्त प्रवृत्ति का 'फिरकी' में संयोजन एक और पहलू से लेखक ने किया है! वह यह कि कार्य-कारण भाव के अनुपात में परिवर्तन कर लेखक ने कारण को मामूली, गौण तथा कार्य को गहन, गम्भीर महत् दिखाकर औचित्यपूर्ण रूप से हास्य-व्यंग्य निर्माण किया है! 'ऐसे आरम्भ होते हैं आन्दोलन' जैसी कई 'फिरकी' में इस विशेषता को देखा जा सकता है।

गाडगिल जी ने विक्षिप्त प्रवृत्ति का उपयोग दो प्रकार से किया है—एक, हास्यात्मक घटनाओं की निर्मिति करने हेतु और दो, हास्य-व्यंग्य युक्त रचना करने के लिए। वे अपनी निवेदन शैली के द्वारा भी हास्य पैदा करते हैं। 'प्रा. पण्डित पेपर लिखते हैं' फिरकी में 'मुझ जैसे व्यक्ति को एडमिनिस्ट्रेटिव काम में नहीं, इण्टैलैक्च्युअल काम में रुचि है' कहनेवाले प्रा. पण्डित का वर्णन वे इन शब्दों में करते हैं, 'ज्ञान के बोझतले दबे रहने से उनकी हर हलचल मन्द गति से होती थी! अतः बेल बजने के बाद जब वे क्लासरूम में जाने के लिए निकलते थे तब क्लासरूम पहुँचने में ही उन्हें पाँच मिनट लगते थे।' 'मेरी सारस्वत पत्नी' फिरकी में का यह वर्णन भी उपर्युक्त कथन की पुष्टि करनेवाला है—हमारे घर में इस बात को लेकर कोई तात्त्विक विरोध नहीं था बल्कि आदत न होने के कारण हम अब तक मछली न खाने का गुनाह करते रहे थे इसका ज्ञान होते ही कई स्नेहमयी महिलाएँ रोज़ स्टील के डिब्बों में मछली भर-भर कर मेरी पत्नी से मिलने आने लगीं। इन निवेदनों में यथार्थ को हास्यात्मक पद्धति से प्रस्तुत करने की लेखक की कला के दर्शन होते हैं! 'ताज इण्टरकाण्टिनेण्टल और मेरी बिटिया' फिरकी में लेखक एक सत्य को हमारे सामने रखता है, 'बिल इतना भारी-भरकम था कि उसे इस क़दर फोल्डर में छिपाकर देना ही इष्ट था।' इस व्यंग्यात्मक टिप्पणी के द्वारा लेखक ने यथार्थ के जो दर्शन कराये हैं वे देखते ही बनते हैं। 'मैं स्टेडियम जाकर मैच देखता हूँ!' फिरकी में दूर तक चलकर फिर स्टार्ट लेनेवाले बॉलर का वर्णन करते हुए वे लिखते हैं, 'गेंद हाथ में लेकर, पिच की ओर पीठ फेरकर वह चलने लगा, चलता गया, चलता गया, आधा मैदान पार कर गया और उसके बाद

भी आगे चलने लगा तो मेरे मन में आशंका उभरी—कहीं वह किसी कारण से गुस्सा होकर घर तो नहीं जा रहा है?' इसी तरह सलाह लेने आये बच्चे का वर्णन 'धरा कि धरा रह गया मेरा सलाह-मशवरा!' में करते हैं, 'ससरा, इण्टर में फेल हो गया था और नाम क्या था गधे का पता है? नचिकेत! इन महत्त्वाकांक्षी नामों के कारण तो ऐसे घोटाले हो जाते हैं कि बस! वैसे देखा जाए तो इसी नचिकेत का बाप यानी हमारा मोरु भी कभी मैट्रिक के आगे बढ़ नहीं पाया था लेकिन उसके पिताजी ने दूरदृष्टि से उसका नाम जब मोरु रख दिया था तब भला उससे कोई अधिक अपेक्षा ही क्या रखता?' इस पद्धति से अपने निवेदन में विक्षिप्तता, अनपेक्षितता, चमत्कृति आदि के प्रयोग द्वारा गाडगिल जी ने अपने 'फिरकी' लेखन को पैना हास्य-व्यंग्यात्मक बना दिया है।

कई बार वे 'फिरकी' में खुलकर निवेदक की भूमिका ग्रहण करते हैं। इससे उन्हें यह सुविधा उपलब्ध हो सकी कि अपने रोज़मर्रा के जीवन में आनेवाले गये या सम्बन्धित व्यक्तियों का उल्लेख वे सहजता से कर सके और उनसे जुड़े क़िस्सों का वर्णन भी उतनी ही आसानी से कर पाये। इस सन्दर्भ में विशेष उल्लेखनीय बात यह है कि सांस्कृतिक, साहित्यिक क्षेत्र के ऐसे गण्यमान्य व्यक्तियों का निर्देश खुलकर करते हुए या उनके 'रहस्य' उद्घाटित करते हुए गाडगिल जी ने कभी सीमारेखा का उल्लंघन नहीं किया। इसका परिणाम यह हुआ कि इन कथित अनुभवों में ऐसी रोचकता, मर्मस्पर्शिता आयी कि पाठक तो क्या सम्बन्धित व्यक्ति भी दिल खोलकर दाद दे सकता है! उदाहरण के तौर पर इसी वर्णन को ले सकते हैं—सन्तप्त साहित्यिकों ने जब गाडगिल जी को घेर लिया था तब वे उस दृश्य का वर्णन करते हुए लिखते हैं—'उन सन्तप्तों के बीच मैं अपने किसी पक्षधर को ढूँढ़ रहा था, नज़र दौड़ा-दौड़ाकर! मुझे ज्ञानेश्वर नाडकर्णी दिखाई दिये। (नाडकर्णी जी मराठी के लेखक, कला समीक्षक हैं, वे शरीर से स्थूल हैं।) लेकिन वे इस क़दर अपना बदन सिकोड़-सिकोड़कर (यानी जितना सिकोड़ना सम्भव था उतना) बैठने की चेष्टा कर रहे थे जिससे यह प्रतीत हो कि वे वहाँ उपस्थित ही नहीं हैं। तब मैंने पुष्पा भावे जी की ओर प्रार्थनायुक्त मुद्रा से देखा। (भावे जी समीक्षक, प्रगतिशील चिन्तक हैं और वे हमेशा तनकर बैठती हैं।) लेकिन पुष्पा जी ने मेरी ओर से अपना ध्यान हटाया और वे बुद्ध की मूर्ति-सी ध्यान मग्न बैठी रहीं—अन्त तक वैसी ही बैठी रहीं!' 'बसन्त दावतर जी (आप सम्पादक, समीक्षक हैं। उनकी विशेषता यह कि वे मामूली-सी बात पर पल में आग बबूला हो जाते हैं और पल में पानी-से ठण्डे भी! उनके सभी साहित्यिक मित्र उनके इस स्वभाव से परिचित हैं।) के सन्दर्भ में मैं यह कैसे कहूँ कि वे बहक गये हैं? वे तो हमेशा बहके-बहके ही रहते हैं।' बन्द पड़े टेलीफ़ोन का यह वर्णन देखिए—'मैंने पुनः बड़ी आशा से रिसीवर कान में लगाया! उस वक़्त भी वैसी ही नीरव शान्ति थी! कहीं कोई खुटपुट, फुसफुस नहीं थी! निःशब्द शान्ति जैसी कि

मंगेश पाडगाँवकर जी की कविता में होती है!' इन वर्णनों में अपने परिचित व्यक्तियों के स्वभाव वैशिष्ट्यों को लक्ष्य बनाकर लायी गयी रोचकता, हास्यात्मकता लेखक के सन्तुलित एवं स्वस्थ दृष्टिकोण के कारण प्रभावोत्पादक बन सकी है।

'फिरकी' शीर्षकान्तर्गत किया गया उनका लेखन पाठकों के मन में हास्य अनुभूति को हमेशा ताज़ा रखता है क्योंकि गाडगिल जी ने विविध प्रयोगों द्वारा हास्य अनुभूति को उत्कटता, सच्चाई के साथ पाठकों तक सम्प्रेषित करने की चेष्टा की है। निवेदन के मुद्दे को ही लीजिए! निवेदन करनेवाला पात्र किस स्तर का, आयु का, किस भूमिका में ढला हुआ है उसके अनुरूप गाडगिल जी ने स्वयं वे भूमिकाएँ धारण की हैं अतः उनका निवेदक चाहे बच्चा हो, चाहे प्रौढ़; पाठकों के मन में अपनी बातों के ज़रिये हमेशा जीवित रहता है। इसका अर्थ ही यह है कि मात्र निवेदन करना इतना सीमित उद्देश्य उन्होंने 'फिरकी' के निवेदक के मत्थे नहीं थोपा है! और यदि वे ऐसा करते तो निवेदन में ऐसी हास्यात्मकता, पठनीयता प्राप्त न हो सकती। और यह भी हो जाता कि अपनी बात कहने के लिए उन्हें परिच्छेद के परिच्छेद ख़र्च करने पड़ते! ऐसे में शायद ही वह सम्पूर्ण लेखन हास्य प्रधान हो जाता! 'फिरकी' में निवेदन करनेवाला पात्र यदि बच्चा है तो गाडगिल जी सहजता से बच्चे की भूमिका में प्रवेश कर जाते हैं और बच्चे के मनःचक्षु से घटित घटनाओं की ओर देखते हैं, बच्चे की तर्क क्षमता से घटनाओं की व्याख्या करते हैं, बालमानस से घटित को समझने की चेष्टा करते हैं, बाल मनोवृत्तियाँ ओढ़कर आसपास के यथार्थ को देखते हैं अतः किसी भी वर्णन में न तो अत्युक्ति, अतिरंजकता आती है, न ही अविश्वसनीयता या नीरसता। बल्कि सारा यथार्थ अद्भुत रम्य बन जाता है जैसा कि अकसर वह बच्चों के लिए होता है! 'हम अपने उल्लू के पट्ठे!' फिरकी संग्रह की कई फिरकी—'हम कोंकण जाते हैं—अपने ननिहाल!', 'कोंकण के जहाज़ की रोमांचकारी यात्रा', 'मेरे बदमाश कपड़े', 'मुझे प्राप्त हुआ बँधा रुपया', 'मेरा हल्दीघाटी का संग्राम', 'हम अपने उल्लू के पट्ठे!'—इन्हीं विशेषताओं के कारण पाठकों को पुनः स्मृति के स्तर पर अपने-अपने बचपन से जोड़ती हैं, पाठकों के मन में बचपन को साक्षात् साकार करती हैं। उदाहरण के लिए ननिहाल जाने की पूर्व तैयारी में क्या-क्या रोचकता, रोमांच हो सकता है इसका अनुभव बच्चा जिस पद्धति से ले सकता है उसी पद्धति से गाडगिल जी हू-ब-हू प्रस्तुत करते हैं। यात्रा की तैयारी में जुटी हुई परेशान माँ और अपनी वस्तुओं को सामान में घुसेड़ने में प्रयत्नरत बच्चा, इससे और त्रस्त हुई माँ, सामान बाँधने के रोचक प्रयत्न, कोचवान से झगड़े, जहाज़ में जगह पाने की चेष्टाएँ, प्रत्यक्ष यात्रा में होनेवाली तकलीफ़ें, अन्य यात्रियों के द्वारा प्राप्त परेशानियाँ, महिलाओं की प्रतिक्रियाएँ, बच्चों का टट्टी प्रोग्राम, अन्ततोगत्वा अपने गन्तव्य स्थल पहुँचने पर बच्चे का कहना, 'शायद मौसी की माँगी मन्नत से नाव डूबी नहीं, आदि तमाम वर्णनों में पाठक एक बच्चे के अन्तश्चक्षु से सारी घटनाएँ देखते हैं, अनुभूत करते हैं क्योंकि निवेदक लेखक

आद्योपान्त बच्चे की मानसिकता में प्रवेश कर हमें दिखा-सुना रहा है अतः बच्चों की मूर्खता नहीं उनकी तर्क क्षमता प्रतीत होती है, कहीं भी रसभंग की स्थिति उत्पन्न नहीं होती और विश्वसनीयता बनी रहती है। 'हम अपने उल्लू के पट्ठे ही!' का निवेदक बच्चा जब फ़्लैट में रहनेवाले अपने वकील पिता से कहता है, 'बाबूजी यहाँ क्या धरा है? चाल में मकान लीजिए न! वहाँ की तो हर बात निराली होती है। वहाँ बाहर खड़े रहकर पाखाने गये दोस्त से गप्पें भी लड़ाई जा सकती हैं।' तब पाठक बच्चे की मूर्खता पर नहीं उसकी मासूमियत पर हँस देता है! यह लेखक की धारण की हुई भूमिका के साथ तादात्म्य पाने की क्षमता के कारण सम्भव हो सका है।

कई 'फिरकी' में गाडगिल जी जब पिता की भूमिका ग्रहण कर निवेदन करते हैं, तब कितने ही पिता हमारे सम्मुख साकार होते हैं। 'मधु की फिरकी' का अपने मॉड बेटे से तंग आ चुका पिता, 'बिलकुल याने बिलकुल बहकी हुई युवा पीढ़ी' का युवा बने बेटों की हरकतों से तंग आ चुका स्वयं लेखक पिता, 'ताज इण्टरकाण्टिनेण्टल और मेरी बिटिया' का बिटिया का पक्ष लेनेवाला तथा फाइव स्टारीय संस्कृति से तंग आ चुका पिता,...आदि कई पिता; पिता नामक सक्षम (?) प्राणी की त्रासदी पर प्रकाश डालते हैं! इतने सारे पिताओं को हू-ब-हू साकार करनेवाला लेखक अपनी अवलोकन क्षमता, निरीक्षण रुचि, तर्क क्षमता आदि कई गुणों का परिचय देता है! अतः ये तमाम पिता कहीं हवाई महल में बैठे हुए पिता नहीं लगते बल्कि रोज़मर्रा के जीवन में जूझनेवाले, उत्तरदायित्वों का बोझ उठा-उठाकर त्रस्त बने पिता प्रतीत होते हैं अतः पाठकों की सहानुभूति के पात्र होने का अधिकार भी रखते हैं! 'बिलकुल याने बिलकुल बहकी हुई युवा पीढ़ी' में सलाह पूछने अपने मित्र के पास पहुँचे हुए निवेदक लेखक पिता को सलाह देने के बजाय वह मित्र बेबसी के स्वर में पूछता है, 'क्या आपका बेटा भी मेरे बेटे जैसा आपके जागने के पूर्व समाचार-पत्र पढ़ता है?' तब लेखक जिस संजीदगी से उत्तर देता है, 'नहीं, सौभाग्य से वह जल्दी उठता नहीं, लेकिन मुझे विश्वास है यदि वह मेरे पूर्व उठता तो ऐसा ही करता' उसमें व्यक्त पीड़ा पाठकों से क्या छुपी रह सकती है? ये सारे पिता अपमान, हीन भावना, उपेक्षा आदि का शिकार बने हुए हैं और लेखक ने बड़े सन्तुलित रूप से इनकी त्रासदी को चित्रित किया है।—एक 'सफल' पिता की भूमिका धारण कर!

'प्रस्थापितों का कीमा' में लेखक नयी भूमिका धारण करता है! नारायण सुर्वे की इस बात से—'आकाशवाणी के कार्यक्रम के बहुत कम पैसे मिलते हैं'—लेखक तुरन्त सहमति दर्शाता है और कहता है, 'सचमुच यह अन्याय दिल में आग लगानेवाला है! दलितों को पत्थर तोड़ने की मज़दूरी सिर्फ़ डेढ़-दो रुपये देने से भी यह अधिक अन्यायकारी है कि नारायण सुर्वे जैसे महान लेखक-कलाकार को आकाशवाणी पन्द्रह-बीस मिनटों के कार्यक्रम के मात्र पच्चीस-पचास रुपये दे!' जान-बूझकर धारण

की गयी इस भूमिका के कारण वातावरण निर्मिति और हास्य दोनों का सक्षमता से निर्माण हो पाया है!

निवेदन-निवेदकों के विविध रूपों के कारण गाडगिल जी के लेखन में हास्यात्मकता सहज ही आयी है न कि सप्रयत्न। घटित घटनाएँ, व्यक्ति आदि पर वे प्रसंगोचित, मार्मिक टिप्पणियाँ प्रस्तुत करते रहते हैं अतः पैना एवं सूक्ष्म व्यंग्य उभरता है! इस व्यंग्य का लक्ष्य एअर इण्डिया के हवाई जहाज़ों की अव्यवस्था से लेकर कोंकण में वस्तुएँ भेजनेवाले लोग, माँ-पिता जी से लेकर दादी-बहू तक सभी हैं। 'आख़िर मैं सोचता था, कोंकण में कुछ मिलता भी है?' या 'हमारी माँ की विशेषता यह थी कि जब उन्हें अपने किसी बच्चे पर क्रोध आ जाता था तब वे अपने अन्य बच्चों द्वारा किये गये गुनाहों और यहाँ तक कि भविष्य में उनके द्वारा किये जानेवाले गुनाहों की सजा भी दे देती थीं!' ये टिप्पणियाँ लेखक की सूझबूझ, सजगता को प्रकाशित करती हैं, साथ ही हास्य में पैनापन लाने की उसकी कलात्मकता को भी!

गाडगिल जी ने यह लेखन हल्के-फुल्के ढंग से मनोरंजन प्रदान करने के हेतु किया है लेकिन मात्र मनोरंजन या हँसाकर इसका उद्देश्य समाप्त नहीं होता। स्तरीय हास्यात्मक लेखन की विशेषता भी यह होती है कि वह मानवीय स्वभाव और जीवनयापन पद्धतियों पर प्रकाश डाले बिना नहीं रह सकता। नर्मोक्ति लेखन से सामान्यतः मनोरंजन की ही अपेक्षा की जाती है। साधारणतः यह लेखन पाठक को सुखात्मक अनुभव देकर विमुक्ति का आनन्द प्रदान करता है! अतः उससे जीवन दर्शन की उतनी अपेक्षा नहीं रखी जा सकती। मराठी की उत्तम नर्मोक्तियुक्त कहानियाँ भी इसी का प्रत्यय देती हैं! व्यंग्यात्मक लेखन में व्यंग्यात्मक प्रवृत्तियों को हास्य का पात्र बनाकर जीवन सम्बन्धी कुछ गहन तथ्यों की चर्चा की जाती है! गाडगिल जी का 'फिरकी' लेखन इस अर्थ में प्रस्थापित परम्परा को लाँघता है कि उनके लेखन में इस तरह दीवारें प्राप्त नहीं होतीं। यह बात सही है कि उनका लेखन व्यंग्यात्मकता निर्माण करनेवाला नहीं है। उन्होंने यथार्थ को तोड़-मरोड़कर विक्षिप्त रूप में प्रस्तुत कर हास्य निर्माण किया है।

फिर भी यह लेखन—शुद्ध हास्यात्मक रूप से क्यों न हो—जीवन के कई गम्भीर तथ्यों को उद्‌घाटित करता है। इस सन्दर्भ में जीवन दर्शन शब्द कुछ अतिरिक्त वज़नदार प्रतीत होगा क्योंकि जीवन को गम्भीरता-गहनता से उद्‌घाटित करना 'फिरकी' का उद्देश्य नहीं है, इसके बावजूद गाडगिल जी 'फिरकी' के माध्यम से जीवन व्यवहार के और उस सन्दर्भ में व्यक्त होने वाले मानवीय मन के सूक्ष्म हाव-भाव तथा गुत्थियों के दर्शन कराते हैं। महत्त्वपूर्ण बात यह है कि यह दर्शन यथार्थ और अर्थपूर्ण है। चाहे यह चित्रण पुरानी मुम्बई के 'चाल जीवन' का हो या महाविद्यालयीन प्राध्यापक, छात्रों के जीवन का; यथार्थबोध कराने की सक्षमता से युक्त है।

गाडगिल जी ने अपने लेखन में जीवन के विविधांगों पर सफलता से प्रकाश

डाला है। यह सफलता लेखक के आत्मनिष्ठ होने में निहित है। इस दृष्टि से 'फिरकी' में व्यक्त अनुभव लेखक के जीवन के बहुविध अनुभव हैं। इन अनुभवों की अभिव्यक्ति हास्यात्मक स्वरूप में हुई है। इसका कारण यह है कि ये अनुभव ग्रहण करनेवाला व्यक्ति अर्थात लेखक उन्हें इस स्तर पर, इस दृष्टि से ग्रहण कर रहा था। आत्मनिष्ठ लेखन की दूसरी महत्त्वपूर्ण विशेषता—अनुभूत यथार्थ जिस कालखण्ड का है उसकी मनोवृत्ति, उसमें पायी जानेवाली विशेषताएँ, उस काल के दृष्टिकोण, मान्यताएँ आदि के साथ-साथ उस यथार्थ का सम्प्रेषण भी किया जाता है—'फिरकी' को आत्मचरित्र के स्तर पर ले जाती है। 'फिरकी' में व्यक्त अनुभव उस काल के सामाजिक यथार्थ के प्रति पाठक को पुनर्विचार करने को बाध्य करते हैं, उसे अन्तर्मुख बना देते हैं। शब्दश्लेष, अर्थश्लेष, विक्षिप्तता से युक्त इस हास्य लेखन में जीवनानुभव के इतने गहन एवं व्यापक प्रत्यय देने की जो क्षमता परिलक्षित होती है वह मराठी के अन्य लेखकों के हास्य-व्यंग्य साहित्य में शायद ही परिलक्षित होती हो!

गाडगिल जी के 'फिरकी' लेखन में मुम्बई शहर का क़रीबन साठ-सत्तर वर्षों का सांस्कृतिक, साहित्यिक, आर्थिक, शैक्षिक वातावरण, समय-समय पर हुए अन्तर्बाह्य परिवर्तनों के साथ व्यक्त हुआ है। पारिवारिक स्तर पर इन वर्षों में हुए अनगिनत प्रकार के परिवर्तनों का मानो यह एक प्रकार का कलात्मक दस्तावेज़ है! इस वातावरण में एक बच्चा अनुभव ग्रहण करते-करते बड़ा बनता है, चिन्तन करता है और अपनी हर अवस्था के अनुभव, अपने दृष्टिकोणों से परिवर्तित वातावरण की पार्श्वभूमि पर रोचक शैली में 'फिरकी' व्यक्त करता है। अनुभव ग्रहण एवं व्यक्त करने की क्षमता के बहुआयामी होने के कारण अनुभव का क्षेत्र मात्र मुम्बई तक ही सीमित नहीं रह पाता, वह विदर्भ, मराठवाडा आदि प्रदेशों तक यात्रा करता रहता है। अतः 'फिरकी' में व्यापक सन्दर्भ भी उपलब्ध होते हैं।

गाडगिल जी बचपन की स्मृतियों में अधिक रस लेते हैं। बचपन के अनुभवों में उनका मन अधिक रम जाता है। इस बात की साक्षी जैसी उनकी कहानियाँ हैं वैसी ही 'फिरकी' भी! बच्चों की मनपसन्द बातें, उनकी इच्छाएँ, उनका नज़रिया आदि का वर्णन करते-करते वे बड़ों की व्यावहारिक दृष्टि, अधिकार लालसा आदि का वर्णन भी सहजता से करते हैं अतः एक की पार्श्वभूमि पर दूसरे को समझना, बड़ी व्यापकता से समझना हो जाता है। यह करते हुए गाडगिल जी ने न केवल व्यक्ति विशेष के व्यवहार उद्घाटित किये हैं बल्कि तत्कालीन समाज की, स्त्री-पुरुषों की मानसिकता, पारिवारिक सम्बन्ध आदि का सूक्ष्म उद्घाटन किया है जो 'फिरकी' को स्तरीयता प्रदान करता है। इसमें सास-बहू के बीच के तनाव, पिता-पुत्र के सम्बन्धों के अनेकविध सुख-दुःखात्मक पहलू, पति-पत्नी के आपसी मनमुटाव, स्त्री के मन में ससुरालवालों के प्रति पूर्वग्रह, पिता के प्रभावों में पलकर बड़े बने बच्चों की ख़ास मानसिकता, परम्परागत संयुक्त परिवार की उलझनें, नयी पीढ़ी-पुरानी पीढ़ी के बीच

की टकराहट, परम्परा ठुकरानेवाली नयी पीढ़ी के संस्कारों में झलकनेवाला परम्परा का प्रभाव आदि को दृश्यात्मकता, व्याख्या, चित्रात्मकता के साथ लेखक ने कई पहलुओं से अंकित किया है। उदाहरण के लिए 'फिरकी' में व्यक्त पिता-पुत्र सम्बन्धों को लिया जाए तो ये सम्बन्ध कितने बहुविध, बहुस्तरीय, बहुआयामी होते हैं इसका आलेख हमें प्राप्त हो सकता है। 'मधु की फिरकी' में पिता-पुत्र सम्बन्ध नयी-पुरानी पीढ़ी की मान्यताएँ, मूल्य आदि की टकराहटों के कारण तनावग्रस्त हुए हैं और पिता नयी पीढ़ी का अनुकरण कर पुत्र को सबक सिखाना चाहता है। 'बिलकुल याने बिलकुल बहकी हुई युवा पीढ़ी' में पिता को अपने युवा बेटे के प्रति ईर्ष्या, गर्व, अपनत्व, खीज महसूस होती है, उसे अपने अस्तित्व पर बेटे के कारण ख़तरा प्रतीत होता है। 'बाबूजी का तरबूज़ और बिटिया का स्वेटर' में बालमानस पर हुए पिता के गहरे प्रभाव से आगे चलकर वह व्यक्तित्व कैसा परिचालित होता है, का तथ्य उद्‌घाटित किया गया है। 'कबूतर' में पिता-पुत्र के बीच के तनाव चित्रित हुए हैं! 'दुर्दशा आजकल के नाना-दादाओं की' में विदेश जाकर बसे हुए पुत्र के कारण उत्पन्न हुई समस्याओं से जूझनेवाले पिताओं के दर्शन कराये गये हैं! विविध स्तरों पर एक ही रिश्ते को इतनी सूक्ष्मता से उद्‌घाटित करना कोई सशक्त लेखक ही कर सकता है।

'फिरकी' में गाडगिल जी ने जीवन के कई क्षेत्रों से सम्बन्धित अनुभवों का चित्रण किया है। यह चित्रण करते हुए वे यथार्थ के किसी भी महत्त्वपूर्ण पहलू की ओर निर्देश करना भूले नहीं हैं। यह यथार्थ भी कई प्रकार का है! वह कभी मार्क्सवादी, दलित साहित्यकारों से जुड़ा हुआ है, कभी उनकी किसी ख़ास प्रवृत्ति विशेष से, कभी साहित्य में चलनेवाली ठगी से तो कभी महाविद्यालयीन नटखट, गुण्डा छात्रों से। इस यथार्थ के दर्शन कराते समय वे व्यक्ति व्यवहार के पाखण्ड का तथा व्यक्ति के दोहरे व्यक्तित्व का सांकेतिक रूप से उद्‌घाटन करते हैं। गाडगिल जी ने अपने जीवन का प्रदीर्घ काल मुम्बई जैसे महानगर में व्यतीत किया है। अतः वहाँ के सामाजिक, सांस्कृतिक, पारिवारिक जीवन में समय-समय पर होनेवाले परिवर्तनों को, वहाँ पली हुई दो पीढ़ियों के संघर्ष को वे बारीक़ियों के साथ चित्रित कर पाये हैं। कॉलेज अध्यापक-छात्र, बैंक अधिकारी, होटल मालिक-नौकर, मज़दूर-ग्राहक आदि के स्वभाव के सूक्ष्मातिसूक्ष्म पहलुओं पर प्रकाश डालते हुए गाडगिल जी समूचे चित्रण में सजीवता लाते हैं। अतः यह मात्र चित्रण नहीं रह जाता अपितु अर्थयुक्त, साभिप्राय, संकेत-सूचक व्यवहार विशेष बन जाता है, हास्य-व्यंग्य का कलेवर धारण कर पाठक की बुद्धि-भावना को झकझोर देता है, पाठक को अतीत-वर्तमान के हिंडोले में बिटाकर सैर करा लाता है। इन चित्रणों में टिप्पणियाँ, व्याख्या आदि के द्वारा गाडगिल जी ने अपनी सामाजिक-राजनीतिक सूझ-बूझ और सतर्कता के दर्शन भी कराये हैं।

बैंक अधिकारियों का एवं उनके बेटों का चित्रण करते-करते लेखक समाजवाद, सार्वजनीन सेवा विभाग, कर्मचारी वर्ग की मानसिकता और समय के साथ-साथ उस

मानसिकता में आये हुए परिवर्तन आदि को भी पाठकों के चिन्तन का विषय बना देता है। 'देश में समाजवाद आया है यानी सार्वजनीन सेवाओं का अधिक से अधिक लाभ ग्राहकों की अपेक्षा वहाँ के कर्मचारियों को किस तरह मिले इस सम्बन्ध में सतर्कता बरती जाती है! इसलिए तो बैंक में यह देखा जाता है कि उन्हें कम-से-कम काम और अधिक से अधिक वेतन कैसे मिल जाएगा!' ऐसे वाक्य लेखक की पैनी व्यंग्यक्षमता के साथ उसकी सूझ-बूझ को भी दर्शाते हैं।

मानवीय स्वभाव का सूक्ष्म अवलोकन और परिस्थिति की गहरी पैठ उनकी 'फिरकी' में विशेषतः पारिवारिक सन्दर्भ से जुड़ी 'फिरकी' में अधिक सक्षमता से दृष्टिगोचर होती है। इस सन्दर्भ में वे मूल्यों में हुए अधःपतन, शिक्षित युवाओं की मूल्यहीन मानसिकता, छात्रों की स्वार्थी, आत्मकेन्द्रित प्रवृत्तियाँ आदि पर प्रकाश डालते-डालते सम्पूर्ण सामाजिक जीवन की ओर संकेत कर जाते हैं।

विविध निवेदन शैलियों के प्रयोग के कारण उनका 'फिरकी' लेखन रोचक, सुखद, मन प्रफुल्लित करनेवाला बन पड़ा है। 'फिरकी' में भूमिकाएँ निभानेवाले विभिन्न निवेदकों के पीछे सूत्रधार के रूप में जो प्रमुख निवेदक कार्यरत रहा है उसकी स्वस्थ दृष्टि, प्रगल्भ वृत्ति 'फिरकी' साहित्य को स्तरीयता देनें में पर्याप्त सहयोगी सिद्ध हुई है। यह 'फिरकी' लेखन गाडगिल जी अपनी युवावस्था में शायद ही कर पाते। जीवन की प्रगल्भावस्था में पहुँचा हुआ लेखक ही 'फिरकी' में व्यक्त पात्रों, वातावरण, भाव-विचारों को अभिव्यक्ति दे सकता है। एक पात्र के रूप में स्वयं भूमिका निभाते हुए एक साथ अन्य पात्रों के स्वभाव विशेषों को आत्मसात करना, पात्रों की आपसी क्रिया-प्रतिक्रियाओं को देखना, कभी हँसोड़ व्यक्तित्व में प्रवेश करना, कभी युवा, कभी प्रौढ़, कभी चक्रव्यूह में फँस जाने पर धीरोदात्त संघर्षरत व्यक्ति की भूमिका निभाना, कभी हारे हुए, गौण, शरणागत की भूमिका में बिना किसी संकोच के प्रवेश करना, कभी गाम्भीर्ययुक्त घटनाओं को बिलकुल सहजता से तरल-हल्का-फुल्का बनाना, कभी स्वस्थ-सामंजस्यपूर्ण व्यवहार करना तो कभी नटखट। और यह सब क़रते हुए देखते-दिखाते हुए एक साथ तटस्थता और आत्मीयता बनाकर रखना—यह तो जादू कोई प्रौढ़ लेखकीय व्यक्तित्व ही कर सकता है। यही जादू 'फिरकी' की आत्मा है।

मन में एक प्रश्न उपस्थित होता है कि गाडगिल जी ने 'फिरकी' क्यों लिखी होगी? इसका एक उत्तर तो यह हो सकता है कि गाडगिल जी जैसे प्रयोगधर्मी लेखक हमेशा नये शिल्प की तलाश करते रहते हैं और नये-नये रूपों में ग्रहण किये हुए अनुभवों की अभिव्यक्ति के लिए कोई सशक्त एवं अनुरूप माध्यम या विधा स्वीकारते हैं। दूसरा यह कि जीवन के कुछ अनुभव ऐसे होते हैं कि जिनमें आकर्षकता, रोचकता, अर्थमयता तो होती है लेकिन किसी गहन-गम्भीर विधा में बद्ध करने जितना वज़न नहीं होता अतः इन अनुभवों की अभिव्यक्ति के लिए किसी हल्की-फुल्की, रोचक विधा को अपनाना पड़ता है। हाँ, इतनी बात निश्चित है कि नर्मोक्ति हास्य की

रंजनात्मकता और शुद्ध हास्य की जीवन तथ्यों को उद्घाटित करने की सामर्थ्य के मणिकांचन योग से गाडगिल जी ने 'फिरकी' जैसी नयी साहित्यिक विधा का निर्माण कर मराठी के हास्य-व्यंग्य साहित्य में अमूल्य योगदान दिया है।

—गो.मा. पवार

अनुक्रम

खिंचाई

मेरा दोस्त ख़ुश था। मैं भी ख़ुश था। दोनों अरसे बाद मिल रहे थे। गले मिलते ही हमने एक-दूसरे की पीठ पर धौल जमाये। एक-दूसरे की तोंद पर एक-एक चपत लगायी और दोनों में से किसकी तोंद ज़्यादा निकली है इस बात को लेकर प्यार भरी बहस भी की और बाक़ी दोस्तों के बुढ़ापे का मख़ौल उड़ाया। फिर मैंने अपने कपड़े-वपड़े बदले थे और हम दोनों उसके बँगले के अहाते में कुर्सियाँ लगाकर सुस्ताने लगे थे।

आसमान में तारे वग़ैरह थे। वैसे मुम्बई के आसमान में भी होते हैं, मगर कम्बख़्त दिखाई नहीं देते। यहाँ, मुम्बई के बाहर, ज़रा ऊपर नज़र उठाते ही तारे दिखाई दे रहे थे। सामने गिलास में व्हिस्की थी और दोस्त की पत्नी बड़े उत्साह से गर्मागर्म पकोड़े ला-लाकर सामने रखे जा रही थी।

फिर मेरे दोस्त ने सिगरेट का टिन निकाला, मगर ज़रा ठिठककर खुराफ़ाती अन्दाज़ में बोला, "क्यों बे? सिगरेट पीने लगे हो या नहीं? या अभी तक छोड़ रखी है?"

"न, न। अब पीने लगा हूँ।" मैंने झट उसका शक दूर किया। इससे मेरा दोस्त और भी ज़्यादा ख़ुश हुआ। कुल मिलाकर समाँ पूरी तरह से बँध गया था।

तभी गेट के खुलने की आवाज़ आयी। मेरे दोस्त ने गेट की दिशा में देखा और उसके चेहरे का रंग एकाएक उड़ गया। मैंने भी उस तरफ़ देखा। जोगी-बैरागियों-सा कुर्ता पहने कोई प्राणी वहाँ खड़ा था। नीचे बिना इस्त्री की, मैली-कुचैली जीन्स, जिस पर दो-तीन पैबन्द लगे थे! सूरत—मगर वह नज़र ही कहाँ आ रही थी? सिर के बाल गर्दन के नीचे बित्ते भर तक लटक रहे थे, सामने माथे पर झूलते हुए भौंहों को चूम रहे थे, नाक के नीचे मूँछें फैली थीं, ठोड़ी पर जो दाढ़ी थी वह दोनों कानों तक अपना कारोबार पसारे हुए थी और ऊपर से नीचे आती हुई कलमों और दाढ़ी के बीच वह इतनी-सी स्वेज नहर किसलिए रखी गयी थी, समझ में नहीं आ रहा था।

मेरे चेहरे पर उभरे सवाल को ताड़ मेरे दोस्त ने कहा, "अरे, यह तो हमारा बण्टी है!"

"माइ गॉड! बण्टी! मैंने तो पहचाना ही नहीं तुम्हें!"–मैंने उठकर बण्टी की पीठ पर एक धौल जमाते हुए कहा। 'पीठ पर' से मेरा मतलब है 'पीठ के निचले हिस्से पर।' क्योंकि पीठ पर उसके बाल ऐग्ज़ैक्टली कहाँ तक उतरे हैं, इसका अन्दाज़ा मैं नहीं लगा पाया था।

मेरी बात सुन बण्टी संजीदगी से हँस दिया। अनाड़ी, नासमझ बड़े-बूढ़े इसी तरह अपना आश्चर्य प्रकट किया करते हैं, इसका तजुर्बा उसे था।

मैंने बण्टी की बाँहें थाम उसे प्यार से सहलाया और पीठ पर एक और ममतामय धौल जमाया। मेरे दोस्त का बेटा बण्टी! बण्टी–जिसे मैंने कई बार अपनी इन बाँहों के झूले में झुलाया था, कन्धे पर उठाया था। कितनी बार चॉकलेट खिलायी थी। बण्टी! नन्हा मुन्ना, प्यारा प्यारा बण्टी!

मगर मधु–मेरा दोस्त–गुमसुम था। बण्टी को लेकर उसके दिल में ममता की कोई लहर उठी हो, इसका कोई निशान उसके चेहरे पर नज़र नहीं आ रहा था। बाप-बेटे में किसी तरह की कोई बातचीत भी नहीं हुई। बस, थोड़ी देर दोनों एक-दूसरे को घूरते रहे। फिर बण्टी अन्दर चला गया।

"टैरिबल!" मधु गुस्से से चीख़ उठा।

"टैरिबल क्या?" मैंने जानना चाहा।

"यही...यह सब...!" उसने अपने हाथों से बण्टी के बालों की लम्बाई की ओर इशारा किया और मारे गुस्से के एक ही घूँट में सारी व्हिस्की गटक गया।

हमदर्दी जताते हुए मैंने उसका गिलास फिर भरा। कहा, "चलता है! यू हैव टू टेक इट इन योर स्ट्राइड!"

मधु और तैश में आकर बोला, "बाल साले सब्ज़ी में आते हैं।"

"तुम्हारी सब्ज़ी में? नहीं, नहीं। इतने लम्बे तो नहीं हैं।"

"मेरी सब्ज़ी में नहीं रे! उसी की अपनी सब्ज़ी में!" मधु ने स्पष्ट किया।

"उसकी बला से! हमें क्या!"

"देखना पड़ता है! अपनी इन आँखों से हमें देखना पड़ता है वह नज़ारा! चाय की भाप मूँछों पर पड़ती है। कभी-कभी तो मलाई भी चिपक जाती है।" उस नज़ारे की याद भर से मधु सिहर उठा।

"तुम देखते ही क्यों हो उस तरफ़?" मैंने समझाने के अन्दाज़ में कहा।

"उस पर मूँछें पोंछने के लिए रूमाल भी नहीं रखता यह गधा! कुर्ते की आस्तीनों में पोंछ लेता है। यूँ!!" मधु ने साभिनय बताया।

अब की बार मैंने बिना बोले हमदर्दी जतायी।

"समझ में नहीं आता, साले हमारे बच्चों के जवान होते ही यह फ़ैशन कहाँ से

आ गया? यूल ब्राइनर का फ़ैशन हुआ करता था। तब क्यों नहीं बड़ा हुआ यह इडियट?"

मधु की लॉजिक अब अपनी जगह से फिसल रही थी।

"यू काण्ट होल्ड हिम रिस्पॉन्सिबल फॉर दैट!" मैंने उसे पटरी पर ले आने की कोशिश की।

"इडियट मत बनो!" वह और बिगड़ पड़ा।

मैंने शान्त भाव से व्हिस्की की एक चुस्की लेते हुए कहा, "ऐसा करोगे तो तुम्हें डाइबिटिस हो जाएगी। और ब्लडप्रेशर भी!"

सोच में डूबते हुए उसने हामी भरी और गुस्से से गिलास टी-पॉइ पर पटका।

मैंने आगे बताया, "बल्लू ऐसा ही किया करता था। उसे डाइबिटिस हो गया। व्हिस्की बन्द, आइस्क्रीम बन्द। अब निरी हरी पत्तियाँ चबाता है।"

सुनकर मधु घबरा उठा। मगर फिर मुट्ठियाँ भींचते हुए बोला, "कोई-न-कोई रास्ता निकालना होगा...रात को उसके सोने के बाद बाल काट दिये जाएँ तो कैसा रहेगा?"

मधु की सूरत पर बला की चालबाज़ी झलक रही थी।

"बल्लू ने ऐसा ही किया था।" मैंने आगे जानकारी दी।

"फिर?"

"उसका बेटा कुछ इस क़दर बिफर उठा कि घर छोड़कर चला गया और होस्टल में रहने लगा। अब बल्लू होस्टल का ख़र्चा उठा रहा है।"

"माइ गॉड!"

"इससे तो अनन्त वाला तरीक़ा बेहतर है।" मैंने सुझाव देना चाहा।

"अनन्त क्या करता है? वह तो पुलिस में है न?"

"अनन्त ब्राइबरी करता है।"

"ब्राइबरी?"—मधु नहीं समझा।

"येस! ब्राइबरी! यानी रिश्वतख़ोरी!" मैंने स्पष्ट किया।

"कैसे?"

"हर हेअर कट के लिए वह अपने बेटे को पचास रुपये देता है, इससे बेटा कभी-कभार ही सही बाल कटवा तो लेता है।" मैंने ब्यौरेवार जानकारी दी।

"साला आइडिया! पचास तो क्या, मैं तो साठ देने को तैयार हूँ।" मधु उछल पड़ा।

मैंने चेतावनी देते हुए कहा, "एकदम साठ का ऑफ़र मत देना। क्योंकि रेट तो बढ़ता ही रहता है बराबर। अनन्त ने शुरुआत तीस से की थी। साल होते-होते रेट अब पचास का हो गया है।"

"जो हो! आइडिया ग्रैण्ड है! मैं कोशिश करता हूँ।" मधु ख़ुश हुआ।

तभी एक-दो छोटे-छोटे धमाके हुए, फिर बराबर होते रहे। मैंने चौंककर पूछा, "यह क्या है?"

काफ़ी देर तक हम दोनों एक-दूसरे के होठों में होती हरकतें देखे जा रहे थे। कुछ भी सुनाई नहीं दे रहा था।

बण्टी की मोटर साइकिल चली गयी तब मैंने कहा, "बहुत आवाज़ कर रही थी। बिगड़ गयी है क्या?"

मधु ने कड़वाहट से भरकर कहा, "परसों ही तो ख़रीदी है। उस समय आवाज़ नहीं कर रही थी, इसलिए इसने उसे शोरूम भेज दिया कि आवाज़ तो होनी चाहिए। सिरदर्द साला!"

"इसके लिए तुम्हें अलग से रिश्वत देनी पड़ेगी।" मैंने कहा।

"डैम इट!" मधु चीख़ा और उसने अपना गिलास ख़ाली कर डाला।

उस दिन बण्टी के लौटने से पहले ही मधु ने जल्दबाज़ी कर हम दोनों का खाना लगवा लिया।

दूसरे दिन ब्रेक-फास्ट पर फ्राइड एग और ब्रेड का टुकड़ा उठाते हुए मधु ने बण्टी को साठ रुपये का ऑफर दिया।

बण्टी ने एक बार उस पर नफ़रत भरी निगाह डाली। फिर एक झटके से बालों के जंगल में भूचाल ले आते हुए कहा, "नो!"

"ऐं?"

"नो! मतलब नहीं! आप चाहे सौ रुपये दीजिए। बाल मैं हरगिज़ नहीं कटवानेवाला!"

"तो फिर एक सौ एक ले लेना।" मधु संजीदगी बरकरार रखते हुए बोला।

टोस्ट टेबल पर पटकते हुए बण्टी चिल्लाया, "पापा, आप रिश्वत दे रहे हैं। करप्शन नहीं चलेगा! आपकी करप्ट जनरेशन की जड़ उखाड़कर रख देंगे हम!"

मधु लाल-पीला हो उठा। उसका बदन मारे गुस्से के काँपने लगा। मगर अण्डे में डुबोया हुआ ब्रेड मुँह में ठूँस लेने के अलावा वह और कुछ नहीं कर पाया।

इस घटना के क़रीब एक साल बाद मैं फिर मधु के घर गया। जब पहुँचा, तब मधु घर पर नहीं था। मैं अहाते में कुर्सी लगा सुस्ताते हुए उसका इन्तज़ार करने लगा। काफ़ी देर बैठा रहा। अँधेरा छा गया और तब बड़ी धमाकेदार आवाज़ के साथ एक मोटर साइकिल गेट के पास आ रुकी। मैला-कुचैला, मुड़ा-तुड़ा कुर्ता पहने हुए, लम्बे बालोंवाला एक जंगली जानवर मोटर साइकिल से उतरा। मैं समझ गया, बण्टी आ गया है। कितना मोटा हो चला था बण्टी!

जंगली जानवर आगे बढ़ा। मेरे कन्धे पर चपत जमाते हुए बोला, "क्यों बे? कब आया? काफ़ी देर इन्तज़ार करना पड़ा न?"

मैं देखता ही रह गया! वह जानवर ख़ुद मधु था!

"अरे, मगर यह तो..." मुझसे तो कुछ कहते ही नहीं बन पा रहा था।

वह बोला, "सेव् योर ब्रेथ! मैं जानता हूँ, तुम क्या पूछना चाहते हो। मगर मैंने भी सोच लिया है। आइ मस्ट अण्डरस्टैण्ड दी यंग! इसलिए मैं भी उन्हीं में से एक बनना चाहता हूँ। चलो, मेरे साथ..."

और वह मुझे घसीटता हुआ। अपनी मोटर साइकिल पर पीछे बिठाकर ले गया। उस धमाकेदार मोटर साइकिल पर सवार हो, हम दोनों ने गाँव के दो-तीन चक्कर लगाये। उस छोटे-से गाँव में सभी लोग मधु को जानते थे। मुझे तो रह-रहकर ऐसा महसूस हो रहा था कि लोग मधु को देख-देख हँस रहे हैं। मधु को, मगर उनकी परवाह नहीं थी। एक जगह नौजवान लड़कों का एक गुट बैठा था। मधु ने वहाँ मोटर साइकिल रोक दी।

"हाइ फोक्स!" वह बोला।

गैंग में मैंने बण्टी को देखा। मधु को देख वह बुरी तरह तिलमिला उठा, मगर मधु ने उसकी तरफ़ देखा तक नहीं। गैंग से थोड़ी देर बतियाने की कोशिश कर मधु ने फिर अपनी धमाकेदार मोटर साइकिल स्टार्ट की।

घर पहुँचकर मैंने उससे जवाब तलब करना चाहा। मगर मेरे हर सवाल पर वह बस, 'हो-हो' करके हँसे जा रहा था।

थोड़ी देर बाद बण्टी घर लौटा। मुझे एक तरफ़ ले जाकर वह बड़े गुस्से से बताने लगा, "देखा आपने, पापा कैसे पेश आ रहे हैं?"

"हाँ, बण्टी! कुछ अजीब-सा बर्ताव लग रहा है उसका।" मैंने उदास होते हुए हामी भरी।

"अजीब-सा? माइ गॉड! अंकल, लोग कहते हैं, पापा पागल हो गये हैं। मुझे तो सरेआम बेआबरू कर दिया पापा ने! सिर उठाकर चलना मुश्किल हो गया है मेरा!" बण्टी सचमुच आपे से बाहर हुआ जा रहा था।

मैंने भी चिन्ता का भाव प्रकट किया।

बण्टी बोला, "आप ही समझाइए उन्हें। उनसे कहिए, बाल कटवा दें। ढंग के कपड़े पहनें और दूसरे के पापाओं की तरह पेश आएँ।" मारे गुस्से के बण्टी काँप रहा था।

"कोशिश करता हूँ।" मैंने बीच-बचाव करने की बात मान ली।

मधु विजेता की भाँति अट्टहास कर उठा और उसने अपना हुलिया बलदने से साफ़ इनकार कर दिया। मेरे बहुत समझाने-मनाने पर बोला, "ठीक है। मगर मेरी भी कुछ शर्तें हैं। पहली शर्त यह कि बण्टी भी मेरे साथ बाल कटवाएगा।"

बण्टी को मैंने शर्त सुनाई तो वह होठ भींचकर बोला, “अच्छा, तो यह बात है?” मगर इसके बाद करना क्या है, यह वह खुद नहीं समझ पा रहा था। रुआँसा हो गया।

काफ़ी देर तक बीच-बचाव चलता रहा। आख़िरकार समझौता हो गया।

मधु ने तुरन्त मोटर साइकिल निकाली, पीछे बण्टी को बिठाकर स्टार्ट करने लगा।

“मगर सलून तो अब बन्द हो चुका होगा।” मैंने कहने की कोशिश की।

“खुलवा लूँगा। तुम क्या समझे?” मुझे डाँटते हुए एक धमाके के साथ मधु ने मोटर साइकिल स्टार्ट कर दी और दोनों चले गये।

नज़रक़ैद

एक बार बच्चों को लेकर 'फन-फेअर' में चला गया था। सालों बाद मेले में वह हिण्डोला देखा। गोल-गोल घूमता हुआ हिण्डोला। लोहे की मोटी सलाख़ों से लटके हुए घोड़े, शेर, बाघ–सारे चक्कर काट रहे थे। बच्चे उनकी पीठ पर सवार किलक रहे थे, खिलखिला रहे थे। बच्चों के माँ-बाप हिण्डोले में लगी बेंचों पर बैठे थे; आपस में मगन।

शौक़ मेरा भी चर्राया। बचपन से बड़ा शौक़ था, हिण्डोले पर सवार होने का, बचपन के बीत जाने पर भी काफ़ी समय तक शौक़ बरकरार रहा। इसका यह मतलब नहीं कि अब शौक़ नहीं रहा।

इसी शौक़ को मारे मैं अपने बच्चों से हिण्डोले में बैठने का अनुरोध करने लगा। मगर बिटियारानी डरपोक ठहरी! 'न-न' करने लगी। कितना समझाया, लालच भी दिया, मगर वह टस-से-मस न हुई।

पत्नी बोली, "उसे डर लग रहा है तो आप क्यों ज़बरदस्ती किये जा रहे हैं?"

मैंने कहा, "वाह! उसका डर मिटाना चाहिए कि नहीं? डरपोक बनने से कैसे चलेगा? बड़ी होने पर क्या करेगी? मान लो, डूबती नाव से कल उसे कूदना पड़ा, तो?"

"छिः! कैसी अशुभ बातें करते हो? शुभ-शुभ बोला करो!" उसने कहा। मैंने उसकी इस बात को नज़रअन्दाज़ करते हुए बिटिया को मना ही लिया। मगर अब वह शेर की पीठ पर बैठने से डरने लगी। कहने लगी, "गिर जाऊँगी, पापा! मैं तो बेंच पर ही बैठूँगी।"

"गिरोगी कैसे? सलाख़ पकड़े रहना। मैं दिखाऊँ बैठकर?" मैंने ढाढस बँधाया।

बोली, "आप ही बैठिए। मैं बेंच पर बैठूँगी।"

बचपन में हालाँकि मैं हिण्डोले में बैठ चुका था, मगर शेर की सवारी करने की हसरत ही रह गयी थी। माँ ने कहा था, "गिर जाओगे मत बैठो!" बाद में जब शेर

पर बैठने की ज़िद की थी, तब उन्होंने कहा था, "बच्चे हो क्या!" हाय! यह कैसा इन्साफ़!

पत्नी उधर से चिल्लायी, "आ ऽ ऽ प?" माथे पर बल थे, "आप, अब...?"

"हाँ-हाँ, मैं! क्यों? क्या कर लोगी?" तैश में मैं भी आ गया। सीना तानकर खड़ा हो गया।

असल में हिण्डोले के रुक जाने पर मैं अपनी बच्ची को सिर्फ़ दिखाने जा रहा था कि शेर की सवारी कैसे करते हैं। मगर अब बीवी ने ललकारा था। सवाल चुनौती का था। मुट्ठियाँ भींचते हुए मैंने भी उसे डपट दिया, "बोलो, क्या कर लोगी?"

"अब इस उम्र में आप हिण्डोले पर, घोड़े पर..."

"घोड़े पर नहीं। शेर पर!" मैंने उसकी ग़लतफ़हमी दूर की।

"शेर पर क्यों? चाहे तो गधे पर बैठ जाइए आप। मेरी बला से! मैं दूर, उधर खड़ी रहूँगी।" कहकर वह सचमुच दूर किसी दुकान में ताक-झाँक करने लगी।

मैं भी अपनी धुन का पक्का हूँ। बेटी को बेंच पर बिठा, मैं खुद साथवाले शेर पर सवार हो लिया। बैठ तो गया, मगर अब मुझे शर्म भी आने लगी, क्योंकि बाक़ी सभी जगह बच्चे बैठे थे। मैं ही अकेला बड़ा था और लोग मेरी तरफ़ अजीबोग़रीब निगाहों से देख रहे थे। कम-से-कम मुझे तो ऐसा ही लग रहा था।

लगा, उतर ही जाना चाहिए। लेकिन फिर ख़याल आया, अब अगर शरमाकर रह गया तो शेर पर सवारी करने के अरमान कभी पूरे नहीं होंगे। साल दर साल बीत जाएँगे। देखते-देखते साठ साल का हो जाऊँगा। बुढ़ापा...बीमारी...आख़िरी दम...बेटे पूछेंगे, "पापा, आपकी अन्तिम इच्छा क्या है?" तब शायद यह नहीं कह पाऊँगा कि हिण्डोले में, शेर पर बैठना है!

इतनी दूर की सोचने पर मेरी हिम्मत बढ़ी और मैं अपने शेर पर डटा रहा। हिण्डोला घूमने लगा। पहले धीमे-धीमे, फिर तेज़...बड़ा मज़ा आ रहा था...

और उसी समय मैंने देखा, मेरे कॉलेज के दो-तीन लड़के मुझे देखकर हँस रहे हैं। माइ गॉड! जब, जहाँ नहीं होना चाहिए, तब वहीं खड़े होने की बुरी आदत है मेरे छात्रों की! हाय, यह मैं कैसे भूल गया? यही सोचते हुए, दुखी मन से मैंने हिण्डोले का एक और चक्कर पूरा किया और देखा कि तीनों शैतान ग़ायब हैं। सोचा, चलो, बला टली! मगर अगले चक्कर के दौरान देखता क्या हूँ कि तीन की जगह अब पाँच शैतान मौजूद हैं और मेरा मखौल उड़ा रहे हैं। तीनों भाग कर अपने और दोस्तों को ले आये थे। और दो चक्कर पूरे हुए। देखा पाँच की जगह अब सात खड़े थे, जिनमें दो लड़कियाँ भी थीं।

मर गया! अब ख़ैर नहीं! लड़के फिर भी ठीक थे। मगर ये लड़कियाँ! भयंकर! प्रोफ़ेसरों पर बारीक नज़र होती है इनकी। उस पर कानाफ़ूसी में माहिर। देखते-देखते पूरे कॉलेज में ख़बर फैला देती हैं।

देखा जाय तो प्रिलिमिनरी परीक्षाएँ सिर पर थीं। इन बच्चों को पढ़ाई में मन लगाना चाहिए था। मगर ये पढ़ाई छोड़ आवारागर्दी कर रहे थे! ठीक है, भई, घूमना है तो घूमिए, मगर 'फन-फेअर' में आने की क्या ज़रूरत थी! इतने बड़े हो गये, अब भी बच्चों की तरह फन-फेअर में घूमने का शौक़ नहीं गया। वह भी ठीक इसी समय, इसी जगह!

हिण्डोला इतनी तेज़ी से घूम रहा था कि नीचे उतरना नामुमकिन था। इसलिए फिर आँखें मूँद लीं और स्थितप्रज्ञ की भाँति हिण्डोले के रुकने की प्रतीक्षा करता रहा। मज़ा तो दूर, यहाँ तो अच्छी-ख़ासी जान आफ़त में पड़ गयी।

हिण्डोला रुकने पर जैसे ही नीचे उतरा छात्र-छात्राओं के बहुत बड़े हुजूम ने मुझे घेर लिया और बेजा अदब के साथ सबने एक सुर में कहा, "गुड इवनिंग सर!"

हाँ, मैंने ही तो सिखाया था, प्रोफ़ेसर कहीं मिल जाएँ तो बजाय महज़ दाँत दिखाते हुए हँसने के, उन्हें 'विश' करना चाहिए। बच्चों ने अपनी आज्ञाकारिता का प्रमाण प्रस्तुत किया!

मान लिया कि प्राध्यापकों का हिण्डोले में घूमना, शेर की सवारी करना मना है। मगर यह कहाँ का न्याय कि वे पानी-पूरी भी न खाएँ? लेकिन इन शैतानों ने तो मेरे मुँह से पानी-पूरी भी छीन ली। वैसे अब भी मैं पानी-पूरी खाता हूँ, मगर चोरी-छिपे, अँधेरों के सहारे, ख़ासकर यूनिवर्सिटी के इम्तहानों के दौरान।

होटल में बैठ, पानी-पूरी खाने में मज़ा नहीं आता। इससे पानी-पूरी का असली स्वाद पता ही नहीं चलता। पानी-पूरी का असली मज़ा तो तब है, जब चौपाटी पर पानी-पूरीवाला भैया मटकी में हाथ सहित पूरी को डुबोकर, पानी-पूरी खिलाता है। प्राध्यापक बन जाने के बाद एक दिन मैं चौपाटी चला गया और स्टाल के पास खड़े हो मैंने फरमाया, "पानी-पूरी!" पानी-पूरी खाने के लिए शर्ट की आस्तीनें ज़रा ऊपर को खिसकाते हुए थोड़ा आगे को झुका—पैंतालीस डिग्री में! भैया की दी हुई पानी-पूरी मुँह से बड़ी थी। उसे मुँह में ठूँस लिया और जलते हुए मुँह से उसे चबाने की सुखद वेदना को अनुभव कर ही रहा था कि भैया ने दूसरी पानी-पूरी थमा दी। उसे हाथ में सुरक्षित फ़ासले पर पकड़े हुए, कुछ अधिक ही झुककर मैं पहली पानी-पूरी ख़त्म कर रहा था कि एक छात्र आ टपका। मुझे देख ठिठका और सिर से पाँव तक मेरा मुआइना करते हुए, बड़े अदब से गर्दन झुकाते हुए बोला, "गुड इवनिंग सर!"

जल्दबाज़ी में मैं पानी-पूरी निगल तो गया मगर दो पल के लिए प्राणपखेरू ऐसे छटपटा उठे...जलते, तीखे पानी से दम घुट गया। जान पर बन आयी थी। पल भर बाद इहलोक लौट आया तो घुटती हुई आवाज़ में मैंने जवाब दिया, "गुड इवनिंग!"

लड़का चला गया तो मैंने इत्मीनान से दूसरी पानी-पूरी खायी और अब तीसरी खाने जा रहा था कि दूसरे बरखुरदार आ टपके। बोले, "गुड इवनिंग सर!"

मन-ही-मन झुँझलाते हुए जवाब दिया, "गुड इवनिंग!"

ये बरखुरदार पढ़ाकू क़िस्म के ईमानदार छात्र हैं! पढ़ाई के अलावा और कुछ नहीं जानते। प्राध्यापक पर नज़र पड़ी नहीं कि एक अदद 'डिफिकल्टी' पेश कर देते हैं। कुछ दिन पहले बस पकड़ने दौड़ रहे प्राध्यापक को रोककर 'डिफिकल्टी' पूछ बैठे थे।

मुझे देखते ही उनके उपजाऊ दिमाग़ में डिफिकल्टी उपजी। बोले, "सर, कल आपने ऑफ़र कर्व समझाया था। मगर मैं ठीक से समझ नहीं पाया। ज़रा फिर से समझाइये न, प्लीज़।"

इन्होंने तुरन्त अपनी जेब से एक काग़ज़ निकाल, उस पर कुछ ऑफ़र कर्व का डाइग्रॅम बनाना शुरू किया। यानी इस सारी हरकत में वाक़ई कहीं कोई शरारत न थी। फिर भी उनकी यह हरकत मेरे लिए कितनी असुविधाजनक थी, इससे जनाब बिलकुल बेख़बर थे।

अध्यापन का पवित्र व्यवसाय अपनाया था। मना भी नहीं करते बनता था! मैंने हाथ में उठायी पानी-पूरी वापस रख दी। रूमाल से हाथ पोंछा और काग़ज़ लेने के लिए हाथ बढ़ाया। इतना होना था कि उसे अहसास हुआ, कोई ग़लती हो गयी है। बड़ी उदारता से बोला, "नो-नो सर। चलने दीजिए। आप खा चुकें, तब समझाइये।"

अच्छा! यह बात है! मतलब मेरे पानी-पूरी खाने तक साहबज़ादे खड़े रहेंगे और बड़े आराम से वह दिलचस्प नज़ारा देखते रहेंगे। वह भी हाथ में ऑफ़र कर्व लिये हुए।...

मैंने इनकार कर दिया और ऑफ़र कर्व का क्रियाकर्म करने लगा।

यह कहने की ज़रूरत नहीं कि इसके बाद मेरा चाव से पानी-पूरी खाना हराम हो गया।

मैं कॉलेज का प्रिन्सिपल बना तो कॉलेज के अहाते में ही रहने के लिए आलीशान घर मुफ़्त में मिला। इस बात की स्वाभाविक ख़ुशी हुई। लेकिन कुछ ही दिनों में यह ख़ुशी जाती रही, क्योंकि छात्रों ने मुझ पर इस क़दर कड़ी नज़र रखनी शुरू कर दी कि मेरी ज़िन्दगी में निजी जैसा कुछ नहीं बचा। और यह कड़ी नज़र अकेले मुझ पर नहीं, मेरे पूरे परिवार पर रखी जाने लगी।

इसकी एक ख़ास वजह यह थी मेरे कॉलेज के अधिकतर छात्र गुजराती थे। मराठी और दक्षिण भारतीय छात्र संकोची स्वभाव के होते हैं। मगर गुजराती छात्र सीधे घरेलू सम्बन्ध स्थापित करने में माहिर होते हैं।

इससे हुआ यह कि जब मेरी पत्नी बाज़ार से सब्ज़ी ले आयी तो छात्रों ने दूर से मगर बड़ी पैनी नज़र से सब्ज़ी की थैली का मुआइना किया और कॉलेज भर में ख़बर फैला दी कि आज प्रिन्सिपल साहब फलाँ सब्ज़ी खानेवाले हैं। कुछ दिनों बाद छात्र आगे बढ़ मेरी पत्नी की थैली में ताक-झाँक भी करने लगे और बिन माँगी सलाह भी देने लगे कि बाज़ार में आजकल फलाँ सब्ज़ी अच्छी मिल रही है।

जब भी हम रेफ्रिज़रेटर या ऐसी ही कोई वस्तु ख़रीदते तो छात्र उसकी क़ीमत की पूछताछ करते और कहते कि चीज़ बड़ी महँगी मिली है। ऊपर से सलाह देते कि अगली बार हमसे पूछे बग़ैर कुछ न खरीदें।

क्योंकि ज़्यादातर छात्र बिज़नेसमैन बापों के बेटे थे। ज़्यादा क़ीमत देकर कोई चीज़ ख़रीदना उनकी राय में निरी मूर्खता थी। और वे नहीं चाहते थे कि उनके प्रिन्सिपल साहब ऐसी मूर्खता करें। उनकी उस सद्‌भावना से मैं परेशान हुआ जा रहा था, सो बात अलग! मगर सद्‌भावना तो आख़िर सद्‌भावना होती है!

इस कड़ी निगरानी से मेरे बच्चे भी नहीं बच पाये। मेरी छोटी बेटी चित्रा उस समय चार साल की थी। ये दो हज़ार छात्र उसके बड़े नाज़-नख़रे उठाते थे। और निजी ज़िन्दगी जैसी बेकार की बातों की परवाह किये बग़ैर वह भी उनसे नाज़-नखरे उठवाती थी। हमें चिन्ता होने लगी कि चॉकलेट खा-खाकर उसकी सेहत बिगड़ जाएगी। खुदा-के-फज़ल से थोड़ी-बहुत सेहत बच भी गयी तो नाज़-नख़रे उठवाने की आदत उसे ख़राब करके ही छोड़ेगी।

बाद में मुझ पर यह राज़ खुल गया कि ये नाज़ बेमतलब के नहीं थे। मैंने देखा कि एक साहबज़ादे चॉकलेट थमाकर उससे जानना चाह रहे थे, "तुम्हारे पापा तुम्हारी मम्मी को क्या कहकर बुलाते हैं?"

यह सुनते ही मैं उस लड़के की बदमाशी भाँप गया और बिना समय गँवाये मैंने अपनी बेटी को नर्सरी स्कूल में भर्ती करा दिया।

मेरे बेटे को पिस्तौल, बन्दूक़ों का बड़ा शौक़ था। इसलिए मैंने उसे एक एअरगन ला दी थी। एअरगन से वह गिरगिट, छिपकलियाँ वग़ैरह का शिकार किया करता था। कॉलेज कैम्पस में रहने लगे, तब वह वहाँ के मेढकों का शिकार करने लगा। लेकिन यह खुशी भी ज़्यादा दिन तक बनी न रह सकी। जल्दी ही उसे भी छात्रों ने घेर लिया और वे उसे सलाह देने लगे कि एअरगन से शिकार कैसे किया जाए। कुछ दिन बाद देखता क्या हूँ कि सीनियर बी. कॉम में पढ़ रहा एक मुस्टण्डा मेरे बेटे की एअरगन से मेढक का शिकार कर रहा है।

मेरा बेटा बौखलाकर घर लौटा और चीख़ उठा, "पापा! आपके स्टूडेण्ट को शूट करके रख दूँगा। बहुत परेशान कर रखा है मुझे!"

हिंसा से कॉलेज को बचाने के लिए मुझे फ़ौरन क़दम उठाने पड़े।

मेरी बड़ी बेटी उन दिनों एल्फिन्स्टन कॉलेज में पढ़ रही थी। मेरे कॉलेज के इन छात्रों ने उसकी भी नाक में दम कर दिया। वह कभी सिनेमाघर के पास किसी के इन्तज़ार में खड़ी रहती तो चार-पाँच छात्र उस पर बड़ी-बड़ी आँखें गड़ाये 'नज़र रखते' यह जानने के लिए कि यह कहीं किसी ब्वॉयफ्रेण्ड का इन्तज़ार तो नहीं कर रही। उसका कोई ब्वॉयफ्रेण्ड हो इस बात पर मुझे कोई आपत्ति नहीं थी; इन छात्रों को ज़रूर थी।

वह कभी लोकल ट्रेन के फुटबोर्ड पर खड़ी हो सफ़र करती पायी जाती तो कॉलेज के वरिष्ठ प्रोफ़ेसर उसे डाँट देते और ऊपर से मुझसे भी आकर कहते। वरिष्ठ प्रोफ़ेसरों का ऐसा व्यवहार तो समझ में आता है, मगर एक दिन एक साहबज़ादे आकर बड़ी गम्भीरता से मुझसे कहने लगे, "सर, आपकी बेटी फुटबोर्ड पर खड़ी हो सफ़र करती है। इट इज़ डेन्ज़रस!"

मैंने दिल से उसका शुक्रिया अदा किया और विनम्रतापूर्वक यह सुझाव भी दिया कि इन बातों में वह जितना ध्यान देता है, उतना ही अपनी पढ़ाई में भी दे।

मेरे परिवार का यह हाल था, तो मेरी तो बात ही न पूछिए! न ठहाका लगाकर हँस सकता था, न दोस्त की पीठ पर धौल जमा पाता था। जब देखो, मानो फ़ोटो खींचने के लिए बैठे हों!

अब आप ही बताइए, क्या कभी-कभी ऐसा नहीं लगता कि सारी सभ्यता, प्रतिष्ठा उतारकर फेंक दें और मन मर्ज़ी करें! जुलाई में धुआँधार बरसात होती है, तो मेरा तो बड़ा मन करता है कि भूरे बादलों की बारिश में जी भरकर भीगें। मुम्बई में मौसम में फ़र्क़ ही कहाँ महसूस होता है! एक मौसम कम गर्मी का, दूसरा ज़्यादा गर्मी का! बस! बसन्त ऋतु तो होती ही नहीं यहाँ। सीधे ग्रीष्म ऋतु छा जाती है। हाँ, बरसात का मौसम अपवादस्वरूप आता है। इसके आते ही प्रकृति का रूप ही बदल जाता है। ऊदी घटाएँ छा जाती हैं। हवाएँ तेज़ बहने लगती हैं। मूसलाधार वर्षा होने लगती है। ऐसे में मन करता है बारिश में सिर से पाँव तक सराबोर हो जाएँ। अपना यह शौक़ मैं कल-परसों तक जी भर कर पूरा किया करता था।

इस बार भी जुलाई का महीना आते ही मेरा शौक़ बौराया। मगर अब छात्रों की नज़रों से बचकर शौक़ पूरा करें तो कैसे? फिर एक दिन अँधेरा छाते ही बारिश में भीगने के लिए निकल पड़ा। सीधे जुहू तक जाकर वहाँ से लौटने का विचार था। जुहू तक तो सकुशल पहुँच गया। मगर वहाँ से लौटने लगा तो पीछे से एक कार आयी। अपनी रोशनी के घेरे में मुझे गिरफ़्तार करते हुए वह मेरे पास आ खड़ी हुई।

खिड़की का शीशा नीचे खिसकाते हुए एक छात्र महोदय आश्चर्य से चीख़ उठे, "सर, आप?"

मैं भावविहीन नज़रों से उसे देखता रहा।

"लगता है, छाता भूल गये!"

"नहीं..." मैंने ज़्यादा तवज्जो नहीं दी।

"सर, आप भीग गये हैं। आइये, आपको घर छोड़ दूँ।"

"नहीं, रहने दो। मैं पैदल चला जाऊँगा। यहाँ नज़दीक ही तो है। और वैसे भी भीग तो गया ही हूँ।"

"लेकिन सर,..."

"नहीं, नहीं। तुम जाओ।" उसे आगे बढ़ने के लिए इशारा करता हुआ मैं खुद आगे बढ़ गया!

कार थोड़ी देर वैसे ही खड़ी रही। फिर बहुत धीमी रफ़्तार से मेरे पास से होकर आगे निकल गयी।

सोचा, जान छूटी! मैं बड़े मज़े में बारिश में भीगता हुआ आगे बढ़ने लगा।

थोड़ी देर बाद एक और कार आयी। मुझे रोशनी के घेरे में गिरफ़्तार करते हुए वह मेरे पास आ रुकी। मैं हैरान-परेशान! बारिश में भीगने के सारे अरमानों पर पानी फिर गया था। मगर अब भी मन में एक ज़िद बनी हुई थी।

खिड़की का शीशा नीचे खिसका—"सर..."

फिर वही संवाद!

लेकिन अब की छात्र महोदय भी बला के ज़िद्दी निकले। किसी तरह छोड़ ही नहीं रहे थे।

फिर खिसियाकर मैं चिल्लाया, "व्हॉट द हेल! कहा न, मैं बारिश में भीगना चाहता हूँ। लीव मी एलोन!"

इस पर छात्र मेरी तरफ़ अजीब-सी नज़रों से देखता रहा और फिर कार धीमी रफ़्तार से आगे निकल गयी।

दूसरे दिन जब मैं कॉलेज पहुँचा तो पाया कि कई छात्र मुझे अजीब निगाहों से घूर रहे हैं। फिर कुछ एक प्रोफ़ेसरों ने आकर मेरी सेहत की पूछताछ भी की।

मैंने अन्दाज़ा लगा लिया। कॉलेज में शायद ख़बर फैल गयी कि मुझे पागलपन का दौरा पड़ गया है!

दरअसल अब तक मुझे पागलपन का दौरा नहीं पड़ा था, यही आश्चर्य की बात थी, क्योंकि मेरी ज़िन्दगी का कोई एक छोटा-सा कोना भी नहीं बचा था, जिस पर इन बदमाशों की नज़रें न लगी हों।

अब मैं अपनी कार की ही बात बताऊँ! कार और पढ़ाई का आपस में कहीं कोई ताल्लुक़ हो तो बताइए! और अगर मैं अपनी कार अपने किसी दोस्त को बेच दूँ, तो इससे मेरे छात्रों को क्या? मगर नहीं! वहाँ भी मुझे नहीं बख़्शा इन लोगों ने।

हुआ यह कि मुझे नयी फिएट कार मिली, तो मैंने अपनी पुरानी कार एक दोस्त को बेच दी। यह काम मैंने रविवार के दिन निपटा दिया कि छात्रों की नज़रों से बचा जा सके।

सोमवार का दिन ढलते-ढलते दोस्त का फ़ोन आया। वह बहुत परेशान था। बोला, "अरे यार, यह तुम्हारी गाड़ी नहीं चाहिए मुझे! ले जाओ वापस इसे।" मैंने आश्चर्य से पूछा, "क्यों? क्या हुआ? गाड़ी में क्या कोई डिफेक्ट है?"

"नहीं, गाड़ी तो ठीक है। मगर तुम्हारे वो छात्र..."

"छात्रों का क्या? उन्हें इससे मतलब?"

"अरे, मैं गाड़ी लेकर जुहू गया था। घूमकर गाड़ी के पास लौटा तो वहाँ तुम्हारे दो-चार छात्र खड़े थे। मैंने चाभी से गाड़ी खोली तो चारों शक से मुझे घूरने लगे। आपस में बोलने लगे कि गाड़ी हमारे सर की है। फिर उनमें से एक आगे बढ़कर मुझसे जवाब तलब करने लगा। मानो मैं कोई चोर होऊँ। मैंने गुस्से में कह दिया, 'माइण्ड योर बिज़नेस!' इस पर वह और भी खिटखिट करने लगा। मैं तुरन्त गाड़ी 'स्टार्ट' कर वहाँ से भाग खड़ा हुआ। अब तुम्हीं बताओ, इस हालत में मैं गाड़ी रखूँ तो कैसे?"—दोस्त ने बताया।

ठण्डी आह भरते हुए मैंने कहा, "देखो, तुम फ़िक्र न करो। कल ही मैं बोर्ड पर नोटिस लगवा देता हूँ कि मैंने अपनी कार बेच दी है।"

इतना कहकर मैंने फ़ोन रखा ही था कि फिर बजने लगा।

"गुड इवनिंग सर"—एक जोशीले नौजवान ने कहा।

"गुड इवनिंग।"

"सर, आपकी गाड़ी...।"

"हाँ, हाँ, बेच दी है। मैंने अपनी गाड़ी अपने एक दोस्त को बेच दी है। इसलिए तुम लोग गाड़ी की फ़िक्र बिलकुल मत करना।"

"आय् सी! मगर हमें तो पता ही नहीं था, सर!"

कहने का अन्दाज़ यह कि अपने छात्रों को इत्तला दिये बग़ैर अपनी गाड़ी बेचकर मैंने बहुत बड़ा गुनाह किया है!

मन किया कोई करारा जवाब दे दूँ। लेकिन जानता था, उससे कुछ नहीं होगा। लिहाज़ा मुलायम स्वर में कहा, "नहीं...बात यह है कि...कल ही बेच दी..."

"अच्छा? सर, कितने में बेची?" बेवक़ूफ़ प्रिन्सिपल ने ज़रूर घाटे का सौदा किया होगा—यह विश्वास उसके स्वर में साफ़ झलक रहा था।

मैंने फ़ोन रख दिया और सिर पकड़कर बैठ गया!

प्राध्यापिका :
चन्द रोमांचकारी अनुभव

मैं कॉलेज का प्रिन्सिपल बना और मेरे भाव एकाएक आसमान छूने लगे। कल तक स्टाफ़-रूम नामक तबेले में बैठनेवाला आदमी अब आलीशान, सजीले 'ऑफ़िस' में बैठने लगा। सिर पर फैन, बैठने के लिए झूलती-घूमती कुर्सी, बजाने के लिए इलैक्ट्रिक बेल, एक तरफ़ सजा सोफ़ा और एटैच्ड बाथरूम भी! वैसे हमारे स्टाफ़-रूम में भी घण्टी थी, मगर उस पर ज़ोर-ज़ोर से हाथ मारना पड़ता था, इस पर भी उसे सुनकर कोई माई का लाल कभी पधारता नहीं था। इधर बेल का बटन ज़रा-सा दबाया कि उधर सिपाही दौड़ा चला आता। कुल मिलाकर ठाठ थे!

फिर मैंने विज्ञापन देकर प्राध्यापकों के पदों के लिए आवेदन मँगवाये। देखता हूँ, अधिकतर आवेदन महिलाओं के हैं! वे भी सारी की सारी बला की क्वालिफाइड! फ्रेंच भाषा के पार्ट टाइम पद के लिए आवेदन देनेवाली महिला साल भर फ्रान्स में रह चुकी थी। अँग्रेज़ी के पद के लिए अर्ज़ी भेजनेवाली विदुषी एल्फिन्स्टन कॉलेज में पढ़ चुकी थी, उस पर पारसी! इकॉनॉमिक्स के लिए जिसने आवेदन दिया था उसने दिल्ली यूनिवर्सिटी से इकॉनॉमिक्स में ज़बरदस्त अंक प्राप्त कर रखे थे! एक से बढ़ कर एक!

इनकी तुलना में पुरुष आवेदनकर्ता बेहद आर्डिनरी थे! अँग्रेज़ीवाला मुश्किल से सेकण्ड क्लास हासिल कर पाया था और वह भी रामनारायण रुइया जैसे किसी पण्डिताऊ कॉलेज से! मतलब पत्ता सीधा कट ही गया समझो! इकॉनॉमिक्स के लिए अर्ज़ी देनेवाला पोर्टट्रस्ट की कचहरी में क्लर्क था। फुरसत के समय में पढ़ाई करके किसी तरह सेकण्ड क्लास में पास हुआ था। हिन्दी पढ़ाने के इच्छुक की बहादुरी कुल इतनी थी कि वह एन.सी.सी. का कैडेट रह चुका था। और उसकी टक्कर हिन्दी की दो-दो गोल्ड मेडैलिस्ट महिलाओं से थी।

इण्टरव्यू में तो सारे पुरुष प्रत्याशी धराशायी हो गये। एल्फिन्स्टन वाली पारसी महिला सीधे ऑक्सफर्ड ऐक्सेण्ट में फर्राटेदार बोलने लगी। मेरे किसी सवाल पर उसने

कुछ इतनी तुच्छता के साथ विलायती अन्दाज़ में नाक सिकोड़ी कि आगे कुछ पूछने का मेरा साहस ही न हो पाया। यही तो एल्फिन्स्टन कॉलेज की ख़ासियत है। नाक की ज़रा-सी तुच्छता भरी सिकुड़न के बल पर रोब जमा देते हैं! इधर हमारे पण्डिताऊ कॉलेज के गुरुजी इतने नर्वस कि क्लास में क़दम भी रख पाएँगे, शक था!

इकॉनॉमिक्स के प्रत्याशी–पोर्ट ट्रस्ट क्लर्क–ने कुछ एक सवालों के बाद हार मान ली कि सारी-की-सारी इकॉनॉमिक्स भुला बैठा हूँ! क्योंकि एम.ए. पास किये एक साल गुज़र चुका था। महज़ तीन महीने इकॉनॉमिक्स की पढ़ाई साल भर दिमाग़ में बनी रहेगी इसकी उम्मीद करना भी अनुचित था। उधर दिल्लीवाली बड़े रोब झाड़ रही थी। दिखावा अच्छा-ख़ासा था, मगर थोड़ी-बहुत इकॉनॉमिक्स भी जानती थी।

हिन्दी के पार्ट टाइम पद के लिए जो विदुषी आयी थी वह विक्रम या आगरा यूनिवर्सिटी की एम.ए., पी-एच.डी. और बी.टी. तो थी ही और भी बहुत कुछ थी। बग़ल में भारी भरकम बोझ दबाये आयी थी। मुझे लगा रेलवे स्टेशन से सीधे आयी होगी। मगर जब उसने वह बोझ मेरी टेबल पर पटक दिया तो समझा वह तो उसकी थीसिज़ थी! देखा तो लगा सीने पर किसी ने मनों बोझ लाद दिया हो! इसके बाद विजयी मुद्रा के साथ उसने काग़ज़ों का एक बहुत बड़ा रोल मुझे थमा दिया। बड़ी मेहनत से वे काग़ज़ मैंने खोले तो पाया–अनगिनत डिग्रियों के प्रमाण-पत्र, तरह-तरह के सर्टिफ़िकेट, प्रशस्ति-पत्र, समाचार-पत्रों की क़तरनें वग़ैरह! ज़बरदस्त माल!

घबराकर मैंने वह पुलिन्दा परे हटाया तो उसने अनुरोध किया कि मैं वे सारे काग़ज़ात शुरू से आख़िर तक पढ़ूँ। जब उसने देखा कि मैं फिर भी ध्यान नहीं दे रहा हूँ तो आगे बढ़कर ख़ुद ही पढ़कर सुनाना शुरू कर दिया। पता चला एन.सी.सी., कॉलेज की वॉलीबॉल टीम, वक्तृत्व प्रतियोगिता आदि कई गतिविधियों में वह भाग ले चुकी थी। इसके अलावा स्थानीय रोटरी क्लब के साथ; सामाजिक कार्य भी करती रही थी।

क़रीब एक घण्टे बाद जब यह इण्टरव्यू ख़त्म हुआ, तब मैं पूरी तरह पस्त हो चुका था। मन-ही-मन मैंने फ़ैसला कर लिया था कि महोदया की सिफ़ारिश राष्ट्रपति पद के लिए कर डालूँ। इस विदुषी से टक्कर लेनेवाला पुरुष प्रत्याशी मुम्बई यूनिवर्सिटी का फटीचर एम.ए. था।

मराठी की गोल्ड मेडैलिस्ट मोहतरमा जो थीं, वे स्कूल की कबड्डी टीम की कप्तान रह चुकी थीं और उनकी एक कविता भी मराठी की एक श्रेष्ठ साहित्यिक पत्रिका में छप चुकी थी। इनसे स्पर्धा करने आया पुरुष प्रत्याशी सेकण्ड क्लास एम. ए. था–यानी फटीचर! मगर लम्बे-चौड़े डील-डौल का तगड़ा एन.सी.सी. अफ़सर था। हमें एन.सी.सी. अफ़सर की बेहद ज़रूरत थी। लिहाज़ा मैंने उक्त श्रेष्ठ साहित्यिक पत्रिका के सम्पादक से मन-ही-मन माफ़ी माँगते हुए उस तगड़े जवान अफ़सर को ही चुना और उसकी नियुक्ति कर डाली।

लेकिन बाक़ी सारी नियुक्तियो पर महिलाओं ने बाजी मार ली। निर्णायक समिति में एक बुज़ुर्ग थे। तजुर्बेकार थे। बोले, "आप इतनी सारी लेडीज़ को ले रहे हैं। जो करना है ज़रा सोच-समझकर कीजिएगा।"

मगर मेरी आत्मा में एक साथ राजा राममोहन राय, महात्मा ज्योतिबा फुले, गोपाल गणेश आगरकर, महर्षि धोंडो, केशव कर्वे आदि लोग प्रवेश कर चुके थे। निर्णायक स्वर में मैंने कहा, "हमारे कॉलेज में नियुक्तियाँ योग्यता के आधार पर ही होंगी। मैं स्त्री-पुरुष भेद करना नहीं चाहता।"

तजुर्बेकार बुज़ुर्ग हँसकर चलते बने। मैंने भी नियुक्ति-पत्रों पर हस्ताक्षर कर डाले।

बाद में मन में शक-सा उठा। ये महिलाएँ क्लास में डेढ़-डेढ़ सौ मुश्टण्डों को सँभाल पाएँगी? या कॉलेज में हर समय हरिनाम का जाप चलता रहेगा?

मगर कॉलेज शुरू होने के चार ही दिन बाद मेरा शक बेजा साबित हुआ। वाह! क्या रोब था महिला प्रोफ़ेसरों का! मैं कॉलेज में राउण्ड ले रहा था। देखा कि पाँच फुट एक इंच लम्बी, अड़तालीस किलो वज़नवाली इकॉनॉमिक्स की लैक्चरर उँगली नचाती हुई डाँट रही थी, 'यू देअर, यू ऑन दि लास्ट बट वन बेंच...' और अस्सी किलो का एक बैल गाय की तरह चुपचाप सिर झुकाये खड़ा था। अगली क्लास में देखा, तो अँग्रेज़ी पढ़ानेवाली पारसिन फिसलन भरे उच्चारण के साथ धीमी आवाज़ में कुछ बोले जा रही थी और एक डरा-सहमा-सा लड़का बोर्ड पर लिखे जा रहा था। अगली क्लास का नज़ारा देखकर तो मैं दंग रह गया। वहाँ हमारे तीन नौनिहाल दीवार की तरफ़ मुँह किये कोने में खड़े थे। आगे बढ़कर लैक्चरर कौन है देखने का मेरा साहस नहीं हुआ। क्या पता मुझे भी दीवार की तरफ़ मुँह करके खड़ा कर देती! फिर मैं क्या करता?

तभी एक क्लासरूम में ज़ोरदार शोरगुल सुनाई दिया। इसलिए मैं फ़ुर्ती से उधर दौड़ पड़ा। देखा, हमारे लम्बे-तगड़े डील-डौल के धनी, एन.सी.सी. अफ़सर प्रोफ़ेसर पसीने से तर-ब-तर, ज़ोर-ज़ोर से चीखे़ जा रहे थे, दनादन टेबल बजाये जा रहे थे। और सामने डेढ़ सौ छात्र जी भर कर हुल्लड़ मचा रहे थे! मर्दों का यह हाल था!

रिसेस में कुछ छात्र मेरे पास आये। तमतमाये हुए स्वर में शिकायत करने लगे, "सर, यह भी कोई बात हुई? दीवार की तरफ़ मुँह करके खड़े रहो! यह कॉलेज है या स्कूल?"

मैंने उन्हें समझा-बुझाकर वापस भेज दिया और अपनी महिला प्राध्यापिकाओं को बुलाकर सलाह थी, "ज़रा आहिस्ता! इतना आतंक फैलाना ठीक नहीं। मुम्बई विश्वविद्यालय के इतिहास में आज तक किसी प्राध्यापक ने किसी छात्र को दीवार की तरफ़ मुँह करके खड़ा नहीं किया है। मैं नहीं चाहता कि यह कीर्तिमान हमारे कॉलेज में स्थापित हो।"

"लेकिन सर, आप ही ने तो कहा था, सख़्त बनना पड़ेगा..." उन्होंने मेरी तरफ़

कुछ ऐसी नज़रों से देखा कि मैं फ़ौरन समझ गया, ग़लती मेरी ही है। महज़ नज़रों में इतनी बड़ी ताक़त कि दूसरा तुरत फुरत अपनी ग़लती मान ले! वाह! मान गया मैं तो! फिर किसी तरह उन्हें भी समझा-बुझाकर दफा कर दिया।

कॉलेज सुचारु रूप से चल रहा है, इस ख़ुशफ़हमी में मैं जीने लगा कि अचानक एक दिन पुरुष प्राध्यापकों के एक गुट ने मेरे ऑफ़िस पर धावा बोल दिया।

तमतमाये हुए स्वर में उनमें से एक बोला, "सर, इसका निपटारा तो आपको करना ही होगा।"

"निपटारा? किसका...किस बात का?" मैंने आश्चर्य से पूछा।

"किस बात का? ये...ये जो सारी लेडीज़ हैं, उनका! आपने उन्हें बड़ा सिर चढ़ा रखा है।"—गुस्से से वह लाल-पीला हुआ जा रहा था।

"सिर चढ़ा रखा है? मैंने? आख़िर बात क्या है?"

"यह क्या बात हुई? सारे काम हमारे ज़िम्मे क्यों? ये औरतें ईवनिंग क्लास के लैक्चर नहीं देंगी। क्योंकि रात को अकेली नहीं जा सकतीं। ईवनिंग क्लास लेती भी हैं, तो सिर्फ़ एक लैक्चर! हम लोग नौ-नौ बजे तक रुकते हैं। ये लेडीज़ लोग जिमख़ाने की ज़िम्मेदारी भी नहीं सँभालेंगी, क्योंकि उसमें आउट-डोर वर्क होता है। मैगज़ीन निकालना हो तो इन्हें एक पुरुष एसिस्टेण्ट चाहिए। क्योंकि प्रेस आने-जाने, प्रूफ़ लाने-ले जाने के काम कौन करे? तीन बजे के बाद ये स्टूडैण्ट्स यूनियन का काम भी नहीं करेंगी। क्योंकि इनके बच्चे चार बजे स्कूल से आते हैं..." इल्ज़ामों की फ़ेहरिस्त अभी ख़त्म नहीं हुई थी, मगर प्राध्यापक महोदय दम लेने के लिए रुक गये।

इसी बीच एक आरामपसन्द अधेड़ प्राध्यापक महोदय ने अपना राग अलापा, "सबसे बड़ी बात तो यह है सर कि स्टाफ़-रूम में ये बहुत बक-बक करती रहती हैं। दिमाग़ थक जाता है, सर!"

"बक-बक? यानी?"

"बराबर बोलती रहती हैं, बेरोक-टोक! क्लास में इतनी देर बोल चुकने के बाद जाने कहाँ से ताक़त आ जाती है इनमें इतना बोलने की! और स्टाफ़-रूम में जो छोटी केबिन है न, शान्ति से बैठने के लिए, उस पर भी कब्ज़ा कर लिया है इन लोगों ने।"

"कब्ज़ा कर लिया है?"

"जी हाँ सर, सारी-की-सारी अन्दर बैठ बाल-वाल बनाती रहती हैं। ऐसे में हम तो अन्दर जा ही नहीं सकते न! नाक में दम कर रखा है, सर! बड़ी लड़ाकू हैं। जाँबाज़ है!" जाँबाज़ हैं, इसका थोड़ा-बहुत अनुभव मैं भी कर चुका था।

तभी एक जोशीला नौजवान प्राध्यापक चीख़ उठा, "और सर, उनमें से एक स्टाफ़-रूम में स्वेटर बुनती है। बहुत अनॉइंग होता है, सर। आपको इस पर रोक लगा देनी चाहिए, सर।"

"मगर यूनिवर्सिटी का ऐसा कोई नियम नहीं है कि स्टाफ़-रूम में स्वेटर न बुना

जाए।" मैं यूनिवर्सिटी की नियमावली के पन्ने पलटने लगा।

"तो आप नियम बनवाइये, सर। एकेडेमिक कौन्सिल में रैज़ोल्यूशन रखिये।" वह नौजवान आपे से बाहर हुआ जा रहा था।

पुरुष प्राध्यापकों को समझा-बुझाकर मैंने उन्हें किसी तरह दफ़ा किया और प्राध्यापिकाओं को बुला भेजा। उनकी फ़ौज तुरन्त दाख़िल हुई। वे मोर्चे के लिए तैयार होकर आयी हैं, इस बात का पता सहज ही लग रहा था।

खँखारते हुए, स्वर को जितना हो सके मुलायम बनाते हुए मैंने उन्हें पुरुष प्राध्यापकों की शिकायतों से अवगत कराया।

इस पर उनमें से एक तपाक् से बोली, "आप स्वेटर बुनने पर रोक लगाना चाहते हों, तो सिगरेट पीने पर भी आपको रोक लगानी होगी। सिगरेट से हमें बड़ी तकलीफ़ होती है।"

जल्दी से मैंने अपनी सिगरेट बुझा दी।

"उसी वजह से तो हम लोग केबिन में बैठती हैं।" दूसरी बोली।

बराबर बोलते रहने का इल्ज़ाम सुनकर तो सब दंग रह गयीं। उन्होंने उल्टी शिकायत की कि कुछ पुरुष प्राध्यापक जान-बूझकर बीच में बोलते हैं ताकि महिलाओं से बात करने का मौक़ा पा सकें।

मैं समझ गया था कि इस बहस का कोई अन्त नहीं। इसलिए मैंने कहा, "देखिए, बाक़ी सब छोड़िये। जहाँ तक काम का सवाल है, इस कॉलेज में स्त्री-पुरुष भेदभाव नहीं होगा। सबको एक-सी तनख़्वाह मिलती है, सबको एक-सा काम करना पड़ेगा।"

मेरी बात उन्होंने तुरन्त मान ली और टाइम टेबल का सबूत पेश करते हुए बताया कि हम भी पुरुष प्राध्यापकों के बराबर काम करती हैं।

"रात नौ बजे तक लैक्चर आपको भी देने होंगे।" टेबल पर हाथ पटक मैंने फ़ैसला सुनाया।

थोड़ी देर के लिए सन्नाटा छा गया। फिर उनमें से एक बोली, "हमें तो बिलकुल हर्ज़ नहीं है। बस, रात घर तक छोड़ने के लिए कॉलेज की तरफ़ से एक प्यून चाहिए।"

इस काम के लिए कितने प्यून रखने पड़ेंगे इसका जल्दी से हिसाब लगाते हुए मैं बोला, "नामुमकिन!"

शोरगुल मच गया। फिर रात अकेले सफ़र करनेवाली महिलाओं के साथ होनेवाले अत्याचारों के क़िस्से मुझे सुनाये जाने लगे। कहते हैं, एक औरत, बग़ैर साड़ी के घर लौटी, उसके बदन पर मारपीट के निशान थे। कोई दूसरी महिला अभी तक लापता है। किसी का शव दूसरे दिन सवेरे रेलगाड़ी के डिब्बे में ख़ून से लथपथ मिला। उसके बच्चे आज तक रो रहे हैं।

ये क़िस्से सुने तो मेरा तो साहस जवाब दे गया। आँखों के सामने भयावने चित्र उभरने लगे—हर रोज़ मेरी एक प्राध्यापिका का गला घोंटा जा रहा है। इस घटना के लिए मुझे—कॉलेज के प्रिन्सिपल को—ज़िम्मेदार ठहराया जा रहा है...मेरी बदनामी के चर्चे दूर-दूर तक पहुँच रहे हैं...

इस पर हर प्राध्यापिका की मृत्यु पर कॉलेज में एक दिन की छुट्टी देनी पड़ती। दूसरे दिन शोकसभा आयोजित कर उसमें मुझे भाषण करना पड़ता। भाषण में स्वर्गीय प्राध्यापिका की योग्यताओं का बयान करना पड़ता। यह सब सोच मैं सिहर उठा और तुरन्त समझौते के लिए तैयार हो गया।

काफ़ी जद्दोज़हद के बाद समझौता हुआ। उसकी धाराएँ इस प्रकार थीं। प्राध्यापिकाएँ शाम का पहला लेक्चर ख़त्म कर सवा सात बजे भाग जाती थीं, उन्हें अब साढ़े आठ बजे तक काम करना पड़ेगा। हर किसी के साथ अलग प्यून का इन्तज़ाम मुश्किल है, इसलिए सबके लिए एक प्यून दिया जाएगा। यह प्यून उन्हें सिर्फ़ स्टेशन तक छोड़ आएगा, न कि घर तक।

मैंने राहत की साँस ली और प्राध्यापिकाओं की सुरक्षा के लिए एक मुश्टण्डे प्यून की नियुक्ति की, प्राध्यापिकाएँ फिर शोर करती हुई मेरे पास आयीं। उन्हें वह प्यून पसन्द नहीं था। अब इससे ताक़तवर प्यून कहाँ से लाएँ? लेकिन तभी प्राध्यापिकाओं ने एक प्यून का नाम सुझाया। वह तो बूढ़ा, कमज़ोर सिपाही था। यह इनकी रक्षा कैसे कर पाएगा?—मेरे मन में सवाल उठा, जो मैंने उनसे नहीं पूछा। सोचा, बला टल रही है, यही क्या कम है!

मगर, दरअसल बला टली नहीं थी, वह क़िस्सा फिर कभी...

प्राध्यापिकाएँ :
कुछ और रोमांचकारी अनुभव

मैंने तय कर लिया था कि प्राध्यापिकाओं के मामले में सख़्त रवैया अपनाऊँगा। लेकिन मुझसे कुछ बन नहीं पा रहा था। उल्टे उन प्राध्यापिकाओं की सख़्तियों ने पूरे कॉलेज की नाक में दम कर रखा था। स्टाफ़ टी-क्लब के लिए चाय बनानेवाले प्यून परेशान थे। क्योंकि उन्हें चीनी के हर चम्मच का हिसाब देना पड़ता था। एक हफ़्ते में चीनी ज़्यादा ख़र्च हो जाती थी तो अगले हफ़्ते कम चीनीवाली फ़ीक़ी चाय पीनी पड़ती थी।

स्टूडैण्ट्स यूनियन का सेक्रेटरी अगर टैक्सी में सफ़र करता तो मैडम उसे बस के पैसे थमा देती थीं और बाक़ी पैसे उसे अपनी जेब से देने पर मजबूर करती थीं। इससे नये कपड़े बनवाना तो दूर, पहनी हुई कमीज़ भी बेचने की नौबत आ गयी। तनख़्वाह में बढ़ोतरी अगर अट्ठाईस तारीख़ की हो और एकाउण्टेण्ट सोचे कि बाक़ी बचे तीन दिन की बढ़ी हुई तनख़्वाह का बकाया अगले महीने की तनख़्वाह में दें, तो उसे आड़े हाथों लिया जाता था। बेचारा अपने आपको गुनहगार समझने लग जाता था। सिपाहियों को दीवाली की बख़्शीश देने में इतनी कंजूसी बरती जाने लगी कि वे भी बेइन्तहा नाराज़ हो उठे, यही नहीं, एक शक़्क़ी प्राध्यापिका ने इस बात की जाँच-पड़ताल भी की कि सारे प्रोफ़ेसरों के घर चले जाने के बाद प्रिन्सिपल स्टाफ़ टी-क्लब से चुपके से और एक कप चाय तो नहीं पी जाते! सारा कॉलेज बेहाल था।

उस पर इन सब में इस क़दर एकता थी कि मत पूछिये। एक सीनियर प्राध्यापक महोदय ने सलाह दी कि जब तक इन्हें आपस में लड़ाकर इनकी एकता में फूट नहीं डाली जाती, कुछ नहीं हो सकता। फूट कैसे डाली जाए इस विषय पर मैंने उनसे सलाह माँगी। काफ़ी देर तक सोचने के बाद उन्होंने ठण्डी आह भरी और बिना कोई सलाह दिये वे चलते बने।

लेकिन पुरुष जाति से जो नहीं हो सका वह प्रकृति ने कर दिखाया। मैं अपने दफ़्तर में बैठा स्टूडैण्ट्स यूनियन के हिसाब का बखेड़ा निपटा रहा था।

स्टूडैण्ट्स यूनियन चलानेवाली मैडम ने अपने तरीक़े से कापी में हिसाब लिख रखा था। और एकाउण्टेंसी के प्राध्यापक हाथ नचा-नचाकर कहे जा रहे थे, "ये कोई हिसाब है? मुझसे तो एक अक्षर नहीं पढ़ा जा रहा।"

प्राध्यापिका महोदया गुस्सा होकर बोलीं, "इसमें न पढ़े जा सकनेवाली कौन-सी बात है? साफ़ तो लिखा है। पाई-पाई का हिसाब लिख रखा है। पार्टी में समोसे बच गये थे, वे भी मैंने आधी क़ीमत पर प्रोफ़ेसरों को बेच डाले। समारोह के अतिथि को टैक्सी में लाती हूँ, तब भी मेरी नज़र टैक्सी के मीटर से नहीं हटती और फिर भी..."

एकाउण्टेंसी के प्राध्यापक अपने आप पर किसी तरह क़ाबू करते हुए बोले, "वह बात नहीं है...मगर एकाउण्ट्स लिखने का एक तरीक़ा होता है। वाउचर बनाने पड़ते हैं। अब यही देखिए—यह टैक्सी का ख़र्चा...इसका वाउचर कहाँ है?"

"तो क्या टैक्सीवाले से बिल माँगूँ? कोई टैक्सीवाला कभी बिल देता है क्या?" मैडम ने मुँहतोड़ जवाब दिया।

"तो फिर आप खुद बनातीं!"

"लिखा तो है कापी में।"

इस पर एकाउण्टेंसी के प्राध्यापक अपने बाल नोचने लगे।

फिर मैंने खँखारकर कहना चाहा, "वह बात नहीं। मगर एक मेथड होती है। उसके अनुसार..."

"मतलब आपकी राय में कन्टेण्ट से ज़्यादा अहमियत फॉर्म की है। इतनी जी तोड़ मेहनत के बाद भी...." मैडम अँग्रेज़ी साहित्य पढ़ाती थीं। लिहाज़ा उन्होंने कन्टेण्ट और फॉर्म मेरे मुँह पर दे मारे।

"दिस इज़ इम्पॉसिबल।"—एकाउण्टेंसी के प्राध्यापक चीख़ उठे।

"तब फिर आप खुद ही लिखिए एकाउण्ट्स।" मैडम ने कापी एकाउण्टेंसी के प्राध्यापक के सामने पटक दी।

एकाउण्टेंसी के प्राध्यापक तपाक् से उठ खड़े हुए और चलते बने।

मैंने जल्दी से टेबल की दराज़ से रूमाल निकाला, क्योंकि मैडम की आँखों में पानी झलक रहा था। और प्राध्यापिकाओं के रोने-धोने की अब मुझे भी आदत हो चली थी।

पहली बार जब मेरी केबिन में एक प्राध्यापिका रोयी थी तब मैं इस क़दर घबरा उठा था कि कुछ मत पूछिए। उसके हैड ऑफ़ द डिपार्टमेण्ट ने उसे मेरे पास भेजा था कि मैं ज़रा उसकी ख़बर लूँ। प्रिन्सिपल लोग ऐसे में जिस तरह ख़बर लेते हैं, वैसा ही मैंने किया। फिर उसका बहस करना बन्द हो गया। चेहरा रुआँसा हो गया। और देखते-देखते वह रो पड़ी। फूट-फूटकर रोने लगी।

मैं भी इस क़दर घबरा उठा कि समझ नहीं पा रहा था कि टेबल के नीचे छुप

जाऊँ या खिड़की से कूद कर भाग जाऊँ। मुझे पक्का यक़ीन हो गया कि मैं एक बेहद ख़ूँख़्वार और अत्यधिक दुष्ट मनुष्य हूँ। यह भी जान गया कि दूसरे ही दिन मुम्बई के तमाम प्राध्यापक विशाल मोर्चा लेकर मेरे दरवाज़े पर आएँगे।

मैंने किसी तरह प्राध्यापिका महोदया को समझा-बुझाकर भेज दिया और फिर तुरन्त एक सीनियर प्राध्यापिका को बुला भेजा। अपराधी स्वर में मैंने उन्हें पूरा वाकया कह सुनाया। इस पर सीनियर प्राध्यापिका महोदया बोलीं—

"आप बहुत सख़्त मिज़ाज हैं।" अपराधबोध से भरकर मैंने हामी भरी।

"दूसरे के दिल को दुखा बैठते हैं आप।" अपराधबोध के बोझ से झुकी गर्दन हिलाकर मैंने यह इल्ज़ाम भी स्वीकार कर लिया।

"और वह भी तो कुछ कम नहीं।" सीनियर प्राध्यापिका महोदया ने आगे जोड़ा।

"कम नहीं, मतलब?"

"बहुत दिखावा करती है। झूठमूठ के आँसू बहाती है।" मैं सकते में आ गया। "झूठमूठ के आँसू? यह कैसे हो सकता है? अजी, अच्छी-ख़ासी फूट-फूटकर रो रही थी। ऐसे झूठमूठ रोया जा सकता है भला?"

सीनियर प्राध्यापिका हँस दीं, बोलीं, "इसमें क्या है? मैं दिखा दूँ रोकर?"

"नहीं, नहीं!" मैंने जल्दी से कहा।

फिर देर तक उखड़े हुए मन से मैं सोचता रहा कि औरत किस क़दर रहस्यमयी और लुच्ची होती है। सोचा, अब और भी ज़्यादा सख़्ती से पेश आना होगा। चाहे कोई धुआँधार रोये, चाहे मूसलाधार; टस-से-मस नहीं होना चाहिए, लेकिन फिर सवाल उठा कि झूठमूठ के रोने में और सचमुच के रोने में फ़र्क़ करें तो कैसे? वरना इधर हम झूठमूठ का रोना समझकर सख़्ती बरतते रहेंगे, उधर सच्चे आँसू बहते रहेंगे!

आख़िर इस रोने-धोने के चक्कर से बचने के लिए तय किया कि किसी भी प्राध्यापिका को समझाने-बुझाने के चक्कर में ही न पड़ा जाए। मगर फिर भी रोने-धोने से छुटकारा नहीं मिला। एक प्राध्यापिका की माताजी का देहान्त हो गया इसलिए उसके दुःख में शरीक होने गया; तो आँसुओं की बाढ़ में डूब मरने की नौबत आ गयी। दूसरी बार...मगर छोड़िये भी। कहने का मतलब, प्राध्यापिकाओं के आँसुओं से मेरी टेबल की पालिश ख़राब होने लगी और मैंने आधा दर्जन रूमाल टेबल की दराज़ में रख लिए। आँसुओं के आसार नज़र आये नहीं कि झट दराज़ खोल, रूमाल निकाल, आगे बढ़ाने लगा।

तो, ख़ैर; स्टूडैण्ट्स यूनियन के एकाउण्ट्स अपने ढंग से लिखनेवाली प्राध्यापिका की आँखों में आँसू छलके, तो मैंने झट दराज़ से रूमाल निकाल उसके सामने धर दिया। लेकिन उस दिन प्राध्यापिका महोदया को आँसू बहाने का मौक़ा ही नहीं मिला। रोने की तैयारी हो ही रही थी कि केबिन का दरवाज़ा धड़ाम से खुल गया और हमारे

आरामपसन्द अधेड़ प्राध्यापक घबराये हुए से अन्दर आते हुए बोले, "देखिए, देखिए तो...उधर क्या हो रहा है।"

"क्या हो रहा है?"

"भयानक! महाभयंकर!!"

"मगर बात क्या है?"

"लड़ाई! घमासान लड़ाई!"

"किस-किस के बीच?"

"दोनों के बीच! उन...उन दोनों के बीच!" वे इतने उत्तेजित हो चले थे कि ठीक से जानकारी भी नहीं दे पा रहे थे।

मगर इतना सुनना था कि इधर रोने की तैयारी कर चुकी प्राध्यापिका अपनी तैयारी को समेटकर लड़ाई का दिलचस्प नज़ारा देखने के लिए उछलती हुई दौड़ पड़ी। उसके पीछे-पीछे मैं भी उछला...मेरा मतलब, दौड़ पड़ा।

स्टाफ़-रूम में वाकई ज़ोरदार लड़ाई छिड़ चुकी थी। दो प्राध्यापिकाएँ हमलावरों के अन्दाज़ में खड़ी एक-दूसरी पर मर्मभेदी, विस्फोटक शब्दों की गोलाबारी किये जा रही थीं। दोनों एक ही समय, एक साथ बोले जा रही थीं। फिर एक-दूसरी की बातें बखूबी सुन-समझ पा रही थीं। और चुटीले जवाब भी दिये जा रही थीं। उनका युद्धकौशल देख मैं दंग रह गया। तालियाँ बजाकर उनका हौसला बढ़ाने का मन हो रहा था। लेकिन प्रिन्सिपल होने के नाते अपनी ज़िम्मेदारी का ख़याल कर, दोनों बाँहें उठा मैं कहने लगा, "लेडीज़, लेडीज़...प्लीज़, प्लीज़..."

इससे ज़्यादा मैं कुछ बोल नहीं पाया। मेरी वक्तृत्वकला मेरा साथ नहीं दे रही थी और उन दोनों की वाक्सरिताएँ तेज़ बहती चली जा रही थीं।

मैंने फिर हाथ उठाये, "लेडीज़, लेडीज़..."

इस तरह के लगातार प्रयासों के बाद युद्धविराम हो गया—और अश्रुसरिताएँ बह निकलीं। इसके बाद दोनों ने बारी-बारी मेरे दफ़्तर में आकर अपना-अपना पक्ष मुझे सुनाया। नतीजतन मेरे दो रूमाल भीग गये।

ये दोनों प्राध्यापिकाएँ पढ़ाने में बेहतरीन थीं। छात्रों में भी प्रिय थीं। इसीलिए दोनों में प्रतिस्पर्धा चल रही थी। फिर उनमें से एक क्लासरूम में दूसरी के पढ़ाने को लेकर कोई व्यंग्य कर बैठी। छात्रों ने बड़े उत्साह से इस बात को दूसरी तक पहुँचा दिया। तब दूसरी ने अपनी क्लास में पहली को लक्ष्य कर दो-चार व्यंग्यबाण चला दिये। अबकी, ये व्यंग्यबाण महज़ पढ़ाने को लेकर नहीं थे। छात्र इन बातों को भी गुरतैदी से पहली तक पहुँचा आये। तब पहली ने अपना आधा लेक्चर दूसरी के गुणावगुणों की छानबीन में ख़र्च कर दिया। फिर, इसे लेकर दूसरी ने स्टाफ़-रूम में पहली से जवाब तलब किया। बस, फिर घनघोर युद्ध छिड़ गया।

...और बस! एकता में दरार पड़ गयी। देखते-देखते बाक़ी प्राध्यापिकाएँ दो

पक्षों में बँट गयीं। एकता के भंग होने को लेकर मुझे ख़ुशी होनी चाहिए थी। मगर दोनों ही दल जिस तरह मेरे पास आ-आकर एक-दूसरे की शिकायतें करने लगे, उनसे मैं परेशान हो गया।

उनकी शिकायतें सुन-सुनकर मुझे लगने लगा, जैसे मेरे कॉलेज में साज़िशों, षड्यन्त्रों के अलावा कुछ नहीं हो रहा। दोनों दल एक-दूसरे को मात देने के लिए जो चालें चल रहे थे, उन्हें देख किसी भी देश के गुप्तचर विभाग के प्रमुख चकित हो उठते। ये महिलाएँ अपने घर के सारे मिर्च-मसाले कॉलेज ले आती थीं और उनमें बातें घोल-घोलकर मुझे सुनाया करती थीं। मुझे तो ऐसा महसूस होने लगा कि इनकी इन लड़ाइयों से इनकी एकता भली!

इस पर इन प्राध्यापिकाओं के बच्चे एक के बाद एक बीमार पड़ने लगे। एक बार मैंने एक प्राध्यापिका से कहा, "आज आप चार बजे तक रुक जाइए। स्टूडैण्ट्स यूनियन का कार्यक्रम है। उसकी देखरेख कीजिए।"

इस पर वे बोलीं, "सर, आज मुश्किल है।"

मैंने गुस्से में कहा, "ऐसा तो नहीं चलेगा! हर रोज़ आप दो बजे भाग जाती हैं। एक दिन रुक जाएँगी तो क्या होगा?"

इसपर वे चेहरे पर शहीद हो जाने के-से भाव दर्शाती हुई बोलीं, "ठीक है। आप कहते हैं तो रुक जाती हूँ। मगर आज सवेरे घर से निकली तब मेरे बच्चे को एक सौ दो डिग्री बुख़ार था।"

"एक सौ दो? बाप रे!" मैंने चौंककर कहा।

"नहीं, ठीक है। मैं रुक जाऊँगी।"

"नहीं, नहीं ऐसा मत कीजिए। कहते हैं, बुख़ार एक सौ दो से ज़्यादा हो जाए तो माथे पर आइसबैग रखनी पड़ती है। उसका कोई इन्तज़ाम किया भी है या नहीं?"

"घर में नौकरानी है। वह कर लेगी।"

"मगर वह बुख़ार देखना जानती भी है? कुछ-का-कुछ हो जाए तो?" मैं घबरा उठा था।

"मगर आप कहते हैं, तो मैं रुक ही जाती हूँ।" वे अपने निर्णय पर अडिग थीं।

"देखिए, मेहरबानी करके..." मैंने बार-बार मिन्नतें कर उन्हें घर भेज दिया। सोचा, सिर से बालहत्या का पाप टल गया।

दूसरे दिन दूसरी प्राध्यापिका का फ़ोन आया। उसके बच्चे को फ्लू हो गया था। लिहाज़ा वह कॉलेज नहीं आ सकती थी। तीसरे दिन और दो प्राध्यापिकाओं के बच्चों को खसरे ने धर दबोचा। फिर एक और प्राध्यापिका के बच्चे को पीलिया हो गया।

मैं तो जानता ही नहीं था कि बच्चे इतने बीमार पड़ते रहते हैं और उनकी इतनी देखभाल करनी पड़ती है। मैंने अपनी पत्नी से जवाब तलब किया कि आख़िर इतने दिन मुझे इस बारे में इस तरह धोखे में क्यों रखा गया? इस पर वह हाथ नचा-नचाकर

बोली, "अपने बच्चों का ख़याल तो कभी किया नहीं। अब औरों के बच्चों की फ़िक्र कर रहे हैं!"

उसकी इस बात के जवाब में कुछ कहने का तो सवाल ही नहीं था! हाँ, कुछ ही दिनों में मैं परले दर्जे का बालरोग-विशेषज्ञ बन गया। फ्लू होने पर कितने दिन की कैज्युअल लीव दी जाए और पीलिया पर कितने हफ़्ते जल्दी घर जाने की रियायत दी जाए, इसका कोष्ठक मुझे याद हो गया।

नवम्बर के महीने में मुझे एहसास हुआ कि तीन प्राध्यापिकाएँ दिनोंदिन मोटी होती जा रही हैं और उनकी चाल भी धीमी होती जा रही है। ऐसा क्यों हो रहा है, मैं सोच ही रहा था कि उनमें से एक छुट्टी की अर्ज़ी लेकर आ गयी।

"तीन महीने की छुट्टी? इतनी लम्बी छुट्टी किसलिए?" अर्ज़ी पढ़ते ही मैं चौंक उठा।

प्राध्यापिका ने जवाब नहीं दिया। फिर अचानक भक्क से मेरा दिमाग़ रोशन हो उठा। "माइ गॉड!"– मैं बोल पड़ा और मैंने चुपचाप छुट्टी की मंज़ूरी दी। तभी दूसरी प्राध्यापिका आ गयी और फिर तीसरी...मुझे लगा, मुझे चक्कर आ जाएगा।

तीनों 1 दिसम्बर से छुट्टी पर जानेवाली थीं और 1 मार्च से, यानी लैक्चर्स ख़त्म होने के बाद, कॉलेज आनेवाली थीं। फिर पन्द्रह दिन कॉलेज में आकर सिर्फ़ बैठे रहना ही था। उसके बाद तीन महीने गर्मियों की छुट्टियाँ!

मैं सोच ही रहा था कि तीनों ने एक साथ ही यह सारा इन्तज़ाम कैसे कर लिया; तभी एक तजुर्बेकार प्रिन्सिपल ने मुझे बताया कि प्राध्यापिकाएँ हमेशा दिसम्बर के पहले सप्ताह में ही बच्चे पैदा करती हैं।

अब ऐन वक़्त पर अस्थायी प्राध्यापकों का मिलना भी मुश्किल था। इसलिए इन प्राध्यापिकाओं का काम पुरुष प्राध्यापकों में बाँट देना पड़ा। इससे वे बेहद नाराज़ हो उठे और ख़ूँख़्वार नज़रों से मुझे ताकने लगे।

और मैं कॉलेज का प्रिन्सिपल होकर अपने ही कॉलेज में डरे हुए खरगोश की तरह जीने लगा।

शतक, जो मैं नहीं बना पाया

बचपन से मुझे क्रिकेट खेलने का बड़ा शौक़ था। लेकिन अफ़सोस, यह शौक़ कभी पूरा न हो सका। हमारी पूरी बिल्डिंग में ले-देकर एक बल्ला था और वह भी बिशू का। और बिशू ठहरा दुश्मन का आदमी! दुश्मन मुझे खेल में क्यों शामिल करने लगा? और शामिल कर भी लेता तब भी कोई फ़ायदा तो था नहीं! हमेशा बिशू ही बल्लेबाज़ी किया करता था। स्टम्प गिरने के बाद भी आउट होने से साफ़ मना कर देता। कहता, "नो बाल थी" और बल्लेबाज़ी की अपनी पारी ख़त्म होते ही बल्ला उठाकर चल देता। कहता, "पढ़ना है। माँ गुस्सा करेगी पढ़ाई पूरी नहीं की तो!" बड़ा आया! माँ की बात माननेवाला!! हुँः!!!

मैं हाईस्कूल में दाख़िल हुआ तो वहाँ हमारी क्लास ने क्रिकेट क्लब बनाया। मैं फ़ौरन क्लब का मेम्बर बन गया। पूरा सवा रुपया भरा और नया बल्ला, नये स्टम्प लिये हम लोग मैदान में दाख़िल हुए। लेकिन मैदान में खेल से ज़्यादा भागमभाग ही मची रहती। कैथॉलिक जिमख़ाना के मैदान में स्टम्प खड़े करने की देर होती कि वहाँ का गोरखा दौड़ता हुआ आता! स्टम्प उखाड़कर भागने की नौबत आती। ग्राण्ड मैडिकल जिमख़ाना के मैदान में खेल शुरू होता, रंग लाता और वॉचमैन दौड़ पड़ता! इसके बाद हम विल्सन कॉलेज जिमख़ाना पर जाते, जहाँ अकसर शरण मिल जाती, क्योंकि वहाँ का वॉचमैन अकसर अपनी जगह पर नहीं होता था। लेकिन कभी-कभी वह भी जाग जाता और तब किसी ख़ूँख़्वार जानवर की तरह धावा बोल देता। इसके बाद पड़ता था हिन्दू जिमख़ाना। मगर यह मामला बड़ा संगीन था। छोटे बच्चों का क्रिकेट खेलना इन्हें पसन्द न था। हिन्दू जिमख़ाना के बाद इस्लाम जिमख़ाना पड़ता था अगर हिन्दू जिमख़ानेवाला मामला संगीन था, तो इस्लाम जिमख़ाना भी कोई रंगीन मामला न था! इसलिए वहाँ जाने का भी सवाल न था!

कभी खेल भी पाते थे, तो भी मेरे हिस्से बल्लेबाज़ी नहीं के बराबर आती थी। क्योंकि अपना स्टाइल तो सीधे सी. के. नाइडू से मिलता था न! कौन धीरे-धीरे, सहमते-डरते खेले! मैं तो सीधे छक्के के लिए ही बल्ला घुमा देता। लेकिन जाने क्या

बात थी, मेरे बल्ले की गेंद से मुलाक़ात कभी हो ही नहीं पाती थी! लिहाज़ा इधर विकेट डाऊन! अलबत्ता, एक बार वो मारा था; मगर अगली ही गेंद पर नीच कमीने अम्पायर ने, यानी हमारे सदू ने, एल.बी.डब्ल्यू. दे दिया! एल.बी.डब्ल्यू. यानी सफ़ेद झूठ!! मगर क्या करें! जिसकी लाठी उसकी भैंस! जिसका बैट उसके ठाठ!! मेरी कौन मानता?

गेंदबाज़ी का—बोलिंग का—मौक़ा एक बार मिला। सिर्फ़ एक बार। मगर वह भी एक 'ओवर' के बाद छीन लिया गया। वजह बतायी गयी, बल्लेबाज़ तक पहुँचते-पहुँचते मेरी गेंद दो बार टप्पा खा जाती है। मैंने कहा, "हर्ज़ ही क्या है? जहाँ एक बार टप्पा लेती है, वहाँ दो बार! एक बार का उछलना ग़लत नहीं होता, तो दूसरी बार का उछलना ग़लत क्यों होने लगा?" लेकिन किसी ने मेरी दलील पर ध्यान नहीं दिया और न ही मुझे कभी बोलिंग दी।

फिर मैंने विकेटकीपर बनने का फ़ैसला किया। इस क्षेत्र में स्पर्धा ज़्यादा बड़ी थी भी नहीं, लिहाज़ा विकेटकीपर, मैं बन गया। मोटे दस्ताने वग़ैरह तो हमारे पास थे नहीं, इसलिए मैदान की मिट्टी ही हाथों पर मल ली। स्टम्प्स के पीछे ताक में बैठा रहा—मेढकिया अन्दाज़ में! सदू बोलिंग कर रहा था। सदू हमारा गुगली बोलर था। क्योंकि बोलिंग करते समय वह अपनी एक आँख की पुतली घुमाकर काना बन जाता था! लगता, बड़ी क़यामत की नज़र रखता है!

पहली गेंद। बिशू बल्ला सँभालते हुए आगे बढ़ा, बल्ला घुमाया, मगर बल्ला गेंद को लगा नहीं और इधर मैंने बग़ैर समय गँवाये गेंद पकड़कर, स्टम्प पर दे मारी! लेकिन गेंद स्टम्प के बदले बिशू की पीठ में जा लगी और बिंशू लट्ठ खाकर बिफर पड़े बिलाव की तरह पलटा। और फिर इस क़दर बिफर उठा कि बल्ला भाँजते हुए उसने मुझ पर धावा बोल दिया। मैं आगे-आगे और बिशू पीछे-पीछे। हमने ग्राण्ड मैडिकल कॉलेज के मैदान की पूरी परिक्रमा की, तब कहीं जाकर बिशू का गुस्सा ठण्डा हुआ। सदू की दूसरी गेंद बला की गुगली थी। एक बार उछलने के इरादे से ज़मीन पर जो गिरी तो झट इरादा बदल वहीं से सरपट दौड़ती हुई आने लगी और इधर बिशू ने बल्ला घुमाया हवा में! कैच की उम्मीद में फैली मेरी हथेलियाँ भी हवा में ही रह गयीं और गेंद मेरे पैरों तले से निकल गयी सीधे पीछे! बिशू ने दो रन बनाये। वह रन बना रहा था कि सदू बौखलाकर चीख़ पड़ा, "साला! विकेटकीपिंग करता है या मुर्ग़ी पकड़ता है रे?"

जाने क्यों, उन दिनों हम बच्चे यह ग़लतफ़हमी पाले हुए थे कि मुर्ग़ी पकड़ना बायें हाथ का खेल होता है! असल में यह काम कितना मुश्किल होता है, यह आगे चलकर जाना। लेकिन वह क़िस्सा फिर कभी।

सदू चीख़ा तो जवाब में मैं भी चीख़ उठा, "तू साला क्रिकेट खेलता है कि गुल्ली-डण्डा रे? ऐं?"

सदू फिर चीख़ा, "तेरे बाप ने की थी कभी गुगली बोलिंग?"

और फिर तू-तू, मैं-मैं देर तक ज़ारी रही। आख़िर बाक़ी सारे लड़के हम दोनों को मारने दौड़े, तब कहीं जाकर खेल दुबारा शुरू हो पाया। अब की बार मैं बड़ी तैयारी के साथ बैठ गया। क्या मजाल जो गेंद छूट पाये! अबकी महज़ मेढकिया अन्दाज़ में बैठा नहीं रहा मैं, बैठे-बैठे बराबर उछलता भी रहा। हाथों का कटोरा भी बड़ा मज़बूत बना रखा था।

सदू की अगली गेंद! लगा, यह ज़रूर मेरे पेट पर लगनेवाली है, लिहाज़ा अपने हाथों का कटोरा मैं अपने पेट के पास ले आया, मगर तभी बिशू ने बीच में अपना बल्ला अड़ाया! गेंद बल्ले से हल्के-से छूकर हवा में उछली। कटोरा रह गया पेट पर और गेंद आ टकरायी मेरी ठुड्डी से। ग़र गेंद तेज़ होती तो अपने हुलिये के तो राम ही मालिक थे! ख़ैरियत थी कि गेंद धीमी थी। धीमी थी तो भी क्या, ठुड्डी पर जो लगी तो उसने मुझे हिलाकर रख दिया! मुँह में दाँत ऐसे खड़खड़ाये मानो जेब में रेज़गारी! खोपड़ी दो इंच ऊपर हवा में! और मैं नीचे!! ज़मीन पर निढाल!!!

क्रिकेट मैच में किसी खिलाड़ी के ज़ख़्मी होकर गिरते ही बाक़ी सारे खिलाड़ी दौड़कर उसके पास इकट्ठे हो जाते हैं। क्या-क्या नाज़ उठाते हैं अपने ज़ख़्मी भाई के! पैविलियन से कोई बर्फ़ लेकर भागता हुआ आता है। सब मिलकर ज़ख़्मी को उठाते हैं और पैविलियन ले आते हैं। और मुझे पूरा यक़ीन है, पैविलियन में पहुँचते ही बड़ा-सा आइसक्रीम कोन देकर उसकी ख़ातिर करते होंगे।

लेकिन ऐसी इन्सानियत मेरे दोस्तों में कहाँ? 'खीः खीः' और 'हो हो' कर हँसने लगे सब। और तो और सदू फिर चिल्लाया, "साला, ज़रा-सा कैच तक नहीं ले पाता! इसे हटा दो क्लब से!"

लो! इधर अपने राम ज़ख़्मी हो ज़मीन पर गिरे पड़े हैं और मित्रवर हैं कि मुझे क्लब से हटाने की बात कर रहे हैं। और ऐसे में जबकि मेरा कोई क़सूर ही न था! मैंने तो सीधा हिसाब लगाया था कि गेंद सीधी आएगी मेरे पेट पर। तो मैंने तो हाथों का कटोरा भी पेट पर पकड़ा था। इस बीच अगर बिशू बीच में टाँग—न, बल्ला—अड़ाता तो ऐसा थोड़े होता!

मैं भी फिर बिफर पड़ा, "अरे, जाओ, जाओ! बड़ा आया मुझे हटानेवाला! चार आना चन्दा दिया है, समझे क्या? तुम्हारी तरह उधारमल मुफतलाल नहीं! हुः!!"

जवाब में सदू ने तैश में सिर की टोपी उतार ज़मीन पर पटकी। बोला, "जब तक इसे विकेट कीपिंग से हटाया नहीं जाता, मैं बोलिंग नहीं करूँगा।"

मैंने भी अपनी टोपी हाथ पर पटकी और कहा, "मैं भी देखता हूँ कौन हटाता है मुझे विकेट कीपिंग से! हुः!"

फिर एक बार जमकर जुगलबन्दी छिड़ी। आख़िरकार समझौता इस बात पर हुआ कि मैं एक ओवर के ख़त्म होने तक विकेट कीपिंग करूँ और ओवर के ख़त्म

होते ही बाउण्डरी पर फील्डिंग करूँ। सबने मुझे समझाया कि बाउण्डरी पर गेंद रोकना बहुत ही महत्त्वपूर्ण काम होता है और बात मुझे भी जँच गयी। ख़ामख़्वाह सूरत बिगाड़कर रख लेने का शौक़ भी कौन पाले!

इसके बाद मैंने कैरम-चैम्पियन बनने की सोची। इससे क्रिकेट की तरफ़ उतना ध्यान नहीं दे पाया। हालाँकि क्रिकेट में मेरी रुचि बरकरार थी। पड़ोसी के यहाँ क्रिकेट की कमेण्टरी सुनने जाता रहता था, जब तक वह मुझे निकाल बाहर न कर दे।

लेकिन क्रिकेट खेलने की मेरी तमन्ना अरसे तक अधूरी रही थी। यही नहीं, अपने स्कूल या कॉलेज की टीम कोई-न-कोई ट्रॉफ़ी जीत लाये और मैं जी भरकर तालियाँ बजाऊँ ये अरमान भी पूरे नहीं हो पाये। हमारा आर्यन स्कूल कभी फाइनल मैच तक पहुँचा ही नहीं। इसके बाद विल्सन कॉलेज! वहाँ भी वही हाल! एल्फिन्स्टन कॉलेज के लड़के हमें ग्यारह विकेट से हरा देते और ऊपर से ख़ूब खिल्ली भी उड़ाते। तंग आकर मैंने मैच देखना छोड़ दिया।

सिडनहैम कॉलेज में प्रोफ़ेसर बना, तब उम्मीद फिर जाग उठी। कैसे न जागती? एक समय में खुद विजय मर्चेण्ट सिडनहैम के छात्र रह चुके थे। सोचा, उसी परम्परा को बनाये रखा होगा कॉलेज ने। लेकिन कहाँ? किसी तरह दूसरे राउण्ड तक पहुँचकर हमारी टीम लौट आती। तब मैं उनसे कहता, "अरे, तुम लोगों से अच्छा तो हम प्रोफ़ेसर लोग खेल लेते!"

मेरी बात लड़कों को तीर की तरह चुभी। या शायद पहले राउण्ड में हार जाने की वजह से खेलने के सारे अरमान अभी निकाल नहीं पाये थे। लड़कों ने स्टाफ़ विरुद्ध स्टूडैण्ट्स मैच का आयोजन किया। छात्रों की टीम प्राध्यापकों को खेलने के लिए राज़ी कराने की कोशिश में लग गयी। यथावकाश वे लोग मेरे केबिन में भी आ पहुँचे और मैच में खेलने का अनुरोध करने लगे।

छात्र जब अतिरिक्त स्नेह का प्रदर्शन करने लगते हैं और बेहद मासूम नज़र आने लगते हैं, तब अनुभवी प्रोफ़ेसर भी ताड़ जाते हैं कि जान ख़तरे में है। इसलिए मैंने भी रोबीली निगाह से सबका जायज़ा लेते हुए कहा, "नो। बिलकुल नहीं।"

बच्चे भी बड़े ज़िद्दी होते हैं। ऐसे रौब-दाब को ज़रा घास नहीं डालते। उन्होंने फिर बात चलायी। इस पर मैंने कहा, "देखो, मुझे शक है। यह सब प्रोफ़ेसरों को घायल करने की तुम्हारी साज़िश तो नहीं?"

बड़े पैमाने पर अचरज का दिखावा किया गया—"यानी? ऽऽसऽर ... कमाल है!"

"तुम लोग इस बात की गारण्टी दे सकते हो कि मेरा चश्मा नहीं टूटेगा, कि कमर से ऊपर गेंद नहीं उछलेगी; कि तेज़ बोलिंग नहीं की जाएगी।"

"एग्रीड सर, एग्रीड! एकदम मंज़ूर।" सारे कोरस में चिल्लाये।

मैंने आँखें दिखाते हुए पूछा, "तुममें से फास्ट बोलर कौन है? देसाई? तुम...और तुम...तुम मुझे बोलिंग नहीं करोगे।"

"वाह सर! यह क्या बात हुई? हम लोग स्लो बोलिंग करेंगे। बिलकुल स्लो!"

"नहीं नहीं। मुझे तुम लोगों पर यक़ीन नहीं है। ऐसा करना, तुम बायें हाथ से बोलिंग करना।"

"मंज़ूर सर! एकदम मंज़ूर!!" देसाई बड़े उत्साह से बोला। लड़के हँस पड़े। बोले, "सर, वह है ही लेफ्टहैण्डर।"

"लेकिन सर, यक़ीन मानिये, मैं बिलकुल स्लो बोलिंग करूँगा।" देसाई ने फिर आश्वासन दिया।

"जो भी हो, मैच शुरू होने से पहले मैं तुम्हारा आइडैण्टिटी कार्ड ले लूँगा। खेलते समय मुझे किसी भी तरह से चोट आएगी तो तुम्हारा कार्ड वापस नहीं मिलनेवाला।" मैंने डाँटते हुए कहा।

लड़कों ने शर्त तुरन्त मान ली।

"और देखो, एल.बी.डब्ल्यू. बिलकुल नहीं चलेगा।" मैंने एक और फरमान ज़ारी किया। एल.बी.डब्ल्यू को लेकर बचपन से ही मेरी राय कुछ अच्छी नहीं थी।

"ओ.के. सर। हम लोग आपको क्लीन बोल्ड कर देंगे।"

"ठीक है। और पूरा दिन क्रिकेट खेलना हमें क़तई मंज़ूर नहीं। हम प्रोफ़ेसर रोज़ाना चार घण्टे से ज़्यादा काम नहीं करते। यूनिवर्सिटी का ऐसा ही नियम है। लंच के बाद खेलना हम पसन्द नहीं करेंगे। लंच के बाद थोड़ा सो लेंगे। और हाँ, लंच लज़ीज़ होना चाहिए।"

पहले तो वे बग़लें झाँकने लगे। क्योंकि उनका इरादा तो हमें दिन भर दौड़ाने का था। लेकिन हम लोग भी तो कच्ची गोलियाँ नहीं खेले थे न! उन्हें मानना ही पड़ा।

तब फिर मैंने एक और शर्त रख दी। कहा, "एक बात और! टॉस भले कोई भी जीते, पहले बल्लेबाज़ी प्रोफ़ेसर्स ही करेंगे।"

मेरी यह शर्त सुनते ही छात्रों के मन में शक पैदा हुआ, "इसका मतलब, सर, आप लोग बल्लेबाज़ी करेंगे और अपनी पारी ख़त्म होते ही भाग जाएँगे। फिर क्या फ़ायदा?"

इस मुद्दे पर काफ़ी बहस हुई। आख़िरकार समझौता इस बात पर हुआ कि प्रोफ़ेसर पहले बल्लेबाज़ी करेंगे। लेकिन कुल चार घण्टे मैच खेला जाए, जिनमें से दो घण्टे छात्रों को बल्लेबाज़ी दी जाए।

सब कुछ तय होते ही मैंने अपनी तरफ़ से तैयारी शुरू कर दी। टेनिस शूज़ ख़रीद लिये। कॉलेज की सीढ़ियाँ फुर्ती से दौड़कर चढ़ने-उतरने लगा, ताकि दौड़ने का अभ्यास होता रहे। नेट-प्रैक्टिस कर पाना तो मुमकिन न था, मगर मन-ही-मन यह

पक्का तय कर रखा था कि कौन-सी गेंद किस तरह खेलनी है। बस, ऐसा खेलूँगा कि क्रिकेट जगत् के बड़े-बूड़े सूरमा देखते रह जाएँ।

मैच का दिन। छात्र बड़ी संख्या में मैच देखने आये थे। ख़ूब चिल्ल-पों थी। अच्छा-ख़ासा शोर था। कुछ एक छात्रों की फूली हुई जेबों से अन्देशा हो रहा था कि पटाखों का इन्तज़ाम भी किया गया है। ज़ाहिर था, मैच ज़बरदस्त रहेगा।

अपने कप्तान से लड़-झगड़कर मैं ओपनिंग बल्लेबाज़ बना। पैरों में पैड बाँध, शान से बल्ला घुमाता हुआ चल पड़ा। फिर एक बार लड़कों को डाँटते हुए याद दिलाया, "देखो, तेज़ गेंदबाज़ी न होने पाये।" फिर अम्पायर से 'गार्ड' लेकर क्रीज़ पर बीचवाले स्टम्प के ठीक सामने बल्ला जमाकर खड़ा हो गया।

मैंने बड़ी चालाकी से अपने दोनों पैरों और बल्ले की आड़ बनाकर विकेट को ढँक दिया था। चश्मा पोंछकर गेंद का सामना करने के लिए खड़ा हुआ।

पहली गेंद बीचवाले स्टम्प पर थी। मैंने बड़े अन्दाज़ से एक क़दम क्रीज़ के बाहर रखते हुए डैड-बैट से गेंद रोकी। लड़के चिल्लाये, "प्लेड!"

मैं भी ख़ुश हुआ। सोचा, "अब देखते रहो, बच्चो, हमारा खेल।"

दूसरी गेंद ऑफ़ स्टम्प के बाहर थी। गुड लेंग्थ बॉल! मैंने बड़ी नज़ाकत से लेट-कट मारा। स्लिप में खड़े खिलाड़ी देखकर चकरा गये। गेंद उनके बीच से होती हुई निकल गयी थी। मैंने तुरन्त दौड़ना शुरू किया। सामने खड़े बल्लेबाज़ प्रोफ़ेसर अपने आप में खोये हुए थे। मैंने चिल्लाकर उन्हें रन बनाने के लिए कहा। दो रन लिये। लड़कों के अनुरोध पर तीसरा रन भी बनाया। अन्त में अम्पायर ने बाउण्डरी का इशारा किया। चौका!

मैं अम्पायर पर नाराज़ हो उठा, "पहले क्यों नहीं बताया? ख़ामख़्वाह दौड़ाया!"

अम्पायर बना लड़का सिर्फ़ हँस दिया।

मेरी साँस फूल गयी थी। लिहाज़ा खेल थोड़ी देर बन्द रहा। अगली गेंद शार्ट पिच्ड थी। मुश्ताक के स्टाइल में बल्ला घुमाते हुए स्वीप किया।

मगर लड़कों में एप्रीशिएट करने की महानता न थी। वे उल्टे चीख़ पड़े, "झाड़ू स्ट्रोक!" सौभाग्य से फील्डर ने गेंद रोक ली। वरना फिर दौड़ना पड़ता। लड़के फील्डर से ख़ासे ख़फ़ा हुए।

मैं 'सेट' हो चला था। एक-दो नहीं, अच्छे-ख़ासे ग्यारह रन बना लिये। फिर सोचा, दिखा ही दें बच्चों को फास्ट बोलिंग को कैसे खेला जाता है, बस! गेंदबाज़ से कहा, एक बम्पर फेंको, मैं उसे हुक करना चाहता हूँ। मगर उसने साफ़ इनकार कर दिया। उसे डर था, कहीं मैं घायल हो गया तो! फिर अगली गेंद मैंने लाँग ऑन पर ड्राइव की। और दो रन! तालियाँ!

सोचा, अब सीधे सेन्चुरी बनाकर ही रिटायर हुआ जाए। मगर तभी तम्बू में हलचल मची। कप्तान तम्बू से बाहर आ चिल्लाने लगे, "रिटायर, रिटायर।"

हाथ हिलाते हुए मैंने इनकार कर दिया, तो कप्तान सीधे पिच पर आकर कहने लगे, "गाडगिल, अब आप रिटायर हो जाइए।"

"लेकिन अभी तो मैं सेट हो रहा हूँ।"

"बहुत हो चुका। बाक़ी प्रोफ़ेसरों को भी तो खेलना है। वे अब और सब्र नहीं कर सकते। मौक़ा उन्हें भी तो मिलना चाहिए।"

क्रिकेट के क्षेत्र में समाजवाद मुझे क़तई मंजूर न था। मगर क्या करता! कप्तान का हुक्म जो ठहरा! लिहाज़ा शान से बल्ला घुमाते हुए मैं रिटायर हुआ। लड़कों ने ख़ूब तालियाँ बजायीं। पैविलियन में लौटते ही मैंने एक ऑरेंज ज्यूस पी लिया। थोड़ी देर बाद एक और ऑरेंज ज्यूस गटक लिया और खेलते समय प्रो. अभ्यंकर कैसी-कैसी ग़लतियाँ कर रहे हैं, यह औरों को समझाने लगा।

लड़कों की पारी शुरू हुई तब मैंने बोलिंग के लिए बिलकुल ज़िद नहीं की। कहीं बल्लेबाज़ तक पहुँचते-पहुँचते मेरी गेंद दो बार उछल जाती तो! वैसे कोशिश करता तो बोलिंग भी कर लेता। मगर सोचा, 'जाने दो। कौन ख़तरा मोल ले!' विकेट कीपिंग करने की मेरी बिलकुल इच्छा न थी। इसलिए बाउण्डरी लाइन पर फील्डिंग के लिए खड़ा रहा और वह भी इस प्रोफ़ेसराना रोब के साथ कि गेंद की तरफ़ मैं नहीं भागूँगा; गेंद चाहे तो मेरे पास आ जाए। लड़के मेरी मदद कर ही रहे थे। इससे मुझे ज़्यादा भाग-दौड़ करनी नहीं पड़ी। अलबत्ता प्रो. अभ्यंकर हिरन की तरह भाग रहे थे। एक बार औंधे मुँह गिर भी पड़े, मगर फिर उछले और भागने लगे।

मैंने अपनी ताक़त को इस तरह जाया नहीं होने दिया। बस, इतना ख़याल रखा कि लंच तक अच्छी भूख लगे। फिर मैंने जमकर लंच खाया। कुल मिलाकर बहुत मज़ा आया।

दूसरे दिन बदन का पोर-पोर दुख रहा था। हर एक जोड़ दर्द कर रहा था। मगर बल्लेबाज़ी करते हुए छात्रों ने मेरी फ़ोटो खींची थी, उसे देखा तो सारा दर्द रफ़ू-चक्कर हो गया।

सेमिनार

टेपरेकॉर्डर, सांस्कृतिक प्रतिनिधिमण्डल, अन्तर्राष्ट्रीय फ़िल्म महोत्सव आदि कई क़ीमती चीज़ों की तरह सेमिनार भी पश्चिमी सभ्यता की देन है।

भारत में क़दम रखते ही सेमिनार ने त्रिवेन्द्रम से लेकर इलाहाबाद तक और मुम्बई से लेकर कलकत्ता तक सारे देश पर कब्ज़ा कर लिया। सौन्दर्यशास्त्र सम्बन्धी समस्याओं को लेकर आर्थिक विकास में रुकावट तक सारी समस्याएँ सेमिनार ने हल करके रख दीं। कोई नया विषय दिखाई पड़ा नहीं कि सेमिनार शुरू! अच्छा-ख़ासा सिलसिला बन गया।

मन्त्री सेमिनारों के उद्घाटन करने लगे और विद्वान अपनी समस्त विद्वत्ता का बोझ ढोते हुए सेमिनारों में हाज़िरी बजाने लगे। जिन विदेशी विद्वानों के सिर्फ़ नाम सुनने में आते थे, वे इन सेमिनारों की शोभा बढ़ाने लगे। हंगामा हो गया!

गंगाधर गाडगिल—एक बेचारा मुम्बईवासी लेखक! अब वह भी सेमिनार के लिए 'पेपर' लिखने लगा और ईरानी रेस्तराँ में बैठकर अपने साहित्यकार दोस्तों से बतियाने की जगह सेमिनार में बैठा ऑर्थर कोस्लर से बहस करने लगा! जी हाँ, ऑर्थर कोस्लर से!

भारत में सेमिनार का वृक्ष फलने-फूलने लगा। भारतवासी वैसे भी बोलने के शौक़ीन होते हैं। उस पर सैद्धान्तिक बहस का शौक़ कुछ ज़्यादा ही होता है ! क्योंकि साहित्य का मार्क्सवादी सन्दर्भ या इसी तरह के अन्य विषयों पर चीख़-चीख़ कर बहस करने में किसी की जेब से क्या जाता है? अपनी बुद्धि की प्रदर्शनी का मौक़ा हाथ लगता है और विशुद्ध विचारों के क्षेत्र में विचरण करने से आध्यात्मिक आनन्द की प्राप्ति होती है, सो अलग। सेमिनार में यह सब बिना किसी तरह की मेहनत के पाया जा सकता है। इसलिए भारत में सेमिनार बहुत लोकप्रिय हुआ।

जो भी उठता, एक अदद सेमिनार का आयोजन कर डालता। ऑल इण्डिया रेडियो से लेकर गली-कूचे के मित्र-मण्डलों तक में सेमिनार होने लगे। साहित्य में यथार्थ से लेकर प्रदूषण की समस्या तक हर विषय पर सेमिनार छिड़ने लगे।

विश्वविद्यालय की रजत जयन्ती हो, पुस्तकालय का वार्षिक सम्मेलन हो, गाँधी जयन्ती हो या अनगिनत जन्मशताब्दियों में से कोई एक—अवसर ढूँढ़-ढूँढ़कर सेमिनार आयोजित किये जाने लगे। कुछ लोग इतनी अधिक संख्या में सेमिनारों में जाने लगे कि जल्द ही 'सेमिनार' लोगों की एक नयी जाति पैदा हो गयी। किसी के यह जानकारी देने पर कि "कल मैं सेमिनार के लिए कलकत्ता जा रहा हूँ," दूसरा उसके नहले पर अपना दहला चढ़ाता हुआ कहता, "कल मुझे भी शिमला के 'इण्टरडिसिप्लिनरी' सेमिनार में जाना है।"

कोई अगर कहता कि, "मैंने आर. के. नारायण को प्रभावित किया," तो दूसरा यह कहकर जवाब देता कि, "मुझे तो ऑर्थर कोस्लर ने शाबाशी दी।" एक सौन्दर्यशास्त्र के नये सिद्धान्त की बात करने लगा, तो दूसरा 'बिहेवियररिस्टिक साइकॉलॉजी' के आधार पर 'हैम्लेट' का विश्लेषण करने लगा। बातचीत में ऐसी किताबों के नाम उछालने की होड़ लग गयी, जो औरों ने न पढ़ी हों। 'इण्टैलैक्चुअल' होना अब उतना ही रोमाण्टिक हो गया जितना कवि होना होता है। यही नहीं, अपने कविता पाठ से हज़ारों पर जादू कर देनेवाले कवि भी अब सेमिनारों की तरफ़ आकृष्ट होने लगे और सेमिनारों में जोशीले स्वर में कहने लगे कि 'कविता के बारे में कुछ कहना असम्भव है।'

सेमिनार के अलग-अलग स्तर बन गये। कोई सेमिनार बड़े ऊँचे दर्ज़े का समझा जाता है। ऐसा ही एक सेमिनार शिमला के वायसरीगल लॉज में भी आयोजित किया जाता है। जिन कमरों में कभी वायसराय के मेहमान ठहरा करते थे, अब वहाँ गंगाधर गाडगिल ठहरने लगते हैं। क़ीमती फ़र्नीचर, एटैच्ड बाथरूम—कुछ मत पूछिए। अमरीका में डॉक्टरेट कर चुके व्यक्ति इस सेमिनार में भाग लेते हैं। अपने आपको वायसराय का बाप समझनेवाला कोई बंगाली इस सेमिनार का डिरेक्टर होता है। उसकी बात-बात से औरों के प्रति नफ़रत टपकती रहती है। वह महज़ पश्चिमी प्रतिनिधियों से हँसी-मज़ाक़ करता है। कोई देसी प्रतिनिधि बात करने की कोशिश करे तो वह ऐसी नज़रों से देखता है, मानों वह कोई मच्छर हो। ये देसी लोग अगर चर्चा में भाग लेने लगें तो वह उन्हें रोकता है, उन पर व्यंग्य करता है।

जैसा भी हो, सेमिनार, सेमिनार की तरह सम्पन्न होता है। इसके लिए 'पेपर' मँगवाये जाते हैं। लोग भी 'पेपर' लिख-लिखकर भेजते रहते हैं, उनकी प्रतियाँ सेमिनार में भाग लेनेवालों में बाँटी जाती हैं। सेमिनार का सुनियोजित कार्यक्रम होता है, उसी के अनुसार सेमिनार सम्पन्न होता हैं। हर घण्टे-डेढ़ घण्टे बाद कॉफ़ी-ब्रेक होता है। कुल मिलाकर बड़े अनुशासन से सेमिनार की कार्रवाई चलती है।

कोशिश अकसर यही होती है कि विश्वविद्यालयों द्वारा आयोजित सेमिनार भी इसी तरीक़े से सम्पन्न हों। मगर किसी-न-किसी वजह से कार्यक्रम में परिवर्तन होते ही रहते हैं। सेमिनार की शुरुआत अकसर सभा के आयोजन से होती है। सभा में

वाइसचान्सलर साहब एक भारी-भरकम भाषण जड़ देते हैं। कभी-कभी उद्घाटन के लिए किसी मन्त्री महोदय को आमन्त्रित किया जाता है। वे झूठी विनम्रता ओढ़कर विशेष रूप से लिखवाया गया भारी-भरकम भाषण प्रयासपूर्वक पढ़ सुनाते हैं या फिर चिन्तकों, विचारकों को यह सलाह देते हैं कि वे अपनी हाथी दाँत की मीनार से नीचे उतर आयें और समाज से मुखातिब हों। इस समारोह के ख़त्म होते ही चाय या भोजन का कार्यक्रम सम्पन्न होता है। इस दौरान हर किसी की कोशिश यही होती है कि मन्त्री महोदय का ध्यान अपनी ओर आकृष्ट करा ले। इसके बाद सेमिनार अनाथ हो जाता है। यानी विश्वविद्यालय के किसी कमरे में वह ज़ारी तो रहता है, लेकिन जब उसका महत्त्वपूर्ण भाग शुरू होता है, तब तक उसमें समाचार-पत्रों की रुचि ख़त्म हो चुकी होती है। भूलकर कभी किसी कोने में इसकी रपट—अकसर ग़लत सलत—छप गयी तो ग़नीमत समझिये। मगर मन्त्री महोदय के भाषण को समाचार-पत्र के पहले पृष्ठ पर जो स्थान मिलता है, वह सेमिनार की इस महत्त्वपूर्ण चर्चा को कभी भी नसीब नहीं होता।

सेमिनार के लिए अकसर पेपर लिखे जाते हैं, जो अकसर बेचारे प्रोफ़ेसरों को लिखने पड़ते हैं। पेपर की प्रतियाँ बनाने की प्रक्रिया में कई ग़लतियाँ की जाती हैं। कुछ लोगों के पेपर समय पर तैयार नहीं हो पाते। ऐसे में फिर वे प्रोफ़ेसर जल्दी-जल्दी में लिखा हुआ अपना आधा-अधूरा पेपर ले आते हैं, आधा पढ़ते हैं, आधा भाषण के रूप में सुना देते हैं। इससे वे खुद भी असमंजस में रहते हैं और श्रोता भी! लेकिन एक तरह से यह स्थिति चर्चा की दृष्टि से लाभकारी ही सिद्ध होती है।

प्रोफ़ेसरों के पेपर आमतौर पर बड़े विद्वत्तापूर्ण होते हैं। विषय की रूपरेखा बड़ी बुद्धिमानी से आँकी गयी होती है। उसके बाद विषय आराम से हाथ-पैर फैलाकर पसर जाता है। फिर प्रोफ़ेसर साहब अपनी मेथडॉलॉजी अर्थात् अध्ययन-पद्धति का विस्तारपूर्वक विश्लेषण करते हैं। अब तक श्रोतागण झपकियाँ लेने लग जाते हैं। हैरान-परेशान अध्यक्ष रह-रहकर वक्ता से 'अब समेट भी लीजिए' के इशारे करने लगते हैं, वक्ता गर्दन हिलाकर हामी तो भरते हैं कि 'आपका इशारा समझ गया'; मगर अपना भाषण उसी रफ़्तार से ज़ारी रखते हैं; जो आमतौर पर धीमी होती है। वैसे भी तेज़ रफ़्तार से वे कभी कुछ करते नहीं। ख़ैर! फिर वे अपने किसी सर्वेक्षण की जानकारी देने लगते हैं। इस सर्वेक्षण के लिए वे कुल सौ प्रश्नपत्र वितरित कर चुके होते हैं, जिनमें से सिर्फ़ दस के जवाब उनके पास इकट्ठे हो पाते हैं। इन जवाबों के आधार पर उन्होंने कुछ चार्ट बनाये होते हैं; जिनके आधार पर निर्णय किया जाता है कि किसी भी महत्त्वपूर्ण निर्णय तक पहुँचना असम्भव है। और जो छोटे-मोटे अनुमान लगाये जाते हैं, वे इस क़दर अगर-मगर से घिरे होते हैं कि उनका होना न होना बराबर होता है।

प्रोफ़ेसर साहब के बाद कोई एक उतावले राजनेता या सामाजिक कार्यकर्ता उठ खड़े होते हैं और ज़ोरदार भाषण ठोंक देते हैं। वे अपने निजी अनुभव बयान करते हैं

और वे जो बयान करते हैं वही सच होता है, क्योंकि वे उनके निजी अनुभव होते हैं! कार्य के दौरान इकट्ठे किये जीते-जागते निजी अनुभव ! फिर वे विचारकों का आह्वान करते हुए बिनती के स्वर में कहते हैं कि आप लोग किनारे खड़े मत रहिए; जो कुछ हो रहा है उसे महज़ देखते मत रहिए, कुछ कीजिए। छात्रों को कुछ करने की प्रेरणा दीजिए।

इसके बाद कभी-कभी कोई और कार्यकर्ता उठ खड़ा होता है; पहले कार्यकर्ता के सुनाये अनुभवों के ठीक विपरीत अपने अनुभव सुनाता है और जीत की ख़ुशी समेटे बैठ जाता है।

फिर सभी एक साथ बोलने लग जाते हैं और उन्हें रोकने की कोशिश में अध्यक्ष महोदय और ज़ोर से बोलने लगते हैं। समय इस चिल्लपों में ज़ाया होता रहता है। तब सभी यही कहने लगते हैं कि एक समय में कोई एक ही व्यक्ति बोले।

कुछ समय बाद थोड़ी-बहुत शान्ति एवं सुव्यवस्था प्रस्थापित हो जाती है। शायद इसलिए कि सभी थक चुके होते हैं, फिर एक प्रोफ़ेसर साहब हथेलियाँ जोड़े, अधमुँदी आँखें लिये, बातचीत को एक सामंजस्य के सूत्र में बाँधने की, एक निर्णय तक पहुँचने की कोशिश करते हैं। मगर कोई भी उन्हें ज्यादा देर तक बोलने नहीं देता, क्योंकि दोनों ही पक्ष इस बात को लेकर सहमत होते हैं कि प्रोफ़ेसर साहब जो कुछ बोल रहे हैं वह सरासर ग़लत है।

इस दौरान अध्यक्ष महोदय की बेचैनी बढ़ती ही रहती है, क्योंकि उनके हिस्से के पच्चीस मिनटों पर अतिक्रमण होने लगता है। इस पर भी लोग किसी की कुछ नहीं सुनते। हर कोई बोलना चाहता है। कोहराम मच जाता है। जो पहले बोल चुके होते हैं, वे काफ़ी कुछ और बोलना चाहते हैं—और जो अब तक नहीं बोले थे, उन्हें देर से ही सही, यह अहसास होने लगता है कि बोलना उन्हें भी चाहिए।

आख़िरकार तंग आकर अध्यक्ष उन्हें बोलने की इजाज़त दे ही देते हैं। मगर आगाह भी कर देते हैं कि हर कोई सिर्फ़ दो-दो मिनट बोले। सिद्धान्ततः सभी मान जाते हैं, मगर कोई भी पाँच मिनट से कम नहीं बोलता और जब बोलना बन्द कर देता है, तो वह इसलिए नहीं कि अध्यक्ष महोदय ने ज़्यादा बोलने की मनाही की थी, बल्कि इसलिए कि ख़ुद बोलने के लिए उत्सुक बाक़ी लोग उन्हें ज़बरदस्ती चुप करा देते हैं और बिठा देते हैं।

चर्चा का समय ख़त्म होने में दो मिनट बाक़ी बचते-बचते किसी तरह अध्यक्ष स्थिति पर क़ाबू पाने में सफल हो जाते हैं। तब जाकर वे अपना पच्चीस मिनटीय भाषण शुरू करते हैं। तब तक खाने का समय हो चुका होता है। सभी को एकाएक भूख का अहसास होने लगता है और वे अपने-अपने काग़ज़ समेट, परेशान होते हुए अध्यक्ष महोदय के भाषण के ख़त्म होने का इन्तज़ार करते रहते हैं। तभी कोई आकर ख़बर दे जाता है कि खाना लग चुका है। लोग यह सोचकर उठ खड़े होने लगते हैं

कि अब अध्यक्ष महोदय अपना भाषण ख़त्म करेंगे। मगर अध्यक्ष महोदय उन्हें रोकते हुए अपना पच्चीस मिनटीय भाषण इत्मीनान से ज़ारी रखते हैं। अपने भाषण का कोई भी मुद्दा रह न जाए, इस बात का वे पूरा-पूरा ध्यान रखते हैं।

अन्ततः उनका भाषण ख़त्म हो जाता है। सभी जल्दी-जल्दी उठकर जाने लगते हैं कि तभी फिर कोई आकर सबको रोकने लगता है। फिर अपने स्वर में भरसक अपनापा और स्नेह भरकर वह अध्यक्ष का धन्यवाद करने लगता है। इस दौरान सभी अपनी-अपनी सूरत पर प्रसन्नता झलकाने की भरसक कोशिश करते रहते हैं। और कुछ इस तरह सेमिनार का एक सत्र सम्पन्न हो जाता है।

राष्ट्रीय एकता...

हाँ, तो भारत की एकता! आज़ादी के बाद सभी को राष्ट्रीय एकता की फ़िक्र सताने लगी। हर कोई राष्ट्रीय एकता को मज़बूत बनाने की कोशिश में लग गया। 'हर कोई' से मेरा मतलब हर उस व्यक्ति से है. जो किसी-न-किसी अधिकार के पद पर आसीन है। ऐसे में साहित्य क्षेत्र की हस्तियाँ भला पीछे कैसे रह सकती हैं? चित्रकार बेचारा अपने रंगों में डूबा होता है। 'बहस-मुबाहिसे में उलझना अपने बस की बात नहीं' कहकर गायक कान पकड़ लेते हैं और तानपूरे के तार सुर में लगाने में उलझ जाते हैं। लेकिन साहित्यकार का दिल बड़ा होता है। सारी दुनिया का ग़म उसमें समाया होता है। दुनिया की फ़िक्र होती है। कुछ लोगों की राय में तो, इसी ग़म से साहित्य का निर्माण होता है। ऐसे में साहित्यकार ज़ोश में कैसे न आएँ?

सभी साहित्यकारों के दिमाग़ में एकबारग़ी यह ख़याल कौंधा कि अन्य भारतीय भाषाओं के साहित्य में आज क्या हो रहा है, इसका पता कई लोगों को नहीं होता। अमरीका के हैमिंग्वे, जर्मनी के थॉमस मान, फ्रान्स के सार्त्र के साहित्य का पाठ तो सभी बार-बार करते रहते हैं। मगर मराठी भाषी व्यक्ति को यही नहीं पता होता कि सुदूर असम में कोई बरुआ क्या लिख रहे हैं, या कि कर्नाटक के आद्य रंगाचार्य कितने महान लेखक हैं, या फिर बंगाल में चटर्जी मोशाय क्या लिख रहे हैं। यह स्थिति बड़ी भयानक है। ऐसे में राष्ट्रीय एकता पैदा हो तो कैसे? कल को बँगला लेखक नाराज़ हो जाएँगे कि महाराष्ट्र के लेखक हमारा साहित्य नहीं पढ़ते तो फिर हमारे भारत में रहने से लाभ? ये लो, हम तो चले! हम भारत छोड़ चले। अजी साहब, आप नहीं जानते इन बंगालियों को। बड़े गर्म मिज़ाज के होते हैं!

इस आशंका का ध्यान आते ही मैं घबरा उठा। क्या पता, इधर हम बेवक़ूफ़ों की तरह सार्त्र पढ़ते रहेंगे, उधर भारत के हज़ार टुकड़े हो जाएँगे। भारत की एकता को बचाना है तो सभी भारतीय भाषाओं में लिखे जा रहे साहित्य में दखल रखनी पड़ेगी। इस महान उत्तरदायित्व का ख़याल जैसे ही आया, मेरा दम मारे घबराहट के घुटने लगा। इस उत्तरदायित्व को निभायें तो निभायें कैसे?

मगर दिल्ली के चतुर संगठकों ने देखते देखते इस समस्या का समाधान ढूँढ़ निकाला उन्होंने सभी भारतीय भाषाओं के लेखकों के सम्मेलन, सेमिनार आदि के आयोजन आरम्भ कर दिये। साहित्य अकादेमी आदि संस्थाओं के गठन हुए। इन संस्थाओं द्वारा आयोजित सम्मेलनों में मुझे आमन्त्रित किया जाने लगा, तो मैं तो फूला नहीं समाया, सोचा, चलो, एक समस्या तो हल हो ही गयी। सभी भाषाएँ सीखने की जगह, चालीस-पचास साहित्यकारों के साथ दो-चार दिन उठने-बैठने से काम चल जाएगा। जैसे ही कोई साहित्यप्रेमी मिल जाएगा, शान से उससे पूछूँगा, "आपने तमिल लेखक कृष्णस्वामी का वह प्रयोगधर्मी उपन्यास पढ़ा है? अजी, क्या सार्त्र और फॉकनेर को ले बैठे हैं आप लोग! बंगाली देखिए, क्या-क्या हो रहा है।"

ये सम्मेलन भी बड़े रंगीन हुआ करते थे। विज्ञान भवन में गोष्ठियाँ, क़ॉफी ब्रेक्स हुआ करते थे। सम्मेलनों के उद्घाटन अकसर नेहरू, राधाकृष्णन् जैसी हस्तियाँ किया करती थीं। कई बार तो नेहरू न सिर्फ़ अपना भाषण देते थे, बल्कि औरों के भाषण सुना भी करते थे। वे साहित्यकारों का बड़ा आदर करते थे। एक बार तो उन्होंने मुझसे (मेरा मतलब हम सभी साहित्यकारों से) हाथ मिलाया था। उस समय कुछ लोगों ने नेहरूजी के साथ अपनी तस्वीरें भी खिंचवायी थीं। नेहरूजी की मौजूदगी की वजह से सभागृह भी बड़ी-बड़ी हस्तियों से खचाखच भरा रहता था। उनके जाते ही सभागृह तेज़ी से ख़ाली होने लगता और श्रोताओं के नाम पर बची रहती थीं कुर्सियाँ! लेकिन कुर्सियाँ हुईं तो क्या, विज्ञान भवन की कुर्सियाँ थीं। उनकी अपनी इज़्ज़त होती थी, अपना वज़न होता था!

इस तरह का वह पहला-पहला सम्मेलन था। सम्मेलन में विभिन्न भाषाओं में लिखे गये साहित्य के पुनरावलोकन का एक कार्यक्रम आयोजित किया गया था। उमाशंकर, ताराशंकर आदि विभिन्न भाषाओं के साहित्यशंकर मौजूद थे। भाषण करने का पहला अधिकार किसका हो, इस मसले को हल करने के लिए तय यह हुआ कि वर्णानुक्रम से भाषण किये जाएँ, इसलिए पहले, मेरे ख़याल में असम के साहित्यकार उठ खड़े हुए। उनके हाथ में काग़ज़ों का मोटा पुलिन्दा देखकर लोग एकबारगी ही डर गये। मगर राष्ट्रीय एकता का सवाल था। साहस से काम लेना पड़ा। इस भाषण से असमिया साहित्य के बारे में काफ़ी जानकारी प्राप्त हुई। पता चला, असमिया साहित्य पुरातन तो है ही, समृद्ध भी है, कि इसमें रामायण और महाभारत के स्तर के महाकाव्य भी लिखे गये हैं। असाधारण प्रतिभा के धनी सन्त कवि हैं, विद्वत्तापूर्ण रचनाएँ हैं, लोकसाहित्य का भण्डार है, यह सब जानकर हम लोग मारे ख़ुशी के उछल पड़े। इसके बाद उन्नीसवीं सदी के आधुनिक साहित्य की बारी आयी। लगा, जैसे सचमुच एक पूरी सदी हमने गुज़ार दी हो। आधुनिक साहित्य की तो कुछ मत पूछिए। वर्डज़वर्थ जैसे कवियों, एडिसन, हैज़लिट जैसे निबन्ध लेखकों, टैगोर जैसे दो-तीन साहित्यकारों मोपासाँ, ओ' हैन्री, मॉम के स्तर के कहानीकार आदि महान हस्तियों से

इस भाषा का साहित्य खचाखच भरा हुआ था। मुझे इस भाषा के साहित्य से ईर्ष्या होने लगी। अपनी भाषा का साहित्य बहुत निरीह लगने लगा। इसके बाद विद्वान लेखक महोदय ने सामयिक साहित्य का रुख़ किया। साहित्य के इतिहास का यह युग तो इतना समृद्ध था कि महान लेखकों के नाम कहते-कहते वक्ता की साँस फूल गयी। भाषण क्या हुआ लेखक सहस्रनाम हो गया। वक्ता भाषण ख़त्म कर बैठ गये, तब श्रोता होश और बेहोश के बीच की सीमारेखा पर झूल रहे थे।

अब अध्यक्ष महोदय उठकर कुछ बोलने जा ही रहे थे कि वही भाषा बोलनेवाला एक श्रोता उठ खड़ा हुआ और उसने वक्ता महोदय से सवाल किया, "आपने फलाँ लेखक का ज़िक्र क्यों नहीं किया?" इस पर फिर वक्ता भी जल्दी से उठे और अपनी भूल सुधारते हुए उस लेखक का गुणगान करने लगे। यह गुणगान पूरा हुआ नहीं कि दूसरे श्रोता महोदय गुस्से से उठ खड़े हुए और कहने लगे, "आपने फलाँ लेखक का ज़िक्र नहीं किया।" और लीजिए, वक्ता फिर झेंप भरी मुस्कराहट लिये हुए खड़े हो गये। आख़िरकार अध्यक्ष महोदय ने इस सिलसिले को किसी तरह रोक दिया।

इसके बाद दूसरी भाषा की बारी थी। मैं सोच रहा था कि अब पहली भाषा की साहित्य-सम्पदा के दर्शन कर चुकने के बाद दूसरी भाषा के साहित्यिक प्रवक्ता मारे शर्म के चूर हो चुके होंगे। मगर कहाँ? वे तो और भी अधिक आत्मविश्वास से भरे दिखाई दे रहे थे। उन्होंने बड़े अन्दाज़ से अपना भाषण शुरू किया। उनके आत्मविश्वास की वजह भी फ़ौरन सामने आयी। उनकी भाषा का साहित्य भी उतना ही, बल्कि उससे भी कहीं अधिक समृद्ध था।

महाकाव्य, भक्तिकाव्य, विद्वत्तापूर्ण काव्य, ॲडिसन, हैज़लिट, स्ट्रीम ऑफ़ कॉन्शसनेस आदि सभी तत्त्व इस साहित्य में मौजूद थे। वैसे इन वक्ता महोदय को चाहिए था कि पहले वक्ता के भाषण के बाद 'डिट्टो' कहकर बैठ जाते! मगर उन्होंने भी अपने साहित्य की ब्यौरेवार जानकारी प्रस्तुत की। कुछ छोड़ा नहीं।

और ऐसा करते समय वे अपने आप से इस क़दर खुश थे कि खुशी उनके चेहरे पर झल रही थी।

भारतीय एकता कहीं भंग न हो पाये इस डर से मैं कुछ देर तक तो चुपचाप, ध्यान देकर भाषण सुनता रहा। मगर देखा कि श्रोताओं को भारत की एकता की कुछ ख़ास फ़िक्र नहीं है। वे पहले तो आपस में फुसफुसाने लगे। धीरे-धीरे बाक़ायदा गपशप शुरू हो गयी। फुसफुसाइटें शोरगुल में बदल गयीं। अध्यक्ष महोदय ने एक-दो बार उसे रोकने की कोशिश की और फिर बड़ी समझदारी का परिचय देते हुए कोशिश छोड़ दी। वक्ताओं पर भी इस माहौल का कोई ख़ास असर दिखाई नहीं दे रहा था। वे अपनी धुन में मगन थे! बहरहाल, भारतीय एकता बड़ी सख़्त चीज़ है, ऐसी-वैसी वारदातों से यह टस-से-मस होनेवाली नहीं, इस बात का पता मिलते ही, मैं भी निश्चिन्त होकर अपने मराठी भाषी दोस्त से गपशप करने लगा—ज़ाहिर है, मराठी में

ही! मेरे पास बैठा तमिल भाषी लेखक उसके दूसरी तरफ़ बैठे दूसरे तमिल लेखक से तेज़ी से तमिल में बातें करने लगा। मेरे मराठी भाषी दोस्त को यह बात कुछ जँची नहीं। बोला, "हम आपस में ही बातें किये जा रहे हैं। ऐसा नहीं चलेगा। हमें अपनी इस मराठी संकीर्णता को त्याग देना होगा। एक समय था जब हमारे मराठा सिपाही..." वग़ैरह-वग़ैरह।

फिर दोनों मराठी मेढक अपने कुएँ से बाहर निकले। दोस्त अपने पास बैठे सरदारजी से विशुद्ध हिन्दी में परिचय बढ़ाने लगा। मैंने भी अपने तमिल पड़ोसी की ओर हाथ बढ़ाकर—हाथ मिलाने के उद्देश्य से—हिन्दी में कहा, "मैं हूँ गंगाधर गाडगिल। मराठी कहानीकार! आपका शुभ नाम?"

तमिल लेखक महोदय चौंक उठे। शक की नज़रों से वे मुझे घूरने लगे। उनके मुँह से आवाज़ निकली, "ऐं?"

शायद मेरी बात सुन नहीं पा रहे हों, यह सोचकर मैंने फिर प्रयासपूर्वक बनाये हुए अपने हिन्दी वाक्य पेश किये। तमिल लेखक फिर चीख़े, "ऐं?"

और तब राष्ट्रीय एकता के रास्ते का असली रोड़ा हमारी राष्ट्रभाषा ही है, यह जानकर मैंने अँग्रेज़ी में उनसे उनका परिचय माँगने की कोशिश की। मेरी मराठी अँग्रेज़ी समझ पाना उनके लिए ज़रा मुश्किल था। उस पर मेरा नाम—'गाडगिल' बोल पाना और भी मुश्किल! काफ़ी तोड़-मरोड़ के बाद ही वे मेरा नाम बोल पाये। फिर इस रफ़्तार से उन्होंने अपना नाम बताया कि मैं उनके नाम का सिर्फ़ आख़िरी सिरा—'...अय्या' अपने दिमाग़ में उतार पाया। मैंने दुबारा नाम पूछा और इतना जान पाया कि 'अय्या' से पहले काफ़ी लम्बा 'गड़बड़घोटाला' है। यह सोचकर, कि आख़िर नाम में क्या रखा है, मैंने हाथ मिलाना चाहा। पलभर के लिए...अय्या महोदय झिझके। फिर उन पर राष्ट्रीय एकता का विचार सवार हो गया और खुशगवार तमिल मुस्कराहट के साथ उन्होंने मुझसे हाथ मिलाया। इस तरह राष्ट्रीय एकता की बुनियाद रखी गयी। तब इसी खुशी में मैं आगे पूछ बैठा, "आप क्या लिखते हैं?"

वे ऐसे हँसे मानो मैं कोई बेवक़ूफ़ी कर बैठा होऊँ। बोले, "नो, नो। मैं मिनिस्ट्री ऑफ़ इन्फ़र्मेशन से हूँ। मिनिस्ट्री की तरफ़ से...।"

अच्छा! तो यह बात थी! हम लोग किस प्रकार राष्ट्रीय एकता की कोशिशें करते हैं यह देखने के लिए सरकारी अफ़सर काफ़ी संख्या में मौजूद थे। मेरा हौसला कुछ ठण्डा पड़ गया। फिर भी मैंने कहा, "माना कि आप लेखक नहीं हैं। मगर तमिल साहित्य काफ़ी पढ़ चुके होंगे। मुझे उसके बारे में कुछ बताइये। आजकल तमिल में कौन लिख रहे हैं? आपके बेहतरीन कहानीकार कौन हैं?"

पलभर के लिए अफ़सर महोदय उलझन में पड़ गये। तमिल कहानियाँ पढ़ने का उत्तरदायित्व उन्होंने शायद अपनी पत्नी को सौंप रखा था। बड़ी कोशिशों के बाद वे मुझे एक-दो नाम ही बता पाये।

मैंने पूछा, "ये लोग किस तरह की कहानियाँ लिखते हैं?"

अब की बार वे परेशान दिखाई देने लगे। जैसे सोच रहे हों–'क्या मुसीबत है! कैसे-कैसे सवाल कर रहा है यह आदमी!' उन्होंने कुछ बताने की कोशिश की और फिर सहसा अपने दोस्त की ओर इशारा करते हुए कहा, "यह मेरा दोस्त आपको जानकारी दे सकेगा।"

दोस्त बेचारा बेख़बर बैठा था। अचानक आन पड़ी ज़िम्मेदारी से चौंक पड़ा। चेहरे पर हवाइयाँ उड़ने लगीं। जी हाँ, आपने ठीक पहचाना वह भी मिनिस्ट्री ऑफ़ इन्फ़र्मेशन से था। इसका मतलब तमिलियों में भी एकता नहीं थी। मिनिस्ट्री ऑफ़ इन्फ़र्मेशन का एक तमिल व्यक्ति उसी मिनिस्ट्रीवाले दूसरे तमिल व्यक्ति का सहारा लिये हुए था।

उस दूसरे तमिल व्यक्ति ने तमिल क़हानी साहित्य के बारे में जानकारी देने की यथाशक्ति कोशिश की, जिससे मैं इतना भर जान पाया कि तमिल कहानी साहित्य में चरित्र-चित्रण, प्रकृति-वर्णन, घटना प्रधानता, सामाजिक प्रतिबद्धता आदि तत्त्व होते हैं।

कुरेदने की काफ़ी कोशिश के बाद मुझे यह भी पता चला कि तमिल कहानी में 'स्ट्रीम ऑफ़ कॉन्शसनेस' और अश्लीलता भी है।

मेरा हौसला जवाब दे चुका था। और उस तमिल भाई के पास वह ख़ास था ही नहीं। इसलिए फिर मराठी मेढक फिर अपने कुएँ में लौट आया। मैंने दूसरे मेंढक की तरफ़ देखा। वह भी कुएँ में लौट आया था। फिर हम दोनों मराठी में ही 'डराँव डराँव' करने लगे।

इसके बाद सौभाग्य से कॉफ़ी ब्रेक हुआ। सब एकबारग़ी बाहर निकले। वहाँ फिर एक बार मैंने भारतीय एकता की दिशा में बढ़ने का प्रयास करना चाहा। हिन्दी लेखकों का एक गुट देखा तो उनके बीच पहुँच, अपनी बत्तीसी के दर्शन कराते हुए हाथ मिलाने लगा। अपने दोस्तों का परिचय कराते हुए मैंने कहा, "इनसे मिलिये। मेरे दोस्त फलाँ फलाँ! मराठी के बहुत अच्छे कवि हैं।" मेरे दोस्त ने भी मेरा परिचय इसी तरह दिया।

तब हिन्दीवालों के गुट से एक ने कहा, "ये हैं × × × जी। आप तो इन्हें पहचानते ही होंगे। ये हैं हिन्दी के महान उपन्यासकार..."

मेरा दिल बैठ गया। सोचा, बहुत बड़े साहित्यकार लगते हैं।

तभी वे महान उपन्यासकार पहले लेखक का परिचय देने लगे, "ये हैं × × × जी। हिन्दी के महान छायावादी कवि एवं आलोचक।"

मैं फिर चौंका। महान कवि और उस पर आलोचक! तभी तीसरे हिन्दी के लेखक का परिचय कराया गया। बताया गया कि वे भी महान लेखक हैं। हिन्दी में

महान लेखकों की संख्या इतनी अधिक है, जानकर हिन्दी साहित्य के प्रति मेरे मन में आदर पैदा हुआ।

फिर हम दोनों दूसरे गुट में पहुँचे। मेरे मराठी दोस्त ने मेरा परिचय कराया, "ये हैं गंगाधर गाडगिल। मराठी के महान कहानीकार।"

मैं आँखें फाड़कर उसकी तरफ़ देखता रहा। वह मन्द-मन्द मुस्कराता रहा। फिर मैंने भी उसका परिचय कराया, "ये हैं श्री फलाँ फलाँ। मराठी के महान कवि।"

चिट्ठी-पत्रियों में जिस प्रकार 'प्रिय फलाँ फलाँ', 'श्रद्धेय फलाँ फलाँ' प्रयुक्त होता है, उसी प्रकार हिन्दी साहित्य में शायद 'महान फलाँ फलाँ' प्रयुक्त होता है।

इसके बाद हम लोग एक बँगला लेखक से मिले। परिचय का आदान-प्रदान हुआ। फिर हमने बँगला साहित्य को लेकर उनसे सवाल किया। इस पर उन्होंने बँगला साहित्य पर बेरोकटोक, धुआँधार बोलना शुरू किया तो बोलते ही चले गये। बँगला साहित्य महान है। इसलिए ज़ाहिर है उस पर काफ़ी देर तक बोलना पड़ता है। लेकिन कॉफ़ी-ब्रेक ख़त्म हो चुका था और वापस अन्दर जाना ज़रूरी था। हमने उनसे कहा भी। मगर वे थे कि रुकने का नाम ही नहीं ले रहे थे। फिर उन्हें उसी तरह बोलता छोड़ हम अन्दर चले आये। इसके बाद भी बाबूमोशाय देर तक बोले ही जा रहे थे, शायद!

शाम को एक गुजराती लेखक से मुलाक़ात हुई। उन्होंने गुजराती चातुर्य का परिचय देते हुए हमसे हमारे साहित्य की पूछताछ की।

अन्य भाषी साहित्यकारों को मराठी साहित्य के बारे में जानकारी देने का पहला मौक़ा मुझे इस सम्मेलन में मिला था। इसलिए मैं बड़े उत्साह से बोलने लगा। रविकिरण मण्डल के कवि, नवकविता, नवकथा आदि कई विषयों पर मैं बोलना चाहता था। लेकिन पन्द्रह मिनट तक विषय का आरम्भ ही नहीं हो पा रहा था। हालाँकि गुजराती लेखक महोदय बड़े भलेमानस थे, मगर उनकी सूरत से ऊब झलकने लगी थी। और मैं समझ गया कि पन्द्रह मिनट तक बोलने के बाद भी अमराठी भाषी भाइयों को मराठी साहित्य से परिचित नहीं कराया जा सकता। तब फिर साहित्य का परिचय कराने का काम साहित्य ही पर सौंप, हम लोगों ने एक-दूसरे का परिचय कराया और मज़े से गपशप करने लगे। और ताज्जुब की बात--अब तक जिस एकता के लिए हरचन्द कोशिश की जा रही थी, वह सहसा गर्मागर्म चाय के प्यालों से उठने लगी और माहौल एकतामय हो गया।

विदेश मन्त्रालय : मेरे कुछ और कारनामे

प्रधानमन्त्री के अनुरोध पर मैंने विदेश मन्त्रालय का कार्यभार सँभाला। विदेश मन्त्री की हैसियत से भारत-रूस दोस्ती को बरक़रार रखवाने का पूरा बन्दोबस्त कर चुकने के बाद मैं पश्चिम यूरोप की यात्रा पर निकल पड़ा।

चलते समय मेरे सेक्रेटरी ने मुझसे कहा, "सर, अब हम विकसित देशों की यात्रा पर जा रहे हैं। मैं आपको आगाह करना चाहता हूँ कि वहाँ आपको अलग तरह से पेश आना होगा।"

मैंने हँसकर कहा, "न, न, इसकी कोई ज़रूरत नहीं है। मैं सब जानता हूँ। बताऊँ कैसे पेश आना होता है? पहली बात तो यह कि आपके चेहरे पर मगरूरी झलकनी चाहिए। दूसरी बात यह कि आपके बोलने का अन्दाज़ भी मगरूर होना चाहिए। तीसरी बात—बराबर यह जताते रहना चाहिए कि विकसित देशों का बहुत बड़ा गुनाह है, उनकी सम्पन्नता। उन्हें क़दम-क़दम पर यह याद दिलाते रहना चाहिए कि अविकसित देशों की सारी समस्याएँ हल करने की पूरी ज़िम्मेदारी उनकी है। कहिये, ठीक कहा न?"

"वाह! आप तो इस मामले में बड़े माहिर निकले।" सेक्रेटरी ने प्रभावित होते हुए कहा।

मैंने ज़रा गुर्राते हुए कहा, "इसमें कौन-सी बड़ी बात है? आप मेरे साथ यह जो किसी अविकसित देश जैसा व्यवहार करते हैं, वह मुझे ज़रा भी पसन्द नहीं।"

सेक्रेटरी ने ताली बजाकर कहा, "वाह! बहुत ख़ूब! अब से आप इसी तरह बोलिएगा। कोई आपसे कितना ही अच्छा व्यवहार क्यों न करे, आप उसके साथ इसी उद्दण्डता से पेश आइएगा।"

ज़रा-सा मुस्कराकर मैंने पूछा, "मेरी सूरत पर्याप्त रूप से मगरूर है या नहीं?"

सेक्रेटरी ने मेरे चेहरे का बारीक़ी से निरीक्षण किया। फिर बोले, "ठीक है। मगर

माथे पर सिर्फ़ एक बल है, जो काफ़ी नहीं है। कम-से-कम तीन बल होने चाहिए।"

मैंने तुरन्त अपने चेहरे में वांछित सुधार कर लिया। माथे पर तीन बल बराबर बनाये रखना ज़रा मुश्किल था। इसलिए पूछा, "अच्छा, सोते समय बल हटा दें तो?"

"चलेगा। लेकिन जहाँ तक हो सके बनाये रखें तो बेहतर होगा!" सेक्रेटरी ने कहा।

मैंने कहा, "ठीक है। मैं कोशिश करूँगा।"

मुझे इस बात का पूरा अहसास था कि भारत के विदेश मन्त्री का पदभार सँभालना बड़ा ज़िम्मेदारी का और कठिन काम था। इस ज़िम्मेदारी को निभाने के लिए मैं हर तरह के कष्ट उठाने को तैयार था।

मैंने सेक्रेटरी से कहा, "ऐसा कीजिए, माथे पर बल लिये मेरी तस्वीरें पहले से ही खिंचवाकर भारतीय समाचार-पत्रों को भिजवा दीजिए। कभी माथे पर बल लाना भूल-भाल गया तो ख़ामख़्वाह ग़लतफ़हमियाँ हो सकती हैं।"

यह प्रबन्ध पूरा होते ही मैंने सेक्रेटरी से कहा, "अच्छा, अब यह बताइये, यूरोप में हमारा पहला कार्यक्रम क्या होगा?"

"जिनिवा की एक परिषद् में आपको एस.डी.आर. के बारे में भाषण देना है।"

"एस.डी.आर. क्या है?" मैंने पूछा।

सेक्रेटरी ने बताया, "पहले अन्तर्राष्ट्रीय लेन-देन में सोने का प्रयोग किया जाता था, बाद में उसके बदले डॉलर का प्रयोग किया जाने लगा। लेकिन सोने की मात्रा कम पड़ती है और डॉलर का कोई भरोसा नहीं; इसलिए अन्तर्राष्ट्रीय मुद्रा कोष ने यह तय किया है कि एस.डी.आर. का निर्माण किया जाए और उसका प्रयोग किया जाए।"

मामला पेचीदा था, लेकिन मैं उसका मुख्य मुद्दा तुरन्त समझ गया। बोला, "यह तो ऐसा ही हुआ न, जैसे हमारी सरकार को जब रुपया-पैसा कम पड़ने लगता है तो रिज़र्व बैंक ज़रूरत के मुताबिक नोट छापता है।"

सेक्रेटरी ने प्रभावित होते हुए मेरी तरफ़ देखा और कहा, "जी हाँ, सर फ़र्क़ यह कि यहाँ नोट छापने की ज़रूरत ही नहीं है। एस.डी.आर. पूरी तरह ख़याली पुलाव...मेरा मतलब, ख़याली पैसा है। अन्तर्राष्ट्रीय मुद्रा कोष आपके खाते में महज़ इतना दर्ज करेगा कि आपको एक करोड़ एस.डी.आर. दे दिये। बस, फिर आप दुनिया के बाज़ार में जैसे चाहें, जहाँ चाहें उन्हें खर्च कर सकते हैं। जो चाहें, वो माल ख़रीद सकते हैं।"

"वाह! बहुत ख़ूब! हमारे देश में भी इसी प्रणाली का आरम्भ करना चाहिए। नोट छापने के लिए विदेशों से काग़ज़ का आयात करना पड़ता है, जो हमारे लिए बहुत महँगा पड़ता है। इसलिए अब यह होना चाहिए कि सरकारी नौकरों के खाते में सिर्फ़ यह दर्ज कर दें कि महँगाई भत्ता दिया। बस, मिल गया उन्हें महँगाई भत्ता! करें

जैसे चाहें ख़र्च! ठीक है, तो फिर हमें इस एस.डी.आर. के प्रस्ताव का स्वागत करना है। स्वागत, मगर माथे पर बल लिये हुए!"

इस पर सेक्रेटरी ने विनम्रता से कहा, "लेकिन सर, एक समस्या है। हमारे देश के हिस्से में एस.डी.आर. की मात्रा अपेक्षाकृत कम आनेवाली है। और जो आनेवाली है वह भी कर्ज़ के रूप में!"

"क्या मतलब? हमारा रिज़र्व बैंक हमारी ज़रूरत के मुताबिक एस.डी.आर. का निर्माण नहीं कर सकेगा?" मुझे आश्चर्य हो रहा था।

"नहीं सर, अकेला अन्तर्राष्ट्रीय मुद्रा कोष एस.डी.आर. का निर्माण करेगा और उनमें से बहुत थोड़े से एस.डी आर. हमें देगा। कर्ज़ के रूप में!"

सुनकर मुझे बेहद गुस्सा आया। "कितने कमीने हैं यह विकसित राष्ट्र! देखिए न, है तो महज़ ख़याली पैसा! निर्माण में फूटी कौड़ी का तो ख़र्चा नहीं आनेवाला! इस पर भी अविकसित देशों को इसे देने में कंजूसी? विदेशी मुद्रा के अभाव में हमारी उन्नति रुकी पड़ी है। महत्त्वपूर्ण कामों के लिए मन्त्री विदेश यात्रा पर जाना चाहते हैं, मगर उन्हें देने के लिए पैसा नहीं है। लेकिन विकसित देशों को है कोई परवाह इस बात की? एक नम्बर के खुदगर्ज़ और कमीने! ख़याली पैसा देने में भी इतनी अकड़!"

सेक्रेटरी ने बताना चाहा, "सर, उनका कहना है कि पैसा भले ही ख़याली हो, उसके बदले में उनके बाज़ार में हम जो माल ख़रीदेंगे वह तो असली ही होगा अर्थात् उन्हें अपने खेतों-कारख़ानों में उस माल का निर्माण करना पड़ेगा।"

मैंने और भी अधिक गुस्सा करते हुए कहा, "तो? करो माल का निर्माण। आख़िर कारख़ाने बनाये किसलिए हैं? माल तैयार करने के लिए ही न? वह सारा माल क्या वे खुद ही इस्तेमाल करेंगे? हमारे देश की पददलित जनता अभावग्रस्त है, बेहाल है, ग़रीबी में जी रही है और ये विकसित देश हैं कि अपने कारख़ानों में बना सारा माल खुद ही इस्तेमाल करना चाहते हैं, ऐश करना चाहते हैं। यह सरासर शोषण है। इस सामाजिक विषमता को तुरन्त ख़त्म करना ही होगा। मैं इन देशों को आगाह कर देना चाहता हूँ कि अगर अपने खेतों-कारख़ानों में बना माल उन्होंने हमें नहीं दिया तो हम पार्लियामेण्ट में प्रस्ताव पारित करवाकर आपके सारे उद्योगों का राष्ट्रीयकरण कर डालेंगे।"

सेक्रेटरी ने सहमकर कहा, "सर, इतनी सख़्ती से काम नहीं चलेगा।"

"क्यों नहीं चलेगा? आप ही ने तो कहा था कि इन देशों के साथ सख़्ती से पेश आना हमारी विदेश नीति में शामिल है।"

गर्दन खुजलाते हुए सेक्रेटरी बोले, "लेकिन सर, उनके उद्योगों का राष्ट्रीयकरण हम कैसे कर पाएँगे?"

"क्यों? कोई संवैधानिक समस्या है? जाने किस मूर्ख ने संविधान बनाया है! हाँ, आप एक काम करना। सूचना भिजवाना कि संविधान में कुछ इस तरह से

संशोधन किया जाए, जिससे विदेशों के उद्योगों का राष्ट्रीयकरण करने का अधिकार हमें मिले। पूरे संविधान को ही ख़ारिज कर दें। ख़ामख़्वाह की खिटखिट!" मैं तैश में आ गया था।

सेक्रेटरी ने फिर गर्दन खुजलाते हुए कहा, "सर, आपकी इस तरह की बातें नहीं चलेंगी।"

"क्या मतलब? मैं कहता हूँ, चलनी चाहिए। यह राजनीतिक समस्या है। सरकारी सनदी नौकर इस मामले को समझ नहीं पाते।" मैंने ज़ोर देकर कहा। मैं जानता था सनदी नौकरों को उनकी हैसियत का अहसास दिलाना ज़रूरी होता है।

"नहीं चलेंगी से मेरा मतलब यह था कि हमारे प्राइम मिनिस्टर को रास नहीं आएँगी।" सेक्रेटरी ने सफ़ाई दी।

मैं तुरन्त अपनी सूरत पर विनम्रता और आज्ञाकारिता के भाव ले आया और मुस्कान झलकाते हुए बोला, "अरे, यह पहले क्यों नहीं बताया? अच्छा, बताइये हमें क्या बोलना है? हमें तो प्रधानमन्त्री की नीति के अनुसार ही सारे काम करने हैं।"

सेक्रेटरी ने बताया, "हमें एस.डी.आर. का स्वागत करना है।"

"वह तो करेंगे ही और अविकसित देशों को..."

"अविकसित नहीं, विकासशील देश! जब से देख रहा हूँ आप 'अविकसित' की रट लगाये हुए हैं। यह हमारे देश का अपमान है। हम विकासशील देश हैं; न कि 'अविकसित'!" सेक्रेटरी ने स्पष्टीकरण दिया।

मेरी ग़लती को सुधारने के लिए मैंने सेक्रेटरी का धन्यवाद किया। सनदी नौकरों को लेकर अपनी नीति में मैंने परिवर्तन कर दिया।

सेक्रेटरी ने आगे कहा, "आपको यह सुझाव देना होगा कि विकासशील देशों को आवश्यकतानुसार एस.डी.आर. की आपूर्ति करायी जाए।"

"और वापसी की उम्मीद न की जाए। यही न?" मैंने आगे जोड़ा।

"न न, हमारा अपना आत्मसम्मान है, हम किसी से दान नहीं लेते। आप सिर्फ़ इतना कहेंगे कि यह एस.डी.आर. हमें कर्ज़ सूद की रियायती दर में मिले अर्थात् यह दर एक प्रतिशत हो।"

"मतलब मुझे यह कहना होगा कि चालीस साल बाद हम कर्ज़ चुकाना शुरू कर देंगे और अगले चालीस साल में पूरा कर्ज़ चुका देंगे। क्यों?" मैंने कहा।

"नहीं, नहीं, यह तो ज़्यादती होगी। हम चालीस साल में कर्ज़ चुका देंगे।"

"लेकिन हम कर्ज़ चुकाएँगे कैसे? हमारे पास पैसे हैं कहाँ?" मैंने सवाल उठाया।

"उसकी चिन्ता करने की ज़रूरत नहीं। पुराने कर्ज़ चुकाने के लिए नये कर्ज़ लेना हमारी पुरानी परम्परा है।"

"वाह! तो फिर चिन्ता की कोई वजह ही नहीं है!" मैंने ख़ुश होते हुए कहा।

फिर मैंने जिनिवा जाकर ज़ोरदार भाषण दिया। मेरा यह भाषण बेहद प्रभावशाली रहा। इसका सबूत दे रहे थे हिन्दी समाचार-पत्रों में इस भाषण को लेकर छापे गये सम्पादकीय लेख। मगर, दक़ियानूसी नज़रिया रखनेवाले विकसित देशों ने मेरी उचित माँग अस्वीकृत कर दी।

इसके बाद मैं ब्रुसेल्स गया। वहाँ पूरे चार दिन पश्चिम यूरोप के देशों के संगठन के साथ बातचीत करता रहा। दरअसल असली बातचीत तो पन्द्रह मिनट में ही ख़त्म हो गयी थी। मगर अन्तर्राष्ट्रीय प्रथा के अनुसार हम चार दिन लगातार बातचीत ज़ारी रखे रहे।

मैंने संगठन के प्रमुख से कहा, "आप तो जानते ही होंगे कि तेल की बढ़ती क़ीमतों की वजह से विकासशील देशों के लिए बहुत बड़ी समस्याएँ पैदा हो गयी हैं।"

संगठन के प्रमुख चिन्तित स्वर में बोले, "जी हाँ, हमें भी आनेवाली अभावग्रस्तता का ख़याल सता रहा है।" मुझे यह अनुचित लगा कि वे अपनी समस्याओं का ज़िक्र मुझसे करें। क्योंकि समस्याएँ सिर्फ़ विकासशील देशों को ही पेश आती हैं। इसलिए उनके वक्तव्य को पूरी तरह नज़रअन्दाज़ कर एवं माथे पर दो बल लाकर मैंने कहा, "विकासशील देशों की समस्या सुलझाने के लिए विकसित देशों को चाहिए कि वे फ़ौरन कोई उपाय सोचें।"

संगठन के प्रमुख बोले, "विकासशील देशों की वर्तमान दुःस्थिति को लेकर हमारे मन में अत्यधिक सहानुभूति है। लेकिन वर्तमान परिस्थितियों को देखते हुए, इस मामले में उनकी सहायता करना क़रीब-क़रीब असम्भव है।"

उनकी बात पर ध्यान दिये बग़ैर मैंने आगे कहा, "आज हमें आठ सौ करोड़ रुपयों की ज़रूरत है। लेकिन विकसित देशों को छूट देते हुए आठ सौ के बदले हम साढ़े सात सौ करोड़ से सन्तोष कर लेंगे। इससे यही साबित होगा कि इस समस्या को तथा अन्तर्राष्ट्रीय सम्बन्धों को लेकर हमारा दृष्टिकोण किस क़दर उदारता एवं समझदारी से युक्त है।"

संगठन प्रमुख ने कहा, "आपकी समस्या के प्रति हमें भी सहानुभूति है। इसके लिए हम आपको सौ करोड़ देने को तैयार हैं।"

गम्भीरतापूर्वक मैंने पूछा, "तो फिर बचे हुए साढ़े छः सौ करोड़ रुपये देने का प्रबन्ध आप किस तरह करने जा रहे हैं?"

संगठन-प्रमुख बोले, "अरब देशों द्वारा तेल की क़ीमतों में बढ़ोतरी करने की वजह से यह समस्या पैदा हुई है। इसके अलावा उनके पास पैसा भी बहुत है। वही देश साढ़े छः सौ करोड़ देने का प्रबन्ध करें, यही उचित समाधान है।"

मैं एकाएक तैश में आते हुए बोला, "भारत सरकार की राय में अरब देशों को अपने तेल की क़ीमतें बढ़ाने का पूरा अधिकार है। और भारत सरकार इस बात को

क़तई नहीं मानती कि तेल की क़ीमतें बढ़ाने से विकासशील देशों के सामने जो समस्याएँ खड़ी हो गयी हैं, उनका हल ढूँढ़ने की ज़िम्मेदारी अरब देशों की है। हमारी समस्याओं के समाधान ढूँढ़ने की पूरी ज़िम्मेदारी हमारी राय में, विकसित देशों की है।"

पश्चिम यूरोप के देशों के संगठन-प्रमुख ने कुछ नहीं कहा। चुपचाप बैठे रहे।

उनसे उनकी राय उगलवाने के लिए मैंने कहा, "इस मामले में आपकी प्रतिक्रिया जानना चाहूँगा।"

भावविहीन चेहरा लिये उन्होंने कहा, "भारत सरकार की भूमिका को लेकर हमारी प्रतिक्रिया का सवाल ही कहाँ उठता है? हमने आपकी भूमिका को दर्ज़ कर लिया है।"

इस तरह की बातों से अब मैं उकता गया था और मेरे ख़याल में वे भी।

इसलिए फिर मैंने कहा, "कहिये, आठ सौ करोड़ में से आप कितना देंगे?"

वे बोले, "सौ करोड़ के ऊपर एक पाई भी नहीं मिलेगी। वह भी इसलिए दे रहे हैं कि आप यह कह सकें कि हाँ, बातचीत सफल रही।"

"यह क्या कह रहे हैं आप!"

"माफ़ कीजिए। मगर हमारी बातचीत का समय ख़त्म हो चुका है। हाँ, औपचारिक बातचीत चार दिन ज़ारी रहेगी।"

इसके बाद मैं बैड-रूम में देर तक ख़ूब सोया। शाम को मैंने अपना वक्तव्य दिया कि अरब देशों को तेल की क़ीमतों में बढ़ोतरी करने का पूरा अधिकार है, वग़ैरह वग़ैरह!

इससे दुनिया पर यह फिर एक बार ज़ाहिर हुआ कि भारत अरब देशों का दोस्त है। चार दिन बाद मैंने एवं पश्चिम यूरोप के देशों के संगठन-प्रमुख ने सौ करोड़ की वित्त सहायता के अनुबन्ध पर हस्ताक्षर किये और पत्रकारों के बीच यह ज़ाहिर किया कि बातचीत सफल रही।

फिर मैंने वहाँ की जनता के सामने दिये गये भाषण में डंके की चोट घोषित किया कि भारत एक खुद्दार देश है। वह अपने आत्मसम्मान को सर्वोपरि मानता है। राजनीतिक सौदेबाज़ी के मद्देनज़र दी गयी किसी भी सहायता को हम स्वीकार नहीं करेंगे।

भारतीय समाचार-पत्रों ने मेरा यह वक्तव्य पहले पन्ने पर छापा और भारतीय कम्युनिस्ट पार्टी ने इसके लिए मुझे खुलेआम बधाई दी।

पश्चिम यूरोप की यात्रा के बाद मैंने अमरीका की यात्रा की और वहाँ के विदेश मन्त्री के सामने मैंने स्पष्टतः यह ज़ाहिर कर दिया कि भारत में भुखमरी की बातें

सरासर उड़ायी गयी हैं। माना कि अनाज की कमी है। मगर ज़रूरी मात्रा में अनाज प्राप्त करने के लिए हमें किसी की मदद की ज़रूरत हो, ऐसा हरगिज़ नहीं है। अपनी समस्याओं के समाधान ढूँढ़ने में हम खुद सक्षम हैं। इस पर भी अपनी नैतिक ज़िम्मेदारी मानते हुए आप हमें पचास लाख टन अनाज देना चाहें, तो आपकी इस योजना पर हम सहानुभूतिपूर्वक विचार करेंगे। लेकिन याद रहे, किसी तरह की राजनीतिक सौदेबाज़ी हमें मंज़ूर नहीं। इसके बाद जो बातचीत हुई, उसमें अमरीका के प्रतिनिधि ने कहा, "देखिए, मेरे पास ज़्यादा समय नहीं है, इसलिए अभी कह देता हूँ—हम आपको दस लाख टन गेहूँ देंगे।"

"मगर बाक़ी चालीस लाख टनों का क्या होगा?" मैंने पूछा।

"दस लाख टन के ऊपर एक दाना भी नहीं मिलेगा। और ये जो दस लाख टन दे रहे हैं, ये भी..."

"इसलिए कि कहा जा सके कि बातचीत सफल रही!?" मैंने जल्दी से उनकी बात पूरी की।

अमरीकी प्रतिनिधि मुस्करा दिये और मुझे मेरे बैड-रूम तक छोड़ने आये।

इसके बाद सात दिन तक बातचीत ज़ारी रही और ज़ाहिर है, सफल रही।

अमरीका से रवाना होने से पहले मैंने अमरीका को खुली चेतावनी दी कि अगर शक्तिशाली देशों ने हिन्द के महासागर में अपनी नौसेना के ज़रिये तनाव पैदा करने की कोशिश की तो परिणाम अच्छे नहीं होंगे।

इसके बाद मैं अफ्रीकी देशों की परिषद् में शामिल हुआ और वहाँ मैंने दक्षिण अफ्रीका की वर्णभेद की नीति की कड़ी आलोचना की। फिर उस देश को चेतावनी दी कि भारत वर्ण भेद की इस नीति को कदापि बरदाश्त नहीं करेगा। उनके साथ टेनिस मैच खेलने से हमने इनकार कर दिया, इसी से उन्हें पता चल सकता है कि हम अपनी नीति पर किस क़दर अडिग बने हुए हैं। वर्णभेद की उनकी नीति के इसी तरह ज़ारी रहने की स्थिति में हम उनके साथ फुटबॉल और कबड्डी के मैच भी नहीं खेलेंगे, इस बात का ध्यान रहे।

चेतावनियाँ देना मुझे बहुत अच्छा लगने लगा था और कई महीने देश-विदेशों की यात्रा करने का मेरा इरादा था।

लेकिन मेरे सेक्रेटरी ने मेरी इस मंशा पर रोक लगा दी। बोले, "अब ठण्ड का मौसम शुरू हो चुका है। इस मौसम में विदेशों के विदेश मन्त्री भारत-यात्रा के लिए उत्सुक होते हैं। हमने कई दिनों तक उनकी मेहमाननवाज़ी का लुत्फ़ उठाया है। अब

ज़रा उन्हें भी मौक़ा देना चाहिए। वरना अन्तर्राष्ट्रीय तनाव गम्भीर रूप धारण करेंगे।"

मुझे उनकी बात न्यायसंगत एवं भारत की समाजवादी भूमिका के प्रति ईमानदार प्रतीत हुई। इसलिए मैं भारत लौट आया और जाँबाज़िया नामक अफ्रीकी देश के विदेश मन्त्री श्री टिनपाटू के स्वागत की तैयारियों में जुट गया।

ताज इण्टरकाण्टिनेण्टल और मेरी बिटिया

अपने बच्चों को होटल ले जाकर भरपेट खिलाने का बड़ा शौक़ था मेरे पिताजी को। अभी भी उनके शौक़ को याद करता हूँ तो दिल भर आता है। यह मत समझिए कि मैं पहला बेटा था, इसलिए मुझे इतना लाड़-प्यार मिला। क्योंकि समय के साथ हम भाई-बहनों की गिनती नौ तक पहुँच गयी। लेकिन अपने नौवें बेटे को भी पिताजी उतने ही शौक़ से खिलाते हुए पाये गये थे।

बच्चों की संख्या को लेकर उन्होंने जिस महान परम्परा का सूत्रपात किया था, उसे आगे ज़ारी रखना तो वर्तमान स्थितियों में मेरे बस की बात नहीं है। हाँ, जहाँ तक होटलों में बच्चों को ले जाकर खिलाने-पिलाने की परम्परा का सवाल है, तो उसका पालन मैं बराबर कर रहा हूँ। कभी-कभार पत्नी विरोध कर बैठती है। मगर मैं घास नहीं डालता! चौपाटी की भेल से लेकर ताज इण्टरकाण्टिनेण्टल के डिनर तक तरह-तरह के खानों के ज़रिये मैं अपने बच्चों के अनुभव में वृद्धि करता रहता हूँ। कल को इनमें से कोई साहित्यकार बनना चाहे तो अनुभव की कमी नहीं होनी चाहिए।

एक दिन मैंने एक साहसिक प्रस्ताव रखा—पूरे परिवार को 'ताज' में खाना खिलाने का। पत्नी ने हमेशा की तरह इसे 'पैसे उड़ाने का बहाना' क़रार देकर निर्ममता से ठुकरा दिया होता, मगर मैंने भी चालाकी से यह प्रस्ताव उसकी सालगिरह के उपलक्ष्य में रख दिया था। इसलिए विरोध की तीव्रता कुछ कम हो गयी और तब मैंने और बच्चों ने आसानी से बात उसके गले उतार दी। प्रस्ताव पारित तो हुआ मगर सबकी राय थी कि सबसे छोटी, छः साल की मेरी बिटिया को न ले जाया जाए। क्योंकि वह नहीं जानती थी कि इतने बड़े, आलीशान होटल में कैसे पेश आया जाता है। उसे सिखाने की कोशिश भी बेकार थी। क्योंकि ऐसे में सीख देनेवाले को मुँह चिढ़ाने की उसे बुरी आदत थी। और इस ओर भी इंगित किया गया कि उसकी इस बुरी आदत के लिए ज़िम्मेदार मैं ही हूँ।

वैसे मेरी राय में इस बुरी आदत के लिए मुझसे ज़्यादा उसकी माँ ही ज़िम्मेदार थी। मगर पारिवारिक शान्ति और सुव्यवस्था को बनाये रखने के लिए मैंने अपनी राय प्रकट नहीं की।

बिटिया को ताज में न ले जाने का सुझाव समझदारी का था, इसमें कोई शक नहीं था। मगर वह सिर्फ़ इस डर से कि ढंग से पेश नहीं आएगी, उसे न ले जाने का नैतिक अधिकार मेरा बनता है, इस बात पर मुझे यक़ीन न था। क्योंकि बचपन में, जब मेरे पिताजी मुझे होटल ले जाया करते थे, तब मैं भी पागलों जैसी हरकतें किया करता था। लेकिन उन्होंने इस बात को लेकर कभी चूँ तक नहीं की। उनकी इस परम्परा को चलाये रखने के लिए ऐसी छोटी-मोटी मुसीबतों का सामना करना तो मेरा फर्ज़ बनता था।

वैसे बचपन में मैं जो भी हरकतें करता था, वे पागलपन की हरकतें थीं, ऐसा कम-से-कम मैं खुद तो नहीं मानता था। और सच पूछिए तो आज भी नहीं मानता, आप ही बताइए, हलवा खाते समय किशमिश का कोई दाना लाख कोशिशों के बावजूद अगर चम्मच में आने से इनकार कर दे और ऐसे में प्लेट चाटकर उसे खाया जाए तो इसमें कौन-सी बुराई है? आप कहेंगे, हाथ से उठाकर खा लो। मगर फिर हाथ चिपचिपा हो जाता है! या अगर कोई बच्चा यह आज़माना चाहे कि लड्डू का टुकड़ा रबड़ी में डुबोकर खायें तो कैसा लगता है, तो इसमें भला उसकी क्या ग़लती है? आज भी मेरा मन करता है कि ज़रा आज़मा कर देखूँ, आइसक्रीम में स्पैगेटी डुबोकर खायें, तो कैसी लगती है? वैसे मैं ऐसा करता नहीं, क्योंकि जब भी होटल जाता हूँ, कोई-न-कोई जाना-माना व्यक्ति साथ होता है, मगर हाँ, कभी मौक़ा लग जाए तो...

मैंने अपना फ़ैसला सुनाते हुए कहा, "हम उसे ताज ले ही जाएँगे। मेरे पिताजी..."

"देखिए, बहुत सुन चुकी...जब देखो, 'मेरे पिताजी, मेरे पिताजी' की रट लगाये रहते हैं।" बीवी बरस पड़ी। दुर्भाग्य से आज तक अपने पिताजी की महानता को लेकर मैं उसे यक़ीन नहीं दिला पाया हूँ।

कॉलेज में पढ़ रहा मेरा बेटा बोला, "मगर पापा, वह टोमैटो सूप में डबलरोटी डुबोकर खाती है। इट्स प्रिटी डिसगस्टिंग!" फिर मैं भी बहस पर उतर आया। बोला, "तो क्या हुआ? टोमैटो सूप में डुबोयी हुई डबल रोटी स्वादिष्ट लग रही हो, तो क्यों न खायी जाए? बचपन में मैं भी चावल में दही के बदले रबड़ी या आम का रस मिलाकर खाता था। वाह! क्या स्वाद आता था! मेरे पिताजी..."

पिताजी का ज़िक्र करना था कि पत्नी ने अपने दोनों कानों पर हाथ रख लिये और सबने मिलकर यही राय प्रकट की कि मैं बला का अड़ियल आदमी हूँ और जानबूझकर अनाड़ीपन दिखा रहा हूँ।

फिर मैंने अपने बेटे से कहा कि ताज में फ़ोन कर तंजोर रेस्तराँ में हमारे लिए एक टेबल रिज़र्व करे। यथासमय हम सब ताज जा पहुँचे। ताज के पोर्च में किसी कम्पनी के मैनेजिंग डाइरेक्टर से मुलाक़ात हुई। थोड़ी देर वहीं खड़े-खड़े उनसे बातचीत होती रही। कुछ देर बाद मेरी बेटी मेरा हाथ खींचते हुए बोली, "पापा, चलिये न चलिये न पापा। बहुत भूख लगी है।"

मेरे बेटे ने उसे चुप कराने की कोशिश की और मैनेजिंग डाइरेक्टर महोदय पूछने लगे, "क्या कह रही है आपकी बेटी?"

वे मराठी नहीं समझ पाते थे।

फिर मैंने उन्हें अँग्रेज़ी में बिटिया की बात बतायी और यह भी समझाया कि उसका कहना कितना सही है।

बात उन्हें भी जँच गयी और बेटी के गाल को छूकर लाड़ जताते हुए उन्होंने हमसे विदा ली। मेरा बेटा विरोध में कुछ कहना चाहता था, लेकिन कुछ कहन सका।

हम लोग तंजोर रेस्तराँ के दरवाज़े तक पहुँचे ही थे कि बिटिया ज़ोर से चिल्ला उठी, "पापाऽऽ, इस मन्दिर में क्यों जा रहे हैं हम? हमें तो होटल चलना है।"

इस पर सभी झुँझला उठे। मगर मैंने उसे समझाया, "बेटे, यह कोई मन्दिर नहीं, होटल ही है। आजकल होटल मन्दिर जैसे बनाये जाते हैं।"

"होटलवाले पागल हैं!" उसने ऊँचे स्वर में अपनी राय प्रकट की।

मैं भी उसकी राय का क़ायल हो गया। दरअसल उसने मेरे होठों की बात छीन ली थी।

ख़ैर! स्टुअर्ड हमें अन्दर हमारे आरक्षित टेबल तक ले गया। उसने लम्बे-चौड़े मेन्यू कार्ड हमें थमा दिये। मेरी बेटी ने भी ज़िद करके एक अलग कार्ड अपने लिए मँगवा लिया। हम लोगों ने वे अच्छे-ख़ासे मोटे ग्रन्थ खोले तो उसने भी बड़े प्रयासों से अपना ग्रन्थ खोला। मगर इससे पहले ही उसकी माँ ने फुर्ती से उसके सामने से पानी का गिलास हटा दिया था।

फिर बिटियारानी बोलीं, "पापा, यह कहानियों की किताब है? हम तो खाना खाने आये हैं। फिर हमें पढ़ने के लिए किताब क्यों दी?" वैसे मेरा भी यही अनुभव है कि होटल के मेन्यू कार्ड क़िस्से-कहानियों की किताबों से कम नहीं होते। क्योंकि उनमें व्यर्थ के खानों को बड़े ख़ूबसूरत नाम दिये जाते हैं। मेरी चतुर बिटिया कितनी छोटी उम्र में यह बात जान गयी! मुझे उस पर बड़ा गर्व महसूस हुआ और मैंने उसे प्रकट रूप से कहा भी।

इसके बाद उसने ऐलान किया, "मैं थाली में खाना खाऊँगी। काँटे-चम्मच से नहीं।"

बेटा बरस पडा, "व्हाट नॉन्सेन्स! ताज में आकर थाली मँगवाने का क्या मतलब हुआ!"

तभी उसकी माँ बोली, "अरे, अच्छा ही हुआ। कम-से-कम तब टोमैटो सूप में वह डबल रोटी तो नहीं डुबोएगी।"

मगर ऐसा कहकर उसने बड़ी ग़लती की थी। क्योंकि बिटिया ने तुरन्त फरमाया, "वाह! यह भी कोई बात हुई? मुझे टोमैटो सूप और ब्रैड भी चाहिए। मैं ब्रैड सूप में डुबोकर खाऊँगी।"

उसकी इस माँग का ज़ोरदार विरोध हुआ। तब मैंने उसका पक्ष लिया। कहा, "हर्ज़ ही क्या है? आख़िर यह छुआछूत किसलिए? थाली में खानेवाला सूप नहीं मँगा सकता, डेज़र्ट–आइसक्रीम, चॉकलेट पुडिंग–नहीं मँगा सकता! यह कैसा न्याय! बेटे, तुम बेशक मँगा लो, टोमैटो सूप मँगा लो। बाद में चॉकलेट पुडिंग भी मँगाना।"

स्टुअर्ड आया तो मैंने सबके ऑर्डर दिये और कहा, "हमारी बिटियारानी के लिए एक थाली, एक टोमैटो सूप और ब्रैड। वह टोमैटो सूप में ब्रैड डुबोकर खाना चाहती है। इसलिए अगर सूप में दो-तीन चम्मच चीनी और क्रीम मिलाया जाए तो बेहतर! और सूप में डुबोने के लिए, मेरे ख़याल में आम ब्रैड से फ्रेंच ब्रैड बेहतर रहेगी, क्यों? क्या ख़याल है आपका?"

स्टुअर्ड हैरान था, मगर उसने अपनी हैरानी प्रकट नहीं होने दी। नाराजी दर्शाने का तो सवाल ही नहीं उठता था। हाँ, मेरे मुश्किल सवाल पर अपनी राय देने से उसने इनकार कर दिया और बड़े अदब से बोला, "ऐज़ यू से सर!"

"तो फिर फ्रेंच ब्रैड ही ले आइए और देखिए, ज़रा जल्दी!" मैंने फरमाया।

बड़े होटल में जल्दी का मतलब कम-से-कम दस मिनट होता है। मगर मेरी बेटी के लिए इतनी देर सहना भी मुश्किल हो रहा था। बोली, "पापा, कितनी देर! मुझे भूख लगी है!"

"बड़े होटल में इस तरह जल्दी नहीं मचाते। खाना लगने तक गपशप करते हैं।" मेरे बेटे ने अपना बड़प्पन जताया।

"क्या बकते हो! भूख लगने पर भला कोई गपशप करता है?" मेरी बेटी ने बड़े भाई की नसीहत को धता बता दी।

मैंने हामी भरते हुए कहा, "तुम ठीक कहती हो, मुझे भी ऐसा लगता है। लेकिन ये होटलवाले क्या करते हैं, जानती हो? ऑर्डर दिये जाने के बाद जाकर कहीं खाना बनाने की तैयारी शुरू करते हैं।"

"पागल! मम्मी तो पहले परोसती है, फिर खाने के लिए बुलाती है।" बेटी बोली।

"मम्मी जैसे अक़्लमन्द और सयाने थोड़े ही होते हैं ये लोग!" मैंने गम्भीरता से राय देते हुए ठण्डी आह भरी।

थोड़ी देर बाद फ्रेंच ब्रैड और सूप आ गया और वह सूप में फ्रेंच ब्रैड डुबोकर खाने लगी। फिर मैंने भी चुपके से ब्रैड का एक टुकड़ा सूप में डुबोकर चख लिया,

वाक़ई बड़ा जायक़ेदार था। मैंने औरों से भी चखकर देखने की सिफ़ारिश की, जिस पर अमल करने से सबने मना कर दिया। मैंने कहा, "मत खाओ! बैठे रहो भूखे! हमारी बला से!"

हमारा खाना लग गया। इधर हमने खाना शुरू किया, उधर होटल की रोशनी धीमी होने लगी।

बेटी चिल्लायी, "यह क्या? दीये क्यों बुझा रहे हैं?" 'श-श' सभी फुसफुसाये, मैंने उसे दबी ज़बान में बताया, "बेटे, अब एक औरत नाचनेवाली है। इसीलिए दीये बुझा रहे हैं?"

वह बोली, "मुझे अच्छा लगता नहीं अँधेरे में खाना खाना।"

दरअसल खुद मुझे भी अँधेरे में खाना खाना अच्छा नहीं लगता। इसलिए मैंने हमदर्दी जतायी।

रेस्तराँ का नाम तंजोर था। इसलिए नर्तकी ने भरतनाट्यम् पेश किया।

नाच ख़त्म होने पर मैंने बिटिया से पूछा, "पसन्द आया नाच?"

उसने जवाब में कहा, "पापा, उस औरत से कहिए मेरे खाना खाने तक न नाचे। खाना खाते समय कोई नाचता है,. तो मुझे तकलीफ़ होती है।"

मैंने किसी तरह समझा-बुझाकर उसे चुप करा दिया। मगर सच बात तो यह थी कि वह जो कह रही थी वह मेरे ही मन की बात थी। खाना खाते समय गपशप करने का रिवाज भी मुझे बड़ा तकलीफ़देह लगता है। बिज़नेस लंच में बिज़नेस और लंच, दोनों एक साथ करना भी मुझे नहीं आता। मैं पहले लंच खा लेता हूँ, फिर बिजनेस की बातें करता हूँ। डिनर के दौरान नाच वगैरह भी बड़ा तकलीफ़देह होता है। न डिनर में मन लगता है, न नाच देखने में।

इन समस्याओं पर गौर करते हुए बड़े होटलों को चाहिए कि वे भोजन पद्धति में सुविधाजनक परिवर्तन कर लें। मगर कोई सुनता ही नहीं है।

खाने के बाद एक फोल्डर में छुपाकर बिल पेश किया गया। बिल इतना ज़्यादा था कि उसे इस तरह छुपाकर पेश करना ही उचित था।

मैंने पाकिट से बहुत सारे नोट निकाल फोल्डर में रख दिये और फोल्डर जल्दी-जल्दी बन्द कर दिया। कहीं पत्नी देख न ले कि कितने रुपये उड़ाये।

लेकिन असफल रहा! सबने देख ही लिया। बस, पत्नी ने वहाँ मत प्रदर्शित नहीं किया। मगर घर लौटकर वह निर्भीक मत-प्रदर्शन करेगी यह उसके चेहरे से साफ़ ज़ाहिर हो रहा था।

बेटी ने मगर, आव देखा न ताव। ज़ोर से बोल पड़ी, "पापा, कितने पैसे दे रहे हैं होटलवालों को! इतने मत दीजिए।"

मैं पूरी तरह से उससे सहमत हुआ। मगर और कोई चारा भी न था। मैंने उसे समझाया कि बिल न देने से काम नहीं चलेगा। हर हालत में बिल तो चुकाना ही

होगा। इस पर वह बड़ी देर तक सोच में पड़ी रही। फिर निर्णायक स्वर में बोली, "पापा, मैंने तय कर लिया है। फिर कभी इस होटल में नहीं आएँगे हम। इतने पैसों में हमारी नुक्कड़वाली दुकान से कितनी सारी आइसक्रीम और चॉकलेट आ सकती है।"

अब आप ही बताइए, मेरी इस बिटिया को नासमझ, अनाड़ी कहें तो कैसे?

मैं और ग्रीस की राजकुमारी

बीस साल से मराठी में लिखता आ रहा था, मगर कुत्ता भी नहीं पूछता था। आगे चलकर अँग्रेज़ी पत्रिकाओं में लिखने लगा और मेरा भाव एकदम बढ़ गया। विदेशी दूतावासों से और दूसरी कई जगहों से कॉकटेल पार्टियों के निमन्त्रण आने लगे। संगीत सभाओं में मैं पहली क़तार में बैठने लगा। चित्रकला प्रदर्शनियों में जाने लगा और समझ में न आनेवाली आधुनिक चित्रकला को देख, समझदारी से सिर हिलाने लगा। थिएटर यूनिट वगैरह के नाटक देख प्रयोगधर्मी रंगमंच पर अपनी राय देने लगा। अँग्रेज़ और अमरीकी कलाकारों के बोले संवाद तो मेरी समझ में आ जाते थे, मगर हमारे भारतीय अँग्रेज़ रंगमंच पर क्या बोलते हैं, मेरी समझ में कुछ नहीं आता था। लेकिन यह बताते भी नहीं बनता था कि कुछ समझ नहीं पा रहा हूँ। अँग्रेज़ी नाटक से जान बचाकर निकलता तो भरतनाट्यम् और कत्थक की ता ता थैया से कान पक जाते। थोड़े में, कला और संस्कृति से मैं तो भर पाया था। मगर फिर भी नियम से हर कार्यक्रम में मौजूद रहता था। अकड़ दिखानी हो तो यह सब करना ही पड़ता है।

ऐसे में, एक दिन गवर्नर के सेक्रेटरी का फ़ोन आया। मुझे राजभवन में किसी पार्टी में बुलाया गया था। मैं तो भौचक्का रह गया। कमाल हो गया! बचपन में, मुझे याद है, गवर्नर नामक प्राणी कार में गुज़र भी रहा होता था, तो हम बच्चों को डण्डे की धाक से वहाँ से भगा दिया जाता था। गवर्नर के बँगले में जाना तो दूर, मैंने उसे दूर से देखा तक न था। चौपाटी पर भेल खाते समय वहाँ से गवर्नर के बँगले की लाल बत्ती अकसर दिखाई देती थी और उसे एक-दूसरे को दिखाते हुए हम लोग कहा करते थे, 'आज गवर्नर बँगले में है!' और अब मैं गवर्नर के उसी बँगले पर ससम्मान मेहमान बनकर जा रहा था! वाह, क्या बात है!...

एक के बाद एक निमन्त्रण आने लगे। बड़ी-बड़ी हस्तियों से मुलाक़ातें होने लगीं। अन्तरिक्षयात्री यूरी गागारिन से मैंने बड़ी शान से हाथ मिलाया और मेरी पत्नी ने उसके ऑटोग्राफ़ भी लिये।

जी हाँ। मेरी पत्नी अब इस ढलती उम्र में ऑटोग्राफ़ इकट्ठा करने लगी है। बात यह थी कि मेरी बेटी की सहेली ऑटोग्राफ़ इकट्ठा करने का शौक रखती थी। उसकी देखा-देखी मेरी बेटी भी एक ऑटोग्राफ़ बुक ले आयी। ऑटोग्राफ़ बुक ले तो आयी, लेकिन वह ख़ुद इतनी शर्मीली है कि घर पर अकसर आनेवाले साहित्यकारों तक से ऑटोग्राफ़ लेते नहीं बनता उससे। इससे अपनी साहसिक सहेलियों के बीच उसे शर्मिन्दा होना पड़ता। तब मेरी पत्नी ने ही बागडोर सँभाली और वह ऑटोग्राफ़ इकट्ठे करती हुई घूमने लगी। यूरी गागारिन के ऑटोग्राफ़ प्राप्त कर तो वह सबसे बाज़ी मार ले गयी। शर्म की मारी हमारी बिटियारानी से इतना भी न हो सका कि ये ऑटोग्राफ़ दिखाकर अपनी सहेलियों के बीच शेखी बघारे। आख़िर यह ज़िम्मेदारी भी उसकी मम्मी ने सँभाल ली।

मैंने अपनी पत्नी को समझाने की कोशिश की कि इस तरह राजभवन में ऑटोग्राफ़ बटोरना कुछ अच्छा नहीं लगता। लेकिन, इस पर, उसीने मुझे फटकार दिया, "तुम अपनी 'डिग्निटी' लिये बैठे रहो जी चुपचाप कोने में! मुझे अपनी बेटी का शौक़ तो पूरा करना ही होगा।"

सुना आपने—बेटी का शौक़! ख़ैर, मैंने इस विषय पर बहस करना ही छोड़ दिया। फिर ग्रीस—यूनान—के सम्राट मुम्बई पधारे, उनके सम्मान में राजभवन में आयोजित प्रीतिभोज का न्यौता भी मुझे मिला।

राजा नामक प्राणी के दर्शन मैंने इससे पहले कभी नहीं किये थे। अलबत्ता एक बार पटियाला के राजा के कन्धे पर हाथ रखा था और मेरी हरकत से वे सख़्त नाराज़ हुए थे।

हुआ यह था कि टोक्यो में मैं किसी से मिलने इम्पीरियल होटल गया था। होटल के स्थापत्यकार थे प्रसिद्ध फ्रैंक लॉइड राइट, जिनका नाम लेते ही मेरा एक आर्किटेक्ट दोस्त भावविह्वल हो उठता था। होटल इम्पीरियल का बयान उसके मुँह से सुनते-सुनते मेरे कान पक गये थे। इसलिए मैं अन्दर-बाहर से वह होटल ध्यान से देख रहा था और अपने मन को समझाये जा रहा था कि वह एक श्रेष्ठ कलाकृति है। तभी होटल की लॉबी में एक लम्बे-तगड़े सरदारजी को किसी से बात करते हुए देखा—परदेस में अपने देशवासी को सामने पाकर कितनी ख़ुशी होती है; भले ही वह देशवासी सरदार जी क्यों न हो! इसलिए मैंने ठिठककर कहा, "एक्सक्यूज़ मी," मगर सरदार जी का ध्यान अपनी तरफ़ खींचने में असफल रहा। मैंने दो-तीन बार अपनी हरकत दोहरायी, मगर कोई नतीजा नहीं निकला, आख़िर तंग आकर मैंने सरदार जी के कन्धे को छुआ और कहा, "एक्सक्यूज़ मी!"

सरदार जी, एकाएक चौंक उठे। ऐसे चौंके मानो कन्धे पर छिपकली गिर पड़ी हो। अपने कन्धे पर किसी का हाथ महसूस करने की आदत शायद उन्हें नहीं थी और

न ही ऐसी कोई हरकत उन्हें पसन्द थी। एक पल के लिए आँखें फाड़कर वे मुझे ताक़ते रहे।

मैंने सोचा, मुझे भारतीय जानकर ही सही, वे पसीज जाएँगे और मुझसे प्यार से बातें करेंगे। लेकिन ऐसा कुछ भी नहीं हुआ। मेरे पूछे मामूली से सवालों के जवाब उन्होंने अतिरिक्त शालीनता के साथ दिये और हमारी भेंटवार्ता यहीं ख़त्म हुई।

मैंने मन में कहा, "हुः! अकड़ता है!! ऐसी की तैसी इसकी!"

उन दिनों टोक्यो में एशियाई खेल खेले जा रहे थे। खेल देखने तो मैं कभी गया नहीं। अलबत्ता शाम को होटल लौटते ही टी.वी. चला देता था और उस पर खेलों की रपट देख लिया करता था। उस दिन भी मैंने टी.वी. आन किया। देखा, सम्राट हिरोहिटो अपने स्थान पर बैठे हैं। और...और...उनके पास ही इम्पीरियल होटल वाले सरदार जी बैठे हैं। बादशाह के कन्धे से कन्धा सटाये! सोचा, "वाह! अपने आपको समझते क्या हैं सरदार जी!" सरदार जी विदेशों में किस क़दर ढीठ हो जाते हैं, इसका अनुभव मैं कई बार कर चुका था। लेकिन ऐसा ढीठपन तो सरदार जी के भी बस की बात न थी! इसलिए सोचने लगा, और अचानक दिमाग़ में ख़याल कौंध उठा, हो-न-हो, यही पटियाला के महाराजा हैं!

मगर पटियाला के महाराजा हुए तो क्या! आख़िर हैं तो देशी! खलिस गोरे यूरोपीय राजा कहाँ देखे थे मैंने अब तक! बचपन में अपने कोर्स की किताब में बादशाह जॉर्ज पंचम का चित्र देखा था और देखी थी एक रुपये के सिक्के पर अंकित विक्टोरिया रानी। ताज्जुब होता था कि उसके सिर पर रखा छोटा-सा ताज गिर कैसे नहीं जाता। लेकिन अब तक चलता-फिरता राजा नहीं देखा था। सोचा, अब की बार अच्छा खाना भी मिल जाएगा और लगे हाथों राजा के दर्शन भी हो जाएँगे।

भोज के लिए औपचारिक पोशाक पहननी ज़रूरी थी। लिहाज़ा, अनिच्छा से ही सही बन्द गले के कोट में अपने आपको फँसाकर पत्नी सहित मैं राजभवन की तरफ़ बढ़ चला। ज़ाहिर था, टैक्सी में! उन दिनों गाड़ी रखने की अपनी औक़ात न थी। ख़ुद की गाड़ी तो क्या, रुपारेल कॉलेज की अपनी तनख़्वाह में टैक्सी में सफ़र करना भी मेरे लिए भारी पड़ता था। लेकिन क्या करता। आख़िर राजभवन जाना था। वहाँ पैदल पहुँचना क्या अच्छा लगता?

टैक्सीवाला भी गज़ब का निकला। उसे चाहिए था कि एक तरफ़ गाड़ी खड़ी कर लेता। मगर मेरे इशारों को अनसुना करता हुआ, वह सीधा राजभवन के पोर्च में ऐसे जा रुका, मानो रोल्ज़ रॉएस गाड़ी चला रहा हो! देखा, कि ख़ुद विजयलक्ष्मी पण्डित दरवाज़े पर खड़ी मेहमानों की आवभगत कर रही थीं। इसलिए टैक्सी का बिल चुकाने का समारोह उन्हीं की मौजूदगी में सम्पन्न हुआ। वह भी अपेक्षाकृत लम्बा खिंचा। क्योंकि बन्द गले के कोट के बटन खोल, अन्दर की जेब में रखा पर्स

निकालना अपने ढंग की एक मुसीबत होती है। बिल चुकाते-चुकाते ख़ासा समय लग गया।

पत्नी वहीं बरस पड़ी, "पैसे इतने बन्दोबस्त में रखने की क्या ज़रूरत थी? औरों को देखो, बाहर की जेब में सौ-सौ के नोट ठुँसे होते हैं।"

उसकी फटकार की तरफ़ ध्यान दिये बगैर मैंने जल्दी से टैक्सीवाले के हाथ में नोट थमा दिये और सीढ़ियाँ चढ़ने लगा। विजयलक्ष्मी पण्डित ने मुस्कराकर स्वागत किया।

तभी टैक्सीवाला पीछे से चिल्लाया, "साब, आपका पैसा!" ध्यान से गिनकर, रेज़गारी मेरे हाथ में रखकर और मुझे सलाम कर वह राजा हरिश्चन्द्र के अवतार चलते बने। मैंने भी जल्दी-जल्दी पैसे जेब में डाल लिये और फिर एक बार सीढ़ियाँ चढ़ने लगा। विजयलक्ष्मी जी ने फिर एक बार मुस्कराकर स्वागत किया।

अन्दर देखा तो कोई पहचानवाला कहीं नज़र नहीं आया। बेवक़ूफ़ नज़र न आने की कोशिश में और भी अधिक बेवक़ूफ़ों की तरह मैं खड़ा रहा। ऐसे में हाथ में अगर शराब का प्याला हो तो स्थिति फिर भी सँभल जाती है। एक तरह से व्यस्तता बनी रहती है। लेकिन उन दिनों राजभवन में शराब का प्याला कहाँ से मिलता! मैं यों ही इधर-उधर टहलता रहा। पत्नी एक तरफ़ किसी से बात करने में व्यस्त थी। मगर उसका सारा ध्यान उस दरवाज़े पर था, जहाँ से ग्रीस के महाराजा पधारनेवाले थे। उनके आते ही वह ऑटोग्राफ़ बुक उनकी तरफ़ बढ़ानेवाली थी। देर तक महाराजा नहीं पधारे। और फिर उनके बदले प्रविष्ट हुईं राजकुमारी! राजकुमारी जी के पीछे-पीछे दो-चार दरबारी व्यक्ति भी प्रविष्ट हुए और उनसे ज़रा फासला रख, बड़ी अदब से उन पर नज़र रखने लगे।

राजकुमारी मुश्किल से पन्द्रह-सोलह साल की बच्ची थी, बड़ी प्यारी! मुस्कराती हुई, कौतूहल से इधर-उधर देखती हुई दालान में टहलने लगी।

सहसा मेरी पत्नी अपना ऑटोग्राफ़ बुक लेकर राजकुमारी की तरफ़ लपकी। ए. डी. सी. भी लपका। उसने जानना चाहा कि मेरी पत्नी क्या चाहती है। फिर राजकुमारी को समझाया कि मेरी पत्नी क्या चाहती है। फिर वह हँस पड़ा। मेरी पत्नी भी हँस दी। राजकुमारी तो हँस-हँसकर लोटपोट हो गयी। कोई आकर अपने ऑटोग्राफ़ की माँग करे यह बात उसे ख़ासी मनोरंजक और बड़ी अनोखी भी लग रही थी। उसने गर्दन हिलाकर ज़ोरदार हामी भरी।

ए. डी. सी. ने तुरन्त जेब से पेन निकाल, बड़ी अदब से राजकुमारी के सामने पेश किया। राजकुमारी ने एक हाथ में ऑटोग्राफ़ बुक सँभाली दूसरे हाथ में पेन थामा, फिर वह सोच में पड़ गयी।

ठीक ही तो था। खड़े-खड़े ऑटोग्राफ़ देने में वह गंगाधर गाडगिल जैसी माहिर

तो न थी। बगैर मेज़ का सहारा लिये काग़ज़ पर ऑटोग्राफ़ करें तो कैसे? उसने इधर-उधर देखा कहीं कोई सुविधाजनक मेज़ नज़र नहीं आयी।

ऐसे में, राजकुमारी ने वही किया जो कोई भी बच्चा कर बैठता। उसने तुरन्त नीचे बिछे कालीन पर घुटने टेक दिये, ऑटोग्राफ़ बुक नीचे रख दी और क़रीब-क़रीब लेट कर ही ऑटोग्राफ़ करने लगी।

छोटी-सी बात थी। मगर ग्रीस के दरबारियों में खलबली मच गयी। तीन दिशाओं से तीन ए. डी. सी. दौड़े चले आये और उन्होंने राजकुमारी को घेर लिया। कभी वे राजकुमारी की तरफ़ देखते, कभी एक-दूसरे का मुँह ताक़ते। ऐसी हालत में क्या किया जाए, इसका कोई निर्देश प्रोटोकोल की नियमावली में नहीं लिखा गया होगा।

राजकुमारी बड़ी देर तक, बड़े मनोयोग से ऑटोग्राफ़ कर रही थी। सम्भवतः वह उसकी ज़िन्दगी के पहले-पहले ऑटोग्राफ़ थे। इसलिए बड़ी ज़िम्मेदारी से एक-एक अक्षर लिख रही थी और इधर दरबारियों में पल-पल तनाव बढ़ता जा रहा था।

आख़िरकार एक ए. डी. सी. ने झुककर राजकुमारी से कुछ कहा। मगर हस्ताक्षर करने में वह इस क़दर मगन थी कि उसने उसकी तरफ़ ध्यान ही नहीं दिया। तब फिर दूसरा ए. डी. सी. भी झुक गया और दोनों ने मिलकर ऑटोग्राफ़ बुक सहित राजकुमारी को खड़ा कर दिया। ऑटोग्राफ़ अभी पूरे नहीं हुए थे। और कहीं कोई सहारा नज़र नहीं आ रहा था।

ए. डी. सी. ने तरकीब सोची और वह राजकुमारी की तरफ़ पीठ करके खड़ा हो गया। दूसरा ए. डी. सी. ऑटोग्राफ़ बुक उसकी पीठ पर दबाये, पकड़े रहा। और तब राजकुमारी ने अपने ऑटोग्राफ़ पूरे किये।

मुस्कराते हुए राजकुमारी ने ऑटोग्राफ़ बुक मेरी पत्नी को लौटा दी। ए. डी. सी. भी मुस्करा दिये। लेकिन वह मुस्कराहटें तहे-दिल से नहीं उभरी थीं, यह जान पाना कोई मुश्किल काम न था।

थोड़ी देर बाद स्वयं सम्राट तशरीफ़ लाये। अब की बार मैं घबरा उठा। जाने अब मेरी पत्नी क्या कर बैठे? कही ख़ुद महाराजा भी कालीन पर घुटने टेककर ऑटोग्राफ़ करने लग जाते तो? गज़ब हो जाता!

ख़ैरियत हुई कि राजा साहब कई लोगों से घिरे हुए थे और इसी दौरान खाने के लिए बुलावा भी आ गया। राजा साहब बाल-बाल बच गये!

खाने का इन्तज़ाम पुरानी स्टाइल का था। यानी कुर्सी पर बैठकर खाना था। इसलिए बिना किसी दुर्घटना के प्रीतिभोज सम्पन्न हुआ। हाँ, स्वीट डिशवाला चम्मच मेरे हाथ से छूटकर ज़मीन पर जा गिरा था, जिससे मैं स्वीट डिश नहीं खा सका। लेकिन यह मामूली-सी वारदात थी।

पत्नी तल्लीनतापूर्वक खाना खा रही थी। सोचा, ऑटोग्राफ़ वाली बात भूल गयी

होगी। लेकिन नहीं! वह धुन की बड़ी पक्की है। खाना ख़त्म होते ही उसने जाकर राजा साहब के ए. डी. सी. को पकड़ा और उसे अपनी ऑटोग्राफ़ बुक पकड़ा दी। ए. डी. सी. ने शालीनतापूर्वक ऑटोग्राफ़ बुक राजा साहब को थमा दी। राजा साहब ने ऑटोग्राफ़ बुक अभी खोली ही थी कि विजयलक्ष्मी जी ने उन्हें मनोरंजन के कार्यक्रम में चलने के लिए कहा। तुरन्त उन्होंने ऑटोग्राफ़ बुक बन्द कर अपनी जेब में डाल ली और वे चल पड़े।

मनोरंजन का कार्यक्रम दूसरी इमारत में था। राजा साहब उस तरफ़ चल दिये। पीछे-पीछे हम लोग भी चल पड़े। पत्नी बोली, "अजी सुनिये...सुनिये...मेरी ऑटोग्राफ़ बुक!"

मैंने उसे रोकना चाहा, "अब जाने भी दो!"

"वाह! जाने कैसे दूँ? यूरी गागारिन के ऑटोग्राफ़ हैं उसमें। कहते हैं, जाने दो।"

"अच्छा बाबा! कार्यक्रम ख़त्म होने के बाद हम लोग ए. डी. सी. से मिलेंगे।" मैंने कहा।

"लेकिन हम आख़िर तक थोड़े ही रुकनेवाले हैं? वह तुम्हारे दोस्त हमें गाड़ी में लिफ्ट देनेवाले हैं न? और वे लोग तो यहाँ से जल्दी चलनेवाले हैं।" उसने याद दिलाया।

राजभवन के गेट तक चलने का मतलब था एक किलोमीटर लम्बी पदयात्रा और तत्पश्चात् टैक्सी! इससे बचने के लिए मैंने लिफ्ट का प्रबन्ध करवाया था।

एक आइटम ख़त्म हुआ तो मेरी पत्नी कहने लगी, "जाओ न, मेरी ऑटोग्राफ़ बुक ले आओ न।"

"कैसे ले आऊँ? महाराजा के कन्धे पर हाथ रखकर कहूँ, 'योर मैजेस्टी, प्लीज़ वह हमारी ऑटोग्राफ़ बुक दीजिए न ज़रा।' मैडम, मैं किसी हालत में यह ख़तरा उठानेवाला नहीं।" मैंने कहा।

"उसके लिए कन्धे पर थोड़े ही हाथ रखना पड़ता है? ए. डी. सी. वहीं बैठा है। उसी से कह दो न।" मेरी पत्नी ने अपनी ज़िद नहीं छोड़ी।

"कौन-सा ए. डी. सी.? देखो मैं किसी ए. डी. सी. को पहचान नहीं पाऊँगा। क्या पता वह कोई ग्रीक बैरन या ड्यूक हो! मैं इस झंझट में नहीं पड़नेवाला।"

"बड़े बेवक़ूफ़ हो जी!" पत्नी ने सीधा तीर चलाया, "अभी दो मिनट पहले तो उसे देखा था तुमने! अभी भूल गये? लोग तो तारीफ़ों के पुल बाँधते हैं कि वाह, क्या कमाल के लेखक हैं, बड़ी पैनी नज़र रखते हैं।" पत्नी ताना मारने का मौक़ा नहीं चूकी।

सौभाग्य से इसी समय अगला आइटम शुरू हुआ और मेरा गुणगान रुक गया।

आइटम ख़त्म हुआ तो मेरी पत्नी निश्चयपूर्वक उठ खड़ी हुई और मैं इस

ख़याल से डर गया कि पता नहीं अब यह क्या गुल खिलाएगी—लेकिन उसने अपने काम को बड़ा सटीक अंजाम दिया। वह ए. डी. सी. से मिली और उसने मुस्कराकर उसे अपनी ऑटोग्राफ़ बुक की याद दिलायी।

ए. डी. सी. बेचारा पसोपेश में! वह उठा तो मगर अपनी उलझन लिये कुछ देर वहीं खड़ा रहा। मेरी पत्नी उसके सामने अडिग खड़ी मुस्कराये जा रही थी। बेचारा बचकर निकल भी नहीं सकता था, न ही उसे टाल सकता था। आख़िर बड़ी अनिच्छा से वह महाराजा के पास पहुँचा और धीरे से उनके कान में फुसफुसाया।

पल भर के लिए महाराजा भी असमंजस में पड़ गये तुरन्त उन्होंने जेब से ऑटोग्राफ़ बुक निकाल ए. डी. सी. को थमा दी।

पेशानी पर छलछला आयीं पसीने की बूँदें पोंछते हुए ए. डी. सी. साहब लौटे और कुछ ज़्यादा ही अदब से झुकते हुए उन्होंने ऑटोग्राफ़ बुक मेरी पत्नी को नज़र की। बोले, "मैडम..."

उसके चेहरे के भाव बता रहे थे कि वह और भी बहुत कुछ बोलना चाहता था शायद! लेकिन उसकी मर्यादा उसे बोलने से रोक रही थी।

बड़ी सहज मुस्कान होठों पर लिये मेरी पत्नी ने ऑटोग्राफ़ बुक ले ली और बगैर ए. डी. सी. की भावनाओं और विजयलक्ष्मी जी की निगाहों की परवाह किये अपने पर्स में डाल दी।

बीवी का बर्थ-डे, शौहर की शामत

उस शाम बण्डू हमेशा की तरह घर लौटा। स्नेहलता ने हमेशा की तरह दरवाज़ा खोला तो बण्डू ने हमेशा की तरह उसे एक हाथ से परे हटा रोब से किचन में क़दम रखा। उसने ब्रीफ़केस किचन प्लेटफ़ॉर्म पर रखा और वह दनदनाता हुआ बाहर के कमरे में आ गया। इस दौरान स्नेहलता उसके पीछे-पीछे किचन में गयी। वह हाथ नचा-नचाकर चिल्ला रही थी, "यह रोज़-रोज़ का तमाशा है तुम्हारा, ब्रीफ़केस किचन प्लेटफ़ॉर्म पर क्यों रखते हो? अपनी जगह नहीं रख सकते? ठीक है, अगर अपनी जगह पर नहीं रख सकते तो बाहर ही रख देते। यह भी नहीं हो सकता तो मेरे हाथ में ही दे देते। गनीमत तो यह कि ब्रीफ़केस दूध की पतीली पर नहीं रखा!"

उसकी बातों पर कान दिये बगैर बण्डू बैड पर बैठ गया। उसने पैरों से जूते उतारे, फिर जूते हाथ में लिये वह बाहर आया और स्नेहलता की नाक की सीध में उसने उन्हें तीन बार हिलाया, मानो आरती उतार रहा हो।

यह उसका नाटकीय तरीका था यह पूछने का कि ये जूते कहाँ रखूँ।

उसका हाथ झटकते हुए बौखलाई हुई स्नेहलता बोली, "रख दो मेरे सिर पर!"

इस पर बण्डू ने गर्दन तिरछी कर तुच्छता से उस पर एक नज़र डाली और जूते कोने में फेंक दिये।

"अरे, अरे, मेरी अलमारी का शीशा तोड़ोगे!" स्नेहलता चीख़ पड़ी।

वह चीख़ रही थी, उसी दौरान बण्डू खड़े-खड़े पैण्ट उतारने की कोशिश करने लगा था। ऐसा करते समय वह अपना सन्तुलन खो बैठा और स्नेहलता के ऊपर जा गिरा। उसने चीख़कर उसे धकेल दिया तो वह दूसरी तरफ़ सोफे पर धड़ाम से जा गिरा। फिर उसी हालत में उसने पैण्ट उतारकर हवा में उछाल दी। पैण्ट पंखे पर लटक गई।

इससे स्नेहलता और भी अधिक चीख़ने-चिल्लाने लगी तो जवाब में बण्डू ने

अपनी कमीज़ उतार बुर्क़े की तरह उसके सिर पर डाल दी। वह बुर्क़े से बाहर निकल ही रही थी कि बण्डू ने बनियान उतारकर घड़ी पर फेंक दी। इस तरह कपड़ों से मुक्ति पाकर, थककर वह सोफे पर लुढ़क गया।

इस पर स्नेहलता जब अपनी नाराज़गी जताने लगी तो वह उछलकर उठ खड़ा हुआ। स्नेहलता को अपनी बाँहों में जकड़ 'चकाकचू' की आवाज़ के साथ उसने एक के बाद एक–तीन बार स्नेहलता को चूम लिया।

"ऊई! मर गयी! मर गयी! हड्डियाँ टूट गयीं। मेरी!" चीख़ते हुए स्नेहलता ने बण्डू की ओर गुस्से से देखा तो बण्डू ने फिर धावा बोलना चाहा। इस पर स्नेहलता घबराकर किचन में भाग खड़ी हुई।

इस तरह मैदाने-जंग से दुश्मन को भगाने के बाद बण्डू हाथ-पैर पसार सोफे पर बैठ गया। लाज बचाने वाले एकमात्र कपड़े के नीचे खिसकने की वजह से दिखाई दे रही अपनी नाभि पर रह-रहकर नज़र डालते हुए बण्डू मोटी आवाज़ में गाने लगा, 'हम होंगे कामयाऽऽ ब, हम होंगे कामयाऽऽ ब' गाना ख़त्म हो ही रहा था कि दरवाज़े की घण्टी बजी। घण्टी दुबारा देर तक बजी। फिर तीसरी बार ऐसे बजी मानो उसका गला दबोच लिया गया हो।

बण्डू दरवाज़ा खोलने के लिए उठा। तभी किचन से स्नेहलता तेजी से दौड़ती हुई आयी और शायद बण्डू को परे हटाने की कोशिश में उसे धक्का देते हुए चीख़ी, "कुछ अक़्ल है कि नहीं खोपड़ी में? सिर्फ़ चड्डी पहनकर बैठे हो और उसी चड्डी में दरवाज़ा खोलने चले हो। लोग क्या कहेंगे?"

इससे पहले भी एक बार बण्डू ने इसी लिबास में दरवाज़ा खोला था और स्नेहलता से मिलने आयीं महिला चीख़ती हुई भाग खड़ी हुई थीं। बण्डू को वह वाक़या याद आया तो हँसता हुआ वह अन्दर कमरे में जा छुपा। उसके अन्तर्धान होने के बाद ही स्नेहलता ने दरवाज़ा खोला, तब बण्डू का हैरान-परेशान दोस्त बाबू अन्दर आया।

आते ही चिल्लाया, "बण्डू, बण्डू! कहाँ हो तुम? कितना बड़ा घपला कर दिया तुमने! मुझे कहीं का नहीं रखा!"

चकित हो बण्डू ने पूछा, "मैंने तुम्हें कहीं का नहीं रखा? मैं समझा नहीं।"

बाबू उँगली नचाकर बण्डू को धमकाने लगा, "बण्डू, मैं एक नहीं सुनूँगा तुम्हारी। कहा था न तुमसे कि बर्थ-डे याद रखो और मुझे बताओ।"

"बर्थ-डे की याद? किसका बर्थ-डे? तुम्हारा? तो आज तुम्हारा बर्थ-डे है? और तुम आज पार्टी देनेवाले हो? और मैं यह भूल गया? देखो, देखो, बाबू, तुमने मुझे पार्टी के बारे में कुछ भी नहीं बताया था; हाँ! मैं तुम्हारी एक न सुनूँगा।" बण्डू ने भी बाबू की नाक से अपनी नाक भिड़ाकर कहा।

"बेवक़ूफ़! मेरा बर्थ-डे नहीं। मेरी बीवी का बर्थ-डे!" बाबू चीख़ा। बाबू की

बीवी का बर्थ-डे का ज़िक्र होते ही स्नेहलता की रुचि जागी। पूछने लगी, "सच? मंगला जी का बर्थ-डे? आज?"

बाबू बौखलाकर बोला, "आज नहीं। कल! कल था।"

"कम्माल है! हमें क्यों नहीं बुलाया? ठीक है, नहीं बुलाना था, न सही। यह तो बताइए, मनाया कैसे?"

"भाभी जी, मनाया नहीं। यही तो मुश्किल हो गयी न!" बाबू ने माथा ठोंक लिया और फिर ठोंकता ही रहा।

"लेकिन क्यों नहीं मनाया गया? प्रॉब्लेम क्या हुई?"

"प्रॉब्लेम? यह बण्डू..."

"ये? इन्होंने आपकी बीवी का बर्थ-डे मनाने नहीं दी? इन्होंने?" स्नेहलता अपने पति के कारनामे पर चकित रह गयी। तो यह आदमी इस हद तक गिर सकता है!!

उधर बण्डू अपने ऊपर लगे इल्ज़ाम से ऐसा चकित रह गया कि उसके मुँह से कोई आवाज़ ही नहीं निकल पायी। मुँह खुला और फिर बन्द हो गया।

अपनी बात की वजह से ग़लतफ़हमी को पैदा होते देखा तो बाबू और बौखला उठा। बोला, "वह बात नहीं है, भाभी। हुआ यह था कि पिछले साल मैं अपनी बीवी का बर्थ-डे मनाना भूल गया था।"

बण्डू बोला, "सिर्फ़ पिछले साल नहीं! उसके पिछले साल भी!"

ग़लत समय पर ग़लत बात याद दिलाने की बुरी आदत थी बण्डू की!

उसकी बात अनसुनी करते हुए बाबू बताता रहा, "पिछले साल बीवी का बर्थ-डे भूल गया था। इससे बड़ी मुसीबत हो गयी थी। बहुत तकलीफ़ उठानी पड़ी थी। पन्द्रह दिन तक खाना बाहर खाना पड़ा था। एक बार ख़ुद खाना बनाने की कोशिश की तो पैर पर बट्टा गिर गया...जाने दीजिए...वह सब बताने से फ़ायदा ही क्या! मगर इसके बाद मैंने बीवी के बर्थ-डे वाली तारीख़ ज़बानी याद कर ली। हर रोज़ जाप किया करता था तारीख़ का। दफ़्तर में काम करते-करते अचानक रुक जाता और बोलता, 'आठ अक्टूबर।' बण्डू के साथ होटल में चाय पीने जाता तब भी अचानक बोल पड़ता, 'आठ अक्टूबर!' एक दिन बण्डू बोला, "बाबू, लोग कहते हैं तुम पागल हो गये हो।"

बण्डू ने स्नेहलता से कहा, "लोग सचमुच बोलने लगे थे। उससे कुछ भी पूछो, एक ही जवाब मिलता था–'आठ अक्टूबर!' एक बार तो बॉस ने भी इससे कहा था, आप काम में ये जो घपले किये जा रहे हैं, इनका क्या मतलब? कम्पनी का भट्ठा बैठाना चाहते हैं क्या? तो इसने जवाब दिया था–'आठ अक्टूबर!'"

बाबू बोला, "लोग चाहे जो कहें, बीवी का बर्थ-डे तो याद हो रहा था मुझे। लेकिन बण्डू ने कहा, एक डायरी में बीवी के बर्थ-डे की तारीख़ पर लाल निशान

लगाकर रख दो। मैं बेवक़ूफ़ जो ठहरा। मैंने डायरी में बर्थ-डे की तारीख़ पर लाल निशान लगा दिया और मुँह से तारीख़ याद करना छोड़ दिया। बस, भूल गया तारीख़!"

"लेकिन डायरी में क्यों नहीं देखा?" स्नेहलता ने पूछा।

बाबू बोला, "बात यह है कि मैं कोई हर रोज़ दस-दस एपाइण्टमेण्ट्स रखनेवाला साहब आदमी तो हूँ नहीं! डायरी रखने की आदत ही नहीं है, देखने की आदत कहाँ से होगी? उस पर हर रोज़ रट भी तो नहीं लगाता था न कि डायरी देखनी है, डायरी देखनी है! डायरी देखना भूल गया!"

"कमाल के हैं आप भी!" स्नेहलता बोली।

बाबू फिर मुसीबत का मारा होता हुआ-सा बोला, "बण्डू, बण्डू, अब बताओ, मैं क्या करूँ? मैं बीवी का बर्थ-डे भूल गया।"

"अरे, अगर मैंने तुम्हें 'आठ अक्टूबर, आठ अक्टूबर' की रट लागने से रोका न होता तो लोग तुम्हें पागल समझने लगते।" बण्डू बोला।

"मगर अब मैं क्या करूँ, बताओ तो!" बाबू बोला।

बण्डू ने सुझाव दिया, "बताता हूँ! जाकर बीवी को ज़ोर से गले लगा लो। वह कहेगी, 'मर गयी, मर गयी। छोड़ो मुझे।' फिर तुम कहना, 'पहले कहो, मैं नाराज़ नहीं हूँ। फिर छोड़ूँगा।' अगर फिर भी न सुने तो और ज़ोर से भींच लेना और चकाकचू...।"

इतना कहना था कि स्नेहलता ने उसे रोका। बोली, "ये ख़ूँख़ार, शैतानी सुझाव अपने पास ही रखो।" फिर वह बाबू से पूछने लगी, "हाँ, बताइए, मंगला जी क्या बहुत नाराज़ हैं? बात भी नहीं करतीं?"

"बात करना तो छोड़िए, 'तुम्हारा मुँह नहीं देखना चाहती' कहकर सीधे मायके चली गयी—नागपुर!" बाबू बोला।

स्नेहलता चौंक पड़ी। बोली, "ऊई माँ! इतना गुस्सा हो गयीं वे? इतनी गुस्सैल हैं? अच्छा, पिछले साल भी..."

"नहीं, पिछले साल मायके नहीं गयी थी वह। लेकिन इस बार...दरअसल मुझीसे एक ग़लती हो गयी।"

"एक और ग़लती करके रख दी?"

"हुआ यह कि सबेरे दफ़्तर जाते समय मैंने मंगला से कहा, 'शाम को पार्टी में जाना है।' उसने समझा उसका बर्थ-डे मनाने हम दोनों शाम को बाहर खाना खाने जानेवाले हैं। इसलिए शाम को वह अच्छी-सी साड़ी पहनकर तैयार होकर बैठ गयी। मगर मैं तो घर पहुँचा ही नहीं। जग्गू हमें पार्टी देनेवाला था। मैं वहीं चला गया था। देर रात पान चबाता हुआ मैं घर लौटा और...बाप रे!..."

"क्या किया भाभी ने?" ग़लत समय पर ग़लत सवाल करने की अपनी परम्परा बण्डू ने निभा दी।

"भयानक...महाभयानक..." महज याद कर बाबू सिहर उठा। सिहरता ही रहा।

फिर एकाएक चिढ़कर वह बण्डू से बोला, "और बदमाश के बच्चे, जग्गू के पीछे पड़कर तुम्हीं ने वह पार्टी देने के लिए मजबूर किया था उसे! उस पार्टी में न गया होता, तो वह इतनी बिगड़ती नहीं।"

स्नेहलता ने कहा, "ये हैं ही ऐसे! पार्टियाँ छोड़ और कुछ सूझता भी है इन्हें! लेकिन आप क्यों इनकी बातों में आ गये? ये खुद अपनी बीवी का बर्थ-डे याद नहीं रख सकते, दूसरों की बीवियों के बर्थ-डे याद रखने में क्या मदद करेंगे!"

बाबू बोला, "भाभी, मैंने ग़लती की। सलाह आपसे लेनी चाहिए थी। अब आप ही बताइए, मंगला को कैसे मनाऊँ?"

स्नेहलता ने सलाह दी, "ऐसा कीजिए, कल मेरे साथ बाज़ार चलिए। हम एक कांजीवरम् और एक बंगलौर सिल्क की साड़ी खरीदेंगे।"

"दो दो साड़ियाँ?" मन-ही-मन पैसे का हिसाब लगाता हुआ बाबू चिन्तित स्वर में बोला।

"एक आपकी सासू माँ के लिए। मेरी मानिये तो मंगला जी के साथ-साथ उनकी माँजी को भी मना लीजिए। वे जितना खुश होंगी, आपका काम उतनी ही जल्दी हो जाएगा।" स्नेहलता ने उचित सलाह दी।

बाबू थोड़ी देर सोचता रहा। फिर मुस्कराते हुए बोला, "भाभी, आपका जवाब नहीं। मैं जानता हूँ, मंगला मुझसे चाहे जितनी गुस्सा हो, माँ के सामने एकदम भीगी बिल्ली बन जाती है।"

स्नेहलता ने कहा, "सच तो यह है, भैया, कि मंगला जी का मायके जाना आपके लिए फ़ायदेमन्द ही साबित होगा। वे यहाँ जिस तरह आपसे लड़ सकेंगी, उस तरह माँ की मौजूदगी में नहीं लड़ पाएँगी।"

बाबू बोला, "यहाँ गुस्सा करती है न, तब कभी-कभी मुझ पर पर्स फेंकती है। कभी-कभी सारा खाना फेंक देती है, खुद भी भूखी रहती है, मुझे भी भूखा रखती है।"

बण्डू बोला, "बाबू, यह भूखा रखनेवाली जो हरकत है न, इसका कोई बन्दोबस्त करना होगा, गुस्सा होने पर चाहे तो बीवियाँ खुद भूखी रहें। मगर मर्दों को भूखा रखने के लिए क़ानूनन मनाही होनी चाहिए। भूखे रहने से औरतों को तो कोई तकलीफ़ नहीं होती। मर्दों को बड़ी तकलीफ़ होती है। पेट में चूहे दौड़ने लगते हैं। सिर में दर्द होता है। पैर लड़खड़ाने लगते हैं। एक बार नलिनी भाभी ने नानू को भूखा रखा था, तब वह तो रास्ते में ही मेरे ऊपर गिर पड़ा था।"

"बण्डू, तुम सच कहते हो। एक बार मंगला ने गुस्सा होकर शाम का खाना बनाया ही नहीं था। मेरे पेट में लाल-लाल चूहे दौड़ने लगे थे।" बाबू बोला।

"चूहे? लाल? अगर वे लाल थे तो तुमने कैसे जाना कि वे चूहे ही हैं? और पेट में दौड़ रहे चूहे तुम्हें दिखाई कैसे दिये!" बण्डू ने अपनी जिज्ञासा प्रकट की।

"पेट में दौड़ रहे थे, इसका मतलब चूहे ही थे न! इतने सालों से जानता हूँ उन्हें। वे लाल रंग में रंग लें तो भी धोखा खानेवाला नहीं हूँ मैं! और फिर पेट तो मेरा ही था न! मैं नहीं देखूँगा तो कौन देखेगा?" बाबू बोला।

"फिर भी..." बण्डू बोला।

"उसे छोड़ो मतलब की बात यह है कि मंगला जब तक अपने मायके में है, चाहे जितना गुस्सा करे, न वह मुझे भूखा रख सकेगी न चीज़ें उठा-उठाकर फेंक सकेगी। भाभी, आपकी बातों से मुझे बड़ा साहस मिला है। चलिये, कल ही साड़ियाँ खरीद लेते हैं, फिर मैं सीधे नागपुर चला जाऊँगा।"

स्नेहलता की सलाह पर सब होता रहा। चार दिन बाद ही बाबू मंगला भाभी के साथ खुशी-खुशी नागपुर से लौट आया। बाबू की सास ने मंगला भाभी को एक और साड़ी दी और बाबू को एक बढ़िया पैण्ट पीस! मंगला भाभी के पिताजी ने बाबू को एक बढ़िया ब्रीफ़केस भी दिया। सास ने बाबू को इतना खिलाया-पिलाया कि बाबू के सारे पैण्ट तंग होने लगे। बाबू की मौजूदगी में ही उसके सास-ससुर ने मंगला भाभी को बाबू से बेवजह लड़ाई-झगड़े न करने की सलाह दी। मंगला भाभी से यह सवाल भी किया गया कि इतने भले मानुस पति से आख़िर वह लड़ती क्यों है इससे बाबू के मन में इच्छा हुई कि क्या ही अच्छा हो कि हर साल सालगिरह पर मंगला रूठकर मायके चली जाए और मैं उसे मनाने उसके पीछे-पीछे वहाँ पहुँच जाऊँ!

बाबू ने आकर स्नेहलता का धन्यवाद किया। बोला, "हर साल मंगला की सालगिरह इसी तरह मनायी जाती रहे तो बुरा क्या है!"

इस पर स्नेहलता मुस्कराकर बोली, "इसका मतलब आप हर साल एक कांजीवरम् और एक बंगलौर सिल्क साड़ी खरीदने के लिए तैयार हैं।"

बाबू के चेहरे से एकाएक मुस्कराहट गायब हो गयी। गम्भीर होता हुआ बोला, "वैसे साड़ियाँ बहुत महँगी हो गयी हैं आजकल!"

स्नेहलता ने कहा, "मान लीजिए मंगला जी रूठकर नागपुर नहीं जाएँगी तो क्या करेंगे आप?"

"अरे बाप रे! वह अगर अपने ही घर में रूठ जाएगी तो मेरी मुसीबत हो जाएगी! जली-कटी सुनाती है, खाना बनाने से साफ़ इनकार कर देती है। मगर इससे भी भयानक बात–मेरी खोयी हुई चीज़ें ढूँढ़कर देने से भी इनकार कर देती है। मेरे बटन, रूमाल, कमीज़, चाभियाँ, पर्स–कितनी तो चीज़ें बराबर खो जाती हैं। उन्हें ढूँढ़ देना उसका काम है। मगर गुस्सा होती है, तो साफ़ इनकार कर देती है ढूँढ़ने से!" बाबू का गुस्सा वाज़िब था।

"मगर भैया. मर्दों की खोयी हुई चीज़ें बीवियाँ क्यों ढूँढ़ कर दें?" स्नेहलता ने सवाल किया।

"क्योंकि घर में खोयी हुई चीज़ें वही तो ढूँढ़ सकती हैं। हम ढूँढ़ पाते तो अपनी बीवियों से क्यों कहते, 'ढूँढ़ो ढूँढ़ो री सजनी ढूँढ़ो...'" बाबू ने करारा जवाब दिया।

"तब तो मर्दों को इस तरह पेश आना चाहिए कि बीवियाँ कभी गुस्सा ही न कर पायें।" स्नेहलता ने कहा।

बाबू बोला, "भाभी, कोशिश तो यही रहती है हम मर्दों की। मगर क्या करें? भुलक्कड़ जो ठहरे!"

"एक सुझाव दूँ। पुराने ज़माने की औरतें अपने पल्लू में गिरह बाँध लेती थीं ताकि बात याद रहे। आप लोग भी अपनी कमीज़ या रूमाल में गिरह बाँध लिया कीजिए न!" स्नेहलता ने सलाह दी।

बाबू ने कहा, "सदू ने ऐसा किया था। बीवी की सालगिरह को अपने रूमाल में गिरह बाँध लिया था। सोचा था, दूसरे दिन सबेरे जागने पर रूमाल हाथ आते ही याद आ जाएगा कि बीवी का बर्थ-डे है। लेकिन उसकी बीवी ने सत्यानाश कर दिया! तड़के उठकर सदू की जेब से रूमाल निकाल, गिरह खोल दी और धुलने के लिए डाल दिया। यही नहीं दूसरा धुला हुआ, बिना गिरहवाला रूमाल उसकी जेब में रख दिया। बस! सदू सबेरे जागा। जेब में हाथ डाला तो रूमाल तो था, मगर गिरह गायब! कैसे याद रहता उसे कि बीवी की सालगिरह है? और फिर पन्द्रह दिन तक जो हाल होता रहा बेचारे का, मत पूछिए! बताइए, अब इसमें बेचारे सदू का कोई कसूर था?"

"लेकिन औरतों को कैसे याद रहती हैं सालगिरह? पन्द्रह-पन्द्रह बर्थ-डेज़ याद रखती हैं। फिर आप लोगों को क्यों नहीं याद रहतीं?" स्नेहलता ने अकाट्य तर्क पेश किया।

"देखिए, इसमें मर्दों का कोई दोष नहीं। जब खुद भगवान ने ही ऐसी व्यवस्था की हो कि मर्दों को सालगिरह याद न रहें, तो वे क्या कर सकते हैं? अब रुपयों की बात ही लीजिए। रुपये औरत के पर्स में चले जाते हैं, तो बस, बाहर निकलने का नाम नहीं लेते। ज़रा-सा एक रुपया पर्स से निकालने में पाँच-पाँच मिनट जाया होते हुए मैंने देखा है, उधर मर्दों के पर्स से रुपये बाहर निकलने को बेताब! यह सारी भगवान की लीला, भगवान की व्यवस्था है। इस पर क्या किया जा सकता है? क्यों बण्डू? तुम क्या सोचते हो?" बाबू ने बण्डू को बहस में घसीटकर अपना पक्ष मज़बूत करना चाहा।

बण्डू ने कहा, "बाबू, वैसे तो तुम हो एक नम्बर के इडियट! मगर यह बात पते की कही तुमने। अब अपने जग्गू को ही देखो। कितना बुद्धिमान, कितना योग्य! जब देखो, बिजनेस के सिलसिले में टोक्यो या फ्रैंकफुर्ट जाता रहता है। फ्रैंकफुर्ट में क्या

बातचीत करनी है, तोक्यो में क्या—बराबर याद रहता है उसे। ज़रा भी घपला नहीं होता। लेकिन बीवी का बर्थ-डे याद नहीं रहती किसी तरह!!"

"सुना आपने?" बाबू ने स्नेहलता से कहा।

बण्डू ने आगे बताया, "बाबू, जग्गू ने, मगर इसका इलाज किया है!"

"क्या? क्या किया उसने? बताओ तो हम भी वैसा ही करें!" बाबू बोला।

"ज़हर ज़हर को काटता है! सुना है न तुमने?" कहकर बण्डू ठहाका मारकर हँसने लगा।

"ज़हर ज़हर को काटता है? मैं समझा नहीं!" बाबू पसोपेश में पड़ गया!

"अरे, महिला का बर्थ-डे याद रखने का काम उसने महिला को ही सौंप दिया।"

"कैसे?"

"अपनी पर्सनल सेक्रेटरी को न सिर्फ़ अपनी बीवी का बर्थ-डे याद रखने का काम उसने सौंपा है, बल्कि बर्थ-डे मनाने का काम भी उसने उसी को दिया है। पर्सनल सेक्रेटरी मेम साहब के बर्थ-डे पर बिला नागा बर्थ-डे केक भिजवा देती है। साथ में प्रमिला भाभी की पसन्द की चीज़ें, ग्रीटिंग कार्ड वगैरह भिजवा देती है, शाम के किसी नाटक-वाटक के शो के टिकट मँगवाकर रखती है और रात डिनर के लिए किसी होटल में टेबल भी बुक कर देती है।" बण्डू ने यह सब इस क़दर चटखारे लेते हुए बयान किया कि बाबू देखता ही रह गया! बोला—

"अरे वाह! यह तो बड़ी अच्छी बात है यार। कुछ करने की ज़रूरत ही नहीं। बर्थ-डे याद रखने के झंझट से छुटकारा! उस पर अपने आप बीवी का बर्थ-डे मन भी गया वाह! वाह!!"

"इस पर भी प्रमिला भाभी इस खुशफ़हमी में जीती हैं कि जग्गू किस तरह ध्यानपूर्वक और प्यार से उनका बर्थ-डे मनाता है। हर आने-जानेवाले से अपने पति की तारीफ़ों के पुल बाँधती रहती हैं।" बण्डू ने और जानकारी दी।

"बड़ा बदमाश है जग्गू!"

"सिर्फ़ बदमाश? अरे पूरा लफंगा, एक नम्बर का लुच्चा।" बण्डू ने चन्द उपाधियाँ और जोड़ दीं।

"देखने में सीधा-सादा, भोला-भाला लगता है। मगर अन्दर से बड़ा बदमाश, लफंगा है! उस पर प्रमिला भाभी सोचती हैं, कितना अच्छा है मेरा पति! मज़े हैं जनाब के! और एक हम हैं, खाये जा रहे हैं बीवी की गालियाँ, पीये जा रहे हैं कड़वे घूँट!"

"और हम जो गालियाँ खाते हैं न, उनका मज़ा उठाता है वह! हँसता है खीः खीः!" बण्डू ने आग में घी का काम किया।

"क्या कहते हो? दोस्तों की मदद करना छोड़ खीः खीः हँसता है वह? छिः! यह भी कोई दोस्त हुआ? बण्डू, बस! अब और नहीं सहना है! जग्गू का भण्डाफोड़ करके ही दम लेना है! अब सीधे जाकर प्रमिला भाभी को सच्चाई बतानी होगी। फिर वे जो

हाल करेंगी जनाब का...! फिर हम हँसेंगे—खीः खीः खीः!" बाबू का गुस्सा अब बेक़ाबू हुआ जा रहा था!

"क्या कहते हो? ऐसा करना ठीक रहेगा?" कोमल हृदय बण्डू इतना बड़ा क़दम उठाने को एकाएक राज़ी न हो सका।

"तुम क्या सोचते हो? ठीक नहीं होगा?"

"यानी कि, मुझे लगता है...यह तो ज़रा ज़्यादती..."

इस पर आँखें मींचते हुए और चुटकी बजाते हुए बाबू बोला, "ठीक है। तुम कहते हो तो छोड़ देते हैं जग्गू को। हाँ लेकिन एक शर्त है ज़बरदस्त! उससे कहेंगे कि तुम्हारी वह जो सेक्रेटरी है न, उससे कहो, सारे-के-सारे दोस्तों की बीवियों के बर्थ डेज़ याद रखे और मनाये। यानी जिस तरह वह प्रमिला भाभी का बर्थ-डे मनाती है, उसी तरह स्नेहलता भाभी का, मंगला का, वगैरह-वगैरह का बर्थ डेज़ मनाये। ऐसा नहीं हुआ तो भण्डाफोड़! पर्दाफ़ाश!! लुच्चा! लफंगा!! कैपिटलिस्ट!!!"

"कैपिटलिस्ट?" बण्डू कुछ समझ नहीं पाया।

"और नहीं तो क्या? इसकी बीवी इसकी तारीफ़ कर रही है, इसके दोस्तों की बीवियाँ दोस्तों की बदनामी किये जा रही हैं। और यह है कि मज़े ले रहा है! ऐसी विषमता पैदा करनेवाला आदमी कैपिटलिस्ट नहीं तो और क्या हो सकता है? यही नहीं, हँसता है—खीः खीः खीः! यानी सिर्फ़ कैपिटलिस्ट नहीं, बल्कि इम्पीरिअलिस्ट भी है। हम पसीना बहानेवाले सोशलिस्ट इसे किसी तरह बरदाश्त नहीं करेंगे। अन्याय के खिलाफ़ लड़ना हमारा धर्म है!" मारे गुस्से के बाबू ने एक लम्बा-चौड़ा क्रान्तिकारी भाषण दे डाला।

स्नेहलता बोली, "मगर भैया, जग्गू भैया की सेक्रेटरी तुम सबकी बीवियों का बर्थ डेज़ मनाएगी तो कैपिटलिस्ट ठाठ-बाट के साथ! यानी तीन-चार हज़ार रुपये ख़र्च होंगे। आप सोशलिस्ट इतना कर पाएँगे?"

"अरे हाँ?" बाबू चौंक पड़ा और देर तक सोचाता रहा।

"बाप रे! बाबू, इतना ख़र्च करना तो मुश्किल हो जाएगा।" बण्डू बोला।

बाबू निर्विकार उसी हालत में खड़ा रहा।

फिर स्नेहलता बोली, "इससे तो बेहतर यह होगा कि आप सब मुझी को अपनी सेक्रेटरी बना दीजिए। छोटे बजट में मैं सबकी बीवियों के बर्थ डेज़ मनाऊँगी और आप सबको याद भी दिलाती रहूँगी कि फलाँ दिन आपकी बीवी का बर्थ-डे है।"

बाबू ने बण्डू की सलाह लेनी चाही, "क्यों बण्डू? कैसा रहेगा आइडिया?"

बण्डू ख़ुशी के मारे उछल पड़ा। बोला, "अच्छा है! दरअसल, हमारे घर पिछले कई सालों से इस आइडिया पर अमल किया जा रहा है।"

"क्या मतलब? स्नेहलता भाभी अपना बर्थ-डे ख़ुद ही मनाती हैं?" बाबू चकित था।

"हाँ इसमें सहूलियत रहती है। हर साल पति-पत्नी के बीच मनुमुटाव से यह तरीक़ा बेहतर है। इसमें सब कुछ अपने मन मुताबिक होता है। इन्हें, बस रुपये पेशगी देने होते हैं, फिर मुस्कराकर मुझे साड़ी या सोने का हार थमाना होता है।" स्नेहलता ने विस्तारपूर्वक जानकारी दी।

"बण्डू, यह आइडिया अच्छा है!"

"लेकिन, याद रहे, हर साल अपनी बीवी के बर्थ-डे पर मुझे एक साड़ी या ऐसा ही कोई तोहफा देना होगा।" स्नेहलता ने अपनी महत्त्वपूर्ण शर्त सामने रखी।

"इसका मतलब, आपको हर साल कम-से-कम छः साड़ियाँ मिलेंगी।" बाबू ने हिसाब लगाया।

"न देना चाहो तो मत दो। मगर फिर...।"

"नहीं, नहीं। मंजूर! आपकी शर्त मंजूर है!" बाबू जल्दी से बोला।

तभी दरवाज़े की घण्टी बजी और दरवाज़ा खोलते ही घबराया हुआ सदू गिरता-भागता अन्दर आया।

"क्या हुआ? क्या हुआ सदू भैया?" स्नेहलता ने पूछा।

"बीवी! मेरी बीवी!" सदू माथा पकड़कर बोला।

"क्या हुआ आपकी बीवी को?"

"लाल पीली हो रही है! बिफर पड़ी है। आग बबूला हो रही है।"

स्नेहलता जल्दी से पानी का गिलास ले आयी। बोली, "लीजिए, पहले पानी पी लीजिए। शान्त हो जाइए..."

सदू पानी पीने लगा। इसी दौरान बण्डू ने कहा, "अब बताओ तो! भाभी क्यों गुस्सा हो रही हैं? लगता है बर्थ-डे मनाना भूल गये!"

"अरे, नहीं! उल्टे, याद से पार्टी एरेंज की थी बर्थ-डे पर। सारे दोस्तों को बुलाना चाहा था। ये देखो निमन्त्रण-पत्र तक छपवा लिये मैंने।" सदू बोला।

निमन्त्रण-पत्र देखा—

'दोस्तो,

आज बड़ी ख़ुशी का दिन है। क्योंकि आज मेरी प्रिय पत्नी विमला की 42वीं सालगिरह है। आइए, हमारे साथ आप भी सालगिरह के जश्न में शामिल हो जाइए।'

सबने निमन्त्रण पत्र पढ़ा तो सदू बोला, "देखा, कितना अच्छा, अनौपचारिक निमन्त्रण-पत्र है। अब ऐसा निमन्त्रण-पत्र छपवाने पर कोई गुस्सा करता है क्या? मगर विमला ने सारा घर सिर पे उठा रखा है। तोड़-फोड़ मचा रखी है!"

बण्डू बोला, "अजीब बात है। आख़िर विमला भाभी को गुस्सा किस पर है? उन्हें तो ख़ुश होना चाहिए तुमसे?"

बाबू आसमान में ताक़ता हुआ बोला, "मुझे भी ऐसा ही लगता है।"

"आप भी कमाल के हैं सदू भैया! ऐसा निमन्त्रण-पत्र छपवाने पर विमला जी

गुस्सा नहीं होंगी तो और क्या करेंगी? उनकी जगह कोई भी होती तो गुस्सा करती।" कहकर स्नेहलता ने निमन्त्रण-पत्र टी-पॉट पर उछाल दिया।

"लेकिन क्यों?"

"मैं भी यही पूछना चाहता हूँ, क्यों? समझ में नहीं आता, आख़िर औरतें इस तरह क्यों पेश आती हैं? आख़िर चाहती क्या हैं वे? मर्द करें तो क्या करें?" बाबू फिर बेक़ाबू होता हुआ बोला।

"अक्ल घास चरने गयी है आप लोगों की। आप सरेआम ऐलान कर दीजिए कि विमला जी बयालीस साल की हो चुकीं; तो गुस्सा नहीं होंगी वो?" स्नेहलता ने गुस्से की वजह बता दी। फिर आगे स्पष्ट करते हुए बोली, "आप समझते क्यों नहीं? आजकल विमला जी जवान दिखने की कितनी कोशिश करती हैं। वे अपने आपको तीस साल की बताने की कोशिश में हैं और आप हैं कि सारी दुनिया को बताये जा रहे हैं वो बयालीस की हो गयीं। वो गुस्सा नहीं करेंगी तो क्या करेंगी?"

"लेकिन..."

"ख़ामख़्वाह बहस मत कीजिए। आप नहीं समझेंगे। इसीलिए कहती हूँ, अपनी-अपनी बीवी का बर्थ-डे मनाने का काम मुझे सौंप दीजिए और झंझट से मुक्ति पाइए। बस, मुझे एक अच्छी-सी साड़ी देनी होगी!" स्नेहलता ने निर्णायक स्वर में कहा।

तभी फिर दरवाज़े की घण्टी बजी और घबराया हुआ जग्गू अन्दर आया।

"प्रमिला! प्रमिला बेहद गुस्से में है!" पसीना पोंछता हुआ वह काँपती आवाज़ में बोला।

"क्यों? क्या बर्थ-डे?..."

जग्गू ने सिर हिलाते हुए कहा, "हाँ।"

"लेकिन तुम्हारी सेक्रेटरी तो मनाती है न प्रमिला भाभी का बर्थ-डे! और बहुत ठाठ से मनाती है? कहीं वह भी तो नहीं भूल गयी?" बाबू ने पूछा।

जग्गू बताने लगा, "नहीं उसने तो सारा इन्तज़ाम ठीक ही किया था। केक, तोहफा, फूल सब घर भिजवा दिया था। मुझे भी याद दिला दिया था। लेकिन मैं ही भूल गया। घर पहुँचकर सारे ठाठ देखे तो बोला, 'क्यों? आज क्या बात है?...' इस पर वह पूछने लगी, 'क्या मतलब?...मतलब यह सब तुमने नहीं भेजा है...' "

"और पोल खुल गयी! भण्डाफोड़!! पर्दाफ़ाश!!!" बण्डू बोला।

जग्गू ने हामी भरने के लिए सिर हिलाया तब सारे दोस्तों ने सिर हिलाकर अपनी बेबसी ज़ाहिर की। बीवी का बर्थ-डे नामक समस्या का कोई विश्वसनीय समाधान नहीं, इस बात का उन्हें विश्वास हो गया और वे असहाय हो सिर हिलाते ही रहे...!

और वे कर भी क्या सकते थे?

कॉलेज की लड़कियाँ : बीते हुए कल की

बहुत पुरानी बात है। उन दिनों की बात, जब मैं कॉलेज में पढ़ता था। उन दिनों के आर्ट्स कॉलेज नारी राज नहीं हुआ करते थे। आज कल क्लास में एक-सौ चालीस शरारती लड़कियाँ और सहमे-सहमे से दस लड़के होते हैं। उन दिनों हमारी क्लास में दस-पन्द्रह लड़कियाँ मुश्किल से हुआ करती थीं। और सबकी सब 'बेचारी' हुआ करती थीं। प्रोफ़ेसर साहब के क्लास में आने के दो-तीन मिनट पहले क्लास में आकर बैठ जाती थीं। और लैक्चर के दौरान चुपचाप सिर झुकाये नोट्स लेती थीं। छुट्टी की घण्टी बजते ही लड़कियाँ झुण्ड बनाकर उनके लिए आरक्षित सीढ़ियों से होती हुई लेडीज़ रूम में पहुँचकर गायब हो जाती थीं! क्लास में काग़ज़ के तीरों को चुपचाप झेल लेती थीं। अगर कभी कोई तीर किसी लड़की के जूड़े में फँस जाता तो मारे डर और शर्म के इस क़दर पानी-पानी हो जाती, मानो किसी ने उसके साथ ज़्यादती की हो।

उन दिनों के रोमाण्टिक उपन्यासों की कॉलेज नायिकाएँ लड़कों से ख़ूब खुलकर पेश आती थीं। लड़कों से नोट्स माँगती थीं। अपने प्रेमी के साथ हिल स्टेशन पर अकेले घूम आती थीं। लेकिन हमारी सहपाठिनियों ने उनके इस आदर्श पर चलने की कोशिश कभी की हो, मुझे तो याद नहीं आता। प्यार-व्यार तो दूर, सीधे-सादे चार शब्द भी कभी हमसे बोलती नहीं थीं। ज़रा-सा किसी की ओर नज़रें उठाकर देख क्या लिया, वह नज़रें झुका लेती थीं और आँचल कुछ और कसकर लपेट लेती थीं। और कुछ इस अन्दाज़ से, कि देखनेवाले को लगे कि करारा तमाचा पड़ा है। इससे हमारी क्लास के आशिकों को बड़ी निराशाजनक स्थिति से गुज़रना पड़ता था।

हालाँकि रोमाण्टिक उपन्यास मैं बड़े चाव से पढ़ता था, लेकिन अपनी ज़िन्दगी में भी वैसा रोमांस खिलेगा ऐसी ग़लतफ़हमी उस उम्र में भी मैंने कभी नहीं पाली। हाँ, कभी-कभार लगता था कि किसी लड़की से एकाध बात अपनी भी हो जाती। लेकिन

जानता था कि मुझ बेवक़ूफ़ के बस की बात नहीं है यह; इसलिए कभी उस चक्कर में पड़ा ही नहीं।

लेकिन एक बार लड़कियों से बात करने की ज़रूरत पड़ गयी। जाने क्या सोचकर, एक बार मैं साहित्य मण्डल के चुनाव में खड़ा हो गया। कहना न होगा कि औंधे मुँह गिर गया था, लेकिन जब चुनाव में खड़ा रहा, तो लड़कियों के वोट पाने के लिए कोशिश करना लाज़िमी हो गया। सवाल था उनसे कैसे मिलें, कैसे बोलें। क्योंकि वे तो प्रोफ़ेसर साहब के साथ ही क्लास में आती थीं और उनके पीछे-पीछे सरपट भागकर लेडीज़ रूम में ओझल हो जाती थीं।

आख़िरकार सारा साहस बटोरकर मैं लेडीज़-रूम के दरवाज़े के बाहर मँडराने लगा। इस उम्मीद में कि मुझे वहाँ देख कम-से-कम मेरी क्लास की लड़कियाँ पूछेंगी तो सही कि काम क्या है। लेकिन ऐसा नहीं हुआ। मुझे देख लेडीज़-रूम के बाहर खड़ी लड़कियाँ एकाएक घबराकर भागती हुई अन्दर चली गयीं, मानो कोई भेड़िया मँडराता हुआ दिखाई दे गया हो। मैं कुछ समझा नहीं। क्योंकि मैं बेवक़ूफ़ भले लगूँ, ख़ूँख़्वार हरगिज़ नहीं लग रहा था। उनकी इस हरकत से मैं बौखला गया और फिर उनके पीछे-पीछे लेडीज़-रूम के दरवाज़े तक चला गया—यह बताने के लिए कि ऐसा करने के पीछे मेरा कोई ग़लत-सलत इरादा नहीं था। हो सकता है, मेरा एकाध क़दम अन्दर पड़ा हो, मगर इस मासूम हरकत से हालात कुछ और बिगड़ गये। लेडीज़-रूम वाली लड़कियाँ चौंकीं और शक की निगाहों से मुझे देखने लगीं। उनकी ग़लतफ़हमी दूर करने के इरादे से मैं ज़रा-सा हँसकर एक क़दम और आगे बढ़ा। हाथ हिलाकर उन्हें आश्वस्त भी करना चाहा। नतीजतन एक-दो लड़कियाँ चीख़ उठीं। बाक़ी तरह-तरह की आवाज़ें निकालकर मेरा विरोध करने लगीं। बड़ी गम्भीर स्थिति पैदा हो गयी। मुझे तो डर लगने लगा कि और थोड़ी देर रुक जाऊँगा तो दमकलवालों की पूरी टीम घण्टियाँ बजाती हुई, दनदनाती हुई लेडीज़-रूम के दरवाज़े पर आ खड़ी होगी। मैं वहाँ से सरपट भाग निकला। कहना न होगा कि इसके बाद लड़कियों के वोट पाने की कोशिश मैंने नहीं की।

अगले साल मैं कॉलेज की डिबेटिंग टीम का सदस्य बन गया। हम सभी की बड़ी इच्छा थी कि टीम में कोई लड़की भी हो। मैं सीनियर छात्र था। इसलिए सबने यह ज़िम्मेदारी मुझी को सौंप दी। मैंने तो साफ़ मना कर दिया था। मगर एक और लड़का मेरा साथ देने के लिए राज़ी हो गया, इसलिए मेरा ढाढस बँधा। अब सवाल फिर वही था, लड़कियों से मिलें तो कहाँ? मैं तो लेडीज़-रूम के पास भी फटकना नहीं चाहता था। इसलिए हम दोनों कॉलेज के अहाते में ही खड़े रहे और थोड़ी साहसिक समझी जानेवाली लड़कियों को पुकारने लगे।

अब तो कॉलेज के लड़के सीधे नाम लेकर लड़कियों को पुकारते हैं और किसी को इसमें कुछ ग़लत नहीं लगता। मगर उन दिनों हम इस तरह नाम ले-लेकर

लड़कियों को पुकारते तो बेशर्मी की इस हरकत पर हमें कॉलेज से बेदख़ल कर दिया जाता। इसलिए मैंने 'पुकारा'—"सुनिये, अजी, मिस..."

लड़कियों ने चौंककर हमारी तरफ़ देखा और फिर हमें नज़रअन्दाज़ करती हुई वे तेज़ी से आगे बढ़ने लगीं। तब मेरा अनुभवहीन, उतावला दोस्त उनके पीछे भागता हुआ, चिल्लाने लगा, "अजी, मिस अजी मिस..."

कोई चारा न देखकर लड़कियाँ रुक गयीं और हमारी तरफ़ दुश्मन की निगाहों से देखने लगीं। आँचल ऑटोमैटिकली कुछ और कसकर लपेटे गये...

दोस्त थोड़ा साहसी था। चेहरे पर हँसी बिखेर उसने दरख़्वास्त की कि लड़कियाँ डिबेटिंग टीम में आयें।

साहस बटोर मैंने भी उसकी हाँ में हाँ मिलायी। वे "ना बाब्बा...नहीं नहीं..." कहती रहीं। लेकिन मेरा दोस्त कुछ ज़्यादा ही ज़िद करने लगा, तो लड़कियाँ बोलीं, "सोचकर कल बताएँगी।" यह दरअसल हमसे बचने का बहाना था। क्योंकि दूसरे दिन उन्होंने अपना इनकार कहलवा दिया। अन्त में एक पारसी लड़की हमारी टीम की सदस्य बनी और किसी तरह हमारी एक महत्त्वाकांक्षा पूरी हुई।

अगले साल सन् बयालीस का 'भारत छोड़ो' आन्दोलन शुरू हुआ और लड़कियों के रवैये में आश्चर्यजनक बदलाव आया। वे जुलूस में शामिल हो, झण्डे फहरातीं ज़ोर-शोर से नारे लगाने लगीं। कॉलेज में पैम्फ़लैट बाँटने लगीं। मुझ जैसे डरपोक छात्रों की भर्त्सना करने लगीं। इससे देश को तो आज़ादी नहीं मिली; हाँ, कुछेक लड़कों के हाथ लड़कियों से दोस्ती करने का मौक़ा हाथ लग गया।

हालाँकि, मुझे इससे घाटा ही उठाना पड़ा। हुआ यह कि एक दिन एक स्मार्ट लड़की मुस्कराती हुई मेरे पास आयी। मुझे लगा, मेरे पीछे उसकी कोई सहेली खड़ी होगी जिसे देख वह मुस्करा रही है। क्योंकि जहाँ तक मेरा अपना सवाल था, मुझे पूरा यक़ीन था कि मेरे लिए कोई स्मार्ट लड़की अपनी मुस्कानें बिखेर ही नहीं सकती। इसलिए मैं ज़रा परे हटकर दूसरी तरफ़ देखने लगा।

लेकिन वह स्मार्ट लड़की ठीक मेरे सामने आ खड़ी हुई और मधुर-मधुर मुस्कान बिखेरने लगी। मैं बौखलाकर दो क़दम पीछे हट गया। वह लड़की दो क़दम आगे बढ़ आयी। अब वह मेरे साथ ज़्यादती तो नहीं करने जा रही, इस डर से मेरी तो घिग्घी बँध गयी।

तभी वह बोली, "देश में इतनी महान क्रान्ति हो रही है। ऐसे में शान्त बैठे रहना क्या आपको उचित लगता है?"

मैंने अहमकाना अन्दाज़ में, 'ना' में सिर हिलाया।

"तो फिर देश के लिए क्या करने का इरादा है आपका?" उसने आवेश में आकर कहा।

सुना तो जी घबरा उठा। अब यह जेल जाने के लिए तो नहीं कहेगी? हालाँकि

मैं देश पर अपना सब कुछ निछावर कर देने के हक़ में था, मगर जेल जाना मेरे लिए ज़रा असुविधाजनक था। मैं सहमी-सहमी निगाहों से उसकी ओर देखने लगा। वह स्वर में मिठास घोले, बड़ा लाड़ जताती हुई बोली, "देश के लिए जेल जाना तो सबके बस की बात नहीं। मगर पैसे तो दिये जा सकते हैं।"

मेरे सिर से बहुत बड़ा बोझ उतर गया। मैंने हँसकर कहा, "वाह, वाह; हाँ, हाँ!"

मैं काफ़ी कुछ बोलना चाहता था। उसके सामने अपने देशप्रेम का सबूत पेश करना चाहता था। देशप्रेम का मंजूरीनामा पेश करना चाहता था। लेकिन किसी लड़की से बात करने का मेरा यह पहला मौक़ा था, लिहाज़ा ज़रा सिटपिटा गया था। कुछ बोल नहीं पाया।

लेकिन शायद उसकी रुचि भी मेरी वाणी सुनने में नहीं थी क्योंकि उसने तुरन्त रसीद-बुक निकाल, पूछा, "तो फिर कितना चन्दा दे रहे हैं? पाँच रुपये।"

'पाँच रुपये' सुनकर तो मेरा कलेजा मुँह को आ गया। आज तक इतनी बड़ी रकम से मेरा वास्ता ही नहीं पड़ा था। पिताजी चाय-पानी के लिए हफ्ते में एक रुपया दिया करते थे। उनमें से छः या नौ आने का टिकट लेकर मैं सिनेमा देखा करता था। बचे हुए पैसों में हर रोज़ ईरानी के रेस्तराँ की पौन कप चाय, कभी चाय के साथ बिस्कुट खाकर ऐश किया करता था। ऐसी हालत में चाहता तो भी पाँच रुपये मैं उसे नहीं दे सकता था।

मैंने मुँह पर दयनीय भाव दर्शाते हुए कहा कि इतने पैसे देना मेरे लिए सम्भव नहीं है। इस पर उसके चेहरे पर बिखरी मिठास गायब हो गयी। मुस्कान रफूचक्कर हो गयी।

ज़रा नाराज़ होती हुई वह बोली, "ठीक है, तो फिर एक रुपया ही दीजिए।"

मैंने फिर मजबूरी ज़ाहिर की। क्योंकि मेरे पास एक रुपया भी नहीं था। पिताजी के दिये एक रुपये में से चार आने मैं पहले ही खर्च कर चुका था।

अब वह अच्छी-ख़ासी लाल-पीली होती हुई बोली, "देखिए आपको जितना देना है दीजिए। आपसे कुछ-न-कुछ लिये बगैर मैं हटनेवाली नहीं हूँ।"

दिल किया जेब में बचे सारे के सारे बारह आने उसे दे डालूँ। मैंने तैश में जेब में हाथ डाला, मगर फिर ख़याल आया, हफ्ते के पाँच दिन अभी बाक़ी हैं। चार आने बचा रखने चाहिए। और यह सोच मैंने अपने आठ आने उसके हाथ में रख दिये।

रसीद देकर वह चली गयी। मेरे इस महान त्याग को लेकर न उसने आभार प्रकट किया, न अपनी मधुर मुस्कान बिखेरी। आठ आने में भला मधुर मुस्कान कहाँ से मिलती?

मैं मन मसोसकर रह गया। सोचा पूरी ज़िन्दगी में ले-देकर एक लड़की बात करने के लिए आगे बढ़ी और मैं नाकारा उस पर इतना-सा भी इम्प्रेशन नहीं डाल पाया!

तभी एक और स्मार्ट लड़की ने मेरी ओर देखकर अपनी मधुर मुस्कान बिखेर दी। एक ही दिन में बस, पाँच ही मिनट बाद एक और स्मार्ट लड़की मेरी तरफ़ देख मुस्करा दे, यह तो मेरे लिए अपाच्य था। इसलिए मैं फिर गर्दन घुमा कहीं और देखने लगा। इस पर लड़की मेरे सामने आ खड़ी हुई और मन्द मधुर मुस्कराती हुई बोली, "अपने देश की ख़ातिर क्या कुछ करने का मन नहीं करता आपका?" अरे बाप रे! फिर एक बार? फिर एक बार कलेजा मुँह को आ गया। सारा साहस बटोर मैंने आठ आने की रसीद उसे दिखा दी। मैं यह जताना चाहता था कि देश के लिए मैंने जो त्याग किया है, वह छोटा-मोटा नहीं है।

मगर रसीद को पूरी तरह नज़रअन्दाज़ करते हुए उसने पूछा, "तो फिर कितने दे रहे हैं?"

मैंने जेब में बची आख़िरी चवन्नी उसे दे दी और एक और रसीद का मालिक बन गया।

और फिर ध्यान आया कि तीसरी लड़की मेरी तरफ़ देख मधुर-मधुर मुस्करा रही है। मैं ऐसे भाग खड़ा हुआ जैसे लट्ठ खाया हुआ बिलाव भागता है। घण्टी बजने तक कॉलेज की लैबोरेटरी के पीछे छुपे बैठने का इरादा कर मैंने उधर का रुख किया।

मगर वहाँ भी लड़कियों का एक झुण्ड खड़ा था। मर गया! लगता है, आज ये लड़कियाँ मेरा पीछा नहीं छोड़नेवाली! सौभाग्य से, उन लड़कियों का ध्यान मेरी तरफ़ नहीं गया। अब वे लड़कियाँ दूसरे लड़के बसन्त नारगोलकर को ऐसे घेरे खड़ी थीं, मानो ब्रजबालाएँ गोकुल के चोर को घेरे खड़ी हों। कोई साज़िश चल रही थी।

बसन्त नारगोलकर अब सर्वोदयी बन गया है। पिछले दिनों उसे मैंने लुंगी पहने देखा था। घुटी हुई चाँद थी! लेकिन कॉलेज में बड़ा ही स्मार्ट लगता था। हीरो बना घूमता था। लड़कियाँ उसे घेरे रहती थीं।

और क्यों न घेरे रहतीं? वह क्या कुछ नहीं करता था। अण्डरग्राउण्ड चला जाता था। अच्युतराव पटवर्धन और एस. एम. जोशी से मिलता था। उनके सन्देशों का आदान-प्रदान करवाता था। फिर लड़कियाँ उसे क्यों न घेरे रहतीं?

उस समय मुझे उससे बड़ी ईर्ष्या हुई। मन किया अण्डरग्राउण्ड चला जाऊँ, कोई पुल-वुल बम-वम से उड़ा दूँ; ज़ोरदार आन्दोलन छेड़ दूँ। इधर मैं इस तरह के वीरतापूर्ण, साहसिक विचारों में खो गया, उधर जमघट बिखर गया। लड़कियाँ जल्दी-जल्दी वहाँ से दफ़ा होने लगीं। उनमें से एक के हाथ में काग़ज़ों का पुलिन्दा था।

मुझे देख वह प्यार से मुस्करायी और उसने मेरे हाथ में काग़ज़ों का एक छोटा-सा पुलिन्दा ठूँस दिया। वे कॉंग्रेस के बुलेटिन थे और वह चाहती थी कि मैं अपने घर के आस-पास बुलेटिन बाँटूँ।

बाप रे! मेरे काटो तो ख़ून नहीं! सारे साहसिक विचार एक पल में काफ़ूर हो

गये। दिल ज़ोर-ज़ोर से धड़कने लगा। सोचा, अब तो मर गया! मेरे पास बुलेटिन देखते ही पुलिस मुझे पकड़ लेगी। पहले तो मुझ पर जी भरकर डण्डा बरसायेगी, फिर हवालात में बन्द कर देगी। वहाँ लातों और घूँसों से मेरी ख़ूब मरम्मत की जाएगी। तब फिर मुझे अदालत में खड़ा किया जाएगा। और फिर उम्र क़ैद...चक्की पीस रहे हैं, कोल्हू चला रहे हैं! मैं काँपने लगा! थर-थर काँपने लगा। मैंने वे बुलेटिन पहले तो अपनी कापी में छुपा लिये। फिर कोट के अन्दरवाली जेब में ठूँस लिये। मगर इससे जेब इतनी फूल गयी कि पुलिस एक मील की दूरी पर से भी भाँप लेती कि काँग्रेस के बुलेटिन हैं।

किसी तरह मैं घर पहुँचा। दो-चार बुलेटिन बाँटे और बाक़ी स्कूल जाते बच्चे को सौंप दिये। कहा, "तुम बाँटो।"

उस दिन से लड़कियों से मैं इस क़दर कतराने लगा कि पूछिए मत! मैंने अकेले घूमना छोड़ दिया। हमेशा लड़कों के झुण्ड में, बीचोंबीच रहता था। प्रोफ़ेसर साहब आते, तब उन्हीं के साथ क्लास में जाता था और लैक्चर ख़त्म होते ही उन्हीं के पीछे तुरन्त क्लास से बाहर निकल भाग जाता था। लगता लड़कियों की तरह मेरे लिए भी अलग आरक्षित सीढ़ियाँ होतीं तो कितना अच्छा होता! कोई भी लड़की दिखाई दे जाती, तो मैं उसे शक की निगाहों से देखता और अगर वह मेरी तरफ़ देख मधुर-मधुर मुस्करा पड़ती तब तो मैं उसे झपट्टा मारनेवाला ख़ूँख़्वार जानवर जान वहाँ से सरपट भाग निकलता...

कॉलेज की लड़कियाँ : आजकल की

कॉलेज के दो हज़ार छात्रों से निपटते-निपटते मैं तंग हो चुका था। क्लास रूम में पटाखा छोड़नेवाले लड़के का मुक़दमा मेरे सामने पूरा एक घण्टा चला था। कॉलेज की खिड़कियों के शीशे चुपके-चुपके तोड़कर अपना मन बहलानेवाले बदमाश को मैंने रँगे हाथों पकड़ा था। एक प्रोफ़ेसर महोदय बर्ट्रेण्ड रसेल की एक पुस्तक पर विद्वत्तापूर्ण भाषण दे रहे थे। इस दौरान चाभीवाले खिलौने का बैकग्राउण्ड म्यूज़िक देनेवाले रसिक युवक से मैंने हुक्मनुमा दरख़्वास्त की थी कि वह अपनी संगीत-साधना घर पर ही करे। रबर बैण्ड से मटर के दाने मार लड़की को प्रेम-विह्वल करने की कोशिश में पकड़े गये प्रेमवीर को मैंने अपने ऑफ़िस के बाहर वेटिंग रूम में पूरे तीन घण्टे बिटाकर वानप्रस्थ आश्रम का अनुभव कराया था।

इन झंझटों से थोड़ी देर राहत पाने के इरादे से मैंने पासवाले दूसरे कॉलेज के प्रिन्सिपल के यहाँ जाना चाहा। सोचा, थोड़ी गपशप करेंगे। उनका कॉलेज आर्ट्स एण्ड साइन्स का था। यानी बहुसंख्य छात्राएँ! नारी राज! आर्ट्स कॉलेज में अस्सी प्रतिशत लड़कियाँ होती हैं। और साइन्स कॉलेज में भी आधी संख्या लड़कियों की होती है। इनमें से ज़्यादातर आगे चलकर मैडिकल कॉलेज जाने और डॉक्टरनी बनने की महत्त्वाकांक्षा रखती हैं। इससे हालाँकि डॉक्टरी पेशे के भविष्य को लेकर चिन्ता की स्थिति पैदा हो गयी थी, मगर मेरे प्रिन्सिपल दोस्त की ज़िन्दगी ज़रूर सुसहनीय हो गयी होगी। क्योंकि लड़कियाँ निरुपद्रवी जीव होती हैं—ऐसा मैं सोचता था।

उस कॉलेज का कैम्पस मेरे कॉलेज कैम्पस की तुलना में शान्त था। ऐसा नहीं कि वहाँ आवाज़ें नहीं थीं। रंग-बिरंगी पोशाकों में सजी लड़कियों के झुण्ड चहचहाते इधर-उधर घूम रहे थे। लेकिन मुश्टण्डाई नहीं थी। शोर था मग उसमें सिर्फ़ हिंसा नहीं मादकता भी थी।

कुछ और पास पहुँचा तो लड़कियों की रंगबिरंगी पोशाकों की निराली बारीकियाँ

समझ में आ गयीं। एक मोटी लड़की ने अपने आपको बहुत ही तंग सलवार में इस तरह ठूँस लिया था कि डर लगने लगा, खम्भा तोड़कर जिस तरह नरसिंह अवतार प्रकट हुए थे, उसी तरह यह लड़की सलवार फाड़कर बाहर न निकल पड़े। दूसरी एक लड़की थी, जिसके ब्लाउज़ की पीठ नदारद थी। कम-से-कम मुझे ऐसा ही कुछ आभास हुआ। तीसरी की साड़ी का पल्लू गायब था। मैं इधर-उधर पल्लू ढूँढ़ने लगा तो पाया वह उसी के हाथ पर गिरा पड़ा है। चौथी, हाथी रोग से ग्रस्त लगी, मन में उसके लिए बड़ी करुणा उभर आयी। लेकिन पता चला, हाथी रोग ने उसे नहीं, उसकी पतलून को ग्रस लिया है। पाँचवीं लड़की ने हाथों में सेर-सेर भर वज़न के कड़े पहन रखे थे। छठी, लगता था संन्यास के मार्ग पर चलने की तैयारी कर रही थी। उसने गले में बड़े-बड़े रुद्राक्षों की माला पहन रखी थी। और कमर में उनसे भी बड़े भगवे रंग के मोतियों का कमरबन्द कसा हुआ था। सातवीं के पैरों में कोल्हापुरी चप्पलें थीं। आठवीं ने लुंगी पहन रखी थी और उस पर शायद अपने भाई की पुरानी शर्ट! नौवीं बच्चों के झबले जैसा कुछ पहनकर कॉलेज में आयी थी और दसवीं...लेकिन अब तक मेरी निरीक्षण क्षमता जवाब देने लगी थी और मुझे चक्कर आने लगा था। लिहाज़ा मैंने आँखें मूँद एक आह भर ली।

लड़कियों के तीन गुट कॉलेज के गेट पर रास्ता रोके, हँसी-मज़ाक़ में मगन थे : मैं एक पल के लिए रुक गया, इस उम्मीद में कि लड़कियाँ ज़रा हट जाएँगी और मुझे रास्ता देंगी। लेकिन किसी ने मेरी तरफ़ ध्यान नहीं दिया। मैंने दो-तीन बार 'इक्सक्यूज़ मी' कहा। मगर किसी को सुनाई नहीं दिया। तब समझ गया कि नारी राज में पुरुषों के प्रति दाक्षिण्य प्रकट करने की प्रथा नहीं होगी। फिर मैं बचता-बचाता गेट की एक सँकरी दरार से अन्दर जाने लगा। तभी एक ज़ोरदार ठहाका गूँजा और एक लड़की हँसते-हँसते दोहरी होती हुई पीछे की ओर हट गयी और नतीजतन मुझसे टकरा गयी। उसकी पैनी कोहनी मेरे पेट में ऐसे आ घुसी कि मैं कराह उठा। युवतियों को कोमलांगी कहनेवाले कवि दरअसल गधे होते हैं, इसका मुझे यक़ीन हो आया।

'सॉरी' वगैरह कहने का तो सवाल ही नहीं उठता था। लिहाज़ा किसी ने कहा नहीं, बल्कि नज़रों ने ऐसे घूरा मानो कह रही हों, यह कौन अनाड़ी है जो हमारी खुली केलि में बाधा बन रहा है! मैंने अपने प्रिन्सिपल दोस्त के ऑफ़िस में प्रवेश किया और 'जान बची' सोचता हुआ बैठ गया। लेकिन वे खुशी-ख़ुशी मेरा स्वागत करने की स्थिति में नहीं थे। मुझे देख पलभर के लिए वह अपने मुखड़े पर मुस्कराहट लाये, जो दूसरे ही पल विलीन हो गयी।

उनकी इस उद्विग्नता की वजह मैं पूछने ही वाला था कि ऑफ़िस का दरवाज़ा ज़रा-सा खुला और एक सहमी हुई आवाज़ ने पूछा, "मे आइ कम इन, सर?"

"नो!" प्रिन्सिपल कड़क उठे।

दरवाज़ा झट बन्द हुआ। मगर फिर थोड़ी ही देर में एक प्रोफ़ेसर महोदय प्रकट

हुए और प्रिन्सिपल से कहने लगे, "सर, वह लड़का एक घण्टे से आपसे मिलने की उम्मीद लिये बाहर खड़ा है, बहुत परेशान है, उसे अन्दर आने दीजिए, सर!"

"लड़का है? मैं समझा, वो बदमाश लड़कियाँ हैं, जिन्हें कल मैंने सस्पेण्ड किया था। अच्छा, ठीक है। आने दीजिए उसे।"

लड़कियाँ भी सस्पेण्ड किये जाने लायक अपराध करती हैं, यह सुनकर मैं भौचक्का रह गया। पूछना चाहता था कि उन लड़कियों ने ऐसा आख़िर किया क्या है। मगर तभी चश्मा लगाये हुए एक बावला-सा लड़का अन्दर आया और प्रिन्सिपल के टेबल के पास बड़ी अदब से खड़ा हो गया।

प्रिन्सिपल के खीझ से भरे चेहरे पर कुछ-कुछ दयालु भाव झलक उठे। उन्होंने पूछा, "क्या काम है?"

सहानुभूति के ये शब्द सुनते ही लड़के के ढाढस का बाँध टूट गया। लड़का अब रोया, तब रोया...काँपती हुई आवाज़ में बोला, "सर, सर, उन लड़कियों का कुछ बन्दोबस्त कीजिए, सर...सर, मुझे वे बराबर चिढ़ाती रहती हैं।"

"चिढ़ाती रहती हैं? लड़कियाँ तुम्हें चिढ़ाती हैं?" मैंने आश्चर्य से पूछा।

मेरे सवाल का जवाब प्रिन्सिपल ने दिया। बोले, "गाडगिल, आप नहीं जानते। ये लड़कियाँ बहुत शरारती हो गयी हैं।" फिर उन्होंने लड़के से पूछा, "हाँ, तो कैसे चिढ़ाती हैं वे लड़कियाँ?"

"सर, मैं जब कॉलेज आता हूँ तो कॉरिडॉर में दोनों तरफ़ खड़ी रहती हैं। फिर उनमें से एक गर्दन तिरछी कर चीख़ती है, 'चश्मा!' ज़रा आगे बढ़ने पर दूसरी तरफ़ की लड़की गर्दन तिरछी कर चीख़ती है, चऽश्मे ऽऽ? इस तरह सर, वे एक के बाद एक चीख़ती जाती हैं और खीः खीः कर हँसती हैं।"

यह सब सुनकर मैं सदमे में आ गया और झट अपना चश्मा उतार बैठा। सब धुँधला-धुँधला हो गया तो मैंने चश्मा वापस पहन लिया।

प्रिन्सिपल अपने सिर पर हाथ फेरते हुए बोले, "तो फिर तुम भी चिढ़ाओ उन्हें। अच्छा! वे कैसा मुँह बनाती हैं, ज़रा बनाकर बताओ।"

लड़का और भी अधिक रुआँसा होता हुआ बोला, "मैं...सर, मैं उनकी तरह मुँह नहीं बना सकता।"

मैं उससे सहमत हो गया। बचपन में मेरा भी ऐसा ही अनुभव रहा था। लड़कियों से हमारी लड़ाइयाँ होती थीं, तब मुँह बनाने के मामले में वे अकसर हमें मात दे देती थीं। लड़कियों की बराबरी करना हमारे बस की बात नहीं थी।

प्रिन्सिपल का चेहरा और भी अधिक उद्विग्न नज़र आने लगा। मुझे लगा, अब वे लड़के से कहेंगे, "चलो, मैं आता हूँ तुम्हारे साथ। हम दोनों मुँह बनाकर लड़कियों को चिढ़ाएँगे।" मैंने उन्हें इशारे से आगाह करना चाहा कि ऐसी पागलपन की चुनौती वे न उठाएँ। लेकिन प्रिन्सिपल अनुभवी थे, उन्होंने ऐसा कोई पागलपन नहीं किया।

काग़ज़ अपने सामने खिसकाते हुए वे बोले, “कौन-कौन हैं ये लड़कियाँ?” लड़के ने लड़कियों के नाम बताये और प्रिन्सिपल ने तुरन्त नोटिस जारी किया कि मिस फलां, मिस फलां, मिस फलां...फ़ौरन आकर प्रिन्सिपल से मिलें।

लड़का सन्तुष्ट होकर चला गया।

मैंने कहा, “ये लड़कियाँ तो हद से बाहर हुई जा रही हैं?”

प्रिन्सिपल हाथों की हरकतों से काफ़ी कुछ कहने की कोशिश करते हुए बोले, “हद से बाहर? कितनी हदें पार कर चुकी हैं, उनका हिसाब लगाना मुश्किल है।”

तभी ऑफ़िस का दरवाज़ा धड़ाम से खुला और धड़ाम से बन्द हुआ। पीछे मुड़कर देखा एक क्रोधित माता तमतमाती हुई प्रिन्सिपल साहब के सामने आ खड़ी हुई और बिना किसी तरह की औपचारिकताएँ निभाये बोली, “प्रिन्सिपल साहब, आपके कॉलेज में यह सब क्या हो रहा है?”

प्रिन्सिपल साहब ने सवालिया नज़र से उनकी तरफ़ देखा।

“कल, सुना, मेरी बेटी के क्लास का सोशल था। और वह रात के ग्यारह बजे तक चल रहा था।” माताश्री कमर पर दोनों हाथ रख जवाब तलब करने लगीं।

प्रिन्सिपल चकित होते हुए बोले, “कल? जहाँ तक मैं जानता हूँ, हमारे कॉलेज में कल किसी भी क्लास का सोशल नहीं था। और अगर होता भी तो शाम के आठ बजे के बाद ऐसे किसी भी कार्यक्रम के लिए हम इजाज़त नहीं देते। फिर भी, मैं पूछताछ करता हूँ।” प्रिन्सिपल ने घण्टी बजायी, पूछताछ की। पता चला इस तरह का कोई सोशल नहीं मनाया गया था।

माताजी भौचक! क्या मतलब? मतलब मेरी बेटी झूठ बोलने लगी है। अपनी माँ से झूठ बोलती है।

मेरी समझ में नहीं आ रहा था कि इस बात को लेकर ये श्रीमतीजी इतनी आश्चर्यचकित क्यों हैं? एक महिला अगर झूठ बोल रही हो, तो इसमें दूसरी महिला को आश्चर्यचकित होने की क्या ज़रूरत है? महिलाओं को झूठ बोलने के लिए किसी तरह की कोशिश नहीं करनी पड़ती। बड़ी सहजता से वे झूठ बोल लेती हैं।

प्रिन्सिपल ने उस छात्रा को पकड़कर ले आने का हुक्म दिया। ऐसे में आम तौर पर शरारती छात्र-छात्राएँ ढूँढ़े भी नहीं मिलते। मगर यह लड़की प्रिन्सिपल साहब के ऑफ़िस के बाहर ही मिल गयी। सिपाही ने उसे ऑफ़िस में पेश किया।

मुझे लगा था लड़की नम्बर एक की निडर लड़की होगी। और यह ख़ासियत उसके चेहरे पर साफ़ झलक रही होगी। मगर यह लड़की तो बड़ी मासूम, कमसिन लग रही थी, साल भर के बच्चे के चेहरे पर जो भाव होते हैं, वही उसके चेहरे पर थे। अपनी माँ को वहाँ देख न डर के भाव उभरे, न आश्चर्य के। बस, पलकें ज़रा-सी झपकायीं। फिर मीठी मुस्कान के साथ माँ का स्वागत किया और फिर प्रिन्सिपल साहब के टेबल के पास आते हुए, और भी अधिक मीठी मुस्कान बिखेरते हुए उसने पूछा, “सर, मुझे किसलिए बुलाया था?”

लेकिन प्रिन्सिपल कोई जवाब दें, इससे पहले उसकी माँ तैश में बरस पड़ी, "मुझसे झूठ बोला तुमने। कल कॉलेज में किसी भी क्लास का कोई सोशल नहीं था!"

पलकें झपकाते हुए उसने मधुर मुस्कान बिखेरी। फिर मधुर आवाज़ में बोली, "ओफ्फोह! मैंने यह कब कहा कि हमारे कॉलेज में सोशल है? मैंने तो सिर्फ़ इतना कहा था कि कॉलेज का सोशल है। फोर्ट में...कॉलेज है न, उनके सोशल में गयी थी मैं।"

"लेकिन मुझसे तो तुमने कहा था कि कॉलेज का सोशल है। किसी और कॉलेज का सोशल है, बताती, तो मैं तुम्हें जाने की इजाज़त ही नहीं देती।" माताजी बोलीं।

"मम्मी, मैंने कहा था, मैं उस कॉलेज में जा रही हूँ। तुम काम में इतनी बिज़ी थीं। तुमने सुना नहीं होगा।" पलकें झपकाते हुए उसने मधुर आवाज़ में कहा।

मम्मी फिर फट पड़ी, "झूठ! मैंने ठीक सुना था। तुमने बिलकुल नहीं कहा कि तुम दूसरे कॉलेज में जा रही हो।"

लड़की ने कुछ कहने के लिए मुँह खोला, फिर बिना कुछ कहे प्रिन्सिपल साहब की ओर देख वह मासूम और असहाय-से अन्दाज़ में मुस्करायी। यह मुस्कान कह रही थी, "देख रहे हैं सर, कितनी अनाड़ी, शक्की क़िस्म की माँ है मेरी। क्या करें, आख़िर माँ है न! सब सहना पड़ता है।"

मगर बिटिया की उस मुस्कान से माँ के दिलो-दिमाग़ में शोले भड़क उठे। बेटी पर धावा बोलते हुए उसने कहा, "और रात के ग्यारह बजे तक अकेले घूमने, आवारागर्दी करने की इजाज़त मैंने तुम्हें हरगिज़ नहीं दी थी।"

आत्मरक्षा के इरादे से बेटी दो क़दम पीछे तो हट गयी लेकिन अपना आत्मविश्वास खोये बग़ैर अपनी आवाज़ में मिठास घोलती ही रही, "अकेली कहाँ थी मैं? किशोर था न मेरे साथ।" प्रिन्सिपल साहब से मुख़ातिब हो उसने स्पष्टीकरण दिया, "किशोर मेरा मौसेरा भाई।"

"झूठ!" माताजी चिल्लायी।"

"उसी से पूछ लीजिए।" मासूम मुस्कान बरक़रार थी।

माँ इस क़दर लाल-पीली हुई जा रही थी कि लगा अब वह मार-मारकर बेटी के गालों का भुर्ता बना देगी। तब कॉलेज में इस वाद-विवाद को रोकने के लिए प्रिन्सिपल साहब रोब जताते हुए बोले, "देखिए, मिसेज़ मेहता, आपको जो लड़ाई-झगड़ा करना है, घर जाकर कीजिए। यहाँ, मेरे ऑफ़िस में यह सब नहीं चलेगा।"

इस पर माताजी झेंप गयीं और पैर पटकती हुई चली गयीं, मासूम बिटिया भी दूसरे दरवाज़े से निकल गयी।

प्रिन्सिपल साहब ने अपना पसीना पोंछा, फिर मेरी तरफ़ मुड़े और मुस्कराते हुए बोले, "अब चाय की सख़्त ज़रूरत है। क्यों?" मैंने हामी भरी, वारदात से मेरा कोई ताल्लुक़ नहीं था, फिर भी दो कप कड़क चाय की तलब मुझे भी महसूस हो रही थी।

प्रिन्सिपल साहब ने सिपाही से ट्रे में चाय ले आने के लिए कहा और यह भी कहा कि हमारे चाय पीने तक किसी को अन्दर मत भेजना। मगर सिपाही इस हुक्म पर अमल कर नहीं पाया। दो-चार मिनट गपशप की नहीं कि दरवाज़े पर कुछ शोरगुल सुनाई दिया और संस्कृत के प्रोफ़ेसर तमतमाते हुए अन्दर आ गये।

हम उन्हें देखते ही रह गये। वे सीधे प्रिन्सिपल साहब के टेबल के पास आ खड़े हुए। उनकी वाणी की गंगा प्रवाहित हो चली, "सर, आपको इन लड़कियों का बन्दोबस्त करना ही होगा। यह तो ज़्यादती है सरासर—धिस इज़ टू मच।"

"लेकिन हुआ क्या?" प्रिन्सिपल साहब ने पूछा।

"कहे देता हूँ सर, आपको इनके ख़िलाफ़ फर्म एक्शन लेनी पड़ेगी। हद के बाहर हो गयी हैं ये लड़कियाँ।"

"लेकिन हुआ क्या?"

"क्या हुआ?" अब विस्तारपूर्वक ब्यौरा देने के लिए संस्कृत के प्रोफ़ेसर कुर्सी में बैठ गये और बोलने लगे—

"सर, मैं जूनियर की क्लास में कालिदास का 'अभिज्ञान शाकुन्तलम्' पढ़ा रहा था, जस्ट इमैजिन सर। कविकुलगुरु कालिदास जैसा ऑथर और उसका सर्वश्रेष्ठ नाटक। उस पर मैं पूरी तरह डूबकर तल्लीन होकर पढ़ा रहा था। ऐसे में इन लड़कियों ने—सर, दीज़ रेचेड गर्ल्स—उन्होंने क्लास में ट्रॉन्ज़िस्टर पर विविध भारती, लगाया। तलत महमूद या किशोरकुमार—पता नहीं कौन था—ज़ोर-ज़ोर से चीख़ने लगा, मुझे तो सर, ज़बरदस्त शॉक लगा। मैं चीख़ा, स्टॉप इट! इस पर सर, लड़कियों ने दूसरा ट्रॉन्ज़िस्टर ऑन किया, और सर, खीः खीः कर घोड़े की तरह हिनहिनाती हुई हँसने लगीं। सर, जस्ट इमैजिन सर, कविकुलगुरु कालिदास, और अभिज्ञान शाकुन्तलम्..."

वक्तृत्व के उस प्रपात को रोकने के लिए प्रिन्सिपल साहब को बड़े प्रयास करने पड़े। फिर उन्होंने प्रोफ़ेसर से कहा, "हू आर द कल्प्रिट्स? नाम बताइए लड़कियों के।"

"नाम कैसे बताऊँ? पूरी क्लास सर, द होल क्लास। सर, सबको रस्टिकेट कर दीजिए, सर, जस्ट इमैजिन सर...।"

संस्कृत के प्रोफ़ेसर महोदय जैसा कि ज़ाहिर हो रहा था, बड़े भोले-भाले थे, फिर भी उनकी क्लास में ट्रॉन्ज़िस्टर चलाना, वह भी लड़कियों द्वारा यह वाकई ज़्यादती थी।

मुझे वे दिन याद आये, जब मैं खुद छात्र हुआ करता था। क्लास में प्रोफ़ेसर साहब 'मेघदूत' पढ़ाने लगते तो शृंगार रस के वर्णन सुन लड़कियाँ शर्म से गड़ जाती थीं। और ये आजकल की लड़कियाँ हैं कि...

प्रिन्सिपल साहब ने किसी तरह संस्कृत के प्रोफ़ेसर को समझा-बुझाकर वापस

भेज दिया और फिर मुझसे कहा, "देखिए, यहाँ तो शान्ति से बैठकर चाय पीना मुश्किल है। हम लोग घर चलते हैं। वहीं चाय पीएँगे।"

हम दोनों ऑफ़िस से निकल पड़े। तभी किसी ने उन्हें रोक दिया। वे वहीं रुक गये और मैं उनके घर की दिशा में कॉरिडॉर से होता हुआ आगे बढ़ गया।

कॉरिडॉर से गुज़रते हुए जो नज़ारे देखने पड़े, उनसे मैं लगातार चौंकता रहा।

एक लड़की मुँडेर पर बैठी थी और उसका दोस्त उसके दोनों गाल सहलाये जा रहा था। एक और लड़की दीवार से सिर टिकाये अपनी ही दुनिया में खोयी खड़ी थी। अधमुँदी आँखों से शून्य में ताक रही थी और उसका दोस्त...जाने भी दीजिए। संक्षेप में भर्तृहरि का शृंगारशतक, कालिदास का मेघदूत आदि-आदि सभी मेरी नज़रों के सामने ही घटित हो रहे थे।

वापस लौट जाएँ या आगे बढ़ें इस दुविधा में था कि पीछे से प्रिन्सिपल साहब की बुलन्द आवाज़ गूँज उठी। शृंगार रस के निर्माण में इस बाधा के पड़ते ही कॉरिडॉर में खिलती कविता मुरझा गयी और मेरे लिए रास्ता खुल गया।

लेकिन अब मैं यह समझ गया था कि इन लड़कियों को अब कालिदास की कविता में इण्टरेस्ट नहीं रहा तो क्यों? जिनकी ज़िन्दगी खुद कविता बन गयी हो, उन्हें किताबी कविता से क्या लेना-देना?

मैं और प्रिन्सिपल साहब सीढ़ियाँ चढ़कर ऊपर पहुँचे तो एक और नज़ारे ने हमारा ध्यान अपनी तरफ़ खींच लिया। एक बन्द दरवाज़े के बाहर लड़कियों का एक झुण्ड खीः खीः कर हँस रहा था और बन्द दरवाज़े पर अन्दर से कोई अपनी पूरी ताक़त लगाकर मुक्के मार रहा था। लड़कियाँ अपनी मौज-मस्ती में इस क़दर चूर थीं कि प्रिन्सिपल साहब के आने की उन्हें ख़बर ही न हुई।

प्रिन्सिपल साहब झट आगे बढ़े—उन्होंने दरवाज़े की कुण्डी खोली। कुण्डी खोलते ही झपाक्-से फ़िलासफ़ी के प्रोफ़ेसर बाहर निकले। पसीने से तर-ब-तर! वे तो प्रिन्सिपल साहब को ही दुश्मन समझ उनकी गर्दन पकड़नेवाले थे। मगर तभी असलियत भी उन पर खुल गयी और वे सँभल गये, सँभले तो हताशा की मूरत बने खड़े रह गये। यानी अब ये लड़कियाँ प्रोफ़ेसरों को क्लास रूम में बन्द भी करके रखने लगी हैं!

स्थिति का अनुमान लगाया तो प्रिन्सिपल साहब बेहद बिगड़े...जो भी दो लड़कियाँ हाथ लगीं, उनकी चीख़ों की परवाह किये बगैर, उन्होंने उन्हें गर्दन पकड़ कमरे में धकेल दिया और धड़ाम से दरवाज़ा बन्द कर कुण्डी चढ़ा दी, फिर जैसे ही बाकी लड़कियों को पकड़ने के लिए वे मुड़े, भगदड़ मच गयी। लड़कियाँ चीख़ती हुई भागने लगीं और प्रिन्सिपल साहब चिल्लाते हुए उनका पीछा करने लगे।

पिताजी का तरबूज़, बिटिया का स्वेटर

एक हाथ में तरबूज़ और पर्स, दूसरे हाथ में सब्ज़ियों से भरा थैला और और भी कई तरह-तरह की चीज़ें लिये, पसीने से तर-ब-तर मेरी बीवी ने घर में क़दम रखा।

"अरे अरे! कितना सारा बोझ उठा लायीं। टैक्सी में आ जातीं।" मैंने बैठे-बैठे ही तेज़ हरकतों का आभास पैदा करते हुए तर्क बुद्धि से हमदर्दी जतायी।

"बैठे क्या हो? मेरे हाथ से कुछ तो सँभाल लो।" बीवी बरस पड़ी।

मैं तरबूज़ सँभालने के लिए आगे बढ़ा।

उसने तरबूज़ सीने से और भी अधिक चिपका लिया और वह फिर चीख़ी, "वह नहीं। गिरा दोगे। थैला सँभालो।"

मुझ पर दिखाए गये अविश्वास को लेकर होठों पर कोई करारा जवाब आ चुका था। मगर उसे चुपचाप निगलकर मैंने थैला सँभालना चाहा। थैला एक नहीं, दो-दो थे। वे दोनों को एक साथ पकड़े हुए थीं। मगर मुझे इसका पता न था, लिहाज़ा उनमें से एक थैला गिर गया।

श्रीमती जी की नज़रों के तीर मेरे जिगर के पार हो गये। मैंने फिर कुछ करारी बात कहनी चाही और बिना कहे उसे निगल गया। थैले उठाकर अपने पीछे, एक तरफ़ रख दिये।

उसने तरबूज़, पर्स और तरह-तरह की चीज़ें डाइनिंग टेबल पर रख दीं फिर जो थैले उसकी राय में मैंने आने-जाने के रास्ते में रख दिये थे, उन्हें उठाकर उसने सही जगह पर रख दिया।

मैंने अपने मन के उबाल को किसी तरह क़ाबू में कर लिया। क्योंकि मैं देख रहा था, वह बेहद गुस्से में थी।

कुछ देर बाद वह शान्त हो गयी। हाथ-मुँह धोकर ताज़ा तरीन हो गयी तो बोली, "क्यों? है न बहुत बड़ा तरबूज़? जैसा तुम चाहते हो?"

मैंने गर्दन को तिरछा कर तरबूज़ पर तारीफ़ की नज़र डालते हुए कहा, "वाह! वाह! अच्छा है। बहुत अच्छा है।"

फिर मैंने भी अपनी सूरत पर थोड़ी मुस्कान बिखेर दी। क्योंकि उसका यह कहना मैं मान चुका था कि 'हाथ से कुछ होता नहीं, तो कम-से-कम मुँह से तो बोला करो!' मैं उसकी हर बात की तारीफ़ करने की कोशिश किया करता था।

"सोचा, भले ही हाथ टूट जाए, मगर आपकी पसन्द का बड़ा तरबूज़ ले ही चलूँ?"

बगैर मुझ पर व्यंग्य किये यह कभी कुछ बोल ही नहीं पाती। आख़िर ऐसा क्यों है--मन-ही-मन सखेद आश्चर्य प्रकट करते हुए मैंने कहा, "मगर टैक्सी में क्यों नहीं आयीं?"

"तुम भी ख़ूब हो। सब्ज़ी क्या कोई टैक्सी में लाता है?"

उसका यह वक्तव्य मुझे निरा अतार्किक लगा। फिर भी मैं चुप रहा।

"अब है न यह तरबूज़ बड़ा, जैसा तुम्हारे पिताजी लाया करते थे?" सवाल में व्यंग्य साफ़ झलक रहा था।

मैंने न लड़ने की ठान ली थी। फिर भी 'सब समझता हूँ' वाली एक मुस्कान मेरे होठों से झलक ही गयी।

"क्यों? अब बोलिए! इससे बड़ा तरबूज़ लाते थे आपके पिताजी? लाते थे कभी? इससे बड़ा? देखिए, देखिए, ध्यान से देखिए। भगवान की कसम खाकर बताइए।"

अब मुझसे चुप नहीं रहा गया। बोला, "क्या बताऊँ? मेरे पिताजी, इतना बड़ा तरबूज़ लाते थे। इतना बड़ा!" मैंने हाथ फैलाकर दिखाया तो उसे विश्वास नहीं हुआ। बोली, "हुः! तरबूज़ इतना बड़ा होता ही नहीं है। वो कटहल लाये होंगे, कटहल!"

"कहना क्या चाहती हो? मैं तरबूज़ और कटहल में फ़र्क़ करना नहीं जानता?" अब मैं भी गुस्सा हो गया था।

"मैं कहती हूँ तरबूज़ इतना बड़ा होता ही नहीं है, जितना तुम कह रहे हो।" अपने लाये तरबूज़ पर ममता से हाथ फेरते हुए उसने कहा।

मैंने उस तरबूज़ पर एक नफ़रत की निगाह डालते हुए कहा, "यह तुम्हारा तरबूज़ ठहरा अलीबाग का तरबूज़। अलीबाग के तरबूज़ ऐसे ही होते हैं--मरियल क़िस्म के! मेरे पिताजी धरमतर के तरबूज़ लाया करते थे। ये ऽऽ मोटे ताज़े!"

गर्दन को झटका देते हुए उसने कहा, "क्या सबूत है कि मेरा तरबूज़ अलीबाग का है? लिखा है उस पर?"

"लिखने की क्या ज़रूरत है? देखकर पता चल जाता है!" मुझे उस बेचारी पर तरस आया।

"आपको पता चल जाता है? सिर्फ़ देखकर? वह भी 'आप' को?" उसने व्यंग्यबाण चलाया।

"तो? तुम क्या जानो? पिताजी तरबूज़ लाने जाते थे तब मैं भी तो जाता था उनके साथ। उनकी उँगली पकड़कर। और पता है? तरबूज़ लाल है या नहीं, पता करने के लिए इतना बड़ा टुकड़ा नहीं काटना पड़ता था उन्हें। उँगली से ज़रा-सा बजाकर देखते थे। यूँ! इस तरह! बस, समझ जाते थे, तरबूज़ लाल है या नहीं। मीठा है या नहीं यह भी पता चल जाता था उन्हें।"

गर्दन टेढ़ी करते हुए वह बोली, "अच्छा? यूँ? इस तरह? पता चल जाता था तरबूज़ लाल है या नहीं, मीठा है या नहीं? फिर आप ख़ुद क्यों नहीं गये मेरे साथ? तरबूज़ को 'यूँ', 'इस तरह' बजाकर देखने? ऐं?"

"चू! पिताजी से मेरी बराबरी क्यों करती हो? उनकी तो बात ही निराली थी!" मैं देर तक सिर हिलाता रहा।

"ठीक है। अब जो भी, जैसा भी लायी हूँ खा लो, बिना मीन मेख निकाले।" बौखलाती हुई वह बोली और उसने तरबूज़ काटने के लिए छुरी उठायी।

छुरी से उस तरबूज़ के साथ वह जो अत्याचार कर रही थी, वे मुझसे देखे नहीं गये। देर तक तो होठ सिये देखता रहा। फिर रहा नहीं गया, "क्या छुरी भोंके जा रही हो उसमें। देखो, छुरी 'इस तरह' सीधी चलाकर फिर एकदम घुमा देते हैं। बस तरबूज़ के दो टुकड़े! मेरे पिताजी इसी तरह काटते थे।"

"मैं पूछती हूँ, पिताश्री का एकाध गुण सुपुत्र में क्यों नहीं उतर आया, आख़िर? मेरी ज़िम्मेदारियों में से कुछ तो बँट जातीं।" वह तरबूज़ के साथ कुश्ती लड़ने में लगी थी, इसलिए ज़्यादा चिढ़ने की फ़ुरसत उसे नहीं मिली।

उसने बहस को यह जो ख़तरनाक मोड़ देना चाहा था, उस पर ध्यान न देते हुए मैंने कहा, "तरबूज़ काटना तो आसान है। मगर तुम तो जानती हो नारियल तोड़ना कितना मुश्किल काम होता है। कितनी देर तो तुम ज़मीन पर पटकती रहती हो नारियल! नारियल तोड़ना होता था तो मेरी माँ मेरे पिताजी को बुला भेजती थी। फिर वे नारियल एक हाथ में इस तरह पकड़कर दूसरे हाथ से हँसिया यूँ मार देते थे—बराबर निशाना साधकर! फट्! नारियल के दो टुकड़े। हाँ, और क्या मजाल जो पानी की एक बूँद भी गिर जाए! मैं पास में ही बैठा होता था। मुझसे कहते, 'सिर ऊपर उठाओ और मुँह खोलो।' मेरे मुँह में मीठे नारियल पानी की धारा सीधे आ गिरती।"

मेरी यह बात सुनी तो मेरी छोटी बेटी उत्साह से कहने लगी, "पापा आप कल उसी तरह नारियल तोड़ना। मैं भी उसी तरह नारियल पानी पिऊँगी।"

"तुम्हारे पापा नारियल तोड़ेंगे? सिर ऊपर उठाये, मुँह खोले बैठी रहो! बूढ़ी हो जाओगी, पर पानी नहीं मिलेगा।" तरबूज़ की फाँकें अलग करती हुई बीवी बोली।

बीवी ने बच्चों से पूछा, "क्यों? मीठा तो है?"

भरे मुँह से बच्चों ने हामी भरी और अपने गाल पोंछे। मैं चुप ही रहा। क्योंकि यह तरबूज़ उतना मीठा, मक्खन-सा मुलायम तो था नहीं, जितना मेरे पिताजी वाला तरबूज़ हुआ करता था। इस तरबूज़ का गूदा गुँधे आटे-सा फीक़ा-फीक़ा था। मेरे पिताजी वाला तरबूज़ तो मुँह में रखते ही पिघल जाता था। इस तरह बेजान, आटे-जैसा नहीं! और उसकी वह मिठास! वह मक्खन की सी मुलायमियत! वाह! शरबत से सिंचे बर्फ़ के गोले कभी चूसे हैं आपने? बस, वैसी ही मिठास होती थी मेरे पिताजी वाले तरबूज़ की! वाह! वाह! वाह! याद भर से रोमांच हो जाता है। लेकिन यह सब कहें तो कैसे? सच बोलना लोगों को अच्छा नहीं लगता न!

इसलिए फिर मैंने चुपचाप वह फीका तरबूज़ खा लिया और बहस से बचने के लिए विषय बदलते हुए कहा, "अच्छा, अबकी तुम ताड़ के फल ले आओ। पिछली बार ले आयी थीं वैसे मोटे-मोटे मत लाना। छोटे, मुलायम होने चाहिए। जैसे मेरे पिताजी ले आते थे। और हाँ, चार-छः नहीं लाते थे। टोकरी भरकर ले आते थे। किस क़दर मीठे, मुलायम हुआ करते थे। और पानी में जो मिठास होती थी– अहा! याद भर से कितना सन्तोष मिलता है! अहा हा!"

"अहा हा! अब बस भी करो। समझ गयी, तुम्हारे पिताजी लाते थे, वैसी बेहतरीन चीज़ें मैं इस जनम में तो क्या, सात जनम लेकर भी नहीं ला पाऊँगी। लिखकर दे दूँ स्टैम्प पेपर पर?" वह ख़ामख़्वाह नाराज़ हो गयी।

वह बात को ठीक से समझ नहीं रही थी और ग़लतफ़हमी पाले बैठी थी। इस पर खेद प्रकट करते हुए; उसे माफ़ करते हुए और अपनी समझदारी का प्रदर्शन करते हुए मैं हँस दिया। कहा, "वह बात नहीं है। तुम्हें नीचा दिखाने का इरादा नहीं था मेरा। तुम यह सब जो करती हो, यही बहुत है। मैं तो बस, इतना कहना चाहता था कि ताड़फल चुन-चुनकर छोटे ले आयें तो बड़े मीठे, मुलायम होते हैं। अब ककड़ी ही ले लो। ऐसी लम्बी-लम्बी ककड़ियाँ होती हैं। वैसे देखने पर खरीदने का मन नहीं करता। मगर खाने में इतनी मीठी होती हैं न! मेरे पिताजी लाते थे न अकसर! ऐसे नरम और स्वादिष्ट कि क्या बताऊँ! अ हा हा हा हा हा!"

प्रतिक्रिया में पत्नी थाली ज़ोर से टेबल पर पटककर और ज़मीन पर अपने पैर पटकती हुई चली गयी। लगता है, मेरी बात को ग़लत समझ बैठी थी वह!

कुछ दिन बाद मेरी बेटी इंग्लैण्ड से लौटी। आते समय वह हम सबके लिए कुछ-न-कुछ लायी थी। अपनी मम्मी के लिए क्या लाना है, वह भली-भाँति जानती थी। छोटे भाई और छोटी बहन ने चिट्ठी लिखकर अपनी-अपनी चीज़ें मँगवा ली थीं। बचा मैं! बाप नामक प्राणी के लिए क्या ख़रीदा जाए–बड़ी कठिन समस्या होती

है। क्योंकि इस सर्वशक्तिमान प्राणी को किसी चीज़ की ज़रूरत पड़ सकती है, ऐसा बच्चों को कभी महसूस ही नहीं होता। फिर भी कुछ तो लाना चाहिए, यह सोच मेरी बिटिया मेरे लिए अँग्रेज़ी ऊन का महीन स्वेटर ले आयी।

मैंने खुश होकर कहा, "वाह! बहुत सुन्दर है। मुलायम और महीन!"

मैंने प्यार से स्वेटर पर दो-चार बार हाथ फेरा और फिर उसे परे रख दिया।

"यह क्या पापा। पहन कर तो देखिए।" बिटिया ने स्वेटर की तह खोल उसे मेरे सामने फैला दिया।

"तुम इनके लिए लायी तो हो। मगर अव्वल तो ये इसे पहनेंगे नहीं, और पहन भी लें तो इन पर वह फबेगा ही नहीं। अरे, ऐसे स्वेटर पहनने के लिए फिगर अच्छी चाहिए।" श्रीमतीजी ने तीर चला दिया।

इस पर मैंने भी ज़ोर से कहा, "उसकी बात मत सुनना तुम! मैं तुम्हारा लाया हुआ यह स्वेटर पहनूँगा? बराबर पहनूँगा।"

और फिर चश्मा और कमीज़ उतार मैंने वह स्वेटर पहन लिया। ताज्जुब की बात! दूसरे स्वेटर पहनते समय जो तकलीफ़ होती है, ऐसी तकलीफ़ इस बार ज़रा भी नहीं हुई। मैंने मन-ही-मन कहा, 'वाह! स्वेटर बुनना तो ये अँग्रेज़ ही जानें!'

लेकिन स्वेटर पहन लेने के बाद मेरी यह ग़लतफ़हमी दूर हो गयी।

यह स्वेटर मेरे लिए बेहद ढीला-ढाला निकला। लम्बाई इतनी कि घुटने भी उसमें समा गये। स्वेटर के अन्दर से हाथ बाहर निकालना असम्भव था। और चौड़ाई इतनी कि दोनों तरफ़ एक-एक अनन्नास बगल में दबाये घूम सकता था। शीशे में देखा तो लगा, मैंने स्वेटर नहीं पहना है, बल्कि मुझी को बोरे में भर दिया गया है।

मेरी बिटिया बेचारी उदास हो उठी। मगर बाक़ी सब लोग खीः खीः कर हँस रहे थे। और सबसे ज़्यादा ज़ोर से हँस रहा था उसका पति।

बोला, "मैं तो कह रहा था कि छोटे साइज़ का स्वेटर ले लो। इतना बड़ा लेने से कोई फ़ायदा नहीं है। मगर यह सुने तब न! बोली, 'मेरे पापा बहो ऽऽ त बड़े हैं, इतना ऽऽ चौड़ा सीना है उनका। उनके लिए बहो ऽऽत बड़ा स्वेटर चाहिए।'"

मेरी पत्नी बोली, "आख़िर आप पर ही गयी है आपकी बिटिया। आप भी तो अपने पिताजी को याद कर 'अहा हा हा हा' करते रहते हैं! जैसा बाप, वैसी बेटी!"

मेरा मशविरा : टाँय-टाँय फिस्स

एक दिन अचानक बिशू के यहाँ से शादी का एक निमन्त्रण पत्र मिला। और शादी थी बिशू के बेटे की! मैं भौचक्का रह गया! अभी परसों तक तो मैं और बिशू चड्डी पहनकर स्कूल में एक ही बेंच पर बैठा करते थे। बिशू क्लास में इतनी बकबक किया करता था कि मास्टर जी बराबर उसे बेंच पर खड़ा कर देते थे और उसके साथ-साथ मुझ बेकसूर को भी! और अब यह बिशू बाप भी बन गया था और उस पर अपने बेटे का ब्याह भी करा रहा था। गोधूली वेला के मुहूरत पर!

मैं उत्साह से शादी में गया। भारी-भरकम उपहार लेकर। वहाँ एक गंजे, अधेड़ आदमी ने आगे बढ़ मेरा स्वागत किया। पहले तो मैंने उसे पहचाना ही नहीं। लेकिन जब वह मेरे साथ 'तू-तेरा' करके बात करने लगा तो याद आया। यह तो बिशू! चड्डी पहननेवाला बिशू! फिर मैंने उसकी पीठ में एक घूँसा जमा दिया। जवाब में उसने भी मेरी पीठ में घूँसा जमा दिया। फिर उसे ज़ोर-ज़ोर से झकझोरते हुए मैंने कहा, "अबे साले, यार बिशवा!"

इस पर मेरी नाक पर घूँसा जमाने की अदा के साथ वह भी चिल्लाया, "अबे साले, ख़ूब पकड़ में आ गया आज तो तू भी!"

सौभाग्य से इसी समय हम दोनों को एक ही साथ यह ख़याल आया कि समारोह में उपस्थित लोग, ख़ासकर नारी वर्ग एवं बच्चे आश्चर्य से हमारी हरकतें देखकर चीख़ रहे थे। हम दोनों एकाएक शरीफ़ बन गये और शादी की विधि सम्पन्न कराने में लग गये।

विवाह विधि से निबटते ही बिशू अपने बेटे और बहू को मेरे पास ले आया और उसने दोनों को मेरे पैर छूने को कहा। मैं ज़रा-सा अचकचाया। मगर सच पूछिए तो खुश हुआ। चलिए, होनहार बने रहने का लोगों के उपदेश सिर आँखों पर लेने का बुजुर्गों के तरह-तरह के काम करने का, उनकी उम्मीदों पर पूरे न उतरने पर शर्मिन्दा

होने का वह लम्बा दौर ख़त्म हो गया। अब कोई भागदौड़ नहीं, तनाव नहीं। आराम से तकिये से पीठ टिकाकर बैठे रहो, युवा झुककर पैर छूने लगें तो उन्हें आशीर्वाद दो, उपदेश दो। चैन ही चैन! खुली आँखों से मैं सपना देखने लगा कि मुझसे सलाह लेने के लिए युवाओं का ताँता लगा है और मैं आराम से पसरा बैठा उन्हें मार्गदर्शन दे रहा हूँ।

आश्चर्य की बात, आठ-दस दिन में ही मेरा वह सुन्दर सपना सच हुआ। रविवार की सुबह थी। चाय पीकर अन्तरिक्ष में नज़र गड़ाये हुए मैं सिगरेट पी रहा था। तभी दरवाज़े की घण्टी बजी और एक लड़का आत्मविश्वासपूर्वक मुस्कराता हुआ अन्दर आया। मुझे देख बड़े आदर से झुककर उसने प्रणाम किया और फिर वह मेरे सामने आ बैठा।

लगा, इसे पहले कहीं देखा है। लेकिन जानता था कि अकसर ऐसी ग़लतफ़हमियाँ होती हैं। इस तरह के अनुभव मुझे पहले भी हो चुके थे। क्योंकि आजकल के लड़कों के चेहरों के आधे से अधिक हिस्से ज़ुल्फ़ों के जंगल में छुपे होते हैं। बाकी बचे चेहरे के आधे हिस्से पर मूँछों का राज होता है। इससे ये सभी एक जैसे दीखते हैं। इसलिए मैंने पूछा, "कौन?"

"कमाल है। चाचाजी, आपने मुझे पहचाना नहीं? मैं नचिकेत। नचिकेत मेहेंदले।" मूँछों के झुरमुट से दाँतों का बुर्ज़ झाँक गया।

"अच्छा, अच्छा। तो तुम हमारे लल्लू के बेटे हो। मुझे लग ही रहा था। लेकिन तुम लोगों की इन दाढ़ी-मूँछों के जंगल में कुछ पता ही नहीं चलता।" मैंने हँसकर कहा और उसे ध्यान से देखा।

नचिकेत! वाह रे नचिकेत!! इण्टरमीडिएट में फेल हो चुका था और नाम नचिकेत! आजकल के महत्त्वाकांक्षी नामों की वजह से ऐसे गड़गबड़ घोटाले हो जाते हैं। नचिकेत का बाप यानी हमारा लल्लू मैट्रिक के आगे नहीं पढ़ पाया था। लेकिन उसके पिताजी ने बुद्धिमानी कर उसका नाम 'लल्लू' रख दिया था। इसलिए किसी ने उससे कोई बेजा उम्मीद भी कभी रखी नहीं।

"चाचाजी, दरअसल मैं आपसे सलाह लेने आया हूँ।" नचिकेत ने मंगलाचरण गाया।

गर्व से मैं फूल गया। सीना कुछ तन गया। यक़ीन हो गया कि अब मेरा शुमार बुजुर्गों में हो ही गया। नये सिक्के-सी चमकती मुस्कान के साथ मैंने कहा, "अच्छा अच्छा, क्या प्राब्लेम है तुम्हारा?"

"चाचाजी, आप जानते हैं, मैं इण्टर में फेल हो गया हूँ। अब सवाल यह है कि आगे क्या करें।" अपनी असफलता की गाथा सुनाते नचिकेत ज़रा भी शर्मिन्दा नहीं हुआ।

"लेकिन फेल कैसे हुए तुम आख़िर? कितने मार्क्स से? कौन से विषय में फेल

हुए?" मैंने स्वर में भरसक हमदर्दी भरते हुए पूछा। क्योंकि जानता था, सलाह देनेवाले व्यक्ति को हमदर्दी से पेश आना चाहिए।

"बस, चार विषयों में फेल हुआ, अंकल। एक पेपर में बस, सात मार्क्स कम थे। दूसरे में नौ, तीसरे में पाँच और चौथे पेपर में...कुछ याद नहीं आते। लेकिन यूनिवर्सिटी तीन मार्क्स ग्रेस तो देती ही है न? इसका मतलब पहले पेपर में मैं सिर्फ़ चार मार्क्स से फेल हुआ। अब आप ही बताइए चाचाजी, अगर एक्ज़ामिनर का मूड अच्छा होता, तो क्या मुझे वो चार मार्क्स नहीं मिलते? आजकल के एक्ज़ामिनर्स सिन्सियरली काम ही नहीं करते। इससे हम जैसे बेचारे छात्रों का कितना नुक़सान होता है। पूरा एक साल बेकार हो जाता है। लेकिन एक्ज़ामिनर को इससे क्या! उसने तो कमा लिया एक पेपर जाँचने का डेढ़ रुपया! मुझसे पूछिए तो एक्ज़ामिनरों को उतने ही परचों के पैसे देने चाहिए, जितने में छात्र पास हों। आप क्या सोचते हैं, अंकल?"

वर्तमान परीक्षा पद्धति की तरह-तरह से की गयी मीमांसा मैंने सुनी थी, पढ़ी थी। मगर यह दृष्टिकोण सर्वथा अपरिचित था। मेरे स्वर से अब हमदर्दी गायब हो चली थी और अब उसकी जगह गुस्सा लेने लगा था। मगर फिर थोड़ी भर हमदर्दी जताते हुए मैंने कहा, "बात यह है..."

"वही राय है न आपकी भी। मैं जानता था, आप सहमत होंगे मुझसे! उस पर हमारी कोई जान-पहचान नहीं है न! हमारे पापाश्री रेलवे में क्लर्क हैं। कहाँ से होगी जान-पहचान? इनकम टैक्स ऑफ़िस में बड़े अफ़सर होते तो बात ही दूसरी थी! आराम से पास हो जाता। इण्टर साइन्स में फ़र्स्ट क्लास में आता और मैडिकल में एडमिशन लेता।" अपने बाप की मूर्खता की वजह से हो रहे अपने नुक़सान का दर्द नचिकेत के चेहरे पर साफ़ झलक रहा था।

यह मौलिक मीमांसा सुनी तो मुझे पूरा विश्वास हो गया कि इस लड़के का नाम--'नचिकेत'—किस क़दर औचित्यपूर्ण है। मैंने गला खँखारते हुए और दोनों हाथों की उँगलियाँ आपस में जोड़ते हुए कहना चाहा, "बात यह है..."

"ख़ैर! मैंने पापा से कहा, और किसी से जान-पहचान न सही; अंकल को—चाचा जी को तो आप अच्छी तरह जानते हैं। उन्हें फ़ोन कीजिए न। इस पर कहते हैं, 'नहीं, ऐसा कुछ भी मैं नहीं करूँगा।' मैंने कहा, 'ठीक है। आप नहीं करना चाहते, न सही। मैं खुद ही मिल आता हूँ अंकल से। तो मुझे यह भी करने न दें!'" अपने साथ हुए घोर अन्याय को याद कर नचिकेत का स्वर काँप उठा।

मैंने कहा, "लेकिन..."

"अपने दोस्त के बेटे के लिए क्या आप इतना भी नहीं करते?" नचिकेत ने बेहद मासूम मुस्कान बिखेरते हुए कहा।

असहायता वश मेरे गले में जो हरकत हुई उसी को मेरी 'हाँ' मानकर नचिकेत

विशुद्ध गुस्से से बोला, "देखा मैं जानता था। लेकिन हमारे पापाजी ने सब गड़बड़ कर दिया। ओल्ड फैशण्ड!"

मेरे गले में फिर हरकत हुई। दोनों हाथों की उँगलियाँ आपस में जोड़ते हुए मैंने कहा, "देखो, बात यह है..."

तभी प्रसन्नतापूर्वक मुस्कराते हुए नचिकेत बोला, "अब जाने भी दीजिए जो हो गया सो हो गया। है न अंकल! अब सवाल यह है कि आगे क्या करें?"

अबकी बार मैंने हाथों की उँगलियाँ आपस में नहीं जोड़ीं। सोच-विचार कर धीमी रफ्तार से बात करने की कोशिश भी नहीं की। एकबारगी, जल्दी से बोल गया, "अगर तुम फिर से परीक्षा में बैठना चाहो, तो मैं तुम्हारी मदद करने को तैयार हूँ। तुम्हारी पढ़ाई में..."

पढ़ाई में हर तरह की मदद करने का आश्वासन मैंने नचिकेत को देना चाहा। लेकिन उसने मुझे अपनी बात पूरी करने का मौक़ा ही नहीं दिया। एकाएक और भी अधिक जोश से भरते हुए उसने कहा, "मैं जानता था, अंकल। बस, अब आप एक काम कीजिए। मध्यप्रदेश या पता नहीं, ऐसी ही, किसी जगह पर बोर्ड की परीक्षा होती है। उसमें बैठो तो सीधे मुम्बई यूनिवर्सिटी की जूनियर की परीक्षा में बैठ सकते हैं। ज़रा पता कीजिए न उस परीक्षा के बारे में।"

"लेकिन..."

नचिकेत ने तसल्ली देती हुई-सी मुस्कान बिखेर और अपनी हथेली की ज़रा-सी हरकत से मुझे रोकते हुए कहा, "चिन्ता करने की ज़रूरत नहीं है अंकल। उस परीक्षा में बैठने के लिए भोपाल या ऐसी ही किसी जगह कॉलेज में एडमिशन लेना पड़ेगा—यही सोच रहे हैं न आप? न न! ऐसा कुछ भी नहीं करना पड़ता। बस, यहाँ से एक फॉर्म भरकर भेज देना होता है। फिर परीक्षा के चार दिनों के लिए वहाँ जाना होगा, बस! इसके अलावा फेल-वेल होने का झंझट बिलकुल नहीं। यहाँ कुछ लोग हैं जो गारण्टी देते हैं पास होने की। किसी ने मुझे उस ट्यूटोरियल इन्स्टिट्यूट का नाम भी बताया है।"

"लेकिन..."

"बिलकुल सही पहचाना आपने। अंकल, कितनी मेहनत से और दिमाग़ लड़ाकर सारी जानकारी इकट्ठा की थी। मगर पापा को यह बात हज़म ही नहीं होती। ओल्ड फैशण्ड जो ठहरे! इसीलिए सोचा आप ही से मिलूँ, और आपसे कहूँ कि पापा को समझा दें। जो भी हो, आप एज्युकेशन की लाइन में हैं। और आप तो जानते ही हैं मुम्बई युनिवर्सिटी कितनी बेकार है। अभी परसों ही तो अपने किसी भाषण में वर्तमान शिक्षा प्रणाली पर किस क़दर ज़ोरदार टिप्पणी की थी आपने! मुझे तो बहुत ही पसन्द आया था आपका भाषण। ये जो यूनिवर्सिटियाँ सरकार ने बनायी हैं, ये जो

करोड़ों रुपये उन पर खर्च किये जाते हैं, वह क्या इसलिए कि हम जैसे युवाओं को फेल किया जाए?"

मैं दंग रह गया। माथे पर छलक आया पसीना पोंछते हुए कुर्सी की पीठ से सिर टिका, मैंने आँखें मूँद लीं।

इस घटना के बाद युवाओं को मार्गदर्शन देने का मेरा शौक़ काफ़ी हद तक मुरझा गया। लेकिन अपने सुन्दर सपने को अभी मैं पूरी तरह से भुला भी नहीं पाया था। अभी भी मन चाहता था कि अपने अनुभव, अपनी समझ और प्रतिष्ठा का प्रयोग युवाओं के हित में करने का अवसर मुझे मिले।

कुछ दिन बाद ऐसा अवसर मेरे द्वार पर आ खड़ा हुआ। सिर्फ़ आकर खड़ा नहीं हुआ, बल्कि मेरे सामने बैठ आँसू बहाने लगा।

यह अवसर मेरे दोस्त बल्लू की बेटी के रूप में आया था। बड़े ही आकस्मिक रूप से। क्या नाम...हाँ, याद आया! वासवदत्ता! वासवदत्ता नाम था उसका। बल्लू का प्रिय विषय था संस्कृत। संस्कृत साहित्य में उसने बी. ए. किया था। यह बात अलग कि उसके बाद उसने एल-एल. बी. किया और अब वह वकालत करता है। लेकिन अभी भी संस्कृत नाटक—जब भी कभी भूले भटके होते हैं—देखता ज़रूर है। संस्कृत के प्रति अपने इसी स्नेह की वजह से उसने अपनी बेटी का नाम वासवदत्ता रखा। बेटी है भी बड़ी चण्ट और ख़ूबसूरत। इसलिए यह नहीं कहा जा सकता कि नाम रखने में कहीं कोई ग़लती हो गयी हो।

ऐसी प्यारी-सी गुड़िया को रोते देखा तो मेरा दिल भर आया। मैंने कहा, "बेटे रोते नहीं, रोते नहीं! क्या हुआ?"

इस पर उसकी तो हिचकी बँध गयी। फूट-फूटकर रोने लगी। ज़ार-जार आँसू बहाती रही। मेरे नये सोफे का रॉसिल्क का कवर आँसुओं से भीग गया।

इससे मैं बेतरह घबरा उठा और किचन का रुख कर चिल्लाया, "अजी, सुनती हो, फ़ौरन बाहर आ जाओ।"

अन्दर से न कोई जवाब आया न श्रीमती जी ही बाहर आयीं। इस मुसीबत के समय मेमसाहब किसी झोपड़पट्टी में सामाजिक कार्य करने गयी थीं।

क्या करें, कुछ सूझ नहीं रहा था, सिवा यह कहते जाने के कि रोते नहीं, रोते नहीं। पहले आँसू पोंछो!

इस स्थिति में अगर कुछ सुधार हो पाया तो बस, इतना कि मैं जल्दी से अन्दर से एक बड़ा-सा तौलिया ले आया और उसे थमाते हुए मैंने कहा, "यह लो, आँसू पोंछ लो। रोओ नहीं।"

वह और भी ज़ोर से रोने लगी। अबकी मैं हताशा से भर गया। लगा, कविता में जिस प्रकार कुछ घटनाएँ 'युग-युग से' ज़ारी रहती हैं, उसी प्रकार इसका रोना भी

ज़ारी रहेगा और मैं अकेला किसी मूर्ति की तरह उसके सामने खड़ा देखता रहूँगा। लेकिन आख़िरकार वह रोना रुक गया।

मैंने जल्दी से उसे एक गिलास भर पानी ला दिया और पूछा, "आख़िर हुआ क्या?"

"अंकल, मैंने ठान लिया है। मैं अपनी जान दे दूँगी। यहाँ जब किसी को हमारी परवाह ही नहीं है, तो ऐसे जीने से क्या फ़ायदा?"

आख़िर ऐसी कौन-सी मुसीबत आन पड़ी इस पन्द्रह-सोलह साल की किशोरी पर, जो इसने जान देने की ठान ली, मेरी कुछ समझ में नहीं आ रहा था। मैंने कहा, "देखो, तुम बिलकुल चिन्ता मत करना। मैं हूँ न—तुम्हारा अंकल! बताओ तो, प्राब्लेम क्या है?"

"अंकल, अंकल, मैं शादी करना चाहती हूँ। मुझे प्यार हो गया है।"

मैंने सतर्क होते हुए कहा, "किससे? लड़का कौन है?"

"वह बहुत अच्छा है। आमिरखान जैसा!"

"होगा। आमिरखान जैसा होगा। मगर रहता कहाँ है? माँ-बाप क्या करते हैं उसके?"

"उनके पास बहुत पैसा है अंकल—कार है।" गर्दन को झटके देती हुई वासवदत्ता बोली।

"लेकिन तुम अभी बहुत छोटी हो। अभी ज़रा ठहरो।"

"छोटी कैसे? 'बॉबी' में डिम्पल मेरे जितनी ही तो थी। आप खुद लेखक हैं। फिर भी ऐसा सोचते हैं?" नाराज़ होते हुए वासवदत्ता ने कहा।

"अच्छा, ठीक है। मैं ऐसा करता हूँ...तुम्हारे पापा को फ़ोन करता हूँ। देखते हैं क्या किया जा सकता है।" मैंने फ़ोन उठाया।

"बिलकुल फ़ोन मत कीजिए उन्हें। दुष्ट हैं पापा। उन्हीं की वजह से यह सब हुआ है।"

"क्या किया पापा ने?"

"पिछले महीने हेमन्त बिलकुल तैयार था मेरे साथ शादी के लिए। मगर पापा ने मना कर दिया।"

"तुम अभी छोटी हो। इसलिए उन्होंने सोचा होगा, जल्दबाज़ी नहीं करनी चाहिए।"

"इसीलिए तो गड़बड़ हो गयी न! अब हेमन्त कहता है, मैं तुमसे शादी नहीं करूँगा।"

"अरे बाप रे! मगर क्यों? बात क्या हुई?"

"अब उसे सोनिया से प्यार हो गया है।" मुझे नहीं पता था कि युवा पीढ़ी की

प्रेम कहानियाँ इतनी उलझनों से भरी होती हैं। मैंने कहा, "अच्छा? अगर इतने चंचल स्वभाव का है हेमन्त तो नहीं चाहिए हमें! जाय भाड़ में!"

"नहीं अंकल, वह बहुत अच्छा है। मगर वह चुड़ैल सोनिया है न! जी करता है..." वासवदत्ता का अन्दाज़ देखा तो मुझे उससे ज़्यादा सोनिया की चिन्ता होने लगी। मैंने कहा, "मगर, अब इस बारे में मैं या तुम्हारे पापा क्या कर सकते हैं?"

वासवदत्ता ने तैश में आकर कहा, "क्या कर सकते हैं, क्या मतलब? जा कर कहिए हेमन्त से, तुमने वादा किया है तो अब तुम्हें वासवदत्ता से ही शादी करनी पड़ेगी नहीं तो...नहीं तो देख लेंगे हम भी!"

"लेकिन ऐसी धमकी से क्या फ़ायदा? मैं क्या देख लूँगा? क्या कर सकता हूँ मैं?"

"क्या मतलब? वह जूनियर बी. कॉम कर रहा है। और...और आप एक्ज़ामिनर हैं न? आप फेल कर दीजिए उसे। मैंने कल ही कह दिया है उससे, तुम ऐसा करोगे तो अंकल से कहकर फेल करवा दूँगी तुम्हें? करेंगे न अंकल आप मेरे लिए? आप बस, उससे इतना कह दीजिए। ठिकाने आ जाएगा वह।" वासवदत्ता ने अपनी स्ट्रैटेजी मुझे समझा दी।

मैं देखता ही रह गया। सोलह साल की लड़की को प्यार हो जाए यह बात तो समझ में आती थी। मगर वह इस तरह का कुटिल षड्यन्त्र भी रच सकती है, यह मैं सोच भी नहीं पा रहा था।

वासवदत्ता अपनी ही धुन में मगन बोली, "नाक नीची हो जाएगी उस सोनिया की! इतनी बुरी है न वह, अंकल!...असल में वह पहले अशोक से प्यार करती थी, लेकिन उसके पास कार नहीं है न! और मेरे हेमन्त के पास कार है। इसलिए वह अशोक को छोड़ हेमन्त के गले पड़ गयी। मेरी नामौजूदगी में गैराज़ में..."

अब मेरा सिर चकराने लगा। खैरियत से इसी समय मेरी पत्नी आ गयी। वासवदत्ता को उसे सौंप मैंने बल्लू को फ़ोन किया और उसे सारी बात बतायी।

बल्लू परेशान स्वर में बोला, "देखो, अगर वह ख़ुदकुशी करना चाहे तो उसे करने दो। मेरी जान तो छूटेगी! परेशान कर रखा है इस लड़की ने तो!"

"लेकिन, अगर उसे सचमुच उस लड़के से प्यार हो गया हो तो...और फिर लड़का भी अच्छा है..." मैंने उदारतावादी दृष्टिकोण अपनाते हुए कहा।

"खाक़ प्यार हो गया है! अरे यह तीसरी बार इश्क़ फरमा रही हैं साहबज़ादी!"

"तीसरी बार? माइ गॉड!"

"और प्यार भी वह नहीं, जो हमारे ज़माने में हुआ करता था। इन लोगों का प्यार बड़ा एडवान्स्ड प्यार है! सीढ़ियों पर, गैराज़ में, मेरी कार में...जाने क्या-क्या करते हैं ये लोग।"

"क्या कह रहे हो? यह सोलह साल की बच्ची और...? माइ गॉड!"

"माइ गॉड, माइ फुट! तुम लेखक लोग ऐसी-ऐसी नसीहतें देते हो इन लोगों को और भुगतना पड़ता है हमें। अच्छा हुआ! तुम्हारे घर आयी है न वह! अब तुम्हीं सँभालो उसे। हर महीने चेक भेजा करूँगा। कितने रुपये का चेक भेजूँ, बताओ।"

"लेकिन..."

लेकिन बल्लू खट् से फ़ोन रख चुका था।

इस मुसीबत से अपनी जान मैंने कैसे बचायी, मैं ही जानता हूँ। लेकिन इस घटना के बाद ठान ली है, युवा पीढ़ी की समस्याओं के समाधान ढूँढ़ना तो दूर, उन्हें अपने पास भी फटकने नहीं दूँगा।

मेरा बुढ़ापा

जिसका बेसब्री से इन्तज़ार था, आख़िर वह आ गया। मेरा बुढ़ापा आ ही गया। सालों से इन्तज़ार में था, अब आएगा, अब आएगा, मगर जनाब हैं कि आ ही नहीं रहे! जाने कितने सालों से बीस और तीस के बीच ही चल रहे थे। हम तो! कर रहे हैं, पढ़ाई और, परीक्षाओं में बैठ रहे हैं। हरचन्द कोशिशें कर रहे हैं विदेश जाने की, ढूँढ़ रहे हैं नौकरियाँ! और नौकरियाँ थीं कहाँ? सैक्रेटरिएट में सौ रुपये माहवार की जूनियर एसिस्टेण्ट की नौकरी मिल जाती तो पैर ज़मीं पर नहीं पड़ते थे, उन दिनों। वरना आजकल के लड़कों को देखिए! पढ़ाई ख़त्म होते ही बारह सौ की नौकरी मिल जाए तो नाक-भौं सिकोड़ने लगते हैं। उधर.हम अव्वल आकर भी संघर्ष किये जा रहे हैं...! बड़े इन्तज़ार के बाद आख़िरकार प्रोफ़ेसर बना था मैं।

बस, तभी शादी का झमेला आ गया। मेरा मतलब प्यार, रोमान्स वगैरह-वगैरह सब वैसे तो अच्छा ही था। मगर शादी का मतलब, रहने के लिए घर चाहिए, ढूँढ़ता रहा मकान। पगड़ी और किराये की ऐसी-ऐसी रकमें, जो अपने बस की बात न थी। जगह मिली तो गृहस्थी जुटाने का झमेला शुरू! जो चीज़ देखो, वही महँगी। शुरू में हमारे बजट में सिर्फ़ तीन थालियाँ आयीं। और मैं तीन दोस्तों को खाने पर बुलाने की बेवक़ूफ़ाना हरकत कर बैठा! बीवी जिस तरह से बिगड़ी है...! और यक़ीन मानिये लव मैरेज थी! फिर भी यह हाल! ख़ैर!! और साहित्य के क्षेत्र में! बाप रे! इधर रोमाण्टिक उपन्यास लिखनेवाले महान लोकप्रिय उपन्यासकार...की धूम, उधर हास्य-व्यंग्य के क्षेत्र में महान व्यंग्यकार...का बोलबाला! एक तरफ़ अश्लीलता विरोधी विचारक हाथ धोकर मेरे पीछे पड़े हैं, तो दूसरी तरफ़ गम्भीर साहित्य-समीक्षक मुझे जड़ से उखाड़ फेंकने का प्रण किये बैठे हैं। मैं तो हर तरफ़ से, हर तरह से पिटता रहा।

उम्र का बीस का वह दशक इस तरह गुज़रा! सच पूछिए तो जिस किसी तरह गुज़रा। गुज़रने का नाम ही नहीं ले रहा था! बस गुज़र रहे हैं साल, गुज़र रहे हैं, मगर दशक था कि वहीं का वहीं रुका हुआ! यह जवानी थी! खाक़ जवानी थी!!

हमारा यह हाल था। और उसी समय पचास के पड़ाव पर पहुँच चुके,

आरामकुर्सी में अधलेटे बुज़ुर्ग हमें नसीहत देते रहते थे, "हाथ पर हाथ धरे बैठे हो? अरे, जवान हो, उठो कुछ करके दिखा दो। तुम आजकल के नौजवान तो बस...!" इधर हम जवान अधमरे! बित्ते भर लम्बी ज़बान बाहर निकाल बुरी तरह हाँफते रहते थे। मैं तो कहता हूँ कम-से-कम कोरी हमदर्दी तो दिखा देते! हमदर्दी तो दूर, यह हमारे सिर पर अपने उपदेश के दो-दो मन के बोझ ज़रूर डाल जाते।

आख़िर मैंने तय कर लिया, अब जल्दी से बूढ़े हो जाएँ। आलीशान जगह होगी, नौकर-चाकर होंगे। कुछ नहीं तो इधर-उधर दौड़ाने के लिए घर में बच्चे तो होंगे ही। बैठे रहेंगे आराम से आरामकुर्सी में। हाथ से अपनी गंजी चाँद सहलाते हुए युवाओं को देते रहेंगे नसीहतें; हाँकते रहेंगे डींगें, "हम जब जवान थे, तब पच्चीस-पच्चीस मील के सफर पैदल तय किया करते। वह भी बिना रुके! उस समय कहाँ थीं तुम्हारी ये एस. टी. की गाड़ियाँ! दफ़्तर में बारह-बारह घण्टे काम करना पड़ता था। ओवर टाइम के चोंचले नहीं होते थे उस समय और न ही तुम्हारी ये यूनियन! जो कहा गया, वह काम चुपके से कर दिया! यही आलम था दफ़्तर का। उस पर फिर घर की ज़िम्मेदारी। साथ-साथ सामाजिक कार्य भी चलता था। अब यह जो संस्था की इतनी आलीशान इमारत देख रहे हो, उसकी शुरुआत चाल के एक छोटे-से कमरे में हुई थी। मुसीबतों की पूछते हो? अरे बाबा, मुसीबतों के पहाड़ खड़े होते थे राहों में, पहाड़! मगर क्या मजाल जो पीछे हट जाएँ, थक जाएँ, डर जाएँ! वरना तुम लोग! अरे अनन्त, वह अन्दर की मेज़ पर मेरा सिगरेट का पैकेट पड़ा है। ज़रा ला दो तो...।"

युवक-युवतियाँ आशीर्वाद माँगने आते रहेंगे। कोई गले पड़ेगा कि कोई काम दिलवा दीजिए। कोई सलाह-मशविरा करना चाहेगा। और हम आरामकुर्सी में सुस्ताते हुए, गंजे सिर को सहलाते हुए देते रहेंगे—आशीर्वाद, सलाह...

लेकिन ये हसरतें ही थीं, जो किसी तरह पूरी नहीं हो पा रही थीं। कितने ही साल गुज़ार दो उम्र का बीस का दशक काटे नहीं कटता था। किसी तरह काटा तो तीस का दशक सामने आ खड़ा! फिर चालीस का! सालों यही सिलसिला चलता रहा। लोग टोकते रहे, 'गाडगिल साहब, अर्थशास्त्र आपका विषय है। आपको लिखना चाहिए इस विषय पर'...'गाडगिल जी, अभी तक आपने कोई अच्छा उपन्यास नहीं लिखा...' 'क्यों गाडगिल साहब, आजकल आपका अँग्रेज़ी में लिखना कम हो गया है क्या?'...'हम तो उम्मीद रखे हुए थे कि समीक्षा के क्षेत्र में आप कोई मौलिक योगदान करेंगे'... 'अरे, यह क्या? अभी आप बस, प्रोफ़ेसर ही बने बैठे हैं, आपके साथवाले लोग कहाँ-से-कहाँ पहुँच गये...'

हम हैं कि बित्ते भर ज़बान बाहर निकाल, हाँफते हुए दौड़ रहे हैं! ज़िन्दगी में कुछ कर दिखाना चाहिए। कुछ कर दिखाना तो दूर, हम तो सिर्फ़ भागते ही रहे।

सालों इस तरह गुज़रे, तब कहीं जा कर उम्र का पचासवाँ पड़ाव आया। एक दिन देखा, कनपटी पर दाढ़ी बनाने के साबुन का झाग रह गया है। तौलिये से पोंछना

चाहा, मगर झाग वैसा का वैसा! बार-बार पोंछता रहा, मगर झाग है कि हटने का नाम न ले! और तब दिमाग़ में अचानक बिजली कौंधी और मैं ख़ुशी से उछल पड़ा। बीवी से जाकर कहने लगा, "सुनती हो, मैं बूढ़ा हो गया। बूढ़ा हो गया मैं, रिस्पैक्टेबल ओल्ड मैन!"

"बड़ा तीर मार लिया!" कहकर मुझे परे हटाती हुई वह अपने काम में लग गयी। देखा, प्रथमग्रासे मक्षिका पातः। मगर यह मक्खी है ही ऐसी। इसकी इस आदत से भली-भाँति वाक़िफ़ हूँ मैं। इसलिए अब दूसरे-दूसरे लोगों को समझाने की कोशिश करने लगा कि मैं बूढ़ा हो गया हूँ। कहने लगा, "अब उम्र हो चली। अब पहले की तरह काम नहीं हो पाते। अब ये ज़िम्मेदारियाँ उठाने के लिए जवानों को आगे आना चाहिए..." वगैरह-वगैरह जब दो-चार नौजवान लड़कों ने मेरी बात मान ली तो मेरा साहस बढ़ा। फिर एक बुज़ुर्ग साहित्यकार को यक़ीन दिलाने की कोशिश करने लगा कि मैं बूढ़ा हो गया हूँ।

थोड़ी देर तो बुज़ुर्ग साहित्यकार सुनते रहे। फिर मुझ पर बरस पड़े, "ऐसी क्या उम्र हो गयी है आपकी? क्यों बुढ़ापे की बातें किये जा रहे हो? क्या उम्र है आपकी? पचास? पचास कोई बुढ़ापे की उम्र होती है?"

और दो-चार बुज़ुर्ग साहित्यकारों ने मुझे इसी तरह फटकारा। उनका कहना था कि इनसान जब साठ पार कर सत्तर की तरफ़ झुकने लगता है तब बूढ़ा कहलाता है। सत्यानाश! कितने तो अरमान थे कि अब लोग मुझे बुज़ुर्ग साहित्यकार कहेंगे, मुझे सम्मान देंगे! मगर यहाँ यह हाल है कि अभी भी हमारी गिनती 'होनहारों' में हो रही है! बड़ी मुश्किलों से पचासवीं मंज़िल पर पहुँचे, तो पता चला आजकल बुढ़ापा अगली मंज़िल से शुरू होता है।

इधर बुढ़ापे की तमाम तकलीफ़ें शुरू हो चुकी थीं। पेट पहले थोड़ी बहुत छोटी-मोटी शिकायतें किया करता था अब अकसर, बड़ी-बड़ी शिकायतें करने लगा। शाम के साथ थकान भी उतर आने लगी। ज़रा-से काम के बाद...मगर छोड़िए! कहने से क्या फ़ायदा? कोई सुने तब न! हम 'होनहार' के 'होनहार' ही बने रहे।

एक बुज़ुर्ग व्यंग्यकार हैं—हमारी ही उम्र के! कहने को दो-चार साल बड़े होंगे हमसे। मगर बाल-वाल सफ़ेद कराके बुज़ुर्ग साहित्यकारों की पंक्ति में जा बैठे। आशीर्वाद वगैरह दिया करते हैं लोगों को आजकल, और हम हैं कि...!

ऐसी उदास स्थिति में ही मैं अपने एक दोस्त के घर चला गया। चाय, गपशप के दौरान ही अचानक उसका लम्बे बाल वाला बेटा वहाँ आया और कहने लगा, "गाडगिल चाचा, आपने मेरा कविता-संग्रह पढ़ा?"

मैं सकते में आ गया। यह मुन्ना जो कल तक नंगा घूमता था, आज यह कवि हो गया! कल तक इसकी नाक बहती रहती थी, आज यह कविता लिखने लगा!

मैंने अपराध भाव से भरकर कहा, "नहीं बेटा, मैंने तो देखा ही नहीं तुम्हारा कविता-संग्रह।"

उसे ताज्जुब हुआ। बोला, "कमाल है! उसके तो रिव्यू भी छप गये तीन-चार जगह!" उसने उन तीन-चार पत्रिकाओं के नाम भी बताये और यह भी कहा कि किसी एक नामवर साहित्यकार को कविता-संग्रह बहुत पसन्द आया था।

मैंने अपराध भाव से और भी अधिक भर कर कहा, "नहीं इनमें से कोई रिव्यू भी मेरे देखने में नहीं आया।"

लगा, उसे बहुत गुस्सा आया। फिर भी समझदारी जताता हुआ बोला, "ठीक है। अब आप पुराने हो गये हैं। हम नौजवानों की बातों में आपको क्योंकर इण्टरेस्ट रहेगा।"

इस पर मैंने तैश में आकर कहा, "न, न, ऐसी बात नहीं है। युवा लेखक क्या कुछ लिख रहे हैं, इस पर मेरी बारीक नज़र रहती है।"

उसने मेरी बात ऐसे झटक दी जैसे बिल्ली बदन पर पड़ा पानी झटक देती है। फिर उसने कहा, "लेकिन चाचाजी, आजकल आप कुछ लिख भी नहीं रहे! पहले बहुत लिखा करते थे!"

"वाह! कमाल करते हो। लिख तो रहा हूँ काफ़ी कुछ लिखा है इन दिनों..." मैंने फिर तैश में कहना चाहा।

लेकिन बरखुरदार ने मेरी बात को फिर झटक डाला। सच पूछिए तो उसने मेरी बात सुनी ही नहीं। बड़े उत्साह से वह बोला, "वैसे अच्छा ही किया आपने, जो लिखना बन्द कर दिया। कई लेखक ऐसे होते हैं जो असल में चुक गये होते हैं, फिर भी अपना वही पुराना राग बार-बार अलापते रहते हैं।"

मैं देखता ही रह गया। इसकी नज़रों में मैं चुक गया हूँ। यह जो लड़का, कल तक जिसकी नाक बहती रहती थी, जिसकी मसें भी अभी नहीं भीगीं, साहित्य क्षेत्र में जिसका नाम भी अभी किसी ने सुना नहीं है, वह मुझसे कह रहा था कि 'आप चुक गये हैं!' क्या कहने इस दुस्साहस के! ख़ैरियत इसी में थी कि उसकी नज़रों में मेरे और भी कुछ समसामयिक लेखक–जिनमें सफ़ेद बालोंवाले, 'बुज़ुर्ग बन बैठे' व्यंग्यकार भी शामिल थे–'चुक गये थे।'

सुपुत्र के मुँह से झरते मोतियों को देख मेरा दोस्त आगबबूला होता हुआ चीख़ पड़ा, "अब चुप भी रहोगे?"

इस पर मैंने उसे समझाते हुए कहा, "जाने भी दो। जवानी है। जवानी में ऐसा ही होता है। पुरानी पीढ़ी के लेखक अनचाहे बोझ-से लगते हैं। अच्छा, लाओ तो तुम्हारी वह पुस्तक देखें तो ज़रा।"

दोस्त का बेटा उत्साह से कविता-संग्रह लाने अन्दर चला गया। बुज़ुर्ग साहित्यकारों की नज़रों में न सही, नौजवानों की नज़रों में मैं बूढ़ा हो गया था।

इसके बाद एक दिन बैड-रूम में पड़ा-पड़ा मैं कोई किताब पढ़ रहा था। दरवाज़े की घण्टी बजी, फिर दरवाज़ा खोलने की आवाज़ आयी। और फिर मेरी पत्नी और मिलने आये उस व्यक्ति का संवाद सुनाई दिया।

"गाडगिल साहब हैं?" मिलने आये सज्जन ने पूछा।

"हैं देखती हूँ। शायद सो गये हैं।" मेरी पत्नी ने कहा।

"तो फिर उन्हें तकलीफ़ न दीजिए।"

"क्यों ? ऐसी कोई बात नहीं है।"

"नहीं! मतलब...गाडगिल साहब अभी भाषण वगैरह करते हैं या नहीं? मेरा मतलब, कर सकते हैं या नहीं?"

"हाँ, क्यों नहीं!"

"मेरा मतलब...बाहर, मुम्बई के बाहर भी जाते हैं भाषण के लिए? सेहत के लिए..."

"क्यों? ऐसा क्यों पूछ रहे हैं आप?"

"बात यह है कि हमारा स्कूल दूर दराज़ के छोटे से गाँव में है। वहाँ तक का सफ़र ज़रा तकलीफ़देह है। सोचता हूँ अब इस उम्र में गाडगिल साहब को सफ़र कराना..."

मेरी पत्नी ज़ोर से हँसने लगी। बोली, "आपको क्या लगा? कितनी उम्र है गाडगिल साहब की?"

"मतलब...उम्र तो काफ़ी हो चली होगी न! मैं स्कूल में पढ़ रहा था, तब हमारी कोर्स की किताब में उनका लिखा पाठ था। अब मैं स्कूल का हैडमास्टर बन गया हूँ अभी भी किताब में वह पाठ है..."

तभी मैंने ड्राइंग रूम में प्रवेश किया और उपर्युक्त सुख-संवाद रुक गया।

ख़ैरियत यह हुई कि मेरे असली गंगाधर गाडगिल होने का सबूत हैडमास्टर साहब के सामने पेश करने की ज़रूरत नहीं पड़ी।

लेकिन इसके बाद साहित्यिक बुढ़ापे को लेकर मेरे मन में ख़ौफ़ पैदा हो गया।

इस ख़ौफ़ से ज़रा बाहर निकला तो एक पुस्तक मेले में जाना पड़ा। वहाँ पुस्तकों पर हस्ताक्षर करने का कार्यक्रम था। काफ़ी भीड़ थी। कई लोग पुस्तकों पर मेरे हस्ताक्षर ले रहे थे। इससे मुझे यह तसल्ली मिल रही थी कि मेरा साहित्य अभी ज़िन्दा है और उसके चाहनेवाले अनगिनत हैं।

इसी दौरान चमकती आँखोंवाली एक पन्द्रह-सोलह साल की लड़की बड़े उत्साह से मेरे हस्ताक्षर लेने आयी। बोली, "आपकी कहानी 'कबूतर' मुझे बेइन्तहा पसन्द आयी। इतनी पसन्द आयी, इतनी पसन्द आयी कि..."

उसकी ये बातें सुन मैं हवा में उड़ने लगा। तभी आगे वह बोली, "जब पता

चला कि आप खुद यहाँ हस्ताक्षर देने आ रहे हैं तो बेइन्तहा खुशी हुई। मेरा मतलब, बेइन्तहा ताज्जुब हुआ।"

एक चौड़ी मुस्कान के साथ मैंने पूछा, "ताज्जुब किस बात का?"

"क्योंकि मैं तो यह समझ रही थी कि आप मर चुके हैं।"

मुझे काटो तो ख़ून नहीं! मेरी चौड़ी मुस्कान काफ़ूर! धीरे-धीरे मेरी समझ में बात आ गयी। इस मासूम बच्ची की नज़र में कोर्स की किताबों में जिनके पाठ होते हैं, वे सभी मर चुके होते हैं, और नहीं तो क्या? जब रॉबर्ट क्लाइव और शिवाजी महाराज मर चुके होते हैं, तो गंगाधर गाडगिल भला कैसे ज़िन्दा रह सकते हैं?

देख लिया? बुज़ुर्ग साहित्यकार की नज़रों में मैं अभी भी 'होनहार' हूँ और इस बच्ची की नज़रों में मरहूम! यानी खुशहाल बुढ़ापा मेरी क़िस्मत में नहीं है।

दुनिया का यह कैसा इन्साफ़ है! देख लिया?

बैंक कर्मचारी : बीते हुए कल के

बचपन में नानूचाचा को लेकर मेरे मन में बड़ा आदर हुआ करता था। आदर तो आदर, उनका एक तरह का आतंक मन में छाया रहता था। नानूचाचा के क़दमों की आहट सुनी नहीं कि हम बच्चों के बीच सन्नाटा छा जाता। घर की औरतों की ऊँची आवाज़ें भी एकाएक दब जातीं।

नानूचाचा का व्यक्तित्व था ही कुछ ऐसा। अच्छा-ख़ासा डील-डौल था। वैसे तो तोंद ख़ासी निकली हुई थी, लेकिन इससे उनके भारी-भरकम व्यक्तित्व की शान और बढ़ जाती थी। चेहरे पर रोब था और मूँछें घनी। अपनी सुनहरी ऐनक के उस पार से जब वे घूरकर देखते थे, तो हम बच्चे काँप उठते थे। ख़ासकर मैं! क्योंकि वे मुझसे अकसर पहाड़ों से जुड़े मुश्किल से मुश्किल सवाल किया करते थे—उनतीस तिया कितने? उनासी पौने कितने? बड़ी सहजता से पूछे गये इन सवालों के सही जवाब उतनी ही सहजता से तुरत-फुरत देना मेरे बस की बात न थी। इसलिए मुझे उनके सामने पूरे-के-पूरे पहाड़े रटकर सुनाने पड़ते थे।

नानूचाचा से हालाँकि मैं डरता था, मगर औरों की तरह मैं भी उनकी बुद्धि और योग्यता का बहुत आदर करता था। उनासी पौने कितने होते हैं यह एक झटके में बतानेवाले इनसान की बुद्धि के प्रति भला किसके मन में आदर नहीं उपजेगा? और उनकी योग्यता को लेकर दो राय तो हो ही नहीं सकती थीं। लाखों रुपयों का लेन-देन करनेवाला बैंक अकेले चलाना कोई मज़ाक़ नहीं था! जोड़ना-घटाना, लेजर बुक, कैशबुक जैसी मोटी-मोटी पुस्तकें लिखना, सीधे लन्दन तार भेजना—कामों की इतनी लम्बी फेहरिस्त कि सुनकर चक्कर आ जाए।

उनका यह बैंक भी कोई देसी या गँवार बैंक नहीं था। फॉरेन बैंक था, फॉरेन! सुन रहे हैं आप? नानूचाचा को इस बात पर बड़ा गर्व था कि वे गोरे साहब के बैंक में काम करते हैं। उनके साथ-साथ हम सभी इस बात पर गर्व महसूस करते थे। देसी बैंकों को वे बड़ी हेय दृष्टि से देखा करते थे। कहते थे, "ये कोई बैंक हैं भला? कुकुरमुत्ते की तरह आज उगते हैं, कल नदारद! बैंक चलाना देसी लोगों के बस की

बात नहीं। वह तो गोरा साहब ही जानता है!" नानूचाचा अपने रुपये-पैसे गोरे साहब के बैंक में रखते थे या फिर डाकघर में! परिवार के बाक़ी सभी लोगों के साथ भी ज़बरदस्ती करते थे कि पैसे गोरे साहब के बैंक में ही रखा करो। उनके एक देशभक्त दोस्त ने अपने पैसे देसी बैंक में जमा किये, पता चला तो उन्होंने अपने उस दोस्त को ऐसे फटकारा था कि सुनते-सुनते मेरा ख़ून सूख गया था; उस दोस्त का हाल क्या हुआ होगा!

नानूचाचा ने हमसे यह कभी नहीं कहा था कि गोरे साहब का बैंक वे अकेले चलाते हैं। वो तो हमीं सब इस बात को ताड़ गये थे। क्योंकि उनके बर्ताव का अन्दाज़ ही कुछ ऐसा होता था मानो अकेले पूरा बैंक चला रहे हों। वे कभी भी किसी तरह की जल्दबाज़ी नहीं मचाते थे। हमेशा आराम से कुर्सी पर बैठे रहते थे और बैठे-बैठे ही औरों से सारे काम करवा लेते थे। चलने की नौबत आती तो भी धीमे-धीमे डग भरते चलते थे। चलते समय पूरे तलुवे ज़मीन पर रखते हुए चलते थे। एड़ियाँ हवा में उठाये हुए उड़ती चाल से चलने की बचकानी हरकत उन्होंने कभी नहीं की।

उनकी इस संजीदगी के जैसे दर्शन एक बार मैंने किये, उनसे उनके प्रति मेरे आदर में और भी अधिक वृद्धि हुई। हुआ यह कि एक दिन उनकी बेटी जमना की उँगलियाँ दरवाज़े की दरार में फँस गयीं। और ऐसे फँसीं कि किसी तरह बाहर नहीं निकल पा रही थीं। हंगामा हो गया। जमना ज़ोर-ज़ोर से चिल्ला रही थी। चाची चिल्लाने लगी थी। बाक़ी लोग भी ज़ोर-ज़ोर से शोर मचाये जा रहे थे। सभी जमना की उँगलियों को बाहर निकालने की कोशिश कर रहे थे। एक-दूसरे को सूचनाएँ दिये जा रहे थे। इस समय मैं भी वहीं मौजूद था और मेरी जो हालत थी, मत पूछिए। मैं बेचैन-सा इस तरह इधर-से-उधर, उधर-से-इधर भाग रहा था, मानो उँगलियाँ जमना की नहीं, मेरी ही फँसी हों।

मगर नानूचाचा जो बाहर के कमरे में आराम फरमा रहे थे, अपनी जगह से ज़रा नहीं हिले। वहीं पड़े-पड़े उन्होंने अपनी संजीदा आवाज़ में चाची को पुकारा। ज़ाहिर था, उनकी आवाज़ किसी को भी सुनाई नहीं दी। तब गुस्सा होकर वे ज़ोर से दहाड़ उठे, "अरे, आख़िर हो क्या रहा है! कैसा हंगामा है यह? कोई मुझे बताएगा भी?"

नानूचाचा का आतंक कुछ ऐसा था कि चाची बेचारी बेटी की फ़िक्र करना छोड़ उनकी तरफ़ दौड़ीं। फिर रोते-रोते उन्होंने चाचा को सारी बात बता दी।

पल भर के लिए नानूचाचा सोचते रहे। फिर शान्ति से वहाँ से उठ खड़े हुए और संजीदा चाल से आगे बढ़े। चाची बेचारी हैरान-परेशान। वह दौड़कर जमना के पास पहुँचना चाहती थी, मगर एक-एक क़दम बढ़ाते चले नानूचाचा के पीछे-पीछे धीरे-धीरे चलने के अलावा वे कुछ नहीं कर पा रही थीं।

यथावकाश नानूचाचा जमना के पास आ पहुँचे। इस बीच कॉलेज में पढ़ रहा

पड़ोस का बिशू जमना की उँगलियाँ दरवाज़े की दरार से छुड़ा चुका था। नानूचावा वहाँ पहुँचे, भीड़ को परे हटाकर उन्होंने जमना का हाथ अपने हाथ में लिया और वे उसकी उँगलियाँ जाँचने-परखने लगे। फिर जमना को अपनी तरफ़ खींचकर उसके कूल्हे पर उन्होंने इतनी ज़ोर से चपत लगायी कि वह ज़मीन पर औंधी गिर पड़ी और फिर उठकर चीख़ती हुई भाग खड़ी हुई।

नानूचाचा की इस संजीदगी का जो असर उस वक़्त मेरे मन पर पड़ा वह आज तक बना हुआ है। अब अपने घर में ऐसे मौक़े पर मैं भी नानूचाचा के नक़्शे-क़दम पर चलने की थोड़ी-बहुत कोशिश करता हूँ। इसका यह मतलब नहीं कि बीवी पर दहाड़ने या बच्चों की पीठ में धौल जमाने की मेरी हिम्मत होती हो। क्या मजाल जो मैं ऐसा कुछ करूँ! मगर ऐसे मौक़े पर मैं शान्ति से अपनी जगह बैठा रहता हूँ। दुर्भाग्य से मेरे इस व्यवहार को संजीदगी का नाम नहीं दिया जाता, बल्कि इसे मेरे नाकारा होने का सबूत समझा जाता है।

ख़ैर! और भी ऐसे कई सबूत नानूचाचा के व्यवहार में हमें मिल जाते थे, जिनसे यह यक़ीन हो जाए कि वे अकेले बैंक चलाते हैं, किसी भी मुद्दे पर वे काफ़ी सोच-विचार के बाद ही राय देते थे। जैसे कि, चाची अगर डरते-डरते पूछे कि "दलिया में नमक ज़्यादा तो नहीं है," तो वे शान्तिपूर्वक दो चम्मच दलिया चबा-चबाकर खाते थे और ऐसा करते समय उनकी नज़रें छत पर लगी होती थीं। फिर वे शान्ति से राय प्रकट करते थे, "ज़्यादा तो नहीं बल्कि थोड़ा कम ही है।"

हर काम वे बहुत ही सोच-विचार कर करते थे। सिर पर टोपी पहनना हो तो सोच-विचार कर, जेब से घड़ी निकाल उसमें चाभी भरनी हो तो सोच-विचार कर। चप्पल पहन रहे होते थे तब भी ऐसा लगता वे चप्पल की जाँच कर रहे हैं। जेब से पेन निकाल जब वे उसे खोलने लगते तो ऐसा महसूस होता मानो इत्र की शीशी खोल रहे हों। धोती पहनते वक़्त उसकी चुन्नटें वे ऐसे गिनते, मानो नोट गिन रहे हों, और तीन रुपयों के चाँदी के सिक्के वे कमर में इस तरह खोंस लेते थे मानो पूरा बैंक खोंस रहे हों। इन तमाम हरकतों से उनकी श्रेष्ठता का अहसास बराबर होता रहता था और बैंक में उनके नीचे काम करनेवाले जिस अदब से उनसे पेश आते थे, उससे उनकी श्रेष्ठता का एक और ठोस सबूत सामने आता। हमारे परिवार के दो-तीन सदस्यों को उन्होंने बैंक में नौकरियाँ दिलवायी थीं और अपने पुराने नौकर के भाई को भी चपरासी की नौकरी दिलवायी थी।

नौकरियाँ दिलवाना बड़ा पेचीदा काम हुआ करता था। नौकरी माँगनेवाला सबसे पहले तो रसोईघर में पहुँच चाची या दादी से घण्टों गपशप किया करता था, उनके बताये तरह-तरह के काम किया करता था। कभी-कभी वह मेरे पिताजी से सम्पर्क करता और उनके ज़रिये नानूचाचा तक अपना आवेदन पहुँचाता था। इसके

बाद, पहले तो नानूचाचा ज़रा-सा मुस्कराकर कहते, “नौकरियाँ कहीं इस तरह पेड़ पर लगती हैं कि लाये तोड़कर और थमा दीं हाथ में !”

नानूचाचा के इतना कहने पर कुछ एक आवेदक तो निराश हो जाते और चक्कर काटना छोड़ देते। कुछेक डटे रहते और चाची और दादी की सेवा में जुटे रहते। कुछ समय बाद कुछ अच्छे आसार नज़र आने लगते। नानूचाचा कहते, “हाँ, देखेंगे!”

इसके तुरन्त बाद उनसे इल्तज़ा करने का मतलब था ख़ुदकुशी! महीने-डेढ़ महीने बाद नौकरी के ज़िक्र पर अगर नानूचाचा में चिड़चिड़ेपन के लक्षण दिखाई दिये तो समझ जाइए कि अभी साधना करनी पड़ेगी। अगर वे चुप रहे तो इसे प्रमोशन मानकर खुश हुआ जा सकता था। इसका मतलब यह होता था कि अब प्रत्याशी सीधे नानूचाचा की सेवा करने का अधिकार प्राप्त कर चुका है। उनकी सुँघनी की डिबिया उनके सामने धर देना, उनकी टोपी उनके सामने धर देना वगैरह-वगैरह सेवाएँ अब वह कर सकता था। कुछ समय बाद चाचा कहते, “हुँ! कोशिश करनी पड़ेगी। मुश्किल लगता है। आजकल के हालात तो तुम देख ही रहे हो...”

नानूचाचा के इतना कहने पर प्रत्याशी यह मानकर चलता कि नौकरी लग ही गयी! फिर वह और उत्साह से कमर कस लेता और, और अधिक सेवा में जुट जाता। कमर इसलिए कसनी पड़ती कि इस समय तक अकसर उसकी कमर टूट चुकी होती थी। मैं यह कभी नहीं समझ पाया कि नानूचाचा ‘कोशिश’ किस प्रकार करते थे। लेकिन जब भी वे ‘कोशिश’ का ज़िक्र करते तो उनके माथे पर बल पड़ जाते। इससे मुझे यक़ीन हो जाता कि ‘कोशिश’ एक बहुत ही पेचीदा काम होता होगा। कभी-कभी चाची दबी आवाज़ में कुछ इस तरह की बातें करती पायी जातीं कि साहब बहुत सख़्त हैं, उन्हें मनाना मुश्किल है...! कभी-कभी ‘जोशी’ नामक किसी दुष्ट व्यक्ति के कारनामों का ज़िक्र भी हुआ करता था। इससे लगता था कि दफ़्तर में देवता और दानवों की घमासान लड़ाई जैसा माहौल होता होगा।

अन्ततः कोशिश कामयाब हो जाती, सहमा हुआ प्रत्याशी साफ़-सुथरे, ढंग के कपड़े पहन विनम्रता से नानूचाचा के दफ़्तर चला जाता। कभी-कभी एक ही बार में काम हो जाता, कभी दो-तीन चक्कर लगाने पड़ते। तब जाकर उसे अस्थायी नौकरी पर रख लिया जाता, पचास रुपये माहवार की अच्छी-ख़ासी तनख़्वाह पर; न कि तीस या चालीस रुपये पर!

शाम को वह सेर भर पेड़े लेकर घर आ जाता। पहले चाचा और फिर दादी और चाची के पैर छूता। हम लोग पेड़े खा रहे होते (ऐसे मौक़े पर मैं अकसर वहीं होता था!) और वह होंठों पर मुस्कान लिये हमें देखता रहता। कभी-कभी और सच पूछिए तो अकसर चाची पेड़ों की आलोचना करती। प्रत्याशी झेंप जाता। बेहतर पेड़े लाने के लिए निकल पड़ता। फिर चाची उसे रोकने लगती।

अस्थायी नौकरी पर लगा प्रत्याशी कई दिन तक अस्थायी बना रहता, इस दौरान वह ख़ासा सहमा हुआ दिखाई देता। उसे यह डर बराबर लगा रहता कि कहीं फट् से नौकरी से हाथ न धो बैठना पड़े। इसलिए वह नानूचाचा के घर बार-बार आता रहता और हाथ जोड़, सिर झुका उनके सामने खड़ा रहता; उनकी सेवा करता। नानूचाचा उसकी इस सेवा को इस तरह स्वीकार करते मानो उस पर अहसान कर रहे हों।

कभी-कभी दफ़्तर के काम में हुई ग़लती के लिए वे उसे डाँट-फटकार भी देते। ऐसे मौक़े पर उसका सिर कुछ और झुक जाता। वह सिर नीचा किये चुपचाप डाँट सुनता रहता। नानूचाचा के प्रति हम बच्चों के मन में आदर दुगुना हो जाता।

नानूचाचा न सिर्फ़ अपने मातहतों को नालायक़ करार देते थे, बल्कि बड़ी-बड़ी कई हस्तियाँ भी उनकी राय में इस खिताब के लायक़ होती थीं। जैसे हिटलर के इंग्लैण्ड के खिलाफ़ युद्ध घोषित करते ही नानूचाचा ने हिटलर को महामूर्ख घोषित कर दिया। गाँधीजी के आन्दोलन छेड़ने की हरकत पर वे टिप्पणी करते, "इस तरह प्रभातफेरियों से कभी किसी को आज़ादी मिली है, भला?" उनकी राय पक्की थी कि कोई अँग्रेज़ों का बाल भी बाँका नहीं कर सकता। अपनी यह राय वे इतने सोच-विचार के बाद संजीदा अन्दाज़ में प्रकट करते कि विश्वास न करने का सवाल ही नहीं उठता था।

नानूचाचा की राय अगर किसी के बारे में अच्छी थी तो वह था गोरा साहब! अँग्रेज़ों के अनुशासन, उनकी अक़्लमन्दी और सख़्त स्वभाव के वे क़ायल थे। साहब को जुकाम हो जाता तो इन्हें फ़िक्र होती। इनके साथ-साथ पूरे घर को फ़िक्र हो जाती। चाची लड्डू बनाने का अपना इरादा कुछ समय तक के लिए स्थगित कर देतीं। इससे हमें यह यक़ीन हो जाता कि साहब लोग महान होते हैं।

ऐसे महान साहब लोग नानूचाचा पर मेहरबान हुआ करते थे। साहब उन पर कितना विश्वास करते हैं, इसके क़िस्से हम अकसर सुना करते थे। महान साहब जिन पर इतना विश्वास करते हैं, ऐसे नानूचाचा कितने महान होंगे! हम मन-ही-मन इसका हिसाब लगाया करते थे। साहब नानूचाचा से किस क़दर खुश होते हैं इसका सबूत भी एक बार मिल गया।

हुआ यह कि एक दिन बातों-बातों में चाची ने कहा, "सोने की ईंटें! जिस किसी के पास भी हों! उससे हमें क्या लाभ!"

चाचा इसी समय रसोईघर की तरफ़ आ रहे थे। उन्होंने चाची की बात सुनी तो मूँछों-ही-मूँछों में संजीदगी से मुस्कराकर बोले, "जिस किसी के पास क्यों? सोने की ईंटें तो हम भी रखते हैं अपने बैंक में!"

नानूचाचा हँसी-मज़ाक़ नहीं के बराबर किया करते थे। इसलिए उनकी यह बात बड़ी अनोखी लगी और हम सब जी भर कर हँसे।

तब आँचल सँवारकर और सिर झुकाकर चाची साहस करती हुई बोलीं, "उई माँ! बैंक हुआ तो क्या! सोने की ईंटें थोड़े न होती हैं!"

"क्या मतलब? हम क्या झूठ बोलते हैं?" चाचा ने रोबीली आवाज़ में कहा।

हम बच्चे जान गये कि चाचा का यह गुस्सा झूठ-मूठ का है। चाची भी शायद जान गयी थी। फिर भी चौंक गयीं और सिर को कुछ और झुकाते हुए बोलीं, "मैंने ऐसा थोड़े ही कहा था?"

इस पर चाचा बुलन्द हँसी के साथ बोले, "ठीक है। हम दिखा ही लाते हैं तुम्हें ईंटें!"

हम बच्चों ने शोर मचाया, "हमें भी! हमें भी दिखाइए न नानूचाचा! कब दिखाएँगे?"

फिर हम लोग अपनी ग़लती का अहसास कर सहम गये। लगा अब ख़ासी डाँट पड़ेगी। लेकिन नानूचाचा बड़े मूड में थे। हँसकर बोले, "ठीक है, तुम लोगों को भी ले चलेंगे। लेकिन कुछ दिन बाद। सारा इन्तज़ाम जो करना पड़ेगा।"

हमारे पैर ज़मीन पर पड़ने से इनकार करने लगे थे। हम सोने की ईंटें जो देखने जा रहे थे। ख़बर हमारे रिश्तेदारों में, मोहल्ले में, स्कूल में फैल गयी कि हम सोने की ईंटें देखने जा रहे हैं। कई बच्चे आ-आकर हमसे दरख़्वास्त करने लगे कि हमें भी ले चलो। कहना न होगा, हमने उन्हें घास नहीं डाली।

दो हफ़्ते लम्बे दो युग की तरह बीत गये, तब शनिवार की दोपहर चाची, दामू, जमना, नलू और मैं—हम सब बैंक जाने के लिए घर से निकल पड़े। मैंने और दामू ने रेशमी कपड़े पहन रखे थे जो हमारे जनेऊ संस्कार के लिए ख़ास तौर से बनवाए गये थे। जमना और नलू ने गोटेदार घाघरा-चोली पहन रखी थीं। चाची भी क़ीमती साड़ी पहने हुए थीं। उन्होंने सारे-के-सारे ज़ेवर भी पहन लिये थे।

नौकरी के एक प्रत्याशी के साथ विक्टोरिया में बैठ हम मुम्बई के फोर्ट की तरफ़ बढ़े। वहाँ की चौड़ी सड़कें और आलीशान इमारतें देखकर आँखें खुली-की-खुली रह गयीं। इन्हीं में एक आलीशान इमारत के सामने हमारा विक्टोरिया आ रुका। वह चाचा का बैंक था। बैंक का नाम बड़े-बड़े सुनहरे अक्षरों में लिखा हुआ था। मुझे और दामू को इसमें ज़रा भी शक न था कि वे अक्षर खरे सोने से लिखे गये हैं।

अन्दर प्रवेश कर हम लोग एक बेंच पर बैठ गये। थोड़ी देर बाद चाचा आ गये तो हम सब ऐसे उठ खड़े हुए जैसे स्कूल में क़वायद के लिए खड़े हुए हों। फिर चाचा हमें अन्दर ले गये। अपने टेबल के पास हमें खड़ा कर वे साहब के कमरे में चले गये।

मैं और दामू इस तैयारी के साथ खड़े थे कि अगर साहब गुस्सा करने लगे तो भाग खड़े हो सकें। मगर गुस्सा करना तो दूर, वह महान साहब हँसता-मुस्कराता हुआ अपने कमरे से बाहर आया और मेरी ठोड़ी को छूकर (नोट करें : मेरी! न कि दामू की!) बोला, "यू वाण्ट टु सी गोल्ड, डू यू?"

मैं ठीक से समझ नहीं पाया कि उसने क्या कहा, फिर भी अपनी स्कूली अँग्रेज़ी झाड़ते हुए मैंने कहा, "यास्, यास्!"

फिर अन्दर जाकर उसने कई तरह की चाभियाँ घुमाकर तिजोरीवाले कमरे का भारी-भरकम दरवाज़ा खोला। हम लोगों ने कमरे में प्रवेश किया।

सचमुच वहाँ सोने की ईंटें थीं। मेरी उम्मीद के मुताबिक़ कमरा ईंटों से भरा हुआ तो नहीं था, फिर भी काफ़ी ईंटें थीं। देखकर आँखें जुड़ा गयीं।

मैं तो चाचा के आतंक को भी भूल गया। दामू से मैंने कहा, "इनमें से एक-एक घर ले जाएँ तो?"

सुना तो चाची डर गयीं; मगर चाचा ज़ोर से हँसने लगे। वे इतनी ज़ोर से हँस सकते हैं, मैं नहीं जानता था।

साहब ने चाचा से पूछा तो उन्होंने उसे बताया। मेरी बात समझ में आते ही साहब ज़ोर से हँस दिया। मुझसे बोला, "टेक, इफ् यू कैन।"

मैं उसकी बात को ठीक से समझ नहीं पाया, इसलिए मैंने नानूचाचा की तरफ़ देखा। नानूचाचा ने कहा, "साहब कह रहे हैं, उठा सको तो उठाओ और ले जाओ। देखो उठा लो।"

मैं झिझकता रहा। जानता था कि यह सब हँसी-हँसी में कहा जा रहा है। आख़िर मैं भी तो अँग्रेज़ी तीसरी में पढ़ रहा था।

लेकिन चाचा ने फिर दबाव डाला, तब मैं साहस कर आगे बढ़ा और सोने की एक ईंट उठाने लगा।

अरे बाप रे! ये तो बेहद भारी निकली! उसे उठाने की कोशिश में मैं सन्तुलन खो बैठा, गिरने ही वाला था कि चाचा ने आगे बढ़ सँभाला। वे आगे बढ़कर नहीं सँभालते तो ईंट के गिरने से मैं तो घायल हो जाता।

चाचा और साहब ज़ोर से हँस दिये, दामू और चाची को ईंट उठाने का अनुरोध करने लगे। लेकिन दोनों का साहस ही न हुआ।

विक्टोरिया में सवार हो वापस लौटते समय हम लोगों ने चाचा के दिये बिस्किट खाये।

हमारे मन में रत्ती भर भी सन्देह नहीं बचा था कि हमारे नानूचाचा कितने महान

बैंक अफ़सर : आजकल के

नानूचाचा के बड़े बेटे दामू ने बैंक में नौकरी नहीं की। वह इंजीनियर बना। मगर नानूचाचा को इससे बड़ी निराशा हुई। बाद में जब दामू ने लव मैरेज की तब तो नानूचाचा ने उससे बात करना भी छोड़ दिया।

इसके बाद वे अपने छोटे बेटे चन्दू पर उम्मीदें लगा बैठे। चन्दू ने बैंक की नौकरी की तो सही, मगर नानूचाचा के बैंक में नहीं, बल्कि एक गँवार, देसी बैंक में! उसका कहना था कि देसी बैंक में ही तरक़्क़ी के चान्सेज़ ज़्यादा होते हैं, क्योंकि अब विदेशी बैंकों के रोब के दिन बचे ही कितने हैं?

उसके इस निर्णय पर नानूचाचा बहुत नाराज़ हुए। पता था कि चन्दू तो कुछ सुनेगा नहीं, इसलिए मारे गुस्से के चाची को ही क्या कुछ नहीं सुना डाला उन्होंने। बोले, "कल को सड़क पर भीख माँगने की नौबत आएगी, तब मुझसे कुछ मत कहना। कहे देता हूँ हाँ!"

चाची ने उनकी बातें चुपचाप सुन लीं। मगर चन्दू को भीख-वीख माँगने की नौबत कभी नहीं आयी। बल्कि वह बैंक में अफ़सर बन गया। यह बात नहीं कि चन्दू बहुत बुद्धिमान हो। मगर बैंक की यूनियन ने ज़िद की कि अफ़सर के पदों के लिए बैंक के कनिष्ठ कर्मचारियों को ही अधिक-से-अधिक प्रश्रय देना चाहिए। यूनियन ने अपनी माँग के लिए ख़ूब हंगामा मचाया। उन दिनों चन्दू किसी क्रान्तिकारी की-सी बोली बोला करता था, ज़ोर-ज़ोर से चिल्लाया करता था कि मैनेजर 'चार सौ बीस' है।

उसका यह अन्दाज़ देख मैं भी डर जाता था। लगता, अब इसकी नौकरी तो गयी। नानूचाचा सच ही कहते थे। भीख माँगने की नौबत आएगी! नानूचाचा को तो पूरा यक़ीन था कि ऐसा ही होगा। वे सपने देखने लगे कि पश्चात्ताप की आग में जलता चन्दू उनके पैरों पर लोट रहा है और वे उसे ठोकर मार रहे हैं। वह बार-बार गिड़गिड़ाता और वे उसे ठोकर मारते हैं। दो-चार ठोकरें मार चुकने के बाद वे उसे विदेशी बैंक में नौकरी दिलवा ही देते...

लेकिन नानूचाचा का यह सपना सच न हो सका। चन्दू को नौकरी से हटाया

नहीं गया, बल्कि उसे प्रमोशन दिया गया। चन्दू अफ़सर बना। एअरकण्डीशण्ड केबिन में बैठ घण्टी बजाने लगा। रुआब बढ़ गया।

बेचारे नानूचाचा! ज़िन्दगी भर ईमानदारी से गोरे साहब की नौकरी में रहे, मगर अफ़सर कभी नहीं बन सके। हैडक्लर्क या सुपरवाइज़र के पद से आगे वे कभी बढ़ नहीं पाये, केबिन में बैठने का मौक़ा कभी मिला नहीं। ज़िन्दगी साहब के केबिन के बाहर टेबल हथियाने में गुज़र गयी। बग़ैर हत्थेवाली कुर्सी की जगह हत्थेवाली कुर्सी तो मिली, मगर वह झूलनेवाली या घूमनेवाली थी नहीं। उस पर कुशन भी नहीं था। नानूचाचा कुर्सी के लिए घर ही से कुशन ले गये थे।

इसके ठीक विपरीत चन्दू के ठाठ थे। उसके लिए झूलती-घूमती आरामदेह कुर्सी थी। स्टील का टेबल था, उस पर शीशा बिछा हुआ था। उसकी तनख़्वाह का पता चला तो नानूचाचा चक्कर खा गये। रिटायर होते समय भी उन्हें इतनी तनख़्वाह नसीब नहीं हुई थी, जबकि उनके ज़माने में उनकी तनख़्वाह अच्छी-ख़ासी समझी जाती थी। चन्दू को मिलनेवाले बोनस की राशि का पता चला तो वे हार मानकर बैठ गये। उन्होंने अध्यात्म का रुख किया। मगर क़िस्सा यहीं ख़त्म नहीं हुआ। बैंक ने चन्दू को रहने के लिए चार रूम का आलीशान, पॉश फ्लैट दिया। उसकी बीवी भी बैंक में ही नौकरी करती थी। इससे उसने रेफ्रिज़रेटर ही नहीं, और भी कई क़ीमती चीज़ें झटके में खरीद डालीं। नानूचाचा की समझ में जो चीज़ें सिर्फ़ साहब के घर पर ही हो सकती थीं, वे सारी चन्दू के घर में मौजूद देख नानूचाचा की शान जाती रही।

उन्होंने तो बहुत पहले चन्दू के घर आना-जाना छोड़ दिया था लेकिन अब बड़ी मुश्किल हो गयी। चाची का चन्दू के घर आना-जाना ज़ारी था। वहाँ से लौटकर जब वे वहाँ की खुशहाली का बयान करने लगतीं तो चाचा मन मसोसकर रह जाते। उन्हें लगता ख़ुशियों के इस जश्न में उन्हें शामिल कराने से जैसे कोई इनकार किये जा रहा है। ऐसे में हिन्दू धर्म बड़े काम आता है। किसी धार्मिक अवसर का बहाना बना नानूचाचा ने चन्दू को अपने घर खाने पर बुला लिया। फिर समय-समय पर चाची के हाथ की बनी मिठाइयाँ पहुँचाने के बहाने वे चन्दू के घर जाने लगे। चन्दू की बीवी भी दफ़्तर जाते समय बच्चों को नानूचाचा के घर छोड़ जाने लगी। नानूचाचा चन्दू की कामयाबी के क़िस्से रस ले-लेकर औरों को सुनाने लगे। हर तरह से आनन्द का वातावरण छा गया।

माना कि वातावरण आनन्द का था, फिर भी मुझे रह-रहकर लगता था कि हो-न-हो चन्दू के ठाठ में कोई कमी ज़रूर है। कमी थी रोब की। माना कि नानूचाचा सुपरवाइज़र के पद के आगे कभी नहीं बढ़े, मगर उनका रोब और आतंक देखने लायक था! उन घनी मूँछों, तेज़तर्रार निगाहों, गुर्राकर बोलने के अन्दाज़ और रोबीली चाल की बात ही निराली थी। पैरों की ज़रा-सी आहट हुई नहीं कि चाची चौंक पड़ती थी। उनकी आवाज़ का स्वर ज़रा-सा ऊँचा हुआ नहीं कि चाची के हाथ से बर्तन गिर

पड़ता। नानूचाचा के मातहत भी बराबर हाथ जोड़, सिर झुका उनके सामने खड़े पाये जाते थे। नानूचाचा की सेवा में उनकी दौड़धूप बराबर ज़ारी रहती। कुल मिलाकर किसी छोटी-मोटी रियासत के राजा के से ठाठ हुआ करते थे नानूचाचा के!

चन्दू के पास रेफ्रिज़रेटर था तो क्या, नानूचाचा जैसा रोब उसका ज़रा भी नहीं था, भाभी उसे 'तुम' कहकर बुलाया करती थीं और चन्दू घर पर होता, तो उससे घर के काम भी करवा लेती थीं। मैंने तो कई बार बेचारे चन्दू को अपने बेटे को चड्डी पहनाते देखा है। उस समय उसका बेटा उसके गाल पर थप्पड़ मार रहा होता है। एक बार मैंने उसे बेटी के बाल बनाते हुए देखा था। उस पर बेटी उसे बराबर लताड़े जा रही थी कि ठीक से बाल बनाने भी नहीं आते आपको! चन्दू के बच्चों की यह पक्की धारणा बन चली थी कि उनकी माँ समझदार और बाप परले दर्ज़े का मूर्ख व्यक्ति है। इस धारणा को बदलने की कोशिश उनकी माँ ने कभी की हो, ऐसा मेरे देखने में कभी नहीं आया। इसका परिणाम यह हुआ कि ये बच्चे चाची को (यानी अपनी दादी को) समझदार और नानूचाचा को मूर्ख मानने लगे। एक बार चन्दू के बेटे को नानूचाचा के गाल पर थप्पड़ मारते हुए भी मैंने देखा। और यह भी देखा कि नानूचाचा इसे चुपचाप सह गये।

समय के साथ मैं भी काफ़ी कुछ सहना सीख गया हूँ। ऊँची जगह पर रखे हुए कनस्तर उतारकर बीवी को देने में अब मैं अपमानित महसूस नहीं करता। बच्चे मखौल उड़ायें तो हँसकर झेल लेता हूँ लेकिन नानूचाचा का पोता उन्हें थप्पड़ मारे, यह मेरे बरदाश्त के बाहर था। नानूचाचा की आवाज़ ज़रा-सी ऊँची होने की देर थी, हम बच्चों की चड्डियाँ गीली हो जाती थीं। और अब यह हाल है! भयानक! महाभयानक स्थिति!!

चन्दू ने नानूचाचा जैसा रोबीला रूप नहीं पाया था। शायद इसी कमी को पूरा करने के लिए उसने इन दिनों मूँछें और कलमें रख ली थीं शायद! बाल भी लम्बे बढ़ा लिये थे। लेकिन इससे रोबीला दीखना तो दूर, वह बावला और घबराया हुआ-सा दीखने लगा था।

घर में चन्दू का न रोब था न शान। और दफ़्तर में अगर कोई रोब पड़ता भी हो, तो उसके दर्शन घर में कभी नहीं होते थे। कभी यह देखने में नहीं आया कि लोग घर पर आ रहे हैं, हाथ जोड़ चन्दू के सामने खड़े हो रहे हैं, चन्दू की सेवा कर रहे हैं, उसे ख़ुश करने की कोशिशें कर रहे हैं। कहने को एक बार चन्दू ने अपने स्टाफ़ को घर पर पार्टी दी थी। लेकिन वहाँ ख़ुद चन्दू गुलाम की तरह दौड़धूप किये जा रहा था और अपने स्टाफ़ का ख़याल रखे जा रहा था।

मैंने चन्दू से पूछा, "पार्टी किस ख़ुशी में? कोई ख़ास बात?"

"नहीं तो। ख़ास कुछ नहीं।"

"तो फिर?"

इस पर चन्दू ने रहस्य भरी निगाहों से मुझे देखते हुए जवाब दिया, "तुम नहीं समझोगे। आजकल यह करना ही पड़ता है।"

उन दिनों मैं कॉलेज में नौकरी कर रहा था और ट्रेड यूनियन की चपेट में कॉलेज अभी नहीं आये थे। इसलिए चन्दू की बात का मतलब मैं नहीं समझ पाया। लेकिन मुझे जिज्ञासा हुई और बात समझ लेने की कोशिश में मैं एक दिन चन्दू के बैंक जा पहुँचा।

बैंक की आलीशान इमारत के बाहर झण्डे लहरा रहे थे। कपड़े के बैनर हवा में झूल रहे थे। बैंक में प्रवेश करने से पहले ही इस बात का सबूत मिल गया कि ट्रेड यूनियन क्या चीज़ है! अन्दर पहुँचकर देखा तो सीढ़ियों के पास वाली खाली जगह में भी काग़ज़ के बड़े-बड़े बैनर लटके हुए थे। मैंने देखा कि उन पर कर्मचारियों की माँगें लिखी हुई थीं। मैंने माँगें गिनीं। पूरी बाईस थीं। ट्रेड यूनियन को लेकर मेरे मन में आदर पैदा हुआ। कॉलेज में अर्थशास्त्र का अध्ययन करते समय रुपये की दर एक शिलिंग चार पेन्स हो या एक शिलिंग छः पेन्स इस बात को लेकर छिड़ी बहस के बारे में भी मैं पढ़ चुका था। उस वक़्त हमारे विद्वान प्रोफ़ेसर साहब ने दोनों पक्षों के समर्थन में क्रमशः ग्यारह मुद्दे लिखा दिये थे। एक सवाल को हल करने के लिए पूरे बाईस मुद्दे ज़बानी याद करानेवाले प्रोफ़ेसर महोदय को लेकर मेरे मन में जो अत्यधिक आदर उपजा था, वह आज भी क़ायम है। और अब इस बात का यक़ीन हो गया कि यूनियन के नेता उन्हीं प्रोफ़ेसर महोदय जितने ही बुद्धिमान हैं। माँगों की उस फेहरिस्त के आगे मेरा सिर आदर से अपने आप झुक गया।

चन्दू का दफ़्तर कौन-सी मंज़िल पर है, मुझे पता नहीं था, इसलिए मैंने लिफ्टमैन के पास पूछताछ करनी चाही; मगर इस बात से, लगा लिफ्टमैन साहब नाराज़ हो गये। उन्होंने कहा कुछ नहीं। सिर्फ़ घूरकर मेरी तरफ़ देखा। फिर मैंने बड़े अदब से कहा कि चन्दू का डिपार्टभेण्ट तीसरी मंज़िल पर ही है न? इस पर लिफ्टमैन महोदय ने गर्दन की ज़रा-सी हरकत से हामी भरी। इस घटना से मैं सहम-सा गया। अपने-आप से कहा, ज़रा सँभल के! यहाँ के लोग बड़े खुद्दार लगते हैं।

तीसरी मंज़िल पर चन्दू के डिपार्टमेण्ट में पहुँचा तो देखा, माहौल बड़ा हँसता-खेलता हुआ-सा है। कुछ एक कुर्सियाँ खाली पड़ी थीं। लगता था लोग काम से कहीं बाहर गये हों। कहीं-कहीं काम ज़ारी था। कहीं-कहीं गपशप! एक सज्जन बड़ा मन लगाकर काम कर रहे थे। नानूचाचा के बैंक में सभी लोग अपने-अपने काम में व्यस्त दिखाई देते थे। आपस में बातचीत नहीं के बराबर होती थी और दफ़्तर में हँसने की तो किसी की हिम्मत ही न पड़ती थी। पूरा माहौल सहमा हुआ होता था। यह देखकर सन्तोष हुआ कि बैंक में अब उस सहमे हुए माहौल की जगह इस हँसी-ख़ुशी के आलम ने ली है। हमारे कॉलेज में भी ऐसा ही आलम छा गया था, जिससे अब ज़्यादा पढ़ाना नहीं पड़ता था।

यह सोचकर कि गपशप में खलल डालना ठीक नहीं, मैंने मन लगाकर काम कर रहे व्यक्ति से पूछा कि चन्दू कहाँ बैठता है। इस पर मुझे घूरकर देखते हुए उन्होंने कहा, "इन्क्वायरी से पूछिए।"

मैंने अपराध भाव का प्रदर्शन किया, काम में खलल डालने के लिए खेद प्रकट कर मैं इधर-उधर देखने लगा। तभी मुझे चन्दू के नाम का बोर्ड दिखाई दिया। मैं चन्दू के केबिन का दरवाज़ा धकेलकर अन्दर पहुँचा।

चन्दू की कुर्सी बड़ी आरामदेह थी, गोल-गोल घूमनेवाली थी। लेकिन आराम से बैठने के बजाय चन्दू सिर झुकाये काम में व्यस्त था। सामने, टेबल पर फ़ाइलों का ढेर लगा हुआ था।

मुझे देख उसने ख़ुशी ज़ाहिर करने और मेरा स्वागत करने की कोशिश की। लेकिन साफ़ ज़ाहिर हो रहा था कि वह ख़ुश होने या स्वागत करने की स्थिति में नहीं है। मैंने कहा, "काफ़ी व्यस्त लग रहे हो।"

वह बोला, "हाँ। क्या करूँ। काफ़ी काम रहता है। हड़ताल होने जा रही है न। ऊपर से ऑर्डर आया है, जितने हो सकें काम हड़ताल से पहले पूरे करवा लो।"

"लेकिन इतने सारे काम तुम क्यों कर रहे हो? तुम्हारा इतना बड़ा स्टाफ़ है। उनसे करवा लो।" मैंने रचनात्मक सुझाव दिया।

चन्दू उदासी से मुस्करा दिया। लगा वह बहुत कुछ कहना चाहता है; लेकिन बस, इतना ही कह पाया, "उन सबके पूरे किये हुए काम ही तो मैं कर रहा हूँ। छोड़ो तुम प्रोफ़ेसर लोग बैंकिंग पर लेक्चर देते हो, दुनिया को मैनेजमेण्ट सिखाते हो। तुम लोग क्या समझो!"

मैं चुप रहा। मतलब, मैंने चुप रहना चाहा। मगर रहा न गया। पूछा, "इतना सारा काम ये लोग कर चुके हैं? मगर इन्हें तो मैं गपशप करते, हँसते-खेलते काम करते देख रहा हूँ।"

मेरे अनाड़ीपन पर चन्दू फिर हँस दिया, "अरे, आजकल ओवरटाइम चल रहा है। ओवरटाइम के टाइम काम करने के लिए ताक़त बची रहनी चाहिए कि नहीं?"

"हाँ हाँ, यह तो मैं भूल ही गया था।" मैंने अपनी ग़लती तुरन्त स्वीकार कर ली। आज भी किस क़दर दक़ियानूसी ख़याल पाले हुए हूँ, यह सोचकर मैं झेंप गया।

थोड़ी देर बाद मैंने कहा, "हाँ, एक अकेले सज्जन को मन लगाकर काम करते देखा मैंने। बेचारे, काम में इतने व्यस्त थे कि मैंने उनसे कुछ पूछना चाहा तो बेहद नाराज़ हो उठे।"

चन्दू एकाएक घबरा उठा। बोला, "अरे बाप रे! तुमने उनका अपमान तो नहीं किया न? मरवाओगे मुझे! कल को हड़ताल होगी तो गेट पर खड़े हो मुझी को निशाना बनाएँगे सब!"

यह सुनकर मैं भी घबरा गया। "क्यों? क्या बात है? कौन हैं वो सज्जन? मैनेजर के रिश्तेदार तो नहीं?" मैं पूछने लगा।

"मैनेजर को मारो गोली। यूनियन के प्रतिनिधि हैं वो। एकदम पॉवरफुल आदमी है!" चन्दू दबी आवाज़ में बोला।

"मगर मैंने तो सुना था यूनियनवाले काम ही नहीं करते। ये महोदय तो बड़ा मन लगाकर काम कर रहे हैं।" मैंने कहा।

"अरे बाबा, वो बैंक का काम नहीं कर रहे हैं। वो तो यूनियन का काम कर रहे हैं।" चन्दू ने बताया।

"मगर बैंक में? बैंक के समय में यूनियन का काम?"

"तो? कुछ ग़लत कर रहे हैं? बैंक ने ही इसकी परमिशन दे दी है। बैंक के समय में यूनियन का काम किया जा सकता है। उस काम के लिए बैंक के टेलीफ़ोन, टेलेक्स का इस्तेमाल भी कर सकते हैं। यही नहीं, अगर उन्हें यूनियन के काम से कहीं सफर करना पड़े तो उनका यात्रा-ख़र्च भी बैंक देता है।" चन्दू ने मेरे ज्ञान में बढ़ोतरी की।

मेरा मुँह खुला का खुला रह गया। फिर मैंने पूछा, "तुम्हारा मतलब, बैंक यूनियन की मदद इसलिए करता है, ताकि यूनियन बैंक के ख़िलाफ़ हड़ताल करे, ज़्यादा वेतन की माँग करे। क्यों?"

"और नहीं तो क्या! बैंक की राय में, ताक़तवर यूनियन का होना बैंक के हित में ही होता है।"

मेरा दिमाग़ चकरा गया।

तभी चन्दू ने और जानकारी दी, "यह अमरीकी प्रणाली है। उन्हीं के पदचिह्नों पर तो हम चल रहे हैं।"

अब मेरे मन में किसी तरह का कोई सन्देह नहीं रहा। अमरीका में जो हो रहा है वह ग़लत कैसे हो सकता है? इस मामले में ही सही, हम अमरीका की बराबरी कर रहे हैं, यह सोचकर बड़ा सन्तोष हुआ।

तभी एक प्यून फ़ाइलें लिये चन्दू के केबिन में आया। मैंने चन्दू से कहा, "ज़रा इसे एक गिलास पानी लाने के लिए कहो न।"

मेरा इतना कहना था कि चन्दू अपनी कुर्सी से उछला, दौड़कर मेरे पास आया और मेरा मुँह बन्द करते हुए प्यून से बोला, "नहीं, नहीं, गुनीराम जी, आप जाइए। ये...ये कुछ नहीं जानते। इसलिए ऐसा बोल गये। आप इनकी बात पर ध्यान मत दीजिए।"

प्यून के चले जाने पर चन्दू ने मेरे मुँह पर रखा हाथ हटाया और अपना माथा पकड़ अपनी कुर्सी पर जा गिरा। मैं कुछ समझ नहीं पा रहा था। कहा, "क्या हुआ? मैंने उसे तू तुम कहकर बुलाया इसलिए हुआ यह सब? सॉरी! इन लोगों को 'आप'

कहकर बुलाना चाहिए इस बात से मैं भी सहमत हूँ। लेकिन पुरानी आदत नहीं छूटती।"

"परले दर्जे के अनाड़ी हो। तुमने उन्हें 'तू-तुम' कहा, यह तो ग़लत ही किया। उस पर तुमने उनसे पानी लाने के लिए कहा।" चन्दू ने कहा।

"तो?"

"तो क्या? पानी लाना प्यून का काम नहीं है। इस काम के लिए अलग सेवक-वर्ग है। उन्हें वाटर-ब्वॉयज़ कहते हैं।"

"अच्छा, यह बात है। पानी लाना, साफ़-सफ़ाई करना वगैरह काम ये वॉटर-ब्वॉयज़ करते हैं।"

"ग़लत। फिर ग़लत हो गया। साफ़-सफ़ाई करनेवाले लोग अलग हैं।" चन्दू ने ऐसे कहा जैसे बच्चों को समझाया जाता है।

"माइ गॉड!"

"बैंक में काम का बँटवारा सूक्ष्म स्तर पर किया गया है। बिलकुल वैज्ञानिक तरीके से। मसलन, अगर कोई प्यून चेक्स की डिलीवरी करता हो, तो वह हुण्डी की डिलीवरी नहीं करेगा। लैजर लिखनेवाला क्लर्क बिलों को नहीं छुएगा। और तो और, वह लैजर एक टेबल से उठाकर दूसरे टेबल पर भी नहीं रखेगा। यह काम प्यून का है। इस व्यवस्था के तहत किसी को ज़्यादा काम नहीं करना पड़ता। इसके अलावा..."

मैंने प्रभावित होते हुए कहा, "वाह! बड़ी अच्छी व्यवस्था है। इससे काम में किसी तरह की गड़बड़ी, उलझन नहीं होती। न ज़्यादा काम करना पड़ता है, न ज़्यादा काम करने से कोई बीमार पड़ता है। इसके अलावा कितनी ज़्यादा नौकरियाँ भी मुहैया होती हैं। इससे बेरोज़गारी की समस्या अपने आप हल हो जाती होगी। क्योंकि हमारे कॉलेज में एक प्यून जो काम करता है, उसे अंजाम देने के लिए यहाँ तीन आदमी रखे गये हैं।"

चन्दू ने हामी भरते हुए कहा, "इसके अलावा तुम्हारे कॉलेज का प्यून जितनी तनख़्वाह पाता है, उससे दुगुनी तनख़्वाह यहाँ का प्यून पाता है।"

"इससे गरीबी की समस्या का समाधान भी मिल गया। 'समाजवाद' की बड़ी रट लगाये रहते हैं हम लोग; असली समाजवाद तो तुम्हारे बैंक में है।" अब मेरी आँखों से बस, ख़ुशी के आँसुओं का बहना बाक़ी रह गया था।

तभी एक और ख़याल आया। मैंने कहा, "लगता है, हमारे हिन्दू धर्म में जाति भेद की जो परम्परा है, उसे यहाँ काम के मामले में ही सही बनाये रखा है। हिन्दू धर्म और समाजवाद का ऐसा सुन्दर संगम इससे पहले न कभी देखा, न सुना!"

मैंने चन्दू की ओर देखा। लगा, वह मेरे ख़याल पर ख़ास ख़ुश नहीं हुआ है। तब उसे मनाने के लिए मैंने कहा, "माना कि तुम जैसे सत्ताधारी वर्ग के लोगों

को समस्याएँ पेश आती होंगी। लेकिन मुझे तो लगता है कि अफ़सर लोग अपने आपको मज़दूर मानकर अपनी अलग यूनियन बनाएँगे तो तुम्हारी समस्याओं के समाधान भी मिल जाएँगे।"

चन्दू ने ज़ोर से सिर हिलाते हुए कहा, "हाँ, हाँ। अब हम लोग वही करने जा रहे हैं।"

इस पर मैं कुछ अधिक ही सन्तुष्ट होता हुआ उस समाजवादी स्वर्ग से नीचे उतर आया।

बुरी तरह बिगड़ चुकी युवा पीढ़ी

अरे हाँ, हाँ, जानता हूँ! बड़ा तीसमारख़ाँ बनता है। मुझ पर रोब दिखाता है! मेरी खिल्ली उड़ाता है! ही...ही...ही...हँसता है! उसकी माँ उसका साथ देती है। खी... खी...खी...हँसती है। चुप रहता हूँ मैं। सोचता हूँ, "जाने दो। बच्चा है!" मगर मिस्टर, अगर कहीं मुझे गुस्सा आ गया न, तो लेने-के-देने पड़ जाएँगे! हाँ! तुम्हें और तुम्हारी माताजी को! समझे?...

जी हाँ! यह मेरा बेटा! अच्छा-भला था अब तक! पिछले दो-तीन सालों में क्या-से-क्या हो गया है! लम्बा ही होता जा रहा है दिन दूना रात चौगुना! ठीक है, भई, होना है, हो जाइए लम्बे! मेरी बराबरी करनी है, करो! मुझसे भी लम्बा होना है। अच्छा, ठीक है, ऐसा ही सही। एक-दो इंच लम्बाई और बढ़ा लो। हम बुज़ुर्ग उदारमना होते हैं। इजाज़त दे देते हैं। मगर इनके लम्बे होने की कोई हद भी है या नहीं! मुझसे चार-पाँच इंच लम्बा निकल गया यह तो! ताड़ की तरह लम्बा! चला है आसमान छूने। मुझे तो फ़िक्र होने लगी, अब इसकी लम्बाई का बढ़ना बन्द भी होगा या नहीं? उस पर इसकी माँ! बड़े चाव से खिलाये जा रही है इसे। कहती है बढ़ता बच्चा है! भरपेट खिलाना चाहिए। सो मुन्ने राजा खाये जा रहे हैं, लम्बे होते जा रहे हैं।

अच्छा, ठीक है! अपने बेटे को लम्बा बनाने का इतना ही शौक़ है तो बना लो। मगर पति को नीचा दिखाने की क्या ज़रूरत? कहती है, "मुझे तो डर था, कहीं आप की तरह नाटा ही रह गया तो! लेकिन ख़ैरियत हुई। अच्छा लम्बा क़द निकल आया है।"

"मैं नाटा! अच्छा, तो फिर क्यों आते हो हमारे पास, जब-तब मर्तबान के ढक्कन खुलवाने? चीज़ का डब्बा खोलने के लिए क्यों ज़रूरत पड़ जाती है हमारी? मुम्बई की लोकल ट्रेन से उतरते समय जब मैं अपने बदन की ढाल बनाकर चढ़नेवाली भीड़ को रोकता हूँ, तब कहीं जाकर आप सही-सलामत उतर पाते हैं ट्रेन से। उस

समय अगर कहीं मैं कहता, "नाचीज़ तो ठहरा नाटे क़द का आदमी! अपन से तो नहीं होगा यह!" तो? तब क्या होता आपका?"

लेकिन मैं कभी भी ऐसे ओछेपन पर नहीं उतरा। बल्कि ख़ुद अपनी बीवी की अकसर मदद करता हूँ घर के कामों में। मसलन, पानी पीना हो तो गिलास में ख़ुद उँडेल लेता हूँ। कभी भी यह उम्मीद नहीं करता कि वह मुझे गिलास भरकर दे। अपना रूमाल ख़ुद अपनी अलमारी से ले लेता हूँ। कभी नहीं चाहता कि पत्नी ही हाथ में रूमाल लाकर रख दे। बस, वह उसे धोकर, इस्त्री करके रख दे तो काफ़ी है मेरे लिए। यह उम्मीद रखना ही ग़लत है कि सारे काम पत्नी ही करे। एक बार इस बात को लेकर मैंने एक दोस्त को उसकी पत्नी के सामने डाँट भी दिया था।

सिर्फ़ इतना ही नहीं। सबेरे-सबेरे कामों की बड़ी धूम मची होती है। ब्रश करना, चाय पीना, दाढ़ी बनाना, नहाना, नाश्ता करना, शुरू से आख़िर तक अख़बार पढ़ना...एक के बाद एक—ताँता लगा रहता है कामों का। लेकिन ऐसे में भी मैं पाँच-दस मिनट अलग से रख देता हूँ ताकि पत्नी के काम आ सकूँ...उसका हाथ बँटाऊँ। नाश्ता ख़त्म करते ही मैं मुस्कराकर उससे पूछता हूँ, "बोलो, क्या काम करना है आज? फटाफट निपटा देता हूँ।"

फिर मेरे लिए बचाकर रखे गये मर्दाना काम मैं फटाफट कर डालता हूँ। चीज़ का डिब्बा खोल देता हूँ। यह काम बड़ी ताक़त की माँग करता है। बड़ी ताक़त लगाकर डिब्बा खोलने की मशीन का फल डिब्बे के ढक्कन में घुसाना पड़ता है। ऐसा करते समय अँगूठे के पासवाली मांसपेशियों में जो दर्द उठता है, वह सीधे दिमाग़ तक पहुँचता है। ऐसे में होठों पर सहज में गाली उभर आती है। इसके बाद नये सिरे से ताक़त लगाकर मशीन में चाभी भरनी पड़ती है। चाभी भरते समय कन्धे में दर्द की तेज़ लहर दौड़ जाती है। गर्दन टेढ़ी हो जाती है। दाँत भिंच जाते हैं। इस बार भी अनजाने गाली निकल जाती है। इतने कष्ट उठाकर चीज़ का डिब्बा खोलो और सौंप दो बीवी को ताकि, छुरी लेकर खुरचती रहे चीज़ को। जी नहीं! मैं ऐसा नहीं करता। मैं चीज़ के टिन के ऊपर-नीचे के दोनों ढक्कन खोलकर पूरा-का-पूरा चीज़ डिब्बे से अलग कर देता हूँ। ऐसा करते समय कन्धों को धनुष की तरह झुकाना पड़ता है। गर्दन झुकाकर ताक़त लगानी पड़ती है। बीच-बीच में कराह भी निकल आती है। यह सारी मेहनत मैं इसीलिए तो करता हूँ कि पत्नी की मदद करना मैं अपना फ़र्ज़ समझता हूँ और उसे निभाना चाहता हूँ।

उस दिन इस पवित्र उद्देश्य से मैंने पत्नी से कहा, "लाओ तो, वह चीज़ का टिन खोल देता हूँ।"

"खोल लिया। अब आप सिर्फ़ चीज़ खाने का काम कीजिए।" बीवी होकर ताना न दे यह कैसे हो सकता है भला?

"किसने खोला? तुमने? हाँ...हाँ!" मैंने भी व्यंग्य से हँसना चाहा। मगर मैं ठहरा

सीधा-सादा इनसान! मुझसे ढंग से व्यंग्य भी न किया गया।

"मैं क्यों खोलने लगी? खोला, मेरे बेटे ने!"

मुझे बड़ा सदमा पहुँचा। बाप रे, चीज़ के टिन मेरी मदद के बग़ैर खुलने लगे, पाँच किलो के कनस्तर ऊपर रखने के लिए मेरी ज़रूरत नहीं रही तो घर में मेरी अहमियत ही क्या रही? मैंने गुस्से से उससे कहा—

"उससे क्यों कहा तुमने? मैंने मना किया था?"

"आप खिट-खिट बहुत करते हैं। टिन खोलते समय मुँह बनाते हैं। उठा-पटक कितनी तो करते हैं। और ऊपर से गालियाँ! अभिजित ने एक झटके में खोल दिया टिन।"

"एक झटके में? चीज़ का टिन एक झटके में खोला? हा—हा—हा—हा—हा!" मैं अक्सर दो बार 'हा' कहकर अपनी राय प्रकट किया करता हूँ। मगर अबकी बार मैंने पाँच बार 'हा' कहा। मेरी राय सूरज की रोशनी की तरह साफ़ थी कि 'सब झूठ है!'

पत्नी ने मेरी राय की सरासर उपेक्षा करते हुए कहा, "अब खाइए। पसन्द है न आपको!"

तभी मेरा बेटा वहाँ आया और मेरे सामने रखे चीज़ का एक बड़ा-सा टुकड़ा उठाकर उसने अपने मुँह में डाल लिया। मैंने उसे घूरकर देखते हुए कहा, "क्यों बे? चीज़ का टिन तुम एक झटके में खोल लेते हो?"

इस पर वह अपनी बड़ी-बड़ी मूँछों की आड़ में मुस्कराता हुआ वहाँ से चला गया। इतनी बड़ी-बड़ी तो मूँछें उगा रखी हैं और उनकी आड़ लेकर हँसता रहता है। आप नहीं जानते, ऐसी घनी मूँछों से छनती मुस्कान किस क़दर अपमानजनक होती है।

आप सोच रहे होंगे, इस बात पर मैं बीवी पर बहुत बिगड़ा हूँगा, उसे मैंने आड़े हाथों लिया होगा। मैंने ऐसा कुछ नहीं किया। अपनी एक चौथाई मुस्कान से मैंने यह जताया कि 'यह तो बड़ी मामूली बात है मेरे लिए' और फिर फर्र से कुर्सी खिसकाकर उठ खड़ा हुआ।

बीवी भाँप गयी और बोली, "कल दवाई की बोतल ले आयी हूँ। ज़रा उसका ढक्कन तो खोल देना।"

मैं समझ गया, छोटे बच्चों की तरह मुझे मनाने-फुसलाने की कोशिश की जा रही है। मैंने जवाब दिया, "मेरे पास समय नहीं है। बहुत काम है मुझे। शाम को समय मिला तो देखूँगा।"

लम्बे अनुभव के बाद बोतलों के ढक्कन खोलने में महारत हासिल की है मैंने। पुराने ज़माने में लकड़ी के ढक्कन हुआ करते थे। तब तो यह काम और भी अधिक कौशल की माँग करता था। आप सोचेंगे, ऐसी क्या बात है? बस, स्क्रू घुमाते हुए

लकड़ी के ढक्कन में घुसा दो और खींच लो। मगर नहीं, इतना आसान काम नहीं था यह। स्क्रू अगर आधा-अधूरा घुसा दें तो ढक्कन भी आधा-अधूरा ही निकल आता था। बचे हुए आधे-अधूरे ढक्कन को खींच निकालने के लिए दुबारा स्क्रू उसके पेट में घुसाना चाहो, तो ढक्कन सीधे बोतल के अन्दर गिर दवाई में तैरने लगता था। और दवाई के ख़त्म होने तक अपनी बेवक़ूफ़ी का यह सबूत तैरता हुआ दिखाई देता रहता था। स्क्रू पर बहुत ज़ोर लगाओ तो ढक्कन के 'टुकड़े हज़ार' हो गिरते थे और बोतल में काग़ज़ का ढक्कन फिट करना पड़ता था। इसलिए स्क्रू घुमाने का काम बड़ी कुशलतापूर्वक करना पड़ता था।

स्क्रू घुमाने की ही क्यों, उसे बाहर खींच निकालने की भी अपनी एक तकनीक हुआ करती थी। बोतल पेट पर दबाकर ताक़त लगाते तो ढक्कन तो निकल आता, मगर आधे से ज़्यादा दवाई कमीज़ पर गिर जाती। बीवी को ढक्कन पकड़ा, ख़ुद झटका देने की कोशिश करो तो या तो बीवी उस तरफ़ धड़ाम से गिर पड़ती या फिर बोतल के हाथ से छूटने से ख़ुद अपने इस तरफ़ गिरने का ख़तरा पैदा हो जाता था। इन तमाम ख़तरों से बचने के लिए मैंने एक नयी तकनीक खोज निकाली थी। इस तकनीक के अन्तर्गत बोतल को दोनों पैरों में पकड़कर और ख़ुद कमर में झुककर 'जय बजरंग बली' का नारा लगाते हुए झटका दिया जाता था। यह प्रणाली भी ख़तरे से ख़ाली नहीं थी। मगर जो ख़तरा ही न उठाये वह मर्द कैसा? गिरते हैं शहसवार ही मैदाने-जंग में!

फिर टिन के ढक्कनों का ज़माना आया। इसका यह मतलब नहीं कि सारी समस्याओं के हल मिल गये या कि मर्दानगी और वीरता की ज़रूरत ही न रही। बोतल को सीलबन्द करने के लिए टिन के ये ढक्कन बोतल की गर्दन में फँसाये जाते हैं। बोतल बेचनेवाली कम्पनियाँ यह सलाह देकर कि 'घुमाइए और खोलिए', इस काम के आसान होने का आभास पैदा करती हैं। लेकिन, यक़ीन मानिये, यह सिर्फ़ आभास ही होता है। क्योंकि ऐसा कभी नहीं होता कि घुमाते ही ढक्कन खुल जाए। कभी-कभी ऐसा लगता तो है, मगर असल में ढक्कन महज़ अपनी जगह पर ही गोल-गोल घूम रहा होता है। फिर चाकू से उसे उखाड़ना पड़ता है। उस पर वह इतना छोटा होता है कि उस पर ज़ोर-आज़माइश भी नहीं कर पाते।

इस पर उपाय सोचने की मैंने काफ़ी कोशिश की। लगा, इसके लिए एक ख़ास तरह का चिमटा होना चाहिए। मगर इस तरह का चिमटा हमारे यहाँ नहीं मिला। अपनी विदेश यात्रा के दौरान मुझे वह अचानक एक दुकान में दिखाई दिया तो मैंने फौरन उसे ख़रीद लिया। लोग विदेशों से टेपरेकॉर्डर, मिक्सर ले आते हैं। मैं चिमटा ले आया। और उस दिन से आज तक बोतलों के ढक्कन मैं चुटकी बजाते खोलकर दिखा देता हूँ। बोतल के सामने पड़ते ही मैं बीवी को हुक्म देता हूँ, "मेरा चिमटा तो ला दो।" और फिर एक झटके में मैं ढक्कन खोल देता हूँ।

मैं जानता था, अब यह काम भी वह हमारे सुपुत्र को सौंप देगी। वह पूरी ताक़त लगाकर ढक्कन खोलने की कोशिश करेगा और नाकाम हो जाएगा। ऐसा ही हुआ। मेरी बीवी बोली, "बेटे ज़रा यह बोतल तो खोल दो।"

बेटा खरामा-खरामा आया और बोला, "लाओ वह बोतल।"

बीवी बोली, "वह ऐसे नहीं खुलेगी। पापा का चिमटा ले आओ।"

"चिमटे की क्या ज़रूरत है? पापा तो बस..." बेटा बोला।

मैंने सुना तो मुझे बड़ी हँसी आयी। अब देखते हैं फ़ज़ीहत! मगर कहाँ? कोई फ़ज़ीहत-वजीहत नहीं हुई। देखते-देखते उसने ढक्कन घुमाया और खोल दिया!

इस तरह क़दम-क़दम पर मुझे नीचा दिखाया जाने लगा।

एक बार कुछ ऐसा हुआ कि स्कूलों पर नयी गणित का पागलपन सवार हुआ, तो मेरी बेटी किताब लिये मेरे पास आयी। बोली—

"पापा, यह सवाल हल कर दीजिए न।"

उसने मेरी दुखती रग पर हाथ रख दिया था। क्योंकि महान साहित्यकारों की तरह मेरी भी गणित से दुश्मनी थी। अब जहाँ पुरानी गणित भी ठीक से नहीं आती, तो नयी गणित क्या ख़ाक समझ में आएगी! मैंने उससे कहा—

"देखो। गणित कोई मेरा विषय है नहीं! ऐसा करते हैं, मेरे एक दोस्त गणित के प्रोफ़ेसर हैं। उन्हें फ़ोन करता हूँ। वे तुम्हें समझा देंगे।"

बेटी को यह प्लान कुछ पसन्द नहीं आया। उसने बेमन से ही मेरी मानी। मैं फ़ोन करने लगा तो बीवी बोली—

"किसी और को फ़ोन करने की क्या ज़रूरत है? हमारा अभिजित कल आइ. आइ. टी. से घर आ ही रहा है। वह समझा देगा।"

मैंने कहा, "तुम क्या समझती हो? तुम्हारा बेटा बृहस्पति है? जानती हो, यह नयी गणित है, नयी! बड़े-बड़ों के छक्के छूट जाते हैं! अभिजित क्या चीज़ है!"

वह बोली, "ठीक है। कल वह आ ही रहा है। ख़ुद ही देख लेना।"

मैंने सोचा, "ठीक है। देख ही लेंगे।"

ख़ैर! दूसरे दिन मुन्नेराजा पधारे। ज़रा इधर-उधर ताक-झाँक की फिर नयी गणित हल करके बहन को समझा भी दी। इस पर बीवी हाथ नचाती हुई बोली, "देख लिया?"

इसके बाद बारी दर्ज़ी की आयी। बरसों से मेरे कपड़े मेरा एक दर्ज़ी सिया करता है। ऐसा-वैसा मत समझिए उसे। ख़ासा महँगा दर्ज़ी है। इतना महँगा कि मेरी बीवी बच्चों के कपड़े दूसरे सस्ते दर्ज़ी से सिलवा लेती थी।

एक दिन हमारे शहज़ादे ने बग़ावत का ऐलान कर दिया। बोला, "तुम्हारे उस सड़ियल दर्ज़ी से कपड़े नहीं सिलवाने मुझे। मैं दूसरे, स्टाइलिश कपड़े सीनेवाले दर्ज़ी से सिलवा लूँगा। बाक़ी लड़कों के कपड़े कितने स्टाइलिश होते हैं!"

बीवी और बेटे की लड़ाई में बेटे का पक्ष लेना फ़ायदेमन्द होता है। इससे बीवी की नाक नीची हो जाती है। इसलिए मैंने कहा–

"तुम भी कमाल करती हो! कहाँ का सड़ियल दर्ज़ी लिये बैठी हो! ऐसा करते हैं, मैं इसे अपने दर्ज़ी के पास ले जाता हूँ।"

"माइ गॉड! आपका दर्ज़ी? यानी जैसे आपके कपड़े सीता है वैसे ही मेरे भी सिएगा। सब हँसेंगे मुझ पर!" बेटा बोला।

मैं दंग रह गया। ठीक है, मेरे कपड़े बहुत फ़ैशनेबल नहीं होते। न सही, मगर ढंग से सिले तो होते हैं। ख़ासे रुआबदार होते हैं। यह बात भी सही है कि मैं उन्हें थोड़े ढीले बनवा लेता हूँ, क्योंकि मुझे ऐसे कपड़े ही सुविधाजनक लगते हैं। लेकिन इसका यह मतलब नहीं कि उनकी शान में कोई कमी आती हो। और न ही मेरे कपड़ों पर कोई हँसता है। मैं कॉलेज का प्रिन्सिपल हुआ करता था। तब दो हज़ार छात्र हर रोज़ मेरे कपड़े देखते थे। मगर क्या मजाल कि कोई हँसे! 'फाइन' न करता वहीं के वहीं? और यह मेरा ही बेटा कह रहा है कि मुझ जैसे कपड़े पहने तो लड़के उस पर हँसेंगे!

बीवी मेरी फ़ज़ीहत पर ख़ुश होकर हँस रही थी। बोली, "ना बाबा! तुम इनके जैसे कपड़े मत सिलवाना।"

बस। बेटे को तो बहाना चाहिए था। मिल गया। तो बान्द्रा के, पता नहीं कौन-से बड़े महँगे दर्ज़ी के पास चला गया और तलवार के म्यान जैसी सँकरी मोहरीवाला पैण्ट सिलवा लाया।

इसके बाद, जानते हैं, उसने किस-किसको अपमानित किया? शान्ता आपटे, मीनाक्षी और कुन्दनलाल सहगल को! मैं अकसर उससे कहा करता था–

"कैसी बक़वास फ़िल्में देखते हो तुम लोग! क्या तो वह अमिताभ और क्या तो वह रेखा! हमारी जवानी में क्या फ़िल्में बनती थीं! एक से एक लाजवाब! 'दुनिया ना माने', 'आदमी', 'ब्रह्मचारी', 'देवदास'! और क्या कलाकार हुआ करते थे उन दिनों! अहाहा! कुन्दनलाल सहगल! क्या आवाज़ पायी थी! कैसा बला का अभिनय करते थे। उनका बस एक बार वह 'पारो' कहकर बुलाना था, कलेजे फट जाया करते थे हम सबके! और वह शान्ता आपटे! 'दुनिया ना माने' का उसका वह गाना! अहाहा! और मीनाक्षी? 'ब्रह्मचारी' में मीनाक्षी ने ज़रा ठुमका क्या लगाया, हम सब गश खाकर गिर पड़े थे एकबारगी!"

बड़े मन से मैं यह सब बयान किया करता था। मगर बच्चों पर उसका असर ज़रा भी न होता था। इसलिए मैं तैश में आकर और भी बहुत कुछ बताना शुरू कर देता। नतीजतन मेरा बयान शुरू होते ही बच्चे वहाँ से भाग खड़े होने लगे। मगर मैं भला उन्हें इस तरह जाने देता? पुरानी फ़िल्मों के किसी महोत्सव में मैं उन्हें ज़बरदस्ती ले गया और ये सारी फ़िल्में देखने पर मैंने उन्हें मजबूर किया। सोचा, अब पता

चलेगा, हमारे ज़माने की फ़िल्में कितनी अच्छी हुआ करती थीं!

लेकिन सब बेकार गया। शान्ता आपटे को देखकर, पता है, क्या बोला मेरा बेटा? बोला, "दादी अम्मा लगती है!"

"मीनाक्षी की फिगर" उसकी राय में 'एकदम बेकार' थी। और सहगल ने जब पुकारा, "पारो ऽ ऽ", तो यह ठहाका मारकर हँसने लगा। बोला, "पापा, ये बंगाली फ़िल्में एकदम कॉमिक लगती हैं!"

सारांश यही कि मैं इस निष्कर्ष पर पहुँच गया कि आज की युवा पीढ़ी के मन में पुराने श्रेष्ठ कला-मूल्यों के प्रति किसी तरह का कोई आदर नहीं बचा है। अब उनमें सुधार लाने की कोशिश मैंने छोड़ दी।

मगर इससे मुझे नीचा दिखाया जाने का सिलसिला रुका नहीं। बल्कि ज़ारी रहा और तेज़ होता गया। बच्चों की माँ इस मामले में उन्हें बढ़ावा देती रही।

एक बार तो हद हो गयी। रविवार था। दोपहर की चाय के बाद मैं बीवी को अपनी गाड़ी में उसकी बहन के घर ले जानेवाला था। लिहाज़ा खाना खाकर मैं सो गया। जागा तो याद आया, मुझे बीवी को बाहर ले जाना है। देर हो चुकी थी। जल्दी से उठा और उसे पुकारने लगा। मगर कोई जवाब नहीं मिला। देखता क्या हूँ। बीवी और बच्चे—सभी पाता! नीचे उतरकर देखा तो गाड़ी भी नदारद!

इसका मतलब सारी मण्डली गाड़ी में बैठ चली गयी थी और यह साँड गाड़ी चला रहा था। मैंने माथा पकड़ लिया। सोचा, "गाड़ी तो गयी। अब तक तो सत्यानाश हो चुका होगा उसका। बीवी-बच्चे सही सलामत वापस आ जाएँ, यही बहुत है। अभी-अभी तो सीखा था यह गाड़ी चलाना। भीड़ भरी सड़क पर इतनी दूर तक गाड़ी चलाना तो मुमकिन ही नहीं है इसके लिए!" बीवी पर मुझे बहुत गुस्सा आया। अगर वह सामने होती तो ऐसी ख़बर लेता उसकी! मगर मोहतरमा खिसक ली थीं गाड़ी में बैठ! बेवक़ूफ़! इडियट! मैं बेचैनी से चहलक़दमी किये जा रहा था। फिर लेटा रहा। फिर उठकर चहलक़दमी करने लगा। पुलिस को ख़बर करने की सोच, कपड़े पहनकर निकल ही पड़ा था कि पूरा गिरोह वापस घर! मज़े में हँसते-खिलखिलाते आ रहे थे सभी।

बीवी ने घर में प्रवेश किया। अब साहस जुटा मैं उसकी ख़बर लेने ही वाला था कि वह हँसती हुई बोली, "हमारा अभिजित गाड़ी इतनी अच्छी चलाता है!"

"क्या ख़ाक अच्छी चलाता है? क्या है...यह सब क्या है?..."

मेरी बात को बीच ही में काटते हुए वह बोली, "आप नाराज़ हो जाएँगे। लेकिन सच कहती हूँ, आपसे अच्छी गाड़ी चलाता है।"

"मुझसे अच्छी? तुममें अक़्ल नाम की कोई चीज़ है? मैं इतने सालों से चला रहा हूँ गाड़ी..."

"फिर भी कितने तनाव में होते हैं आप। और आँखें फाड़-फाड़कर सड़क को

देखते रहते हैं। अभिजित कितने आराम से गाड़ी चलाता है। एकदम रिलैक्स्ड और फ़्री! आप एकदम ब्रेक लगाते हैं तो कितने झटके लगते हैं। अभिजित चलाता है तो ऐसा कुछ नहीं होता।" बेटे की तारीफ़ करते नहीं अघाती मेरी बीवी।

"अच्छा! तो यह बात है। मैं तनाव में गाड़ी चलाता हूँ! झटके देता हूँ..."

"और पापा, एक बात बताऊँ? आप गाड़ी चला रहे होते हैं, तब हम लोग बहुत डरे हुए होते हैं। लगता है ऐक्सीडेण्ट अब हुआ, तब हुआ। अभिजित गाड़ी चलाता है, तब ऐसा बिलकुल नहीं लगता।" मेरी लाड़ली बेटी बोली।

"और सबसे बड़ी बात! गाड़ी चलाते समय आप कितने चिड़चिड़े हो उठते हैं। लोगों को 'इडियट' कहा करते हैं। अभिजित ऐसा बिलकुल नहीं करता।" बीवी की वाक्गंगा प्रवाहित हो चली थी!

मैं मारे गुस्से के काँपने लगा। मुँह से कोई आवाज़ नहीं निकल पा रही थी। कपड़े तो मैं पहन ही चुका था। झट स्लीपर पहन घर से खिसक लिया। मैं तनाव में गाड़ी चलाता हूँ? झटके देता हूँ गाड़ी में? मैं ऐक्सीडैण्ट कर दूँगा? चिड़चिड़ाता गाड़ी चलाता हूँ! किसी की बुराई करने की भी हद होती है। बस, अब 'इडियट' कहना बाक़ी रख छोड़ा है 'इडियट्स्' ने! इडियट!!

मैं तैश में अपने एक साहित्यकार दोस्त के घर चला गया। इनका मैं बड़ा आदर करता था। बड़े बुद्धिमान व्यक्ति! कॉलेजवाली दावत में इन्होंने ही तो सलाह दी थी मुझे, कि ऐसी जगह बैठ जाना चाहिए, जहाँ से परोसने की शुरुआत होती है। सोचा, फिर उनकी सलाह लूँ, आजकल के बच्चों और उनकी माँओं से कैसे निपटें! उनके भी तो एक बेटा था जो आजकल ताड़ की तरह लम्बा होता जा रहा था। मैं उनके घर जा पहुँचा—और देखा, वे बहुत बेचैन लग रहे हैं, इतने बेचैन कि ढंग से मेरा स्वागत भी नहीं कर पाये। बराबर चहलक़दमी किये जा रहे थे और उनकी बीवी मुस्कराती हुई, उन्हें इस तरह चहलक़दमी करते देख रही थी।

मैंने पूछा, "क्या हुआ? क्या बात है?"

सवाल सुनकर साहित्यकार महोदय और भी अधिक बेचैन हो उठे। सीधे मेरी आँखों में झाँकते हुए बोले—

"गाडगिलजी, आप नहीं समझ सकते। हमारा अरुण है न! हद कर दी है इसने तो! वह बड़ा हो गया है, आजकल!"

अरुण अर्थात् उनका वही बेटा जो ताड़ की तरह लम्बा होता चला जा रहा है।

मैंने उत्सुकता से पूछा, "क्यों? क्या हुआ? क्या किया अरुण ने?"

"क्या किया? जानते हैं, क्या करता है आजकल, वह? सवेरे उठता है और मुझसे पहले अख़बार पढ़ने लगता है, मेरी कुर्सी पर बैठकर!"

मैंने कहा, "बाप रे! आपको तो बड़ी परेशानी होती होगी!"

"और बैठता कैसे है? इस तरह पैर फैलाकर राजा-महाराजा की तरह!"

सिर्फ़ बयान करने से उन्हें सन्तोष नहीं हुआ। उनका बेटा उनकी प्रिय कुर्सी में किस तरह पैर फैलाकर बैठ जाता है, यह उन्होंने करके बताया। उससे पता चला कि उनका बेटा न सिर्फ़ राजा-महाराजा की तरह पैर फैलाकर बैठ जाता है, बल्कि राजा-महाराजा की तरह आराम से सिर भी पीछे टिका देता है।

इतना कर दिखाने के बाद साहित्यकार महोदय कुर्सी से उठ खड़े हुए और फिर से चहलक़दमी करने लगे।

उनके दिल पर क्या गुज़र रही थी, मैं समझ सकता था। यह हर पुरुष का हक़ होता है कि सवेरे उठकर अपनी प्रिय कुर्सी पर बैठकर अख़बार पढ़े। कोई अगर इस हक़ को छीनना चाहे तो उसे उतना ही दुःख होता है जितना किसी राजा-महाराजा को उसका सिंहासन छिन जाने पर होता है। वह बेहद अपमानित महसूस करने लगता है और फिर पूरा दिन ख़राब हो जाता है। वह चिड़चिड़ा हो जाता है, हैरान-परेशान हो जाता है।

मैंने हमदर्दी जताते हुए कहा, "आपका अरुण क्या, सचमुच इस तरह पैर फैलाकर कुर्सी पर बैठ जाता है?"

"और नहीं तो क्या! यूँ बैठ जाता है! यूँ!" उन्होंने फिर अपनी हरकत दोहरायी और फिर कुर्सी से उठकर चहलक़दमी करने लगे।

"और? फिर आप क्या करते हैं?" मैंने बड़ी उम्मीद लिये सवाल किया। लगा, मेरे ये दोस्त ज़रूर कोई ज़बरदस्त एक्शन लेते होंगे।

"मैं क्या कर सकता हूँ? करता रहता हूँ चहलक़दमी इसी तरह—इस इन्तज़ार में कि वह अख़बार पढ़कर कब ख़त्म करेगा।"

"और पता है, चहलक़दमी करते समय ये बीच-बीच में गुस्से से तालियाँ भी बजाते हैं।" उनकी श्रीमतीजी ने कुछ और ब्यौरे पेश किये।

"और इसका किसी तरह का कोई असर उस पर नहीं होता? यानी, आप चहलक़दमी कर रहे होते हैं, तालियाँ बजा रहे होते हैं और वह शान्ति से पेपर पढ़ रहा होता है!" मैंने आश्चर्य प्रकट किया।

"और नहीं तो क्या! पूरा आधा घण्टा पेपर पढ़ता है वह और हम हैं कि किये जा रहे हैं चहलक़दमी, बजाये जा रहे हैं तालियाँ!"

"मगर आप उससे कहते क्यों नहीं? या फिर ऐसा करते हैं, हम दो पेपर लेना शुरू कर देंगे और ऐसी ही एक और कुर्सी ख़रीद लेंगे।" उनकी बीवी ने मुस्कराते हुए कहा।

"तुम चुप रहो जी!" ज़्यादा अक़्लमन्दी दिखानेवाली पत्नी को जिस तरह फटकारा जाता है, उसी तरह मेरे साहित्यकार दोस्त ने फटकारा।

इस फटकार का कोई असर उनकी पत्नी पर नहीं हुआ। हँसकर बोली, "गाडगिलजी, आपका अभिजित भी ऐसा ही करता है न?"

"नहीं। सौभाग्य से वह सवेरे देर से उठता है। इसलिए ऐसा साबका नहीं पड़ता। लेकिन मुझे यक़ीन है, जल्दी उठता तो वह भी आपके अरुण ही की तरह पेश आता।" मैंने ख़ैर मनायी। इस तरह सवेरे-सवेरे मुझसे मेरा अख़बार छिन जाता तो जाने मेरी क्या हालत हो जाती। सोचकर ही मेरे रोंगटे खड़े हो गये।

कुल मिलाकर, आज की युवा पीढ़ी बेहद बिगड़ गयी है। बुरी तरह बिगड़ गयी है! अपने पिता का आदर करना नहीं जानती। बेहिचक अपने पिता का अख़बार लिये उनकी प्रिय कुर्सी पर टाँगें फैलाकर बैठ जाती है। यही नहीं, शान्ता आपटे उसे 'दादी अम्मा' लगती है और सहगल बोर!

दादाजी : कल और आज

आजकल मैं देख रहा हूँ, कोई भी ऐरा-गैरा दादा बन जाता है। परसों गज़ब हो गया। शाम को मैं घूमने बाहर निकला तो मेरा बचपन का दोस्त बिशू मिल गया। बिशू घूमने निकलता था तो दोनों हाथ ज़ोर-ज़ोर से हिलाता हुआ चलता था। लेकिन उस दिन मैंने देखा, उसके एक हाथ में थैली है और दूसरे हाथ में वह एक बच्चे को उठाये हुए है।

मैंने कहा, "यह क्या?"

इस पर बिशू ने गर्दन टेढ़ी कर, बच्चे को प्यार से देखते हुए कहा, "यह मेरा पोता! मैं दादा बन गया न!"

"क्या कह रहे हो? बिशू, तुम दादा बन गये?" मुझे यक़ीन ही नहीं आ रहा था। आता भी कैसे? अभी कल-परसों तक तो बिशू हमारे मोहल्ले में मेरे साथ चोर-सिपाही खेला करता था। आस्तीन पर नाक पोंछता था। ऐसे हवा की तरह भागता था कि सामने से कोई आ रहा हो तो पल में धराशायी! एक बार बिशू सदू के दादाजी के पेट से जा टकराया था। ज़ोरदार टक्कर हुई और 'आह! आह' चीख़ते हुए सदू के दादाजी गिर पड़े थे। और फिर अपनी छड़ी उठाये वे बिशू के पीछे ज़बर्दस्त दौड़ लगा जाते। ऐसी स्थितियों में बिशू और उसका पीछा करनेवाले दादाजी—दोनों भागते-भागते मोहल्ला पार कर कई बार तो सड़क पर पहुँच जाते। वह घटना आज भी मुझे भली-भाँति याद है। अब आप ही बताइए, बिशू क्या दादा बनने लायक आदमी है? फिर भी बन गया दादा!

पर बिशू को अपनी ग़लती का एहसास बिलकुल नहीं था। बोला, "सिर्फ़ दादा नहीं, अब तो नाना भी बनने जा रहा हूँ।"

"नाना?"

"हाँ। अरे, मेरी बेटी भी उम्मीद से है न! देखो, देखो, कैसे देख रहा है, तुम्हारी तरफ़!"

"कौन? कौन देख रहा है मेरी तरफ़?" मैंने चारों तरफ़ देखा।

बिशू ज़ोर-ज़ोर से हँसने लगा। बोला, "तुम तो बिलकुल ही नहीं बदले। वैसे-के-वैसे बेढंगे रहे। अरे, इधर-उधर क्या देख रहे हो? यह देख रहा है तुम्हारी तरफ़, यह, हमारा पकू!"

"पकू?" मैंने आश्चर्य से बच्चे की ओर देखा।

"हाँ, पकू। मैंने ही नाम दिया है प्यारा-सा। मेरी बीवी नाराज़ होती है। मगर मैं इसे 'पकू' ही कहता हूँ। है न प्यारा नाम? है न पकू लाजा?" बिशू ने बच्चे की नाक पर अपनी नाक रगड़ते हुए तोतली ज़बान में कहा।

इस पर बच्चा अपना बिना दाँत का मुँह खोल ज़ोर से हँस पड़ा। इतनी ज़ोर से हँसा कि अपने आप को सँभाल नहीं पाया। मैंने ही उसे गिरते-गिरते सँभाला।

"देखा? पकू नाम बहुत पसन्द है इसे।" बिशू बोला। इस पर मैं क्या बोलता! सिर हिलाकर हाँ कही और चुप रहा। भला पकू भी कोई नाम हुआ? दादाजी पोते को 'पकू' कहकर बुला रहे हैं। वाह! वैसे यह बात भी सही थी कि अगर बिशू जैसा आदमी दादा बन सकता है तो उसके पोते का नाम पकू जैसा ही कुछ हो सकता है। रघुनाथ या गंगाधर या ऐसा कोई सुप्रतिष्ठित नाम तो उसका हो नहीं सकता! मगर कहीं कल को यह पकू अपने दादाजी को बकू कहकर बुलाने लगे तो उसके ज़िम्मेदार हम नहीं! हाँ, कहे देते हैं!

"हमारा पकू बड़ा होशियार है। पता है म्यूज़िक डायरेक्शन भी करता है।"

"म्यूज़िक डायरेक्शन? और पकू?" मैं चकित रह गया। जानता था कि बिशू बचपन से ही ज़रा अक्ल की कमी का मारा था। लेकिन यह नहीं जानता था कि दादा बनते ही वह पूरी तरह पागल हो जाएगा।

"क्यों? यक़ीन नहीं आता न? अभी दिखाता हूँ। ज़रा इसे सँभालो तो।" कहकर बिशू ने पोते को मुझे दे दिया और ख़ुद सरे-राह झूमता हुआ फ़िल्मी गीत गाने लगा।

राह चलते लोग आश्चर्य से हमारी तरफ़ देखने लगे। एक महिला तो ज़ोर-ज़ोर से हँसने लगी। मैंने बिशू से कहा–

"यह क्या? बिशू, यह क्या कर रहे हो?" मगर बिशू क्यों सुनने लगा? वह झूमता हुआ फ़िल्मी गीत गाता ही रहा। बच्चा पहले तो उसकी ओर टकटकी लगाये देखता रहा, फिर दोनों हाथ ऊपर-नीचे उठाने-गिराने लगा।

"देखो, देखो..." कहते हुए बिशू और भी ज़्यादा झूम-झूमकर गाने लगा।

मैंने अपनी आँखें बन्द कर लीं और उस घड़ी का इन्तज़ार करने लगा जब लोग हम दोनों को पागलख़ाने रवाना करते।

आख़िरकार बिशू और उसके पोते का म्यूज़िक डायरेक्शन रुक गया। मैंने बिना एक पल भी गँवाये पोते को वापस बिशू को सौंप दिया और जाने के लिए मुड़ा।

बिशू मेरी आस्तीन पकड़कर बोला, "चले कहाँ? यह तो कुछ भी नहीं। आगे-आगे देखिए होता है क्या..."

"आगे आगे...?" मेरा दिल ज़ोर-ज़ोर से धड़कने लगा।

"हाँ, हाँ। आगे आगे देखिए...! अब पकू ढिशांव ढिशांव करेगा। ऐसी फर्स्ट क्लास ढिशांव ढिशांव करता है न हमारा पकू! हाँ, सँभालो इसे।"

"नहीं, अभी नहीं। अभी मुझे एक जगह जाना है। मेरा एपाइण्टमैण्ट है।" मैंने गिड़गिड़ाते हुए कहा। और घड़ी पर नज़र डालते हुए तेज़ी से खिसक लिया।

दादा बनने पर बिशू का जो हाल हुआ था, उसे सदू को सुनाने के लिए चार दिन बाद उसके घर चला गया। उसकी पत्नी ने दरवाज़ा खोला और वह हँसती हुई अन्दर चली गयी। मैं अन्दर जाकर देखता क्या हूँ कि सदू नंगे बदन फ़र्श पर लेटा है और उसके सामने उसकी डेढ़ साल की पोती बैठी खिलौनों की उठापटक में मगन है।

मैंने कहा, "सदू इस तरह फ़र्श पर क्यों लेटे हो? तबीयत तो ठीक है तुम्हारी?"

"तबीयत बिलकुल ठीक है। मेरी पोती ने मुझे मोती कुत्ता बनाया है। इसलिए ऐसे लेटा हूँ।" लेटे-लेटे ही मेरी तरफ़ मुड़कर सदू ने जवाब दिया।

सुनकर मैं दंग रह गया। बिशू तो शुरू से नीम पागल था, मगर सदू की बात अलग थी। बचपन में वह बड़ा ज़िम्मेदार, समझदार लड़का कहलाता था। क्लास का मॉनिटर हुआ करता था। हर गुरुवार भगवान की तस्वीर को माला पहनाकर पूरी क्लास में प्रसाद बाँटने का कठिन काम भी वह बड़ी ज़िम्मेदारी से और ढंग से करता था। इसलिए मुझे लगता था, वह बड़ा ज़िम्मेदार, रोबीला, दबंग क़िस्म का दादा बन गया होगा। मैं तो मानकर चल रहा था कि नाती-पोतों पर उसका बड़ा रोब पड़ता होगा। नाती-पोते उसका आदर करते होंगे। मगर असलियत कुछ और ही थी।

पोती ने मोती के आगे हाथ बढ़ाया तो सदू सिर उठाकर बोला, "भौं—भौं—भौं, भौं—भौं—भौं!"

मैंने कहा, "सदू, भौं-भौं करते हुए तुम दोनों पैर ऊपर उठाकर हिलाते क्यों हो?"

"कमाल है! इतना भी नहीं समझते?" सदू बोला, "मेरे पूँछ नहीं है न! इसलिए मैंने भौंकते समय पैर उठाकर पूँछ की तरह हिलाये।"

यह सारा हंगामा देखा तो लगा सदू को ख़ूब खरी-खोटी सुनाऊँ। मन-ही-मन करारे शब्द टटोलता रहा।

तभी सदू ने मेरी तरफ़ मुड़कर कहा, "भौं—भौं—भौं, सॉरी मैं यह कह रहा था कि आये हो तो मेरी ज़रा मदद करो न!"

"कैसी मदद?" मैंने ज़रा रूखे, नाराज़गी भरे स्वर में पूछा।

लेकिन सदू पर इसका कोई असर नहीं हुआ। बोला, "बात यह है कि मेरी यह पोती अपनी दादी को काम नहीं करने देती, इसलिए दादी ने, मतलब, इसकी दादी ने

कहा है कि जब तक वह खाना बना न ले, मैं इसके साथ यहाँ खेलूँ।"

"खेल तो तुम रहे हो।" मैंने व्यंग्य से ओतप्रोत स्वर में कहा।

मगर सदू व्यंग्य को समझ नहीं पाया। बोला, "खेल तो मैं रहा हूँ। लेकिन मुझे नहीं लगता, मोती कुत्ता बनकर उसे ज़्यादा देर तक बहलाया जा सकता है।"

"फिर? क्या करें?"

"मेरे ख़याल में अगर कोई बिल्ली हो तो लुलू को बहलाया जा सकता है।" लगता है, सदू को पूँछ की तरह पैर हिलाने की आदत पड़ गयी थी।

"लुलू? लुलू यानी?"

"तुम समझते क्यों नहीं? लुलू मेरी पोती। इसका नाम ललिता है। मेरी पत्नी, अर्थात् इसकी दादी इसे 'ललू' कहकर बुलाती है। मगर मैं इसे 'लुलू' बुलाता हूँ। पत्नी का कहना है कि ललिता का प्यार का छोटा नाम ललू बन सकता है, लुलू नहीं मैं कहता हूँ, क्यों नहीं बन सकता! बहुत लड़ते हैं हम दोनों इस मुद्दे पर। बताओ, तुम किसके पक्ष में हो?"

"मैं किसी के पक्ष में नहीं।" मैंने निश्चयपूर्वक कहा।

"न सही!" कहकर लुलू को बहलाने के लिए मोती कुत्ता यूँ ही इधर-से-उधर भागता रहा। फिर हाँफते हुए कहने लगा, "बिल्ली को लाना होगा।"

"कहाँ से लाओगे?"

"तुम भी कैसे बेवक़ूफ़ हो? जैसे मोती कुत्ते को ले आये, वैसे ही बिल्ली को ले आएँगे।" सदू ख़ामख़्वाह चिड़चिड़ा हो रहा था।

मैंने कहा, "अच्छा, अच्छा! समझा। अब तुम बिल्ली बन जाओगे।"

"पागल! मैं बिल्ली कैसे बन सकता हूँ? मैं मोती हूँ न?"

"तो?"

"तो क्या? इडियट कहीं का। अरे, तुम्हें बिल्ली बनना होगा, तुम्हें!"

"म...म...मैं...मुझे? तुम्हारा मतलब मुझे बिल्ली बनना होगा? मुझे?" मैं बेतरह बौखला उठा। गुस्सा हो उठा, और भी पता नहीं क्या-क्या हो उठा।

लेकिन सदू को इसका ख़याल ही नहीं आया। बोला, "क्यों? इसमें क्या मुश्किल है? अरे, बहुत आसान है! आओ, मैं समझा दूँ। यहाँ आओ, और मेरी तरह फ़र्श पर लेट जाओ। बिलकुल मेरी तरह। फ़र्क़ सिर्फ़ इतना, कि मैं 'भौं-भौं' करता हूँ, तुम 'म्याऊँ-म्याऊँ' करना। आओ। इसके बाद, पता है क्या करना है? कुत्ता और बिल्ली की लड़ाई! घमासान! लुलू खुश हो जाएगी, आओ न जल्दी!"

"ज़रूर आता। मगर अभी मुझे एक बहुत ही महत्त्वपूर्ण काम से जाना है।" कहकर मैं वहाँ से खिसक लिया। दोस्तों के काम आना मेरी पुरानी आदत है, मेरी फितरत है। मगर बिल्ली बनकर, मोती कुत्ता बने सदू से लड़ने के लिए मैं तैयार न था। सदू को नहीं तो न सही, मुझे अपनी इज़्ज़त प्यारी थी।

अच्छे-भले, सयाने दोस्तों पर दादा-नाना बनने का ऐसा असर होते देख मुझे फ़िक्र होने लगी। इन्हें बचाना होगा। समझाना होगा। काफ़ी सोच-विचार के बाद ख़याल आया कि यह काम हमारा दोस्त चन्दू अच्छी तरह कर सकेगा। क्योंकि अवकाश ग्रहण करने से पहले चन्दू इन्कम टैक्स कमिश्नर हुआ करता था। इन्कम टैक्स कमिश्नर किस क़दर सख़्त होता है और उसका कैसा रोब पड़ता है, यह बताने की ज़रूरत नहीं। उस पर, दूसरा भले कुछ कहे, कितनी ही कुशलता से दलील पेश करे, इन्कम टैक्स कमिश्नर टस-से-मस नहीं होता। कोई फ़िल्म स्टार भी बैठी उसके सामने आँसू क्यों न बहाये, उसे तरस नहीं आता। ऐसे आदमी पर नाती-पोतों की तुतलाती बोली का भला कोई असर होता?

तो मैं सीधे चन्दू के घर चला गया। खार में उसका अपना बँगला था, ख़ूबसूरत-सा बाग़ था। मैं पहुँचा तो अपने पोते को उठाये चन्दू की पत्नी ने मेरा स्वागत किया और गम्भीर स्वर में बोली, "इनकी तबीयत ठीक नहीं है। लेटे हुए हैं?"

"क्या हुआ?" मैंने पूछा।

"पैर में फ्रैक्चर हो गया है।"

"बाप रे! वह कैसे?" किसी नाराज़ करदाता ने कहीं हमला तो नहीं कर दिया चन्दू पर? मेरे मन में बुरे-बुरे ख़याल आने लगे।

"पेड़ से गिर पड़े।" भाभीजी ने बताया।

"पेड़ से गिर पड़ा? मगर अब साठ साल पार कर चुका है, इस उम्र में पेड़ पर चढ़ने की क्या पड़ी थी उसे?" मैंने पूछा।

"पतंग फँस गयी थी न पेड़ पर। उसे निकालने के लिए चढ़े थे।"

"पतंग?" मामला कुछ और भी उलझ गया था मेरे लिए। "अब इस उम्र में चन्दू पतंग उड़ा रहा था! दिमाग़ तो नहीं चल गया इसका?"

"यह हमारा बबलू है न। इसकी पतंग उड़ा रहे थे वो। बबलू को पतंग उड़ाना इतना ऽऽ पसन्द है! है न छौना?" भाभीजी ने गोद में उठा रखे बछिया को प्यार करते हुए कहा।

मैं तो सकते में आ गया। जैसे अचानक चालीस हज़ार रुपये इन्कम टैक्स भरना पड़ जाए! तो चन्दू भी!! मैंने भाभीजी से पूछा, "पतंग उड़ाने के लिए पेड़ पर चढ़ने की क्या ज़रूरत? ज़मीन पर खड़े-खड़े नहीं उड़ा सकते?"

"ज़मीन पर खड़े-खड़े ही उड़ा रहे थे। मगर पतंग पेड़ पर फँस गयी। बबलू रोने लगा। फिर ये पतंग उतार लाने के लिए पेड़ पर चढ़ गये।" उन्होंने बताया।

अब कहने के लिए बाक़ी ही क्या बचा था? चुपचाप चन्दू से मिलने अन्दर चला गया। उसका प्लास्टर में लिपटा पैर उखड़े हुए खम्भे जैसा लग रहा था।

प्लास्टर को सहलाते हुए मैंने कहा, "इस तरह लेटे रहने से चैन नहीं आता होगा न? असुविधा होती होगी?"

"मत पूछो! सबसे बड़ी असुविधा तो यह कि पतंग नहीं उड़ा सकते। इससे बबलू बराबर रोता रहता है। मैंने तुम्हारी भाभी से यानी बबलू की दादी से कहा भी कि मेरे ठीक होने तक तुम उड़ाया करो पतंग। मगर बेवक़ूफ़ को पतंग उड़ाना भी नहीं आता। यूज़लेस! नालायक़!" चन्दू बेहद बेचैन था।

मैं हार गया था!

तभी चन्दू मेरा हाथ पकड़ उत्साह से बोल पड़ा, "एक आइडिया आया है दिमाग़ में!"

"क्या?"

"तुम बचपन में पतंग उड़ाने में माहिर हुआ करते थे। अब तुम्हीं बबलू की पतंग उड़ाया करो न। मेरे ठीक होने तक हर रोज़ यहाँ आकर बबलू की पतंग उड़ाया करो तुम। वैसे भी तुम्हारे पास कुछ काम नहीं है। आओगे न? बस, महीनेभर की बात है।" मैं चन्दू की ओर देखता ही रह गया! बोलती बन्द हो गयी मेरी! मैं तो सपने में भी सोच नहीं पाता कि एक समय का इन्कम टैक्स कमिश्नर इस तरह पेश आ सकता है!

इतने अच्छे प्लान के लिए मैं मना कर ही नहीं सकता, ऐसा मानकर चल रहा था चन्दू। उसने पत्नी से कहा, "क्यों? तुम्हें कैसा लगा मेरा आइडिया? सच पूछो तो यह ख़याल मुझे पहले ही आना चाहिए था।"

भाभीजी बोलीं, "हाँ, हाँ, आप आ ही जाइए पतंग उड़ाने। बबलू इतना ऽ ऽ ख़ुश होगा...!"

आख़िरकार मेरे गले से आवाज़ निकली। मैंने कहा, "चन्दू, तुम्हारा आइडिया बहुत बढ़िया है। मुझे भी पतंग उड़ाने का शौक़ है। मगर अभी मुझे एक ज़रूरी काम से बोरीवली जाना है।"

चन्दू के माथे पर बल पड़े। वह नाराज़ हो उठा। बोला, "क्या अभी जाना बहुत ज़रूरी है? घण्टेभर तक पतंग उड़ाकर फिर चले जाओगे तो नहीं चलेगा?"

मैंने बच्चों की तरह होठ निकाल 'ना' में गर्दन हिलाई और इससे पहले कि चन्दू के दिमाग़ में कोई नया आइडिया जन्मे, वहाँ से भाग निकला।

हे राम! यह क्या हालत हो गयी है हमारी पीढ़ी के दादाओं की। अपने दादाजी को महज़ याद करता हूँ तो भी शर्म से गड़ जाता हूँ।

कैसी तो शानदार मूँछें होती थीं उनकी! जानू के दादाजी की मूँछें ऐसी घनी, दोनों तरफ़ से बित्ते-बित्ते भर लम्बी हुआ करती थीं। ऐसी कि हैंगर की तरह उन पर कोट टाँगा जा सकता था। बिशू के दादाजी की मूँछें हालाँकि एक-एक इंच बाहर निकली थीं, मगर थीं बड़ी पैनी! ऐसी कि उन्हें देखकर ही छोटे बच्चे रो पड़ते थे। सदू के दादाजी की मूँछों ने होठों के कोरों पर से नीचे उतर होठों के दोनों तरफ़ कोष्ठक

बनाया था। चन्दू के दादाजी की मूँछें उनके होठों पर इस क़दर झुक आयी थीं कि चाय उन्हें मूँछों से छानकर ही पीनी पड़ती थी।

और जैसी शानदार मूँछें थीं, वैसी ही जानदार चोटियाँ थीं। जग्गू के दादाजी की चोटी इतनी घनी और लम्बी थी कि नहाने के बाद जब वे उसे झटक देते थे तो लगता पटाखा फोड़ा गया है। नानू के दादाजी की चोटी ऐसे खड़ी रहती थी जैसे बिच्छू काटने के लिए तैयार बैठा हो! चन्दू के दादाजी की चोटी तो छोटी-सी थी, मगर उसके गिर्द बालों का जो घेरा था वह काफ़ी बड़ा था। उनकी बिगड़ैल खोपड़ी का आधा हिस्सा इस घेरे ने ही व्याप लिया था।

इन दादा लोगों की पोशाकें भी बड़ी भारी-भरकम हुआ करती थीं, घुटनों तक लम्बा, बन्द गले का कोट, गले में लिपटा हुआ उत्तरीय, सिर पर लाल पगड़ी या फिर कानों को ढँक देनेवाला साफा, पैरों में 'कराँव् कराँव्' बजनेवाले जूते और हाथ में लाठी! कोट के एक बटन से सोने या चाँदी की चैन जोड़ी हुई होती थी। इस चैन के दूसरे सिरे पर घड़ी होती थी जो जेब में विराजा करती थी। जेब से घड़ी निकाल दादाजी समय देखते थे और घर से निकलते थे तो गलियारे में खड़ी बहू-बेटियाँ भागकर घरों में घुस जाती थीं। छोटे बच्चे आँखें बन्द कर ज़ोर से रो पड़ते थे और बड़े बच्चे जहाँ जगह मिल जाती, छुप जाते थे।

और दादा लोगों की बुलन्द आवाज़ें! वाह! बिशू के दादाजी जब सवेरे-सवेरे मुँह धोते थे तब उनकी "–खाँ–ख्याक, व्याक-व्याक, ओय्याक–आँ–हाँ–आँ–हाँ" से पूरी बिल्डिंग जाग जाती थी। जग्गू के दादाजी एक बार ऐसे छींक पड़े कि डगमगाता खड़ा हो रहा एक साल का बच्चा धम्म से पीठ के बल गिर पड़ा।

पूजा का सामान अपनी जगह सजा रखा न देख नानू के दादा 'बहू ऽऽ' कहकर इतनी ज़ोर से गरजे थे कि बहू बेचारी के हाथ से भगौना गिर पड़ा और पैर ज़ख्मी हो गया। बेचारी कई दिनों तक लँगड़ाती घूम रही थी। पहाड़े रटने में सदू ग़लती कर देता था तो उसके दादाजी इतनी ज़ोर से उसे तमाचा जड़ देते थे कि सामनेवाली बिल्डिंग में उसकी गूँज सुनाई देती थी। बिशू के दादा जब मन्त्र पाठ करने लगते तो आपस में बातचीत कर पाना मुश्किल हो जाता था। ऐसे थे उस ज़माने के बहादुर दादा लोग!

इनकी हर बात ज़बरदस्त हुआ करती थी। पूजा में ही तीन-तीन घण्टे लग जाते थे। भूख से बच्चों के प्राण सूख जाते, मगर खाना तब तक नहीं मिलता था जब तक दादाजी का पूजापाठ ख़त्म नहीं हो जाता! खाना खाकर दादाजी दोपहर में पूरे तीन घण्टे सो जाते। इस दौरान नाती-पोतों का शोर मचाना मना था। शाम को दादाजी घूमने निकलते थे, उस दौरान थोड़ी देर के लिए राहत मिलती थी। लेकिन बाज़ार से अपने लिए कोई चीज़ मँगवानी हो तो साहस कर दादाजी से कहना पड़ता था। बड़े धर्मसंकट की घड़ी होती थी वह! पैन्सिल मँगवाना चाहो तो दादाजी दहाड़ उठते–

"अभी पिछले महीने तो ला दी थी!"

"घिस गयी, दादाजी।"

"घिस गयी? कैसे घिस गयी? इतनी बक़वास करते हो। ज़बान नहीं घिस जाती, फिर पैन्सिल कैसे घिस गयी?"

इस पर जवाब दें ते क्या? मगर दादाजी फिर सिर पर एक चपत जमा देते थे कि जवाब क्यों नहीं देते?

और फिर वह थर्रा देनेवाला सवाल, "कौन-सा रैंक आया है क्लास में?"

"सातवाँ।"

"सातवाँ? कहते शर्म नहीं आती?" इसके साथ ही पीठ या कनपटी का ज़ोरदार सम्मान किया जाता।

रोना आ जाता। मगर रोने पर और मार पड़ेगी, इस डर से बच्चा बेचारा जिस किसी तरह रुलाई रोक लेता। दादाजी को दरवाज़े की ओट में खड़ी दादी दिखाई दे जाती तो वे दहाड़कर कहते, "देखें, कितनी घिस गयी है पैन्सिल?"

बच्चा अँगूठे जितनी बची पैन्सिल दिखा देता।

"आठ दिन और निकल जाएँगे। लिखो इसीसे।" बच्चा निराश हो जाता। घिसी हुई पैन्सिल से लिखावट बिगड़ जाती थी, तो क्लास में मास्टरजी के हाथों पिटना पड़ता था।

"मैं कहती हूँ, ला ही दीजिए न पैन्सिल।" दरवाज़े की ओट से दादी कहतीं।

"और उठाइए नाज़! आपके लाड़ से ही बिगड़ जाते हैं ये बच्चे!" दादाजी गुर्राते थे।

"ज़रा अच्छीवाली पैन्सिल लाना, पिछली बार वाली लिखते समय बार-बार टूटती थी।" दादी और एक सुझाव दे डालती।

"ठीक है, ठीक है। बहुत हो गया। हमें सिखाने की कोशिश न कीजिए। अपनी अक्ल को चौके-चूल्हे में ही बन्द रखिए।" कहते हुए दादाजी तेज़ डग भरते हुए चले जाते थे।

मगर लौटते समय अकसर अच्छी-सी पैन्सिल ले आते थे।

उस ज़माने में दादियों का सहारा था इसलिए हम लोग बच गये। वरना तो ख़ैर नहीं थी।

दादाजी के बाहर जाने पर ज़रा राहत मिलती। लेकिन इस दौरान पढ़ाई पूरी करनी पड़ती थी। क्योंकि घर आते ही दादाजी जाँच-पड़ताल करते थे। इसके बाद पहाड़े रटने का ज़बरदस्त कार्यक्रम शुरू होता।

गला सूख जाता था, पर पहाड़े ख़त्म नहीं होते थे। रटते समय ग़लती हो जाए तो पीठ में धौल जमाया जाता। और ग़लतियाँ न हों, ऐसा तो हो ही नहीं पाता था। तेरह, सत्रह, उन्नीस, तेईस, सत्ताईस, उनतीस के पहाड़े अकसर दुश्मनी पर उतर

आते। पहाड़ों का दौर ख़त्म होता तो रामरक्षा का पाठ करना पड़ता। सदू को तो रामरक्षा के बाद भगवद्गीता के अध्याय का पाठ भी करना पड़ता।

फिर दादी को दया आ जाती और वह दरवाज़े की ओट में आकर कहतीं, "मैं कहती हूँ बहुत हो गया अब। बच्चे भूखे हैं।"

जवाब में दादाजी फिर दहाड़ पड़ते।

खाना खाते समय भी दादाजी की कड़ी नज़र बच्चों पर होती थी। कटोरी से दाल गिर जाती या हाथ से चावल के दाने इधर-उधर गिरते तो पीठ को सजा भुगतनी पड़ती। और थाली में खाना छोड़ उठने की तो हिम्मत ही नहीं पड़ती थी।

क्लास में अव्वल आने पर दादाजी प्रसन्न होंगे, इसकी उम्मीद उस ज़माने के बच्चे भूलकर भी नहीं करते थे। अव्वल आने पर दादाजी कहते–

"क्लास में लड़के कितने हैं? तीस-पैंतीस। तीस-पैंतीस में अव्वल आये हो! इसमें ऐसी क्या बड़ी बात है? पूरे स्कूल में अव्वल आकर दिखा दो, तो जानें!"

स्कूल में अव्वल आने पर कहते, "अपने स्कूल में अव्वल आये हो? शहर में कितने सारे तो स्कूल हैं। मैट्रिक की परीक्षा में सभी स्कूलों के छात्र होंगे, तब देखें क्या गुल खिलाते हो।"

इस बार फिर दादी दरवाज़े की ओट में आ जातीं। कहतीं, "स्कूल में अव्वल तो आया है। मैं कहती हूँ सिलवा दीजिए नये कपड़े इसे।"

दादाजी फिर दहाड़ते, "आपके इस लाड़-प्यार ने बिगाड़ रखा है इसे!" इसके बावजूद नये कपड़े मिल ही जाते और कभी-कभी तो दादाजी से फ़िल्म देखने जाने की इजाज़त भी मिल जाती।

ऐसे थे बीते ज़माने के दादा लोग। वरना आज के इन दादाओं को देखिए! पोती का मन बहलाने के लिए मोती कुत्ता बन जाते हैं और पूँछ की नामौजूदगी में पैर हिलाते रहते हैं! हुः!!

दादाजी की दुर्दशाएँ

"अरे, यह हो क्या रहा है आख़िर? हमारी श्रीमती जी भी कमाल करती हैं!" बल्लू बेहद बौखलाया हुआ था।

बल्लू मेरा बचपन का दोस्त। मेरा हमउम्र। अब अवकाश ग्रहण कर चुका है। रुपये-पैसे की कोई समस्या नहीं है। दोनों बच्चे बड़े हो गये हैं, अपने पैरों पर खड़े हैं, अमरीका में बस गये हैं। बल्लू की सेहत भी अच्छी है। भाभीजी—बल्लू की पत्नी—भी खासी सेहतमन्द, चुस्त-दुरुस्त हैं। सोचा था बल्लू भाभीजी के साथ सुखपूर्वक जी रहा होगा। लेकिन उससे मिलने गया तो पाया कि बल्लू बेहद परेशान है, गुस्से से उबल रहा है।

"बल्लू, इसमें गुस्सा होने की क्या बात है? तुम्हारी बेटी माँ बननेवाली है। तो भाभीजी को तो जाना ही पड़ेगा न अमरीका! वे भी क्या करेंगी?" मैंने समझाया।

"माँ बननेवाली है, मतलब? किसने कहा था माँ बनने को? जब मन किया माँ बन गयी। बाप का राज है क्या?" बल्लू मान ही नहीं रहा था।

"क्या बक रहे हो बल्लू?" मैंने कहा।

"बक रहा हूँ? अभी पिछले दिनों हमारी बहू माँ बनी थी। तब उसकी यह सास सेन्ट लुई गयी थी। जून के महीने में। एक महीने के लिए गयी थी। पूरे तीन महीने रही थी। तीन महीने!" बल्लू ने मेरी नाक के सामने अपनी तीन उँगलियाँ नचायीं।

"बहू ने रोक लिया होगा।"

"उसका क्या जाता है रोक लेने में? तीन-तीन महीने जच्चगी चलती है इनकी। यह क्या है? अमरीका में तो औरतें सवेरे खुद गाड़ी चलाती हुई अस्पताल पहुँच जाती हैं और शाम अपना बच्चा लेकर घर आ जाती हैं। चार-पाँच दिन घर पर रहती हैं और छठवें दिन अपने दफ़्तर में! और हमारी ये चुड़ैलें हैं कि तीन-तीन महीने सास को रोक रखती हैं। यह भी कोई तरीक़ा हुआ माँ बनने का?" बल्लू गुस्सैल नज़रों से मेरी ओर देखे जा रहा था।

"बल्लू। अमरीकी औरतों की बातें मत करो। एक अमरीकी औरत मुझसे कह

रही थी, उसके अगर इण्डियन सास होती तो वह उसे छः महीने के लिए रोक लेती।" मैंने बल्लू को समझाना चाहा कि अमरीकी औरतें उतनी भोली-भाली, सीधी-सादी नहीं होतीं, जितनी वह समझता है।

हवा में एक घूँसा जमाते हुए बल्लू बोला, "अमरीकी औरतें गयीं भाड़ में। हमारी अच्छी-भली, बुद्धिमान औरतों की हरकतें देख रहे हो न? अभी बहू के यहाँ से लौटे दो महीने भी नहीं हुए, कि हमारी अक़्लमन्द बेटी माँ बनने चली। सुशीला–तुम्हारी भाभी–को तो बहाना चाहिए। सामान बाँधकर पहुँच गयी एटलाण्टा!"

मैंने कहा, "जाने दो। आजकल औरतें माँ बनती ही कितनी बार हैं?"

बल्लू बोला, "छोड़ो। बहू और बेटी–दो-दो हैं। इस पर सुशीला की भानजी है मिलवॉकी में। वह माँ बनेगी, तब भी यही जाएगी वहाँ।"

"लेकिन क्या बिगड़ता है? तुम्हारी नौकरानी तो रोज़ तुम्हारे खाने का टिफिन ला रखती है न? कभी होटल में खाया करो। घूमो-फिरो, मौज़ मनाओ।"

सुना तो बल्लू बिफर उठा, "मौज़ मनाऊँ? हाँ, हाँ, मौज़ ही मना रहे हैं, जबसे! सवेरे दूधवाला आता है, ताक में बैठा रहता है। इधर मैं टॉयलेट में गया नहीं कि बेल बजा देता है। दूध गर्म करने लगता हूँ, तो पेपर आ जाता है। पेपर पढ़ता हूँ तो दूध में उबाल आ जाता है। गैस भी इसी इन्तज़ार में होती है कि कब मैं उस पर चाय का पानी रखता हूँ। इधर पानी चढ़ाया भी नहीं कि उधर गैस ख़त्म! गैस सिलिण्डर कब आएगा, कुछ कहा नहीं जा सकता। उसके इन्तज़ार में बैठे रहो घर में! आठ-आठ दिन की उम्र क़ैद भुगतते! मैंने नहाने के लिए शॉवर ऑन किया नहीं कि डैड हो चुका फ़ोन भी बजने लगता है। गीले बदन दौड़कर आते-आते फिसल पड़ो, तब जाकर इसका बजना बन्द हो जाता है। यह सब इस औरत की वजह से!"

"कौन-सी औरत?"

"तुम्हारी भाभी! और कौन?" बल्लू ने दाँत भींच लिए।

"लेकिन अगर तुमसे अकेले नहीं रहा जाता तो तुम भी चले जाओ न, बेटी के घर। तुम वहाँ आराम करना।" मैंने रचनात्मक सुझाव दिया।

"देखा, तुमने भी यही सुझाव दिया न। मैं भी तो यही कह रहा था उससे! मगर बोली, तुम मत आना। एक तो जच्चा-बच्चा को सँभालो, उस पर तुम! दो-दो काम नहीं हो सकेंगे मुझसे अब इस उम्र में! तुम खिट-खिट बहुत करते हो।"

"अच्छा? ऐसा कहा भाभी ने? तुम 'खिट-खिट' करते हो?"

"हाँ। आजकल मेरा आसपास होना उसे 'खिट-खिट' लगने लगा है। उसे, जिसने लव मैरेज की थी मुझसे। उस समय कहा करती थी, "तुम कितने अच्छे हो! बहुत अच्छे लगते हो मुझे!" घण्टों बातें करते थे हम, फिर भी जी नहीं भरता था उसका। और अब मैं परेशान करने लगा हूँ उसे? 'खिट खिट' करता हूँ!"

"गुस्से में मुँह से निकल गया होगा।" मैंने कहा, खलनायक के से अन्दाज़ में

आँखें भींचते हुए बल्लू बोला, "अरे, तुम कुछ नहीं जानते। इसलिए ऐसा कह रहे हो। मैं अच्छी तरह पहचानता हूँ औरत जात को! बड़ी लुच्ची, चालाक और एक नम्बर की झूठी होती हैं ये औरतें! शादी करते समय प्यार के झूठे नाटक दिखाती हैं। मगर इनके दिखाने के और खाने के दाँत अलग-अलग होते हैं। मैंने तो साफ़ सुना दिया उसे। कहा, पहले पता होता तो तुमसे कभी शादी न करता।"

"बल्लू, तुम बेमतलब की झाड़ रहे हो। क्योंकि तुम गुस्से में हो। चलो, दोनों घूम आते हैं। बाहर कहीं फ़र्स्ट क्लास चाय पिएँगे। फिर घूमेंगे। शिवाजी पार्क में बासू रहता है। उसे भी साथ ले लेंगे।" बल्लू को मैं ज़बरदस्ती घुमाने ले गया। हमने फ़र्स्ट क्लास चाय पी। कॉलेज के दिनों की शैतानियों को याद किया। फिर बासू के घर चले गये।

बासू आवभगत करने लगा तो मैंने कहा, "बासू, तुम अपनी बातें रहने दो। भाभीजी से कहकर फ़र्स्ट क्लास आलू पराँठे बनवा लो। आज जब तक बल्लू को घर के बने आलू पराँठे नहीं मिलेंगे, उसका मूड ठीक नहीं होगा।"

इस पर बासू तीन बार हँस दिया, "हा–हा–हा! हा–हा–हा!! हा–हा–हा!!!" फिर बोला, "दोस्तो, अपनी भाभी के हाथ के आलू पराँठे खाने का मन हो, तो सीधे वॉशिंगटन जाना पड़ेगा! हा–हा–हा!"

"क्या मतलब? सुलभा भाभी भी अमरीका चली गयी हैं? यह क्या चक्कर है?" अबकी मैं हैरान-परेशान हो उठा।

"तुम नहीं जानते। मुम्बई में घर-घर में आज यही हो रहा है। गिरगाँव से लेकर बोरीवली–डोंबिवली तक की तमाम माँएँ, और दादी-नानी माँएँ अपनी गृहस्थी को पीछे छोड़ अमरीका जा बसी हैं। एअर इण्डिया के हवाई जहाज़ सारे इन माँओं, दादी माँओं-नानी माँओं से भरे रहते हैं। कभी वे अपनी बहू-बेटियों को नाती-पोतों सहित इधर ला रही होती हैं कभी उधर ले जा रही होती हैं।" बासू ने एक महान सामाजिक प्रक्रिया से हमें परिचित कराया।

"लेकिन क्यों? इतनी सारी माँएँ, दादी माँएँ, नानी माँएँ परदेश क्यों जा रही हैं?"

"डिमाण्ड और सप्लाई–माँग और आपूर्ति–के सिद्धान्तानुसार ही होता है यह! विदेशों में माँओं, दादी माँओं और नानी माँओं की बड़ी माँग है। वे बहुत उपयोगी होती हैं। जच्चा-बच्चा की देखभाल करती हैं, बच्चों को बहलाती हैं। यही नहीं ऐसे-ऐसे पकवान बनाकर खिलाती हैं, जो अमरीका में नहीं मिलते।" बासू ने जवाब दिया।

"और दादा-नाना? ये क्या बेकार के होते हैं? हम लोग अगर इतने ही बेकार और निकम्मे होते हैं तो ये दादी माँएँ, नानी माँएँ हमसे शादी क्यों करती हैं? ऐं? मत

कीजिए हमसे शादी! लेकिन अगर शादी की तो निभानी पड़ेगी! हाँ! वरना देख लेंगे हम भी!" बल्लू फिर गुस्से में कुछ-का-कुछ बकने लगा।

बासू ने कहा, "बल्लू, मैं ठीक इसी मुद्दे पर लड़ा था बीवी से। तब वह मुझे बेटी के घर ले गयी थी। लेकिन वहाँ मेरे साथ जो हुआ, उसके बाद मैंने तय कर लिया, दुबारा उसके साथ नहीं जाऊँगा। इस बार भी जाते समय कह रही थी, "चलिए मेरे साथ। साथ में रहेंगे तो मुझे फ़िक्र नहीं होगी।" मगर मैंने साफ़ मना कर दिया। कह दिया, करती रहो फ़िक्र! मेरी बला से! हम परवाह नहीं करते!"

"क्या हुआ था तुम्हारे साथ? बीवी ने ताना दिया होगा—खिट-खिट करते हो!" बल्लू ने उत्सुकतावश पूछा।

"नहीं। उसने कुछ नहीं कहा। मगर मेरी नवासी ने मेरी नाक में दम कर दिया।"

"क्या उम्र है नवासी की?" मैंने पूछा।

"दो साल की है।"

"बस? दो साल की बच्ची ने नाक में दम कर दिया? यकीन नहीं होता!" मैंने कहा।

"अरे बाबा, दो साल की नातिनें बड़ी भयंकर होती हैं, भयंकर! इतनी-सी होती हैं, चलती हैं तो दनादन गिरती हैं। लेकिन नाना की नाक में दम कर देती हैं।" बासू ने गम्भीरता से कहा।

"किया क्या उसने? बताओ तो!" बल्लू की जिज्ञासा देखकर मैं ताड़ गया, इसकी पोती या नवासी भी एक या दो साल की होगी।

"एक दिन मैं शान्ति से सोया था। चुड़ैल ने मेरी नाक पर ज़ोरदार मुक्का मारा। 'आउच' कहकर मैं जाग पड़ा तो यह 'खी खी' कर हँसने लगी। तभी उसकी नानी दौड़ी-दौड़ी आयी। पूछने लगी, क्या हुआ? क्या हुआ? मैंने जब बताया तो बोली, बबली को तो नहीं लगी न? फिर कोई बात नहीं। मुझे गुस्सा आया। मैंने कहा, मेरी नाक दुख रही है। काफ़ी सूज गयी है। उसका क्या? तो बोली, ज़रा-सी सूजन आ गयी तो क्या हुआ? आप भी कमाल करते हैं! फिर बाहर जाकर बेटी से कहने लगी, बबली अब मुक्का मारने लगी! ऐसा जमकर मुक्का मारा है नानाजी को! है न बल्लू!" बासू एक पल के लिए रुका।

बल्लू बोला, "मुझे ताज्जुब होता है। ये नाती-पोते अपनी दादियों-नानियों को क्यों नहीं सताते? सारी यन्त्रणा दादाओं-नानाओं के हिस्से आ जाती है!"

बासू ने दम लेते हुए कहा, "यन्त्रणा की मत पूछो! कोई हद होती है उसकी? अरे, इन नाती-पोतों के मुँह में दाँत उगने लगते हैं। छोटे-छोटे और पैने! बस, फिर क्या! काटते हैं! दादा को, नाना को काटते रहते हैं बराबर। दादियों-नानियों को नहीं

काटते। एक बार तो गर्म चाय का कप मैं हाथ में पकड़े हुए था और मेरी नातिन ने मुझे काट लिया! मैं ऐसे उछला, कि सारी गर्मागर्म चाय मेरे ऊपर गिर गयी। मैं चीख़ा तो श्रीमतीजी दौड़ी चली आयीं।"

"क्या बोलीं? चपत लगायी कि नहीं नातिन के कूल्हे पर?" मैंने जानना चाहा।

"कहाँ? उल्टे मुझी पर बरस पड़ी।" बोली, "तुम्हें तो ज़रा शऊर नहीं है। गिरा दी न चाय। गिर जाती बबली पर, जल जाती बबली, तो?" मुझे गुस्सा आ गया। बोला, "और उसने जो मुझे काटा?" इस पर वह बोली, "काटा। तो? बच्ची के दाँत निकल रहे हैं। ऐसे में काटने का मन करता है बच्चों का। काटे नहीं तो आख़िर नाना किस काम के?"

"ऐसा कहा भाभी ने? इसका मतलब दादाओं-नानाओं का काम नाती-पोतों से अपने आपको 'कटवाना'? हमारे ज़माने में हम अपने दादा-नाना को झुककर प्रणाम किया करते थे। बीड़ा कूटने के लिए खरल ला देते थे। कितनी इज़्ज़त होती थी दादाओं-नानाओं की! और आज यह क्या हालत हो गयी है हमारी!" बल्लू उबल रहा था।

मैंने कहा, "बासू, तुम जल गये और भाभीजी ने मरहम तक नहीं लगाया?"

"कहाँ का मरहम, कहाँ की पट्टी?" बोली, "मुझे बबली को खिलाना है अभी। आप खुद ही ढूँढ़ लीजिए मरहम और लगाइए। अब ज़रा अपने काम ख़ुद करना सीखिए।"

बल्लू बोला, "ये बीवियाँ जो हैं न, दादी-नानी बनते ही सिर चढ़ जाती हैं। किसी की परवाह ही नहीं करतीं। ख़ूब आड़े हाथों लेना चाहिए इन्हें। बासू, तुमने लिया कि नहीं?"

"ख़ूब लिया! मगर उसके पास वक़्त ही कहाँ था जो सुने? वह तो नातिन की सेवा में जुटी थी न!" बोली, "अभी वक़्त नहीं है मेरे पास मुम्बई जाएँगे, तब जितना चाहे गुस्सा कर लेना।"

"कमाल करती हैं भाभीजी भी। बल्लू, तुम सच कहते हो। ये बीवियाँ जब दादियाँ-नानियाँ बन जाती हैं तो दिमाग़ चल जाता है इनका। पागल हो जाती हैं।" मैं यह सोचकर डर गया था कि जब मेरी बीवी दादी बनेगी तब क्या होगा।

"लेकिन फिर हम करें तो क्या? बीवी के साथ अमरीका जाएँ तो वहाँ नाती-पोते नाक में दम कर देते हैं। यहाँ अकेले रहें तो ठीक ऐसे समय गैस ख़त्म हो जाती है, जब चाय का पानी चढ़ाने लगो। फ़ोन भी ठीक ऐसे समय बजता है, जब नहाने जाओ।" बल्लू परेशान होता हुआ बोला।

मैंने कहा, "इन सारी बातों के पीछे मैं एक वजह देख रहा हूँ। आजकल भारत की युवा पीढ़ी में स्वदेश-प्रेम का अभाव! यह पीढ़ी अमरीका में जा बसती है। वहाँ उनकी बीवियाँ माँ बनती हैं और जच्चा-बच्चा की देखभाल के लिए दादियाँ-नानियाँ

हवाई जहाज़ में भर-भरकर अमरीका के लिए रवाना होती हैं। युवा पीढ़ी विदेश जाना बन्द कर दे, तो यह समस्या ही नहीं रहेगी और तमाम दादा-नाना सुखपूर्वक जी सकेंगे।"

बल्लू और बासू ने सहमति जतायी। मन-ही-मन हम उस सुखी जीवन की कल्पना करते रहे। हम पुराने ज़माने के दादाज़ी की तरह आराम फरमा रहे हैं। पत्नी पैर दबा रही है। बहू नाश्ते में सूजी का हलवा ले आयी है। पोता बीड़ा कूटकर दे रहा है। आज्ञाकारी बेटा झुका खड़ा हमसे पूछ रहा है, "गाँव ख़त भेज रहा हूँ। क्या लिखूँ?" युवा भतीजे-भानते हमसे सलाह-मशविरा माँगने आये हुए हैं। हम भी उन्हें नसीहत दे रहे हैं। यही नहीं, इस दिवास्वप्न में मैंने देखा कि बेलगाँव में बसा मेरा भानजा और कोल्हापुर में बसा भतीजा—दोनों एक ही साथ अनुरोध करने लगे कि महीने-दो-महीने हमारे यहाँ आकर रहिए, हवा-पानी बदल जाएगा। मैंने मुस्कराकर पत्नी की ओर देखा। पूछा, "क्या कहती हैं आप? बेलगाँव जाएँ या कोल्हापुर?"

पत्नी विनम्रता से सिर झुका बोली, "मेरा क्या है जी! जहाँ आप, वहाँ मैं।"

मैंने कहा, "ठीक है। तो फिर हम बेलगाँव जाते हैं। वहाँ से स्पेशल कार लेकर गोवा चले जाएँगे। भगवान के दर्शन कर आएँगे।"

पत्नी मुँह पर आँचल रख बोली, "स्पैशल गाड़ी की क्या ज़रूरत है? उसमें ख़र्चा बहुत होगा। बहुत पैसे लगेंगे।"

मैं अपनी घनी मूँछों पर ताव देता हुआ बोला, "पैसे की चिन्ता आप मत कीजिए। मैं हूँ न?"

पत्नी ने आँचल सँवारते हुए कहा, "मैंने कब मना किया है?"

"तो फिर पैसे की चिन्ता आप छोड़ दीजिए। बेलगाँव और गोवा में ख़रीदारी क्या करनी है इसकी चिन्ता कीजिए।" और यह कहकर मैं ठहाका लगाकर हँस दिया।

फिर सामने खड़े अपने चुस्त, फुर्तीले पोते से पूछा, "क्यों, तुम आओगे बेलगाँव? तुम आओगे तो बीड़ा कूटने के लिए तुम्हारी दादी को तंग नहीं करना पड़ेगा। आराम से अपनी रामायण का पाठ करती रहे!"

आज्ञाकारी पोता बोला, "चलूँगा, दादाजी।"

इस समय पत्नी ने प्यार से कपड़े से हमारा एक पैर पोंछ लिया और वह दूसरे तलुवे में तेल मलने लगी। तब मैंने अपना वह पैर सीधे उसकी गोद में रख दिया। बेचारी बेहद झेंप गयी और मैं फिर ठहाका मारकर हँसने लगा...

बल्लू ने मुझे झकझोरकर कहा, "अकेले-अकेले हँस क्यों रहे हो? चलो, हमें घूमने जाना है न?"

मैं फिर यथार्थ की भूमि पर लौट आया। और यह एहसास कर दुःखी हुआ कि पुराने ज़माने के दादाजी के वो ठाठ-बाट, वो मान-सम्मान मुझे कभी नसीब नहीं होंगे।

वैसे तो मेरे भानजे और भतीजे कई हैं। उनमें से एक तो टोरण्टो में बसा है; न कि बेलगाँव में। दूसरा जिनिवा में रहता है; न कि कोल्हापुर में। लेकिन वे मुझे नहीं; अलबत्ता मेरी पत्नी को इसरारभरे न्योते ज़रूर देते हैं।

फिर वह कहती है, "अच्छा। बेटी के घर डैट्रॉइट जाते समय रास्ते में जिनिवा हो आऊँगी।"

मैं चौंककर उससे पूछता हूँ, "क्या मतलब? तुम डैट्रॉइट जा रही हो? कब?"

"कब—क्या मतलब? जून में तो जाना ही पड़ेगा न!"

भानजे-भतीजे कम्पनी के रफा-दफा होते ही मैं उससे कहता हूँ, "जानती हो, डैट्रॉइट जाने का ख़र्च कितना आता है? हमारे बस की बात नहीं है।"

वह व्यंग्य से कहती है, "देखिए, आपके पैसों के भरोसे बैठी रहती न, तो लोनावला-माथेरान के आगे जा नहीं पाती कभी। इसलिए आप चिन्ता न करें। मेरी बेटी टिकट भेजने जा रही है मेरे लिए।"

ऐसे में बेचारा मैं सिर झुकाकर चुप रहने के अलावा कर भी क्या सकता हूँ भला!

ख़ैर! हम—बल्लू, बासू और मैं—बासू के मकान की सीढ़ियाँ उतर सड़क पर आ खड़े हो चुके थे। तभी बल्लू ने कहा, "कॉलेज के दिनों में हमारे साथ अकसर मधु हुआ करता था। चलो, उससे मिलते हैं।"

बासू बोला, "मधु हम सबमें सबसे ज़्यादा क़िस्मतवाला है। उसके बच्चे हमारे बच्चों की तरह विदेशों में नहीं बसे हैं। बेटी जमेशदपुर में और बेटा मुम्बई में ही सीमेन्स या ऐसी ही किसी कम्पनी में नौकरी करता है। बहू एटॉमिक एनर्जी कमीशन में नौकरी करती है। बहू-बेटा मधु के ही घर में रहते हैं। इससे घर में बीवी, बहू और कभी-कभी बेटी भी होती है। खाने-पीने की कोई समस्या नहीं। नाती-पोतों की खिट-खिट नहीं। मज़े हैं जनाब के!"

बल्लू चिढ़कर बोला, "बचपन से ऐसा ही है वह! हर मामले में क़िस्मतवाला! क़िस्मत ने सब कुछ इसकी झोली में डाल दिया है! हमारी झोली ख़ाली!"

हम मधु के घर पहुँचे। दरवाज़े की घण्टी बजायी। सोचा था ख़ूब हँसी-मज़ाक़ व सौहार्दपूर्ण वातावरण में हमारा स्वागत होगा। मधु बीवी से कहेगा, "पकौड़े-वकौड़े खिलाओ।" मगर वहाँ उल्टा ही हुआ। मधु ने दरवाज़ा तो खोला, मगर होठों पर उँगली रख हमें चुप रहने का इशारा किया, "श् श् श्!"

बल्लू ने अपनी हमेशा की नार्मल आवाज़ में ही पूछा, "क्या हुआ? क्या बात है?"

मधु फिर उँगली से इशारा करते हुए गुस्से से बोला, "श् श् श्!"

अब आश्चर्यचकित बासू कुछ बोलने जा ही रहा था कि मधु ने झट दोनों हाथों

से उसका मुँह बन्द कर लिया और दबी आवाज़ में कहा, "ज़ोर से मत बोलो।"

तब मैंने दबी आवाज़ में पूछा, "क्यों?" बल्लू ने भी अपनी आवाज़ दबाने की कोशिश की। मगर पूरी तरह कामयाब नहीं हो पाया। छछून्दर की-सी आवाज़ में बोला, "क्यों?"

बासू भी यही सवाल करना चाह रहा था। लेकिन मधु ने उसका मुँह बन्द कर रखा था। बोलने की कोशिश में उसके गले की हड्डी में हरकत होती दिखाई दी, बस!

इसके बाद हम तीनों ने हाथ के इशारे से पूछा, "क्यों?"

तब मधु ने दबी आवाज़ में कहा, "क्योंकि मेरे पोता-पोती अभी-अभी सोये हैं।" मैंने हाथ के इशारे से पूछा, "कितने हैं?"

"दो!"

"कितने बड़े हैं?" बल्लू ने हाथ के इशारे से पूछा। मधु ने हाथ के इशारे से ही पोता-पोती के साइज़ बताये। मैंने अन्दाज़ा लगाया, एक छः महीने का होगा, दूसरा तीन-चार साल का।

मैंने हाथ के इशारे से ही पूछा, "बीवी कहाँ है?"

मधु ने हाथ ऊपर हवा में उठाकर हिलाया।

बल्लू चौंककर चीख़ उठा, "भाभी ऽ ऽ"–फिर उसने मुँह बन्द कर, और आसमान की तरफ़ उँगली उठाकर ही बात पूरी की।

मधु ने ज़ोर से मुण्डी हिलाकर इनकार किया और तीन-तीन बार उँगली से ज़मीन की तरफ़ इशारा किया।

मैंने दबी आवाज़ में पूछा, "नीचे गयी हैं? बनिये की दुकान में?"

मधु दबी आवाज़ में चीख़ा, "जमशेदपुर! जमशेदपुर!"

मैं बासू के कान में फुसफुसाया, "इसका मतलब बेटी के घर गयी होंगी।"

मधु ने सिर हिलाकर बताया कि मेरा अन्दाज़ा सही है।

तभी अन्दर से ज़ोर से रोने की आवाज़ आयी और मधु अपना माथा पीटता हुआ दनादन डग भरता हुआ अन्दर चला गया। हम भी उसके पीछे-पीछे अन्दर भागे।

मधु का पोता जाग गया था और ऊँचे स्वर में रोये जा रहा था। मधु की पोती ने मुँह बनाया, फिर आँखें खोलीं और वह धीमे स्वर में रोने लगी। फिर देखते-देखते वह भी तार सप्तक में पहुँच गयी।

मधु ने उसे उठा लिया और वह रीछ की तरह झूलने लगा। लेकिन पोती पर ज़रा भी असर नहीं हुआ।

बल्लू ने कहा, "एक बार जब मेरी पोती रोने लगी थी तो मैं सिर पर कम्बल ओढ़कर भूत बन गया था। देखते ही उसने रोना बन्द कर लिया।"

बासू ने तुरन्त बल्लू को कम्बल उढ़ा दिया। बल्लू भूत बन गया। मगर मधु की पोती के लिए यह नुस्खा किसी काम न आया।

बासू बोला, "लड्डू देकर बच्चों को चुप कराया जा सकता है। बचपन में जब मैं रोता था तब मेरी माँ मुझे लड्डू दिया करती थी।"

मधु भागकर किचन से लड्डू ले आया। लेकिन उसकी पोती ने लड्डू खाने से भी इनकार कर दिया। और वह और भी ज़ोर से रोने लगी।

लेकिन मधु के पोते ने लड्डू मधु के हाथ से छीन लिया और रोना रोक वह लड्डू खाने लगा।

तब मधु फिर अपना माथा पीटने लगा।

मैंने कहा, "क्या हुआ? खा रहा है तो खाने दो न। कम-से-कम उसका रोना तो बन्द हो गया।"

मधु बोला, "पता नहीं! मुझे तो यह मामला सीरियस लगता है। इसलिए मैंने ह्यूस्टन में टेलेक्स भेजा है। चौबीस घण्टे में एक बार भी टॉयलेट नहीं गया। बस, खाये जा रहा है बराबर। पेट फट जाएगा।"

"ह्यूस्टन? टेलेक्स? वह किसलिए?" बासू ने हम सबके होठों से सवाल छीन लिया।

"क्योंकि इसकी माँ—यानी मेरी बहू ह्यूस्टन गयी है।"

"ह्यूस्टन? मगर वह तो यहीं एटामिक एनर्जी में नौकरी करती थी न?" मैंने कहा।

"ऑफ़िस की तरफ़ से ही गयी है—एक कॉन्फ्रैन्स में। बोली, आठ दिन में लौट आऊँगी। तब तक बच्चों को आप सँभालिए।"

लो! हम तो सोच रहे थे, मधु की बहू यहीं रहती है। मधु मज़े में जी रहा होगा। लेकिन मधु की दुर्दशा देखी तो बल्लू को यक़ीन हो गया, देर है, अन्धेर नहीं। भगवान दुःख सबको समान मात्रा में बाँटता है! बल्लू के चेहरे पर छाये निराशा के बादल छँट गये।

"अच्छा, उसे छोड़ो। यह बताओ ह्यूस्टन से मेसेज क्या आया?" बासू ने बातचीत को फिर मूल समस्या की तरफ़ मोड़ा।

"बहू ने सेटेलाइट पर रेडियो सन्देश भेजा। वह उसके ऑफ़िस ने फिर मेरे पास भेजा।" मेसेज था—"डोण्ट नो! आस्क सासूजी।"

बासू अब शोले की तरह भभक उठा, "यह भी कोई बात हुई? इतने आसान से सवाल को हल नहीं कर सकती! इसे एटम बम बनाने का काम किसने सौंपा?"

"जाने दो। तुमने जमशेदपुर फ़ोन लगाया?" मैंने बातचीत को फिर मूल समस्या की तरफ़ मोड़ा।

"सवेरे से इसी कोशिश में हूँ। नहीं लग रहा फ़ोन। लाइन व्यस्त है।" मधु बोला।

बासू बोला, "ऐसे में पता है क्या करते हैं? पहले लन्दन फ़ोन करते हैं। वहाँ के आदमी से जमशेदपुर फ़ोन लगाने के लिए कहते हैं। फिर वह हमें फ़ोन करता है। क्योंकि हमारे देश में फ़ोन की लाइन भले न चले, यहाँ से विदेशों में फ़ोन ज़रूर लगता है।"

मधु ने कहा, "मैंने वही तो किया। लन्दन में अपने भानजे को फ़ोन किया। अब वह जमशेदपुर फ़ोन करेगा। तब फिर मुझे फ़ोन करके मेसेज देगा।"

जिसकी वजह से ये तमाम अन्तर्राष्ट्रीय गतिविधियाँ ज़ारी थीं, वह अपना लड्डू ख़त्म कर चुका था और दूसरे लड्डू के लिए ज़िद कर रहा था। मधु फिर अपना माथा पीटने लगा।

इस दरमियान नन्ही पोती जो थोड़ी देर के लिए रोना रोके हुए थी, अब फिर तार सप्तक में रोने लगी थी।

बल्लू ने उसके मुँह के पास अपना मुँह ले जाकर उसे समझाया, "क्यों रो रही हो? इतना रोते नहीं। इतना रोओगी तो गले में सूजन आ जाएगी और कान दुखने लगेंगे।"

और इस पर मधु की पोती अचानक रोना बन्द कर बल्लू की बात सुनने लगी। बल्लू बोला, "देखा, अच्छी तरह समझाओ तो दूध पीते बच्चे भी समझ जाते हैं।"

तभी मधु की पोती ने बल्लू के चश्मे पर हाथ मारा और उसे मुट्ठी में पकड़ खींच निकाला।

"मेरा चश्मा! मेरा चश्मा! अरे, अरे, टूट जाएगा।" बल्लू चिल्लाने लगा। वह मधु की पोती के हाथ से अपना चश्मा छुड़ाने लगा तो मधु की पोती चीख़ने लगी। तब मधु ने आगे बढ़कर बल्लू को परे ढकेल दिया।

बल्लू चिल्लाया, "मगर मेरा चश्मा!"

मधु बोला, "बल्लू, तुम भी कमाल करते हो। बच्चों से भला कभी कोई लड़ता है। तुम्हारा चश्मा उसे अच्छा लगा, इसलिए तो उसका रोना रुक गया। उसे लेने दो वह चश्मा।"

"मगर बिना चश्मे के मैं देख नहीं पाता।" बल्लू बेचारा गिड़गिड़ाने लगा।

"तो दूसरा नया बनवा लो।"

"उसमें दो दिन लग जाएँगे। तब तक मैं क्या करूँ?" अबकी, लगता था बल्लू रो देगा।

"मुझे भी तो इन बच्चों को और दो दिन सँभालना है। मैं तो पागल हो जाऊँगा। बोलो, मैं क्या करूँ?" मधु ने अपनी विवशता जतायी।

मैंने पूछा, "मगर तुम अकेले थोड़े सँभाल रहे हो बच्चों को। बच्चों का बाप यानी तुम्हारा बेटा भी तो है न! कहाँ है? उससे कहो छुट्टी ले ले।"

"मैंने कहा था। मगर उसकी कम्पनी ने उसे प्रमोशन देकर ज़रूरी काम से जर्मनी भेज दिया। कल ही की बात है।" बोला, "पापा, किसी तरह दो दिन बच्चों को सँभालिए बस, मैं दो दिन में लौट आऊँगा। और इससे पहले कि मैं मना करूँ वह चलता बना।" मधु के स्वर से लग रहा था कि वह रो देगा।

"मगर फिर तुम्हारी बहू की माँ तो होगी। उसके पास भेज दो बच्चों को।" मैंने उचित सलाह दी।

इस पर मधु कड़वाहट से भरे विकट हास्य के साथ बोला, "वे तो फिलॉडेल्फिया गयी हुई हैं। उनकी दूसरी बेटी माँ बननेवाली है।"

"और बहू के पापा?"

"उन्होंने बुद्धिमानी की। पहले ही स्वर्ग सिधार गये।"

मैं, बल्लू और बासू कोई कम बुद्धिमान व्यक्ति नहीं थे। बड़ी-बड़ी कम्पनियों में हम ज़िम्मेदारी के पद पर काम करते आये थे। मगर मधु के पोता-पोती की समस्या का समाधान किसी तरह मिल नहीं पा रहा था। तब मधु को यह आश्वासन देकर कि रात तुम्हारी मदद करने के लिए ज़रूर आएँगे, हम वहाँ से खिसक लिये। बिना चश्मे का बल्लू सड़क टटोलता चल रहा था। उसके लिए दूसरा चश्मा बनवाने के लिए दिया और उसे उसके घर छोड़ चिन्ता में डूबे हम दोनों निकल पड़े। मधु के पोते-पोती की समस्या का हल किसी तरह नहीं मिल रहा था। चलते-चलते बासू एकाएक ठिठक गया। बोला, "सुनो, कैसा रहेगा, अगर मधु क़ानून तोड़कर फौरन दूसरी शादी कर ले तो?"

एक शादी की वजह से पैदा हुई समस्याओं को सुलझाने के लिए दूसरी शादी करने का ख़याल बुरा नहीं था। हमारे समझदार बुज़ुर्ग यही तो करते आये थे! क्यों?

हम ठहरे गोबर-गणेश

बचपन की बात है। माँ ने बहुत खिट-खिट की कि मैं किसी काम में हाथ नहीं बँटाता। मैंने लड्डू माँगा, तो सीधे मना कर दिया। इस पर मैं पैर पटकते हुए चीख़ा, "दे दो। कहो क्या काम करना है। अभी किये देता हूँ।"

काम तो माँ के पास हमेशा तैयार ही रहते थे। उसने गणेशजी की गली में या ऐसे ही किसी मोहल्ले में रहनेवाली जमना मामी को दे आने के लिए एक डिब्बा थमा दिया हाथ में। मैंने जमना मामी को डिब्बा दे दिया, उनके दिये छुआरे और नारियल की मिठाई गटक गया और मज़े से घूमते-घामते लौटने लगा। गर्दन झुकाकर घर लौट रहा था, आँख उठाकर उस गली के लड़कों की तरफ़ मैंने देखा भी नहीं था। फिर भी, जाने कब, कैसे सिर पर ज़ोर से एक चपत पड़ी। सिर झन्ना उठा, टोपी नीचे गिर पड़ी। बौखलाकर मैं इधर-उधर देखने लगा कि आख़िर हुआ क्या! तभी एक लड़का 'हो ऽ ऽ' चिल्लाता हुआ भाग गया। मुझे भी गुस्सा आया। मैंने उसका पीछा किया। उसे पकड़कर मैं उसकी मरम्मत करने लगा। वह लगा ज़ोर-ज़ोर से चीख़ने। मैंने उसकी ज़रा भी परवाह नहीं की। दो चाँटे और जड़ दिये।

तभी उधरवाले नुक्कड़ से, इधरवाले दरवाज़े से, सीढ़ियों से पाँच-छः तगड़े लड़के निगल आये। उनमें से एक चिल्लाया, "अरे, वह देखो, बाहर के मोहल्लेवाला लड़का हमारी गलीवाले लड़के को मार रहा है।"

इतना सुनना था कि सारे लड़के मुझ पर टूट पड़े। एक ने मेरी पीठ में ऐसा मुक्का मारा कि मेरा पेट एक मील आगे निकल आया। और गर्दन झटका खाकर पीछे की तरफ़ ऐसे लुढ़की कि मुझे ताज्जुब होता रहा कि यह टूटी कैसे नहीं। लेकिन ताज्जुब होता भी तो कैसे? ताज्जुब करने का समय ही कहाँ मिला? ताज्जुब करूँ इससे पहले ही दूसरे लड़के ने मेरे सिर पर ऐसी चपत लगा दी कि दिन में तारे नज़र आ गये, पैर डगमगा उठे। तभी तीसरे ने मेरा पैर खींचना शुरू किया। यह तो अच्छा हुआ कि उसी समय मैं पास ही के एक खम्भे से लिपट गया। वरना उसने तो मुझे ज़मींदोज़ कर डाला होता। अब पहला लड़का फिर आगे बढ़ा। मुझे चिकोटियाँ काटने

लगा। फिर एक लड़की मेरी गिरी हुई टोपी पर नाचने लगी। मैं खम्भे का सहारा लिये हुए था, इसलिए बच गया। वरना उन लड़कों का इरादा तो मुझे गिराकर मुझ पर नाचने का लग रहा था। ठीक वैसे जैसे वह लड़की मेरी टोपी पर नाच रही थी!

यह तो अच्छा हुआ कि इसी समय दो-चार खिड़कियाँ खुलीं। उनमें से दो-चार बुजुर्ग चेहरे बाहर झाँके और कहने लगे, "ऐ, शैतानो, क्या हो रहा है? क्यों एक दूसरे की जान के पीछे पड़े हो?" चेहरे डाँटने लगे तो वे लड़के भाग खड़े हुए और मैं बच गया। अपनी कुचली हुई टोपी झटकता हुआ मैं जब लौटने लगा तब मेरा सारा बदन दर्द से टूटा जा रहा था और दिमाग़ फटा जा रहा था। ऐसे में मुझे ज़रूरत थी हमदर्दी की, प्यार से सहलाये जाने की। मगर माँ से ऐसी कोई उम्मीद करना बेकार था। मेरा अन्दाज़ा सही निकला। मुझे देखते ही माँ चिल्लायी–

"करमजले, हाथापाई करके आ गये? हाय राम, यह क्या हालत बना दी है टोपी की! अभी, परसों ही तो ला दी थी न बाज़ार से नयी-नयी? और यह कुर्ता भी फाड़ के रख दिया? मुए, जनमजले, चाकू-छुरियों से लड़ते हो क्या?"

मैंने उसे समझाने की लाख कोशिश की कि मैं बेकसूर हूँ, कि छः-सात तगड़े लड़कों ने मुझ पर बेवजह धावा बोल दिया था। मगर वह मेरी बात मानती तब न! बोली–

"ऐसे ही, बेवजह पीटा? ऐसे बेवजह कोई किसी को पीटता है? तुम्हीं ने कुछ किया होगा पहले।"

अपने बच्चे को ज़रा-सी खरोंच आते ही आजकल की पढ़ी-लिखी, सुसंस्कृत माँएँ दूसरे लड़कों और उनकी माँओं पर टूट पड़ती हैं। उन्हें पक्का यक़ीन होता है कि उनका अपना बच्चा सही है और दूसरे का ग़लत। मगर पुराने ज़माने की अनपढ़ और अनगढ़ माँएँ ऐसे में अपने ही बच्चों की ख़ूब मरम्मत करके रख देती थीं। फिर, आप ही बताइए, मेरी माँ से मेरे साथ इन्साफ़ होता भी तो कैसे? ग़नीमत यह हुई कि, उसने मेरा सिर्फ़ कान मरोड़ा।

दूसरे दिन स्कूल पहुँचते ही अपने दोस्त सदू को अपने साथ हुए इस अन्याय के बारे में बताकर मन हल्का कर लिया। उम्मीद थी कि वह हमदर्दी जताएगा, लेकिन अफ़सोस! आँखें गोल-गोल घुमाते हुए, तनकर बोला, "ऐं? इतनी पिटाई हुई और तुम चुपचाप पिटते रहे? लानत है तुम पर!"

मैं देखता ही रह गया। कहा, "वो सात थे और मैं अकेला! मैं अकेला भला क्या कर सकता था?"

"क्या कर सकता था? अरे, अपनी गली के लड़कों को ले जाकर उनकी ख़ूब पिटाई कर सकते थे कि नहीं? पिछली बार मुझे भी दूसरी गली के लड़कों ने पकड़कर आम की टोकरी टोपी की तरह पहनाकर जुलूस निकाला था गली में! उस समय तो चुप रह गया था मैं। मगर जानता था, ये लड़के क्रिकेट खेलने के लिए विल्सन

जिमख़ाना आते हैं। मैं वहाँ अपनी गली के लड़कों को लेकर पहुँच गया और सबने मिलकर स्टम्प्स से ज़बर्दस्त पिटाई की उन बदमाशों की! वह तो वाचमैन डण्डा लेकर हमारे पीछे नहीं पड़ता तो कचूमर बनाकर रख देते! समझे? तुम्हारी गली के लड़के डरपोक तो नहीं?" उसने शक ज़ाहिर किया।

रुआँसी आवाज़ में मैंने बताया, "मेरी कोई गली ही नहीं है।"

"गली नहीं है?" सदू चकित था!

"हमारी बिल्डिंग मेन रोड पर है न!"

"मेन रोड पर बिल्डिंग! जो किसी गली, किसी मोहल्ले में नहीं! और ऐसी जगह तुम रहते हो?" सदू चीख़ पड़ा। उसे यह बात असम्भव-सी लग रही थी। मानो गणेशजी के सूँड न हो या बन्दर के पूँछ ही न हो!

मैंने 'ना' में सिर हिलाते हुए अपनी विवशता ज़ाहिर की। "तो फिर मरो जाके! तुम्हारी न कोई गली है न मोहल्ला! फिर क्या करें! खाते जाओ, मार खाते जाओ। पिटते रहो औरों से! नालायक़! यूज़लैस!"

सदू सच ही तो कह रहा था। उन दिनों किसी की अपनी गली, अपना मोहल्ला न होना डूब मरनेवाली बात थी! अपनी गली में तो कुत्ते भी शेर होते हैं। मगर जिसकी अपनी गली ही न हो, वह क्या करे!

उन दिनों गलियों-मोहल्लों में कोठियाँ होती थीं, हवेलियाँ होती थीं, बँगले, छोटे-बड़े मकान होते थे, यही नहीं बड़े-बड़े चाल होते थे। कई नन्हे-नन्हे गलियारे होते थे। सँकरी गलियाँ होती थीं, पतली गलियाँ होती थीं—(निकल जाने के लिए आसान!), बड़े-बड़े कुएँ होते थे, जिनमें तैराकी का आनन्द भी उठाया जा सकता था। तरह-तरह के पेड़ थे, जिन पर पत्थर फेंके जा सकते थे, चढ़कर बैठा भी जा सकता था। और बरसात में! बरसात में तो गलियों से नदी बहने लगती थी। ये ऽऽ घुटनों तक पानी! बच्चों के लिए इतनी सुविधाजनक दुनिया और कौन-सी हो सकती है!

चोर-सिपाही, कबड्डी, बैट-बॉल, गुल्ली-डण्डा, कंचे और पता नहीं कितनी-कितनी तरह के खेल वहाँ खेले जा सकते थे। शौक़ीन लोग वॉलीबॉल और बैडमिण्टन भी खेला करते थे। पतंग उड़ाने और कटी हुई पतंग के पीछे भागने के लिए वहाँ काफ़ी खुली जगह होती थी। यही नहीं, पेड़ पर चढ़कर कौए का घरौंदा उतार लाने की सुविधा भी वहाँ होती थी। मिठू ने एक बार यह हरकत की थी। नतीजतन उसे कई दिनों तक घर में सिर छुपाकर बैठे रहना पड़ा था। क्योंकि जैसे ही वह दिखाई देता, कौए उसके सिर पर चोंच मारते थे।

इतनी सारी सुख-सुविधाओं की वजह से उन गली-मोहल्लों के बच्चे हर तरह से क़ाबिल हो गये थे। हाथों में बहुत बड़ा बाँस तोलते हुए भागना और उसके ऊपरी छोर पर बँधी टहनियों में कटी पतंग की झूलती डोर उलझा लेना कोई आसान काम न था। पतंग क़ाबू में आये, तब भी उसे कुशलतापूर्वक नीचे उतार लाना भी मुश्किल

होता था। बीच में, घर की छत पर, पेड़ों की टहनियों में, टेलीफ़ोन के तारों में फँस जाने का डर बना रहता था। नीचे उतारने के बाद वह अपने ही हाथ आये, यह महत्त्वपूर्ण होता था। वरना आप सब पतंग पकड़कर ले आयें और उसे ले उड़ें दूसरे मोहल्ले के बच्चे! क्या फायदा! मगर इस मामले में मिठू बड़ा तेज़ था! कितनी तो पतंगें जमा कर लेता था!

वाह! वाह! क्या ठाठ होते थे मिठू के! बड़ा-सा बाँस तोलते हुए, सीना तानकर मिठू सबसे आगे भाग रहा है। उसके पीछे दो शागिर्द छोटी लाठियाँ नचाते भाग रहे हैं। उनके पीछे शागिर्द बनने के सपने देखनेवाले बच्चे हाथ में फुटे या ऐसे ही कुछ हथियार भाँजते हुए भाग रहे हैं। और उनके पीछे पाँच-छः नन्हे-मुन्ने बच्चे चड्डियाँ सँभालते, गिरते-पड़ते, घिसटते चले जा रहे हैं। क्या भागते थे वे नन्हे-मुन्ने भी! अजी, बहती नाक पोंछने तक की फुरसत नहीं मिलती थी। “पकड़ो, पकड़ो ऽ ऽ, हो ऽ ऽ, हैट ऽ है ऽ ऽ ट” नारे लगाती हुई मिठू की यह सेना जब भागती थी तब मुझे तो ऐसा लगता मानो शिवाजी महाराज की सेना सूरत पर धावा बोल रही हो! एक बार मैंने भी इस सेना में शामिल होने की कोशिश की थी, मगर मिठू के सैनिकों ने “है ऽ ऽ ट, है ऽ ऽ ट” चिल्लाकर मुझे भगा दिया था! वजह—मैं उनकी गली का लड़का न था!

उसी मोहल्ले का दूसरा लड़का जग्गू लट्टू घुमाने में माहिर था। लट्टू घुमाना क़तई आसान नहीं है, यह मेरा अपना अनुभव है। लट्टू पर डोर लपेटने लगते हैं तो वह बार-बार खिसकती रहती है। दाँत-होंठ भींचकर लपेटो तो चार फेरों के बाद पूरी गेंडुरी की गेंडुरी निकलकर हाथ में आ जाती है। ढीली-ढाली लपेटो तो लट्टू उसमें से ऐसे खिसक जाता है, जैसे कटोरी से लड्डू गिर पड़ता हो! मेरी लाख कोशिशों के बावजूद लट्टू नोक के बल घूमने के बजाय ज़मीन पर लोट जाता था। कभी आड़ा गिरकर लेटता रहता था तो कभी सिर के बल गिर पड़ता। मगर कभी-कभी अपने पैर पर खड़ा हो अपने गिर्द घूमा नहीं। कैसे सफल होतीं मेरी कोशिशें? मेरा अपना कोई मोहल्ला थोड़े ही था? अपनी कोई गली थोड़े ही थी? जहाँ बच्चों के साथ खेलते हुए मैं ये सारे करतब सीख लेता?

लट्टू घुमाना जग्गू के बायें हाथ का खेल था। बातों-बातों में वह लट्टू पर डोर लपेट देता और आज्ञाकारी लट्टू एक पैर पर तेज़ घूमने लग जाता। जग्गू चाहता तो वह अपने लट्टू को सिर के बल घूमने पर भी मजबूर कर सकता था। कभी-कभी वह घूमते हुए उस लट्टू को हवा में उछाल देता और हथेली पर उतार लेता। कभी घूमते लट्टू पर डोर का फन्दा डाल उसे हवा में उछालता और फिर हथेली पर घुमाता।

लेकिन जग्गू के असली करतब के दर्शन तो तब होते जब वह दो लट्टुओं की भिड़न्त करवाता। दुश्मन का लट्टू शीशम की भारी-भरकम लकड़ी का हो तो भी; जग्गू की हथेली पर घूम रहा उसका लट्टू, मैदान में घूम रहे दुश्मन के लट्टू पर देखते-ही-देखते टूट पड़ता। दुश्मन के लट्टू को परास्त कर खुद शान से घूमता रहता।

कभी-कभी तो दुश्मन का लट्टू ज़मीन पर पैर रखे, इससे पहले ही जग्गू का लट्टू हवा में ही उससे टकरा जाता और उसे नेस्तनाबूद करता हुआ ख़ुद ज़मीन पर क़ाबू कर लेता। अगर जग्गू अपना लट्टू पहले फेंक चुका हो तो वह तेज़ चक्कर काटता हुआ इस क़दर इधर-उधर भागता फिरता कि किसी तरह दुश्मन के लट्टू के हाथ न आ पाता। ऐसी लट्टूबाज़ियों के लिए जग्गू के पास तरह-तरह के लट्टू हुआ करते थे।

लट्टूबाज़ की हैसियत से जग्गू की शोहरत दूर-दूर के मोहल्लों तक थी। दूर-दूर के मोहल्लों के लट्टूबाज़ जग्गू से टक्कर लेने आते और बुरी तरह हारकर चले जाते।

एक बार हारे हुए एक गुण्डे ने जग्गू पर धावा बोल दिया था, तब मोहल्ले के सारे लड़के उस पर टूट पड़े थे। देर तक तो मैं समझ ही नहीं पाया था कि हो क्या रहा है। कुछ देर बाद जब मुझे वह गुण्डा दिखाई दिया, तब वह अपनी फटी हुई कमीज़ सँभालता हुआ भाग रहा था। लड़के चिल्लाए, "हो ऽऽऽ।" मैं भी चिल्लाया, "हो ऽऽऽ!" मगर मेरा चिल्लाना उन लड़कों को अच्छा नहीं लगा। गुस्सा होकर बोले, "तुम हमारे मोहल्ले के नहीं हो। फिर क्यों चिल्ला रहे हो?"

मैंने कहा, "मेरे चिल्लाने से तुम लोगों का क्या जाता है?"

इस पर सबने मुझ पर धावा बोल दिया। उसी पल मैं पलटकर भागा, इसलिए बच गया। वरना मेरा भी वही हाल होता जो उस गुण्डे का हुआ था।

दूसरे मोहल्ले के उस गुण्डे का क़िस्सा यहीं ख़त्म नहीं हुआ। आख़िरकार गुण्डा ही तो था! उसने जग्गू को कहला भेजा, "अपने मोहल्ले से बाहर निकलकर तो देखो, कीमा बनाकर रख दूँगा, कीमा!"

जग्गू डर गया। मोहल्ले के लड़कों में हलचल मच गयी। अखाड़े में कसरत करनेवाले चार लड़कों को पता चला तो उन्होंने जग्गू को धीरज बँधाया और गुण्डे को सन्देश भेजा, "तुम बाहर निकलकर देखो; तुम्हारा शोरबा बनाकर तुम्हारे मोहल्ले में भेज देंगे।"

आठ दिन तक मेरा दिल डर के मारे ज़ोर से धड़क रहा था। स्कूल आते-जाते मैं देखा करता था कहीं जग्गू का कीमा नज़र तो नहीं आ रहा। सौभाग्य से जग्गू जीता-जागता वन पीस बना रहा। इसका मतलब...गुण्डे का शोरबा उसके मोहल्ले भेजा गया या नहीं, पता नहीं!! जग्गू लट्टूबाज़ था तो उसी मोहल्ले का चन्दू कंचेबाज़! ऐसा निशाना साध लेता था कि देखते रहो! लाल, बिल्लोरी, नीला, सफ़ेद जो चाहे कंचा जीतकर दिखा देता। इतने कंचे जीत चुका होता कि उसकी जेबें बराबर कंचों से भरी रहती थीं। चलने लगता तो छनन-छनन कंचे बजते रहते। छनन-छनन जेबें बजाता हुआ वह कंचों के अलग-अलग अड्डों पर जाता, चुनौती देनेवाले कंचेबाज़ों को परास्त कर लौट आता...सच पूछिए तो उसकी माँ बड़ी दुष्ट थी। इतनी बहादुरी से जीते हुए चन्दू के सारे कंचे ज़ब्त कर लेती और कहती, "कंचे खेलना बन्द! चलो पढ़ने बैठो!" लेकिन चन्दू भला माँ को घास क्यों डालने लगा! माँ की नज़रों से बचकर

वह वापस आ जाता, पाँच कंचे उधार ले लेता और खेलता। थोड़ी ही देर में उधार के कंचे वापस कर और जीते हुए कंचों से जेबें भरकर छनन-छनन करता हुआ अड्डे-अड्डे घूमना शुरू कर देता।

इसके अलावा...मगर छोड़िए, इस मोहल्ले के लड़कों की वीरगाथा कहाँ तक बखानें! ऐसा नहीं कि सिर्फ़ इसी मोहल्ले के लड़के सूरमा थे, दूसरे मोहल्लों में रहनेवाले मेरे सदू, बल्लू, नानू वगैरह दोस्त वहाँ के सूरमाओं के बखान किया करते थे। उनकी बातों में दम था। ख़ुद बल्लू का मोहल्ला छोटा था, मगर कंचेबाज़ी में चन्दू की बराबरी करता था बल्लू! बिशू तो गणेशजीवाली गली का सी. के. नायडू था। छक्के लगा-लगाकर वह दूसरी मंज़िलों की खिड़कियों के शीशे आसानी से तोड़ा करता था। मोहल्ले के मोहल्ले बहादुर लड़कों से भरे पड़े थे। मैंने मिसाल के तौर पर सिर्फ़ एक मोहल्ला पेश किया, क्योंकि वहाँ मैं अकसर जाया करता था, वहीं मेरा स्कूल था और मेरी ननिहाल भी। मुझे वह मोहल्ला अपना लगता था। मगर उस मोहल्ले के लड़कों को यह मंजूर न था। वे मुझे अपने खेल में शामिल करने से इनकार कर देते थे। शामिल करते भी तो क्या फायदा था! अपने राम को खेलना ही कहाँ आता था?

इसकी वजह—हम लोग मेन रोड पर बिल्डिंग में रहते थे, न कि मोहल्ले के किसी मकान में। पिताजी से मैं अकसर कहा करता था, "हम मोहल्ले में रहेंगे।" कितने तो मकानों पर बोर्ड लगे होते थे, "किराये पर देना है।" मकान मिलना मुश्किल तो न था। मैं अपने दोस्तों से पूछा करता था, "तुम्हारे मोहल्ले में कोई मकान मिल सकता है?"

"क्यों नहीं। अभी-अभी तो पोंक्षेजी मकान ख़ाली कर दादर रहने के लिए चले गये हैं।"

मैं तुरन्त यह ख़ुश ख़बर पिताजी को सुनाता। इस पर वे महज़ हँसकर रह जाते। बहुत पीछे पड़ने पर कहते—

"अरे, हमारा घर कितना बड़ा है। कितनी खुली हवा आती है, रोशनी आती है। पानी का नल, सण्डास सब अलग, सिर्फ़ हमारे लिए! मुझ जैसे वकील के लिए ऐसी ही जगह की ज़रूरत है! मेन रोड पर!!"

मुझे उनकी बात ज़रा भी नहीं जँचती थी। खेलने के लिए दोस्त ही न हों, तो बड़ी जगह का फायदा ही क्या? और खुली हवा, रोशनी लेकर करना क्या है? हवा खानी है या रोशनी पीनी है? मोहल्लों के अन्दर चाल के सण्डासों में तो कितना मज़ा आता है। बैठे-बैठे बाहर खड़े दोस्तों से गपशप की जा सकती है।

एक बार सदू के घर गया था, तब ख़ुद मैंने बाहर खड़े हो, सण्डास में बैठे सदू से गपशप की थी। बड़ा मज़ा आया था। हमारे सण्डास में तो कोई बात ही न थी। वहाँ बैठे-बैठे गाना गाने लगता तो माँ चिल्लाती थी, "मुए, सण्डास में गा रहे हो। बेशर्म!"

रही बात वकीलों की। तो ऐसा कोई क़ानून थोड़े न है कि वकील लोग गली-मोहल्लों में, चाल में नहीं रह सकते? फिर वकीलों के बच्चे करें तो क्या करें? न कंचे खेल सकेंगे, न पतंग उड़ा पाएँगे, मेरी तरह रह जाएँगे गोबर गणेश के गोबर गणेश! मैंने पिताजी से साफ़ कह दिया—

"ऐसा है तो आप वकालत छोड़ दीजिए। हम चाल में रहने जाएँगे।"

इस पर पिताजी हँस दिये और चले गये कोर्ट! अब जब पिताजी ही टस-से-मस न हो रहे हों, तब क्या किया जा सकता था। हम अपनी बिल्डिंग में ही रहे। खाते रहे खुली हवा, पीते रहे रोशनी!

पिताजी अपनी इस ज़िद पर अड़े हुए थे। इससे मुझे मोहल्ले के लड़कों के साथ खेलने के लिए बड़ी जद्दोज़हद करनी पड़ती थी। अकसर तो वे मुझे दुत्कार देते थे। कभी-कभार कोई लड़का मिल जाता। एक बार परशा से मेरी मुलाक़ात हो गयी। उसका नाम था परशराम। सब परशा बुलाते थे। वह अपने मोहल्ले में पेड़ के नीचे अकेला बैठा सिगरेट के पैकेट गिन रहा था। ज़रूर पैकेटबाज़ रहा होगा। यानी पैकेट खेलने में माहिर। क्योंकि उसके पास बहुत सारे पैकेट थे। मैंने उससे कहा—

"चलो, हम सिगरेट के पैकेट से खेलें?"

उसने मुझे शक की निगाहों से देखा और कहा, "न! बिलकुल नहीं।"

मैंने कहा, "बस, थोड़ी देर! चलो न!"

उसने फिर मेरी तरफ़ देखा और कहा, "जब तक मेरे मोहल्ले के लड़के नहीं आते, हम खेलेंगे। लेकिन तुम्हारे पास पैकेट कहाँ हैं?"

यह एक बड़ी समस्या थी। मेरे पास तो सिगरेट के पैकेट थे नहीं। सड़क पर पड़े पैकेट उठाना चाहता भी तो नाकाम रहता। मैं पैकेट उठाऊँ इससे पहले ही दूसरे चण्ट लड़के फुर्ती से उठा लेते और मैं ताक़ता रह जाता। मेरे पिताजी कभी-कभी सिगरेट पीते थे, मगर पैकेट नहीं रखते थे। ऐसे में मैं पैकेट लाता तो कहाँ से? मैंने परशा से कहा—

"मेरे पास पैकेट नहीं हैं? कहाँ मिलेंगे? ख़रीद सकते हैं?"

परशा आँखें फाड़कर देखता ही रह गया—

"ख़रीदोगे? तुम पैकेट ख़रीदोगे? पैसे हैं तुम्हारे पास?" मैंने कहा, "हाँ ऽऽ! मेरे पिताजी हर रोज़ मुझे इकन्नी देते हैं। मैं एक पैसे के पैकेट ख़रीद लूँगा। कहाँ मिलते हैं, बताओ।"

परशा बोला, "कहीं जाने की क्या ज़रूरत है? मैं ही बेचता हूँ। लाओ पैसे।"

मैंने जेब से इकन्नी निकाली। कहा, "देखो मेरे पास इकन्नी है। तुम्हारे पास छुट्टे तीन पैसे हैं?"

परशा ने 'ना' में सिर हिलाया। उसकी बातों से साफ़ ज़ाहिर हो रहा था कि इतनी बड़ी रक़म से उसका पाला कभी नहीं पड़ा था।

मैं निराश हो गया। कहा, "तब क्या करें? दुकान में मिलेंगे छुट्टे पैसे?"

परशा उछलकर बोला, "दुकानदार बुरे होते हैं। वे इस तरह छुट्टे पैसे नहीं देते। एक पैसे की लिमलेट गोलियाँ खरीदेंगे तो वे छुट्टे पैसे देंगे। चलो गोलियाँ लें?"

मैंने कहा, "और कर ही क्या सकते हैं। चलो ले लेते हैं।"

वह तुरन्त मुझे दुकान में ले गया। उसने एक पैसे की गोलियाँ ले लीं। फिर गोलियों की पुड़िया और बचे हुए तीन पैसे मेरे हाथ में थमाकर वह मेरी तरफ़ देखता रहा। नतीजा यह हुआ कि मैंने मजबूरन पुड़िया में से एक गोली निकालकर उसे दे दी, एक ख़ुद खायी। बाक़ी गोलियाँ जेब में रख लीं। परशा बेहद ख़ुश हुआ। मेरे गले में हाथ डाल वह चल पड़ा।

मोहल्ले में पहुँचते ही मैंने उसे एक पैसा दिया और कहा, "एक पैसे के कितने पैकेट दोगे?"

परशा ने काफ़ी सोचने के बाद कहा, "दस चलेंगे?"

मैंने 'हाँ' में सिर हिलाते हुए कहा, "चलेगा।"

परशा ने फिर आँखें फाड़कर देखते हुए कहा, "सच पूछो तो एक पैसे के आठ ही मिलते हैं। मैं तुम्हें दस दिये दे रहा हूँ।"

मैंने कहा, "आठ भी चलेंगे।"

इस पर वह बोला, "जाने दो। दस ले लो। चलो, अब खेलते हैं। कितने पैकेट लगायें?"

मैंने कहा, "दो-दो लगायें?"

हम दोनों ने मिलकर चार पैकेट लगाये। परशा ने पहले खेलने का मौक़ा मुझे दिया। मैं बहुत ख़ुश हुआ। मुझे पूरा यक़ीन हो चला कि परशा एक बहुत ही अच्छा लड़का है। उसने इकन्नी छुट्टी करवाने में मेरी मदद की थी। लिमलेट की सारी-की-सारी गोलियाँ मेरे हाथ में दे दी थीं। एक भी गोली पर अपना हक़ नहीं जताया था। फिर एक पैसे के आठ के बदले दस पैकेट बेचे थे। इस पर खेलने का पहला मौक़ा मुझे दिया था। और सबसे बड़ी बात यह कि मैं उसके मोहल्ले का लड़का न होते हुए भी वह मेरे साथ खेलने के लिए राज़ी हो गया था। मैं बहुत ख़ुश हुआ।

मैंने पैकेट फेंके, मगर वे खेल के लिए खिंचे हुए दायरे में नहीं गिरे। फिर भी परशा ने मुझे माफ़ करते हुए एक पैकेट पर कंकड़ से निशाना साधने के लिए कहा। मैंने निशाना साधा, मगर चूक गया। परशा ने सही निशाना साधकर पैकेट जीत लिये। थोड़ी ही देर में उसने मेरे वो दसों पैकेट जीत लिये, जो उसने मुझे बेचे थे। फिर वह हँसकर बोला, "अब खेल ख़त्म!"

मैंने तैश में कहा, "ख़त्म क्यों होने लगा? अभी मेरे पास पैसे हैं। एक पैसे के पैकेट मुझे और दो। फिर हम खेलेंगे।" सुनकर वह दंग रह गया। बोला, "तुम और एक पैसे के पैकेट ख़रीदोगे?"

"हाँ। मैं खेलना चाहता हूँ।" मैं अपने फ़ैसले पर अडिग था।

तभी मोहल्ले के लड़कों को आते हुए देखा तो निराश हो उठा। सोचा, अब परशा मेरे साथ क्यों खेलने लगा! मगर परशा सचमुच बहुत ही अच्छा लड़का था। बोला, "देखो, मेरे मोहल्ले के लड़के आ रहे हैं। वह हमें खेलने नहीं देंगे। इसलिए हम उस तरफ़, पिछवाड़े में जाकर खेलेंगे।"

उसकी भलमनसाहत से मैं तो गद्‌गद हो उठा और जब वह मुझे एक पैसे के दस पैकेट देने लगा तो मैंने कहा, "नहीं मुझे तुम आठ ही पैकेट देना।"

परशा पहले तो माना नहीं। मगर फिर मान गया। थोड़ी ही देर में मैं खेल में वे आठों पैकेट गँवा बैठा। तब मैंने अपना वह आख़री एक पैसा निकाल लिया। कहा, "और आठ पैकेट दो। हम खेलेंगे।"

परशा बोला, "तुम सारे पैसे ख़र्च कर डालोगे? तुम्हारी माँ गुस्सा नहीं करेगी? पूछेगी नहीं कि पैसों का क्या किया?"

मैंने कहा, "हट! माँ को कौन बतानेवाला है!"

परशा ने मुझे एक पैसे के आठ पैकेट दिये।

फिर बोला, "दो-दो पैकेट से खेलते उकता गया हूँ मैं। चार-चार पैकेटों से खेलें?"

इतने अच्छे दोस्त को मैं मना भी करता तो कैसे? मैंने 'हाँ' कहा। तब परशा ने फटाफट मेरे आठों पैकेट जीत लिये और वह उछलकर बोला, "तुम्हारे पैसे ख़त्म! खेल ख़त्म! अब तुम जाओ। अब मैं मोहल्ले के लड़कों के साथ खेलने जाता हूँ।"

मैंने भी ख़ुशी-ख़ुशी उसे उन लड़कों के साथ खेलने जाने की इजाज़त दे दी। ख़ुद सन्तुष्ट होता हुआ चलता बना। मगर परशा की भलमनसाहत देखिए कि उसने दौड़कर आकर मुझे रोकते हुए कहा—

"ऐ, तुम्हारे पिताजी तुम्हें हर रोज़ इकन्नी देते हैं?"

मैंने 'हाँ' में सिर हिलाया तो बड़े प्यार से बोला—

"तो फिर तुम कल भी आओ न। मैं खेलूँगा तुम्हारे साथ। बस, हम दो जन खेलेंगे। जैसे आज खेले! बड़ा मज़ा आएगा।"

मैंने गद्‌गद होते हुए कहा, "तुम कल भी खेलोगे मेरे साथ?"

प्यार से मेरा गला दबाते हुए उसने कहा, "सिर्फ़ कल ही क्यों? मैं तो हर रोज़ खेलूँगा।"

मैं और भी अधिक गद्‌गद हो उठा। मैंने प्यार से उसका गला दबाया और जेब से एक लिमलेट की गोली निकाल उसे दे दी।

वह मुझे मोहल्ले के गेट तक छोड़ने आया और प्यार से मेरी पीठ पर धौल जमाते हुए उसने कहा, "ऐ, माँ गुस्सा करेगी तो मेरे बारे में कुछ मत कहना, हाँ!"

बहुओं की बदमाशियाँ और बेचारगियाँ सासों की

आजकल क्या स्थिति है, मैं नहीं जानता। मगर हमारे बचपन के ज़माने में सभी बूढ़ी औरतों की बहुएँ हुआ करती थीं। भागीरथी चाची की तो चार-चार बहुएँ थीं। बड़की, मँझली, छुटकी और 'छुटकी से बड़ीवाली'। कभी-कभी भागीरथी चाची उसे 'मँझली से छोटीवाली' भी कहा करती थीं—और कभी-कभी 'मँझली और छुटकी के बीचवाली' भी कहा करती थीं। भागीरथी चाची अकसर उलझन में पड़ी रहती थीं कि इस तीसरी बहू को क्या कहकर बुलायें। मेरी दादी ने सुझाव दिया कि उसे नाम लेकर पुकारा जाए। मगर भागीरथी चाची इस बात से सहमत न थी। मुझे लगता है कौन-सी बहू का नाम क्या है, यही उनको याद नहीं आता था। या फिर उन्हें यह मंज़ूर ही न था कि बहुओं के नाम भी हों।

सभी बूढ़ी औरतें भागीरथी चाची जैसी क़िस्मतवाली तो होती नहीं। फिर भी हर किसी के हिस्से में दो या कम-से-कम एक बहू तो आ ही जाती। अकेली बेचारी जमना चाची ऐसी थी, जिनके कोई बहू न थी। उनकी सात बेटियाँ ही थीं। बेटा कभी हुआ ही नहीं। इस अपराध के लिए जमना चाची अपनी सातों बेटियों पर अकसर गुस्सा उतारती रहती थीं। वे उन्हें अपने पिछले जन्म की बैरिनें कहा करती थीं। कहतीं, "माँ-बाप को भिखारी बना देंगी ये, भिखारी!" मुझे उनका गुस्सा ग़लत नहीं लगता था। क्या बिगड़ता अगर उन सातों में से तीन-चार लड़कियाँ, लड़कियाँ न होकर लड़के होतीं। लेकिन लड़कियाँ होती ही हैं बड़ी ज़िद्दी। टस-से-मस नहीं होतीं! क्या करें!

ख़ैर! मैं बहुओं की बात कर रहा था। ये सारी सासें अपनी बहुओं को मेरी दादी से मिलाने ले आती थीं। बड़े जहाज़ के पीछे जैसे उससे बँधी हुई किश्ती चलती है, वैसे ही सास के पीछे-पीछे बहू चलती थी। सास बड़ी शान से पालवाले जहाज़ की तरह चलती थी और बहू बेचारी आँचल सँवारती, सिर झुकाकर चला करती थी। मेरी दादी के सामने पहुँचते ही बहू झुक जाती थी और दादी के पैरों पर तीन-चार

'पा-लागूँ' जड़ देती थी। थोड़ी देर बाद हमारी चाचीजी बहू को देखने आती थीं। बहू फिर झुक जाती थी। इसके बाद मेरी माँ उत्सुकता से बहू को देखने आ जाती। बहू एक बार फिर झुक जाती। फिर अड़ोस-पड़ोस की बुआएँ, मौसियाँ, चाचियाँ सब एक के बाद एक आती रहतीं और बहू का झुकना ज़ारी रहता।

'पा-लागूँ' का सिलसिला ख़त्म होने पर बहू शरमाकर, सिर झुकाये खड़ी रहती। दादी बैठने के लिए कहती और सास भी सहमति जताती तब वह बैठ जाती। बैठती भी तो घुटने समेट कर! और गर्दन इतनी झुका लेती कि ठोड़ी घुटनों में छुप जाती। फिर दादी उससे कुछ पूछा करती। इस पर बहू अपनी सास की तरफ़ देखती। सास की मूक अनुमति पाने पर धीमी आवाज़ में जवाब देती। आवाज़ इतनी धीमी होती कि मुश्किल से घुटनों तक पहुँचती। फिर सास कहती, "ज़रा ज़ोर से बोलो। सुनाई तो दे!"

तब बहू की आवाज़ ज़रा-सी खुलती। फिर भी उसका जवाब कम-से-कम मुझे तो सुनाई नहीं देता था। क्योंकि मैं यह सारा तमाशा पासवाले कमरे के दरवाज़े की ओट से छुपकर देखा करता था। दादीवाले कमरे में जाता तो दादी भगा देतीं। कहतीं, "चल हट, मुए, औरतों के बीच तुम्हारा क्या काम?"

इसके बाद बहू से पति का नाम लेने के लिए कहा जाता था। इस पर बहू इतनी शरमा जाती कि ठोड़ी तो ठोड़ी, अबकी उसका पूरा चेहरा ही घुटनों में छुप जाता। सब मिलकर बार-बार अनुरोध करतीं। सास भी ज़रा-सा डाँट देती। तब जाकर बहू के मुँह से आवाज़ निकलती। पतिदेव का नाम काव्यपंक्ति में जड़कर लेना पड़ता था। इन काव्यपंक्तियों में 'नक़्क़ाशीदार ताक' हुआ करती थी। इस नक़्क़ाशीदार ताक में कभी दीपक जल रहा होता, कभी आईना चमक रहा होता। कौन-सी बहू ताक पर क्या रखेगी इसका कोई भरोसा नहीं होता था। एक बार एक बहू ने रसगुल्ला ताक पर रखा था। अब भला रसगुल्ले भी 'ताक पर' रखे जाते हैं कभी? हम जैसे बच्चे क्या कभी ताक पर उन्हें रहने देते? मगर वो जो 'जसवन्तजी' हुआ करते थे न, उन्हें सबसे आगे जो बढ़ना होता था, बहू को रसगुल्ले ताक पर रखने ही पड़ते। फिर नयी बहू शरमाते-शरमाते बताती–

'ताक पर रख दिये रसगुल्ले
आगे बढ़कर 'जसवन्तजी' ने
झपट लिये सबसे पहले!'

लगता है, उन दिनों शादी-ब्याह का लड़कियों के गले पर बड़ा बुरा असर हुआ करता था। बहुएँ बेचारी ज़ोर से तो बोल ही नहीं पाती थीं, लड्डू या चाय तक निगलना उनके लिए मुश्किल हो जाता था।

शादी से पहले उनकी आवाज़ें ख़ासी बुलन्द हुआ करती थीं, मैं अच्छी तरह जानता था। हमारे पड़ोस की कमली को ही लीजिए न। खेलते समय इतनी ज़ोर से

चिल्लाती थी कि उसकी माँ डाँट देती, 'करमजली, कितनी ज़ोर से चीख़ती है!'

ये बड़े-बड़े लड्डू वह एक झटके में गटक जाती थी। जब तक मेरी तालु से चिपका लड्डू का एक निवाला निकल पाता, कमली का पूरा लड्डू काफ़ूर हो चुका होता था।

लेकिन शादी के बाद कमली जब नयी नवेली के रूप में हमारे घर आयी, तब उसकी आवाज़ क़रीब-क़रीब बन्द हो चुकी थी और लड्डू खाने का उसका अन्दाज़ देखकर तो मैं हैरान ही रह गया। वह ऐसे खा रही थी, मानों चिड़िया दाने चुग रही हो। मुझे लगा, बेचारी की तबीयत ठीक नहीं है। मगर मेरी माँ तो कहे जा रही थी कि शादी के बाद कमली की तबीयत काफ़ी सुधर गयी है।

कुल मिलाकर मेरी यह राय बन गयी थी कि बहुएँ बेचारी बिलकुल गायें होती हैं। लेकिन 'उस' साल दीवाली की छुट्टियों में मेरा यह भ्रम बुरी तरह टूट गया। उस साल छमाही परीक्षा में मेरे बहुत ही कम मार्क्स आये। इसलिए मेरी माँ ने मेरे खेलकूद पर रोक लगा दी और वह हर दोपहर मुझे किताबें थमा पढ़ने के लिए बिठाने लगी। मैं भी दादीवाले कमरे के पासवाले कमरे में, दरवाज़े की ओट में दीवार से पीठ सटाकर बैठ जाता था। इससे पढ़ाई की पढ़ाई हो जाती थी और दादी के पास आनेवाली औरतों की बातें भी सुनाई देती थीं, जिनसे मन बहल जाता था। पढ़ाई ज़ारी रहती थी–

"आठ नम्बर की ट्राम ऑपेरा हाउस से निकल पोर्तुगीज़ चर्च, ठाकुरद्वार, चिरा बाज़ार, धोबी तलाब, कामा के मैदान से होती हुई फ्लोरा फाउण्टेन पहुँचती है...।"–मैं याद करता रहता था।

पढ़ाई के दौरान मुझे यह भी सुनाई देता रहता था कि सिर झुकाकर चलनेवाली ये बहुएँ वास्तव में कितनी चालाक और दुष्ट होती हैं। कमाल है! इतनी चालाक़!! इतनी दुष्ट!!!

राधा चाची की बहू हमारे घर आयी थी, तब कितनी सीधी-सादी, सहमी-सहमी-सी लगी थी। लेकिन बला की ख़र्चीली है! पकौड़े तलने के लिए कड़ाही में तेल निकालने को बोला तो आधी से ज़्यादा कड़ाही तेल से भर कर रख दी। दो कटोरे चावल चढ़ाती तो तीन कटोरे भर कर भात बन जाता था। दूसरे दिन बासी भात में छौंक लगाकर खाना पड़ता था। कपड़ों में साबुन घिसती थी तो इतना कि तीन पैसे की साबुन की टिकिया तीन दिन भी नहीं चलती थी। किसी की गोद भरनी थी तब तो उसने कमाल ही कर दिया। ये ऽ ऽ इतना बड़ा नारियल और ऊपर से ज़री के किनारेवाला चोली का कपड़ा दे दिया।

इस पर राधा चाची गुस्सा हो गयीं और बोलीं, "करमजली, ससुरा जाग़ीरदार है तेरा जो रुपया लुटा रही हो?"

बस, इतनी-सी बात पर यह इतनी बड़ी ताड़-सी लम्बी लड़की लगी सुबकने। और सुबके भी तो कहाँ–ठीक ऐसी जगह खड़ी होकर कि ससुर की नज़र पड़े।

ससुरजी बेचारे भोले-भाले शिवजी के अवतार। उन्होंने राधा चाची को ही सुना दिया, "क्यों उस बेचारी को डाँटती है? ज़रा-सा तेल, ज़रा-सा घी ख़र्च हो जाएगा तो कौन-सा पहाड़ टूट पड़ेगा हमारी गृहस्थी पर?"

अब आप ही बताइये, ससुर ख़ुद ही इस तरह पक्ष लेने लगे तो बहू को सिर चढ़ते भला देर लगेगी? मगर मर्दों को किसी तरह की समझ हो तब न! माना कि उनके कॉलेज के दोस्त की बेटी है, माना कि उसके क़दम घर में पड़ते ही तरक़्क़ी मिली इन्हें, मगर फिर भी यह सब सुनाने की क्या ज़रूरत है? वह भी उसी के सामने!

राधा चाची ने भी फ़ौरन पतिदेव को सुना दिया, "औरतों के मामले में मर्दों का दख़ल देना शोभा नहीं देता।"

ससुरजी बोले, "अपने मामले आप ही सुलझाइये। मगर कोई मेरे घर में रोये यह मुझसे देखा नहीं जाता।"

तब से घर में बहू को डाँटना-फटकारना मुश्किल हो गया। बेजा-ख़र्च होते देखना भी राधा चाची से बर्दाश्त नहीं होता था। लिहाज़ा सारे काम वे ख़ुद करने लगीं। कपड़ों में साबुन लगाना हो, तो राधा चाची ख़ुद ही लगायें। पकौड़े तलने हों, तो वे ख़ुद ही तलने बैठ जाएँ। झाड़न कहीं ज़्यादा घिस न जाए, इसलिए बुहारने का काम भी वे ही करने लगीं। "अब आप ही बताइये, सारे काम अगर सास ही करने लगे तो मुई बहू की भला ज़रूरत ही क्या है?"

इसके बाद राधा चाची ने आँचल आँखों पर दबा लिया होगा। मैंने भी बाद में उनकी बातों पर ज़्यादा ध्यान नहीं दिया। मुझे पढ़ाई जो करनी थी! मैं फिर रटने लगा, "आठ नम्बर की ट्राम..."

दूसरे दिन पढ़ाई करने बैठा और मैंने दादर से छः नम्बर की ट्राम चलाना शुरू किया। ट्राम के परेल तक पहुँचते-पहुँचते गोदावरी बुआ दादी से मिलने आ गयीं।

गोदावरी बुआ की बहू भी हमारे घर आ चुकी थी और बाक़ी बहुओं ही की तरह वह भी मुझे भोली-भाली-सी लगी थी। लेकिन अब पता चला वह भी ख़ासी चालाक थी। उसके भी बड़े नख़रे थे।

गोदावरी बुआ ने पहले ही तय कर लिया था कि शहर में पली लड़की को बहू नहीं बनाएँगी। उनके बड़े नख़रे होते हैं। गाँव की लड़की भली! मगर गाँव की इस लड़की ने और ही रंग दिखाये।

निपट अनाड़ी थी! उसके लिए तो यहाँ हर चीज़ निराली थी। पानी का नल उसने नहीं देखा था, सो पूरा नल खोल रखती। बिजली के बटन से खेलती रहती। इससे गोदावरी बुआ को उस पर बराबर नज़र रखनी पड़ती। ज़रा इधर-उधर हुई नहीं कि हो गया सत्यानाश! एक मामले में तो उसने हद ही कर दी। गोदावरी बुआ की बालकनी में खड़े रहो तो सड़क का नज़ारा दिखाई देता था। गाड़ियों, फेरीवालों, लोगों की आवाजाही बराबर बनी रहती थी। बहू को नज़ारा देखने में मज़ा आता। वह घण्टों

बालकनी में खड़ी-खड़ी सड़क का नज़ारा देखती रहती। बुआ उससे पूछतीं, "क्या कर रही हो बालकनी में?"

बहू जवाब देती, "तुलसी को सींच रही हूँ।"

थोड़ी देर बाद वह फिर लोटा लेकर तुलसी को सींचने के लिए बालकनी में जाती।

गोदावरी बुआ डाँट देती, "कलमुँही कितनी बार सींचोगी तुलसी को? मर जाएगी वह।"

तब वह झेंपकर वापस घर में चली आती। दो-तीन घण्टे बाद फिर बुआ की आँख बचाकर तुलसी में पानी देने चली जाती। घर में चावल जल जाते, दूध में उबाल आता, मगर यह है कि सींचे जा रही है तुलसी के पौधे को। आख़िरकार तुलसी का वह पौधा मर गया। गाँव की इस लड़की को बहू बनाकर बुआ बहुत पछतायीं।

मुझे लगा बहू की कहानी ख़त्म हो गयी। इसलिए मैं छः नम्बर की ट्राम परेल से भायखला तक ले आया और फिर मेरी ट्राम वहीं रुक गयी। गोदावरी बुआ अब बहू का एक और कारनामा सुनाने लग गयी थीं।

एक दिन बुआ ने बेसन के लड्डू बनाये। डिब्बे में भरकर ऊपर शेल्फ़ पर रख वे मन्दिर चली गयीं। घण्टे-डेढ़ घण्टे बाद लौट आयीं। शाम को उनके पति और बेटा—दोनों दफ़्तर से लौटे। बुआ ने स्टूल पर चढ़कर डिब्बा उतारा, हाथ डाला तो लगा शायद एक-दो लड्डू कम हो गये हैं। डिब्बा कितना भरा था, खुद ही भूल रही होंगी यह सोच चुप रहीं और दो लड्डू निकाल पति और बेटे को दिये।

दूसरे दिन फिर बुआ मन्दिर गयीं और घण्टे-डेढ़ घण्टे में लौट आयीं। देखती क्या हैं, बहू लोटा लेकर भाग रही है। बुआ ने पूछा, "क्यों री? क्या हुआ?"

"पेट में कैसा तो हो रहा है।" बहू बोली और लोटा लेकर सण्डास की तरफ़ भागी।

गोदावरी बुआ को शक हुआ। उन्होंने बेसन के लड्डू का डिब्बा निकाल लिया। इस बार उन्होंने लड्डू गिन रखे थे। पता चला, छः लड्डू ग़ायब हैं। बहू लौट आयी तो उन्होंने उससे कहा, "कलमुँही, छः-छः लड्डू खाओगी तो पेट नहीं बिगड़ेगा?"

इतना कहना था कि बहू रोने लगी। अब आप ही बताइये ऐसी बहू का क्या करें? गोदावरी बुआ के लिए तो गणेशजी के मन्दिर जाना भी मुश्किल हो गया। उस दिन वे दादी से मिलने आ तो गयी थीं लेकिन उन्हें फ़िक्र लगी हुई थी डिब्बे में रखे शकरपारे की। सोचा था गाँव की लड़की सीधी-सादी होगी। इसलिए बहू बनाकर ले आयीं। तो यह तो निकली आफ़त की पुड़िया! रात सोते में अगर चूहे की खुड़खुड़ भी सुनाई दे जाती तो बुआ बहू के अन्देशे से ही उठ बैठतीं। रात-रात भर जागती रहतीं। आँखों में नींद का नाम न होता था।

"अगर ऐसी बात है तो लड्डुओं का डिब्बा मुरब्बे के मर्तबान के पास क्यों नहीं रखतीं?" दादी ने सुझाव दिया।

"मैंने भी यही सोचा था। लेकिन फिर ख़याल आया, लड्डू तो लड्डू, मुरब्बे से भी हाथ धोना पड़ेगा।"

"बात तो सही है। कल को मुरब्बे पर भी हाथ साफ़ कर लेगी।" दादी को भी ख़तरे का ख़याल आया।

"वैसे तो अच्छी है। उलटकर बात का जवाब भी कभी नहीं देती। काम भी बहुत करती है। मगर जब देखो खाती रहती है।" कहकर बुआ 'फुर फुर' की आवाज़ करते हुए चाय सुड़कने लगीं।

मैं भी छः नम्बर की अपनी ट्राम भायखला से गिरगाँव तक ले आया और फिर उसे म्यूज़ियम ले गया।

अगले दिन दीवार के पास बैठे-बैठे मैंने उन्नीस नम्बर की ट्राम ऑपेरा हाउस से स्टार्ट की। मगर उसके नल बाज़ार तक पहुँचते-पहुँचते भीमा मौसी दादी से मिलने आ पहुँचीं। वे बड़ी चिन्तित लग रही थीं।

"क्यों भीमा मौसी? तबीयत को क्या हो गया? कुछ ठीक नहीं लगती।" दादी ने पूछताछ की।

भीमा मौसी बैठीं तो उनके घुटनों की हड्डियाँ बज उठीं। बोलीं, "क्या बताऊँ मथुरा दीदी, इस बहू ने तो नाक में दम कर रखा है। किसी दिन पागल होकर कपड़े फाड़ने लगूँगी, लगता है।"

अब इस मोड़ पर आकर मेरी ट्राम नल बाज़ार से आगे बढ़ ही नहीं सकती थी। मैं कान खड़े करके सुनने लगा।

"क्या मतलब? आपके घर में भी वही हाल है? आप तो पूना की लड़की को ब्याह कर लायी थीं न? अच्छे घराने की, सुन्दर, गोरी, चुस्त-दुरुस्त, पढ़ी-लिखी! हम तो समझ रहे थे, भीमा मौसी बड़ी क़िस्मतवाली हैं, जो इतनी अच्छी बहू मिली।" दादी ने कहा।

"ग़लती वहीं तो हुई! साधारण-सी कोई लड़की ब्याह लाते तो चैन से रहते। मेरी यह हालत तो न होती।" भीमा मौसी ने ठण्डी आह भरी। लगता है आँचल से नाक भी पोंछी। क्योंकि नाक पोंछने की आवाज़ भी मैंने सुनी।

"मगर आख़िर किया क्या आपकी बहू ने?" दादी ने सवाल किया।

"क्या किया? यह पूछिये क्या नहीं किया। यह कल की छोरी। मुझे सलीका सिखाती है।" भीमा मौसी अपने गुस्से पर क़ाबू नहीं कर पा रही थीं।

"क्या कह रही हैं आप!" दादी आश्चर्यचकित थीं!

"क्या करें! हमारा बिशू ज़िद लिये बैठ गया था न! शादी पूना की लड़की से ही करूँगा। और हमारे 'ये'! उसे समझाना तो दूर, बढ़ावा ही देते रहे। आज मेरी छाती

पर मूँग दल रही है, कल इनकी छाती पर दलेगी! तब पता चलेगा।"

"अच्छा? छाती पर मूँग दलने लगी?" दादी के आश्चर्य का ठिकाना नहीं था।

"और नहीं तो क्या! सूरन का साग बनाया तो कहती है सूरन नरम होना चाहिए। इनके पूना में मक्खन की तरह नरम होने तक पकाते हैं सूरन को। मैंने कहा, सूरन सख़्त होता है। उसे सख़्त ही रहना चाहिए। हमारे यहाँ ऐसा ही पसन्द किया जाता है। हमारे दाँत मज़बूत हैं। तुम्हारे यहाँ के लोगों के दाँत होंगे कमज़ोर, नरम-नरम चीज़ें खाकर और कमज़ोर होते होंगे। मुझे मत सुनाना अपने शहर की बातें।" भीमा मौसी ऐसे बोल रही थीं मानों बहू उनके सामने हो और वे उसी को सुना रही हों।

"फिर? उलटकर जवाब दिया उसने?" दादी ने पूछा।

"जवाब नहीं देती। बस नाक सिकोड़कर मुँह बनाती है! मन तो करता है कि उसकी वह नाक पकड़कर मरोड़ दूँ।"

"ये आजकल की लड़कियाँ तो हद ही कर देती हैं। हमारे ज़माने में हम सास के सामने सिर नहीं उठा पाती थीं और ये हैं कि नाक सिकोड़कर मुँह बनाती हैं। कलियुग आ गया है, कलियुग।" दादी बोली।

"हमारे घर की कोई बात इसे पसन्द नहीं आती। हमारी जमना ने इतनी अच्छी कढ़ाई की थी...कितना तो सुन्दर मोर काढ़ा था। इसने नाक-भौं सिकोड़ दी। कहती है, आपके घर में रेडियो नहीं है। ऐसे ठाठ से रहना था तो कर लेती किसी जाग़ीरदार से शादी!" भीमा मौसी गुस्से से उबल रही थीं।

"मगर बिशू उससे कुछ नहीं कहता?"

"जोरू का गुलाम! वह जो 'हाँ' कहे तो यह 'हाँ' कहे; वह जो 'ना' कहे, तो यह 'ना' कहे! फिदा हो गया है उस पर! इतना लिजलिजा बन जाएगा इसे देखते ही, ऐसा तो नहीं सोचा था।" भीमा मौसी का गुस्सा अब हद को पा कर चुका था।

"बीवी की मुट्ठी में बन्द है गोया।"

"चाभी की तरह पल्लू में बाँधकर घूमना बाक़ी बचा है, बस!" भीमा मौसी रो पड़ीं।

मुझे भी आश्चर्य हो रहा था। बिशू अच्छा-ख़ासा डील-डौल रखता था। ये ऽऽ घनी मूँछें थीं उसकी और बीवी गुड़िया-सी नाज़ुक! वह भला इसे अपनी मुट्ठी में बन्द कर या पल्लू में बाँधकर कैसे घूम सकती थी?

इस समस्या का समाधान ढूँढ़ना मुश्किल था। सो मैंने यह कोशिश छोड़ दी और उन्नीस नम्बर की ट्राम को करनाक बन्दरगाह से होते हुए बेलार्ड पियर की तरफ़ मोड़ा।

दूसरे दिन मैं एक नम्बर की ट्राम कालबादेवी से होते हुए ले जा रहा था कि सत्या चाची आ गयीं। वे सिसक रही थीं। अब आप बताइये सत्या चाची सिसक रही

हों तो एक नम्बर की ट्राम कालबादेवी से आगे भला कैसे बढ़ सकती है। लिहाज़ा वहीं रुककर और कान देकर मैं सुनने लगा।

"सत्या चाची, आप बैठिये। इत्मीनान से बैठिये। बहू ऽ ऽ, ज़रा पानी तो ले आना। और बाद में चाय का पानी चढ़ा देना।" दादी ने सत्या चाची को शान्त करने की कोशिश की।

"पिछले जन्म का पाप था कोई, जो इस जन्म में यह पल्ले पड़ी है। बहुएँ क्या औरों की नहीं होतीं? थोड़ी बहुत दुष्ट भी होती हैं। मगर सास का आदर तो करती हैं! हमारे यहाँ तो सब उल्टा-पुल्टा हो गया है। बस, उसे पंखा झलने का काम बाक़ी रह गया है!" सत्या चाची सिसकती ही रहीं।

"अब क्या गुल खिलाये आपकी बहू ने?" दादी ने पूछताछ की।

"पढ़ी-लिखी है न! दो साल कॉलेज में गयी थी, अब वह जो गुल खिलाये, कम हैं।"

"आपसे कुछ कहा उसने?"

"बस, वही बाक़ी बच गया है। वैसे भी कुछ कहने की ज़रूरत क्या है उसे? मर्ज़ी की मालिक है। जैसा मन आए, वैसा करती है। सास कुछ बोले तो बहरे होने का नाटक करो। सास की बात पर कान ही न दो, तो उसकी क़ीमत ही क्या रह पाएगी? फटी-पुरानी जूती की क्या क़ीमत होती है!" सत्या चाची का गला रुँध गया। अब उनसे बोला भी नहीं जा रहा था।

"बात क्या इतनी आगे बढ़ चुकी है?"

"क्या बतायें! सवेरे-सवेरे मर्दों की तरह अख़बार पढ़ती है। कभी-कभी तो अपने ससुर की कुर्सी पर ही बैठ जाती है। बाक़ी बहुएँ सिर पे आँचल लेती हैं; यह नहीं लेती। आजकल तो शाम को पतिदेव के साथ घूमने भी निकलती है। कान पर बालों की लटें यूँ लटका लेती है। सारे पड़ोसी जमा हो जाते हैं हमारी बहू का यह हुलिया देखने। सब मुझसे कह रही थीं, 'सत्या चाची, आपकी बहू तो बड़ी नख़रेवाली निकली। अब तो बस, अँग्रेज़ मेमों की तरह फ्रॉक पहनकर निकलना बाक़ी रह गया।' इस पर मैं क्या जवाब देती? मन तो किया था कहूँ 'फ्रॉक तो फ्रॉक, नंगी नाचेगी भी!' लेकिन कैसे बोलती? बहू भी अपनी, लाज भी अपनी! अपना-सा मुँह लिये मैं तो रसोई में जा छुपी।" सत्या चाची ने अपनी रामकहानी सुना डाली।

"ऐसी बात है, तो अपने 'उन' से क्यों नहीं कहती? कहना, बहू और बेटे की अक़्ल को ज़रा ठिकाने लगा दें। ज़रा सख़्ती से काम लें। आख़िर यह कैसी बेशरमी! आज लटें बिखराये घूम रही है, कल को बाल कटवाकर घूमेगी—मेमों की तरह!" दादी को भी अब गुस्सा आ रहा था।

"हमारे 'वो'! छोड़िये! वो तो बहू से कुछ कहने से रहे जी! सारी बहादुरी जोरू को दिखाने के लिए होती है! न बेटे से कुछ कहते हैं, न बहू से! कहने को, एक बार

मधु को बालकनी में ले जाकर कुछ कहा था। बस!" फिर मैंने ही बात उठायी। तो कहने लगा, "माँ, अगर आपको यह सब पसन्द न हो तो हम अलग हो जाते हैं।"

सुना तो दादी को तो सदमा पहुँचा। चीख़ उठी, "ओ माँ! मधु की यह हिम्मत? तब तो सत्या चाची, सँभालो अपने-आप को। एक दिन ऐसा आएगा कि पंखा झलना पड़ेगा आपको और बहू आराम से लेटी हवा खाएगी।"

"यह अलग होने की बात मधु के दिमाग़ में नहीं आयी। बेचारा कितना तो सीधा-सादा लड़का था। न कभी पलटकर बात का जवाब दे, न किसी काम के लिए मना करे। यह पट्टी तो उस मुई की पढ़ाई हुई है। कॉलेज में पढ़ती थी न! वहीं सीखकर आ गयी है यह सब। वही कान फूँकती है उसके। और हमारा यह पगला, उसकी सिखाई बोली बोलता है! पालतू तोता कहीं का!" सत्या चाची की आवाज़ फिर रुँध गयी।

"मैं कहूँ, सत्या चाची, हमारे पुराने रीति-रिवाज़ ही अच्छे थे। लातों के भूत कभी बातों से नहीं मानते। बहू के साथ तो यही होना चाहिए। उठे तो लात, बैठे तो चाँटा! तभी अक़्ल ठिकाने रहती है। हमारे ज़माने में क्या मज़ाल थी किसी की कि अलग रहने की बात करे।" दादी ने कहानी का निष्कर्ष पेश किया।

"हाँ, यह मत समझना कि मैं चुप रही। मधु ने अलग होने की बात उठायी तो मैंने भी लोढ़ा उठा लिया। कहा, पहले मैं अपना सिर फोड़ लूँ, तब अलग होना तुम।"

...इस नाटकीय घटना को सुनने में मैं इतना मशगूल हो गया था कि नल बाज़ार में रुकी पड़ी उन्नीस नम्बर की ट्राम तो छोड़िये, सामने आ खड़ी माँ का भी ख़याल नहीं आया मुझे।

नतीजा वही हुआ, जो ऐसे में होता है। माँ ने मेरा कान मरोड़कर कहा, "निखट्टू! यही तेरी पढ़ाई है? चार दिन हो गये, अभी तुम्हारी ट्रामें बोरीबन्दर नहीं पहुँचीं। लड़के होकर औरतों की बातें सुनते हो? बेशर्म कहीं का! उठो। बाहर जाकर पढ़ो। उठो!"

बहुओं की बदमाशियों के और अधिक ब्यौरे इकट्ठे करने का मौक़ा मेरे हाथ से जाता रहा। ख़ैर, जितना सुन पाया उससे इतना ज़रूर समझ पाया कि अगर शहरी बहू बदमाश होती हैं तो गँवार बहू बदमाशी में उससे रत्ती भर कम नहीं होतीं। बहू पूना से हो तो नकचढ़ी होती ही है, मगर मुम्बई से हो और कॉलेज में पढ़ चुकी हो तो पूना की नकचढ़ी से भी सिर चढ़ी होती है।

तो फिर कौन-सी बहू अच्छी बहू होती है?—मेरे मन में सवाल उभरा। मगर यह सवाल बड़ा ही बेमानी था। क्योंकि मैं उस समय बच्चा था और नहीं जानता था कि बहू कभी अच्छी हो ही नहीं सकती!

यह कैसा न्याय

आजकल जिसे देखो, महिलाओं के प्रति हो रहे अन्याय के ख़िलाफ़ आवाज़ उठाता मिलता है। महिलाएँ तो महिलाएँ, पुरुष भी आवाज़ बुलन्द करते रहते हैं। माना कि महिलाओं के साथ अन्याय होते हैं। लेकिन पुरुषों के साथ जो अन्याय होते हैं, उनका क्या? हमारे बचपन में, छोटे पुरुषों के साथ जिस तरह के अन्याय होते थे, सुनेंगे तो रोंगटे खड़े हो जाएँगे आपके! और यक़ीन मानिये ये अन्याय करती थीं महिलाएँ। नन्ही महिलाएँ और बुज़ुर्ग महिलाएँ!

और अन्याय कैसे न होते? हमारे बचपन में, वयस्क पुरुष सवेरे नहा-धोकर पूजा-पाठ करते थे। फिर सब्ज़ी ले आते थे। इसके बाद खाना खाकर, तैयार होकर छः या आठ नम्बर की ट्राम पकड़ने के लिए भागते थे। दफ़्तर से देर से लौटते थे, क्योंकि उस ज़माने में लोग दफ़्तरों में काम किया करते थे और मान्यता यह थी कि देर तक दफ़्तर में काम करते रहने में बड़ा पुरुषार्थ है। इसका अनिष्ट परिणाम यह होता था कि घर पर हम नन्हे पुरुषों को पूरी तरह घर की बुज़ुर्ग महिलाओं के अधीन रहना पड़ता था। और उस ज़माने में घर में बुज़ुर्ग महिलाओं की संख्या भी कोई कम नहीं होती थी। माँ होती थी, चाची होती थी, दादी होती थी। इनके अलावा भी एक दो महिलाएँ हुआ करती थीं। मेरे दोस्त सदू की तो तीन-तीन चाचियाँ, दो भाभियाँ और दो-दो दादियाँ थीं।

ये तमाम बुज़ुर्ग महिलाएँ हम नन्हे पुरुषों के साथ बराबर अन्याय किया करती थीं। सवेरे से लेकर रात गये तक! इसके अलावा बुज़ुर्ग पुरुषों से वे नन्हे पुरुषों की चुग़लियाँ भी खाया करती थीं। बुज़ुर्ग पुरुष बेचारे सीधे-सादे, भोले-भाले ठहरे! बुज़ुर्ग महिलाओं की सारी बातें सच मान बैठते थे और नन्हे पुरुषों की एक न सुनते थे। उन्हें डाँटते, कभी-कभी पीटते भी थे। इस प्रकार उस ज़माने में नन्हे पुरुषों के साथ बहुत अत्याचार होते रहते थे।

ये बुज़ुर्ग महिलाएँ सवेरे सोने भी नहीं देती थीं। गहरी नींद में हों, ठीक ऐसे समय ये कूल्हे पर ज़ोरदार चपत रसीद करती हुई डाँट देतीं, "उठो! कुम्भकरण के

अवतार! दिन चढ़ आया! धूप में कूल्हे सेंक रहा है आलसी कहीं का! निकम्मा!"

लड़कियों को न कभी मार पड़ती थी, न चपत और न ही डाँट। मीठी आवाज़ में जगाया जाता था, "जमना बेटी, जागो तो!"

ये जमना बेटियाँ भी बड़ी बदमाश हुआ करती थीं। माँ की एक पुकार पर ही जागकर उठ बैठती थीं।

ख़ैर! जागने के बाद स्वाभाविक रूप से मन करता था कि जाकर ज़रा देर बालकनी में खड़े हो सड़क का तमाशा देखें। सामनेवाली गली के गेनू से पूछें कि कितने कंचे जीते। लेकिन बालकनी में क़दम रखा नहीं कि बुज़ुर्ग महिलाएँ चिल्लाने लगती थीं, "अरे करमजले, दाँत साफ़ किये कि नहीं?"

दरअसल इस समय जमना भी बालकनी में खड़ी-खड़ी पड़ोसवाली मथुरा के कान में फुसफुसा रही होती थी। मगर बुज़ुर्ग महिलाएँ उससे कुछ नहीं कहती थीं।

इस मुद्दे पर मैं बुज़ुर्ग महिलाओं से अकसर लड़ पड़ता था। कहता, "क्यों? मुझी को क्यों डाँटती हो? उसे क्यों नहीं? जानता हूँ, लाडली है न तुम्हारी!"

"अरे करमजले, वह हाथ-मुँह धो चुकी है।"

"झूठ! इतनी जल्दी मुँह नहीं धोया जा सकता?" मैं चिल्लाकर कहता।

"मटरगश्ती करते रहते हो ख़ुद! उस पर चिल्लाते हो! उल्टा चोर कोतवाल को डाँटे!" और इसके साथ मेरी पीठ में एक धौल जमा दिया जाता था। मेरा कालर पकड़ माँ कहती, "वह मुँह धो चुकी है।"

"क्या सबूत है? मैंने तो नहीं देखा उसे मुँह धोते हुए तुमने देखा?" होठों-ही-होठों में दबी-दबी हँसी झलकाती जमना को मैं शक और गुस्से से भरी नज़रों से देखता रहता।

"उसने कहा है, वह झूठ नहीं बोलती।" माँ को जमना पर बहुत विश्वास था। वो यह बिलकुल नहीं मानती थीं कि लड़कियाँ पैदाइशी दुष्ट और एक नम्बर की लुच्ची होती हैं।

"मैं भी कहता हूँ, मैंने मुँह धोया है।" मैं ज़ोर-ज़ोर से सिर हिलाकर कहता था।

"झूठा कहीं का!" माँ गुस्सा हो उठतीं।

"वाह रे! यह कैसा न्याय? लड़कियाँ जो बोलें, सच और लड़के बोलें तो झूठ! ऐसा क्यों? क्यों ऐसा?" मैं तैश में अपनी दाहिनी मुट्ठी बायीं हथेली पर मार देता था।

माँ बहस में हार जाती थीं तो और गुस्से होती थीं। कहतीं, "लुच्चे, मटरगश्ती करते रहते हो, उस पर चिल्लाते हो?" पीठ में एक और धौल जमाया जाता। फिर माँ मुझे घसीटकर नहलाने ले जातीं।

मैं कहता, "वाह रे वाह! यह कैसा इन्साफ़?"

मगर माँ पर मेरी इन आहों का कोई असर न होता था।

नन्हे पुरुषों पर अविश्वास भी बला का किया जाता था। माँ को यक़ीन दिलाने

के लिए मैं तेज़ आवाज़ के साथ दाँत साफ़ करता था। फिर भी उन्हें यक़ीन नहीं आता था। वे ख़ुद बाथरूम में आकर देखकर जाती थीं कि मैं सचमुच दाँत साफ़ कर रहा हूँ या नहीं। वजह—नन्हे पुरुष झूठे होते हैं। और नन्ही महिलाएँ सारी-की-सारी सत्यवचन कहनेवाली, हरिश्चन्द्र की अवतार! वाह रे! यह कैसा इन्साफ़!!

माँ की बात मानकर मुँह धोने पर तो नन्हे पुरुषों को चाय मिलनी चाहिए कि नहीं? मगर नहीं! हमें पीना पड़ता था दूध और ख़ुद ये बुज़ुर्ग महिलाएँ चाय की चुस्कियाँ लेती रहती थीं बड़े चाव से! इस बात पर लड़ पड़ता था, तब माँ मेरे दूध में ज़रा-सी चाय डाल देती थीं और जमना के दूध में भी, मगर उसके दूध में मुझसे ज़्यादा!

फिर मुझे गुस्सा आता था। मैं चीख़ता था, "क्यों ऽ ऽ? उसे क्यों चाय दी? मैं लड़ता हूँ, मैं बुरा हूँ इसलिए गुस्से होकर मुझे चाय दी न तुमने? फिर उसे क्यों दी? वह अच्छी है, तो उसे क्यों दी?"

इस पर मेरी पीठ में धौल जमाकर माँ डाँट देतीं, "अब चुपचाप दूध पीते हो या नहीं?"

मैं 'ना' में सिर हिलाकर कहता, "मुझे और चाय चाहिए। जमना का दूध देखो लाल-लाल हो गया है। हमारा सफ़ेद-सफ़ेद। उसे तुमने ज़्यादा चाय दी। हमेशा देती हो।"

"कहाँ दी है ज़्यादा चाय? ख़ामख़्वाह खिटखिट करते हो!"

मैं ज़ोर-ज़ोर से गर्दन हिलाता हुआ कहता, "दी है! ज़्यादा चाय दी है। मैंने देखा है। अपनी इन आँखों से देखा है।"

फिर माँ तंग आ जातीं और "लो, मरो!" कहकर मेरी प्याली में और थोड़ी चाय डालतीं। फिर मैं वह दूध बड़े चाव से, चटखारे ले-लेकर पीता। उसके 'लो, मरो' कहने का कोई असर मुझ पर नहीं होता था। क्योंकि मैं जानता था 'लो, मरो' कहकर डाली गयी चाय भी अच्छी होती है।

इसके बाद भयानक अन्याय होता था नहाने के दौरान। मेरा यह कहना था कि चूँकि अब मैं बड़ा हो गया हूँ इसलिए पिताजी की तरह ख़ुद नहा लूँगा। यह भी नहीं कि मुझे ढंग से नहाना नहीं आता था। कितना तो पानी उँड़ेल लेता था बदन पर। लेकिन बुज़ुर्ग महिलाएँ कहाँ माननेवाली थीं? नन्हे पुरुषों पर हुक्म चलाने का शौक़ जो हो चला था उन्हें! उनका कहना था कि मैं जब ख़ुद नहाता हूँ तो सिर्फ़ मेरा पेट भीगता है। पीठ, कूल्हे सूखे-के-सूखे रह जाते हैं। सिर तो बिलकुल ही सूखा! और यह कि साबुन तो मैं छूता ही न था।

वैसे यह सच नहीं है कि मेरा सिर गीला ही न होता था। बायाँ हाथ पानी में भिगोकर मैं दो-तीन बार सिर पर घुमाया करता था। लेकिन बुज़ुर्ग महिलाओं की राय में नहाते वक़्त सिर पर पानी के लोटे-के-लोटे उँड़ेलने चाहिए। अब आप ही बताइये,

इस तरह सिर पर पानी उँड़ेल देंगे तो पानी नाक-मुँह में नहीं जाएगा? नाक-मुँह में पानी जाने पर तो बुज़ुर्ग पुरुष भी मर जाते हैं, फिर बेचारे नन्हे पुरुषों की बिसात ही क्या? और रही सिर में साबुन लगाने की बात! तो ऐसे में तो वह आँखों में, नाक में चला ही जाता है। दम घुटने लगता है। आँखें जलने लगती हैं, नाक में भी कुछ-कुछ होने लगता है!

लेकिन बुज़ुर्ग महिलाएँ इतनी दुष्ट होती थीं कि उन्हें इससे कोई फ़र्क़ नहीं पड़ता था। उल्टे नन्हे पुरुषों का दम इस तरह घोंटने में उन्हें बड़ा मज़ा आता था। इसलिए वे दो-दो जन मिलकर नन्हे पुरुषों को पकड़कर नहलाती थीं। एक मुझे पकड़कर रखती और दूसरी मेरे सिर पर पानी के लोटे-के-लोटे उँड़ेलकर मेरा बदन ज़ोर-ज़ोर से मलती। मैं चिल्लाता, "मर गया, मर गया..." लेकिन ढंग से चिल्ला पाना भी मुश्किल होता था। क्योंकि चिल्लाने के लिए मुँह खोलो, तो मुँह में पानी जाता था और 'बुड़् बुड़् बुड़् बुड़्' की आवाज़ निकलती।

मगर बुज़ुर्ग महिलाओं को किसी तरह दया न आती। मेरी एक बड़ी चचेरी बहन थी। उसे तो मुझे नहलाने का बड़ा शौक़ था। मैं चिल्लाता तो वह हँसने लगती। माँ तो नहीं हँसती थीं, मगर 'कितना सताता है' कहकर पीठ में धौल जमा देती थीं।

नहला चुकने के बाद माँ तौलिये से मेरा सिर ज़ोर-ज़ोर से पोंछतीं। इतनी ज़ोर से कि दर्द होने लगता। मैं चिल्लाता, "मर गया, मर गया। मार डालो मुझे। मैं अच्छा नहीं लगता न तुम्हें!"

सिर पोंछने के बाद बेहतर ढंग से बहस करना आसान हो जाता था। मैं माँ से कहता, "हमारा तो रोज़-रोज़ सिर भी धो देती हो और लड़कियों के सिर सिर्फ़ रविवार को! मुँह भी सिर्फ़ गीले तौलिए से पोंछती हो। लाड़ली हैं न तुम्हारी। हम तो किसी को अच्छे लगते ही नहीं न!"

माँ कहतीं, "अच्छा, तो अब तुम बाल बढ़ाओ लड़कियों की तरह। बाल बनाओ उनकी तरह। फिर रोज़-रोज़ सिर नहीं धोऊँगी तुम्हारा।"

"क्यों? हम क्यों बाल बढ़ाने लगे? हम क्यों बाल बनाने लगे? तुम्हीं लड़कियों से कहो, लड़कों की तरह बाल काट दें और हर रोज़ सिर धोयें।" बहस में मैं कभी नहीं हारता था। मगर माँ मुझसे बहस करती ही नहीं थीं। ज़ोर-ज़ोर से मेरा सिर और बदन पोंछने के बाद वे मेरा कान पकड़ मुझे घसीटती हुई, धक्का मारकर कमरे के बाहर कर देतीं। बुज़ुर्ग महिलाएँ इस तरह के ज़ुल्म ढाने लगें तो नन्हे पुरुष भला क्या करें?

हम बराबर अन्याय के मारे हुआ करते थे। अब बेसन के लड्डुओं का वाकया सुनिये। माँ बेसन भूनतीं और जब उसकी ख़ुशबू घर में फैलने लगती तो वे पुकारतीं, "जमना निमा, आ जाओ। ज़रा लड्डू बनाने में हाथ तो बँटाओ।"

उस समय मैं वहीं रसोईघर के आसपास ही मँडरा रहा होता था। मैं कहता, "माँ, उन्हें क्यों बुला रही हो? मैं हूँ न यहाँ। मैं बँटाता हूँ हाथ।"

"तुम? बिलकुल नहीं। एक के बाद एक लड्डू खाते ही रह जाओगे।"

"नहीं खाऊँगा न, माँ।"

"लड्डू बनाना पुरुषों का काम नहीं होता। औरतों का काम होता है।" परात में बेसन निकालती हुई वे कहतीं।

"वाह! अच्छे-अच्छे सारे काम तो औरतें करें! और बुरे काम पुरुषों के लिए! ऐसा क्यों?" काम के इस अन्यायकारक विभाजन पर मुझे बड़ा गुस्सा आता था। आख़िर खाने की तरह-तरह की चीज़ें बनाने के स्वादिष्ट काम तो औरतें करें और नन्हे पुरुष बेचारे! बनिये की दुकान से भारी, भरकम सामान के थैले उठा-उठाकर ले आना है, पड़ोसवाले मोहल्ले में किसी को कुछ कहला भेजना है तो भेज दो नन्हे पुरुषों को! बेचारे घूम रहे हैं चिलचिलाती धूप में! इधर नन्ही महिलाएँ हाथ बँटा रही हैं लड्डू बनाने में। फिर एक-एक लड्डू भी पा रही हैं इनाम के तौर पर! उँगलियों से चिपका हुआ बेसन चाटने को मिलता था, अलग से!

नन्हे पुरुष मुँह ताक़ते रह जाते थे! मेरी दुष्ट चचेरी बहन ऐसे समय मुझे मुँह बनाकर चिढ़ाती थी और हँसती थी।

इनाम के तौर पर मिलनेवाले लड्डू को लेकर माँ से मेरी अकसर बहस छिड़ा करती थी। मैं कहता, "वाह रे! यह कैसा इन्साफ़! नन्ही औरतों को काम करने के लिए इनाम! नन्हे पुरुष बनिये की दुकान से सामान ले आते हैं, उन्हें इनाम क्यों नहीं दिया जाता? हम नन्हे पुरुष बेचारे चुप रहते हैं, इसका यह मतलब नहीं कि हमें कुछ दिया ही न जाए!"

इस पर माँ बौखलाकर कहतीं, "लो शैतान कहीं के! लो यह लड्डू। ठूँस लो मुँह में अपने और दफा हो जाओ यहाँ से। मुआ दिमाग़ खा जाता है जब-तब!"

आ हा हा! दिमाग़ खा जाता हूँ! अजी, जब तक हम नन्हे पुरुष बुजुर्ग महिलाओं के दिमाग़ नहीं खाने लगते, हमें खाने के लिए कुछ नहीं मिलता। तभी तो दिमाग़ खाना पड़ता है।

नन्हे पुरुष लड़कियों की तरह गुड़िया के साथ नहीं खेलते थे। वे तो कबड्डी, चोर-सिपाही खेला करते थे। लिहाज़ा उन्हें बराबर भूख लगती थी। और 'भूख लगी है' कहने की देर थी, कि बुजुर्ग महिलाएँ बरस पड़ती थीं।

माँ डाँटती थीं, "जब देखो भूख लगती है तुम्हें। पाँच मिनट के लिए सुस्ताना चाहा नहीं कि आ जाते हो 'भूख भूख' करते हुए!"

खाने की सारी चीज़ें, सारे डिब्बे-कनस्तर इन महिलाओं के कब्ज़े में होते थे। ऐसे में अगर पुरुषों को भूख लग जाए तो वे 'भूख भूख' करते हुए महिलाओं के पास खिटखिट करने नहीं जाएँगे? माँ लड्डू का पूरा डिब्बा मेरे पास रख देती तो मैं क्यों खिटखिट करता भला? लेकिन ऐसा कहते ही उन्हें गुस्सा आ जाता था। ऐसे में नन्हे पुरुष करें तो क्या करें?

एक दिन माँ ने लड्डू बनाये। दूसरे दिन सवेरे-सवेरे मुझे भूख लगी। इस पर वो हमेशा की तरह गुस्सा हो गयीं, "अभी तो दूध पीया था न तुमने! पूरा एक कप! लड्डू भी खाया था। फिर इतनी जल्दी भूख कैसे लगी तुम्हें?"

मैंने कहा, "मैं क्या जानूँ कैसे लगी? बस, लगी अपने आप। अब जब लगी तो मैं क्या कर सकता हूँ?"

"झूठा! मैं जानती हूँ तुम्हें भूख क्यों लगी है।"

"अच्छा! मतलब मैंने खुद ही अपने पेट में मुक्के मार-मार कर भूख लगवा ली? मैंने कहा न, अपने आप लगी। मैं कह रहा था उससे 'मत लगो, मत लगो'। नहीं मानी।" मैंने माँ को आँखें तरेरकर देखा।

"मैं अच्छी तरह जानती हूँ। डिब्बे में लड्डू हैं न। इसलिए तुम्हें भूख लग रही है बार-बार।" माँ छौंक लगाते हुए बोलीं।

वैसे उसकी बात सही थी। मगर क्या करें, एक लड्डू खाओ तो दूसरे लड्डू की भूख लग ही जाती है। और इतनी कड़ी भूख लगती है कि सहनी मुश्किल हो जाती है। यह क़सूर आख़िर किसका है? लड्डुओं का या बेचारे नन्हे-मुन्ने पुरुषों का? मैंने यह सवाल माँ के सामने रख दिया।

इस पर माँ बोलीं, "लड्डू खाने से लड्डू की भूख और ज़्यादा लगती है न? फिर ऐसा करो, तुम लड्डू बिलकुल न खाओ। मैं तुम्हें सब्ज़ी-रोटी दिये देती हूँ। उससे पेट भी भर जाएगा। दुबारा भूख भी नहीं लगेगी।"

मैंने कहा, "माँ, मुझे लड्डू की भूख लगी है। रोटी से कैसे मिटेगी?"

इस पर वो बोलीं, "अभी बताती हूँ कैसे मिटेगी। करछी डाल रखी है चूल्हे में। तपने दो उसे। फिर बताती हूँ।"

माँ के ऐसा कहने पर मैं बाहर चला जाता था। इस तरह ज़ुल्म-ज़बरदस्ती पर महिलाएँ उतर आयें तो नन्हे-मुन्ने पुरुष आख़िर और कर ही क्या सकते थे?

ख़ैर! नन्हे पुरुषों को बेसन के लड्डू खाने को मिल तो जाते थे। मगर करवा चौथ जैसे त्यौहार पर तो महिलाओं के ही मज़े होते थे। उपवास के नाम पर बड़े नाज़ उठवाती थीं। तरह-तरह के फल पिताजी खुद बाज़ार से ले आते थे उनके लिए। उपवास छोड़ते समय तरह-तरह के पकवान खाने को मिलते थे।

मैं कहता, "माँ, मुझे भी करवा चौथ का व्रत रखना है।"

माँ कहतीं, "पागल मत बनो। करवा चौथ का व्रत सिर्फ़ औरतें रखती हैं।"

"लेकिन व्रत रखने से पुण्य मिलता है न? फिर मुझे भी तो कमाना है पुण्य! तुम हर रोज़ मुझे भगवान को प्रणाम करने के लिए कहती हो न? उससे पुण्य मिलता है—कहती हो न? अब और भी ज़्यादा पुण्य मिलता हो तो बुरा क्या है?" मैं दलील देता।

"देखो, मेरा दिमाग़ मत खाओ। वैसे भी व्रत रखने से सिर में दर्द हो रहा है।

तुम अब और तंग मत करो। सुनिये तो...ज़रा इसे बाहर तो बुला लीजिए। बहुत तंग कर रहा है यह।" माँ पिताजी से कहतीं।

तब पिताजी दहाड़कर मुझे बाहर के कमरे में बुला लेते और दुबारा अन्दर जाने की मनाही करते। फिर तो हम बैठे रह जाते बालकनी में हवा खाते। अन्दर उपवास की स्वादिष्ट चीज़ों का ख़ात्मा होता रहता। अरे वाह! इतनी स्वादिष्ट चीज़ों से, फलों से सिर में दर्द होने लगता है!! तो फिर मत खाना! हम खा लेंगे। हम रख लेंगे व्रत! सह लेंगे सिरदर्द!

मगर ये महिलाएँ बड़ी ही ख़ुदगर्ज होती थीं।

मंगलागौरी के अवसर पर रतजगा होता था। बुज़ुर्ग और नन्ही महिलाएँ रात भर जागतीं, खेलतीं, गातीं, चाचियाँ, भाभियाँ, दीदियाँ, जमना-निमा सब! नन्हे पुरुषों को इसमें भाग लेने की मनाही होती थी। दादी तो हाथ में झाड़ू लिये दरवाज़े में खड़ी रहती थीं, नन्हे पुरुषों को रोकने के लिए। कहतीं, "एक दिन बेचारियाँ खेल रही हैं, खेलने दो उन्हें।"

हमने कब मना किया था? कब कहा था कि मत खेलो। हमारा कहना तो सिर्फ़ इतना होता था कि हमें भी साथ ले लो। मगर किसी को हम पर तरस नहीं आता था।

रतजगा फिर भी ठीक था। पड़ोस में जाकर सो जाते थे। मगर चैत के हल्दी कुंकुम जैसे जश्न पर भी हम नन्हे पुरुषों को ज़बरदस्ती घर के बाहर खेलने के लिए भेज दिया जाता था। घर पर तरह-तरह की मिठाइयाँ, नमकीन बनते थे। मगर हम तक इनमें से कुछ भी नहीं पहुँचता था। स्कूल से लौटने पर जो हमेशा का, सादा नाश्ता मिलता था, वह भी ऐसे दिन नहीं मिलता था। भूखे पेट बाहर खेलते-खेलते शाम बितानी पड़ती थी। घर लौटने पर भी कुछ नहीं मिलता था। क्योंकि कुछ बचा ही न होता था। एकाध बचा-खुचा पकवान मिल गया तो मिल गया। कच्चे आम का शरबत तो ख़त्म ही हो चुका होता था। माँ पिताजी से पूछा करतीं, "शरबत बना दूँ थोड़ा?" इस पर वे कहते, "नहीं, ऐसी कोई ज़रूरत नहीं है।" यानी कि गये काम से! शरबत से भी हाथ धोना पड़ता। मैं एक आख़िरी कोशिश करता। कहता, "माँ, बनाओ तो। पिताजी को अच्छा लगता है शरबत। वे तो यूँ ही मना कर रहे हैं।"

माँ मुझे आँखें तरेरकर देखतीं और शरबत बनाने का इरादा त्याग ही देतीं। वे बनातीं भी क्यों शरबत। उनके सबके पेट भरे होते थे शरबत से। नन्हे-मुन्ने पुरुषों के पेट में चूहे दौड़ने लगें तो उनका क्या जाता? वे क्यों परवाह करतीं भला?

इस पर महिलाओं की बदमाशी तो देखिये। अपने व्रतों-त्यौहारों में तो पुरुषों को शामिल होने नहीं देती थीं, मगर पुरुषों के व्रतों-त्यौहारों में ख़ुद ज़रूर शामिल रहती थीं। अब शिवजी, विष्णु पुरुष देवता ठहरे! फिर शिवरात्रि और एकादशी के व्रत रखने की इन महिलाओं को क्या ज़रूरत? अपनी करवा चौथ में हमें शामिल होने नहीं देतीं न? फिर हम अपनी एकादशी, शिवरात्रि में तुम्हें क्यों शामिल करें? नहीं करेंगे

शामिल! चली जाओ! मैं साफ़ कह देता था महिलाओं से। मगर लुच्ची! मुझसे कहतीं, "शिवजी और विष्णु तो हमारे भी भगवान हैं।" मैं कहता, "ऐसा कैसे हो सकता है? यह तो सरासर नाइन्साफ़ी है।"

लेकिन वे मुझे घास नहीं डालती थीं। और ख़ुद व्रत के नाम पर साबूदाने की खिचड़ी, आलू की सब्ज़ी, मूँगफ़ली, शकरकन्द की खीर, सिंघाड़े के आटे की पूड़ियाँ और क्या-क्या नहीं खाती थीं।

गणेशपूजा के समय हम नन्हे पुरुष आरती की समाप्ति की प्रतीक्षा में होते थे, ताकि प्रसाद मिले। लेकिन ये महिलाएँ देर तक आरती, भजन गाती रहती थीं। लम्बी प्रतीक्षा के बाद प्रसाद बाँटने का काम लड़कियों को मिलता। वे मिठाई का एक-एक टुकड़ा नन्हे पुरुषों को बाँटतीं।

मैं निमा दीदी से कहता, "कितना नन्हा-सा लड्डू दिया है तुमने मुझे। अब एक और दे दो।"

वह कहती, "ना बाबा। दादी गुस्सा करेंगी।"

दादी को थोड़े न पता चलता कि मुझे प्रसाद में दो-दो लड्डू दिये गये हैं। वे लड्डू गिननेवाली तो थीं नहीं? मगर दुष्ट निमा दीदी मुझे कभी दूसरा लड्डू नहीं देती थी। निमा दीदी! हुँः! निम्मी!! मुझे यक़ीन है, मेरी तरफ़ पीठ कर वह ज़रूर दो-तीन लड्डू खा जाती होगी।

खाने-पीने को लेकर यह हाल था। कपड़ों, ज़ेवरों का मामला तो और भी संगीन हुआ करता था। कहीं किसी की शादी हो, जनेऊ संस्कार हो तो बुज़ुर्ग महिलाओं को उपहार में साड़ियाँ ज़रूर मिलतीं। नन्ही महिलाओं को भी फ्रॉक, घाघरे का कपड़ा मिलता। कभी-कभी तो सोने की ज़रीवाले किनारे होते थे इन साड़ियों में। फिर माँ नयी साड़ी पहनकर मन्दिर हो आती थीं। मशीन पर फर्रर्र से लड़कियों के घाघरा-चोली सी देती थीं। लड़कियाँ भी घाघरा-चोली पहन सारे मोहल्ले भर में इतराती फिरती थीं। दादी, चाची और सभी बुज़ुर्ग महिलाओं के पैर छूती थीं। वे बुज़ुर्ग महिलाएँ उनकी बड़ी तारीफ़ करतीं। कहतीं, "घाघरा बड़ा फब रहा है। बिटिया पर। जुग जुग जीयो।"

कोई और कहती, "कैसी तो प्यारी लग रही है हमारी बिटिया रानी। डिठौना लगा दो। नज़र लग जाएगी।"

कोई असीसती, "शाबाश, अच्छा पति मिलेगा, हमारा आशीर्वाद है।"

और इधर हम पुराने कपड़े पहने बैठे होते थे। आप ही बताइये ज़रीवाले चमकीले, नये कपड़े पहनकर वे प्यारी क्यों नहीं लगेंगी? मुझे ज़री के कपड़े पहनाये जाते तो मैं भी प्यारा लगता। प्यारा तो क्या, चाँद-सा लगता! चमचमाचम करता रहता। लेकिन हमारे पास कहाँ थे ज़री के कपड़े? कहते हैं, लड़कों को ज़रीवाले कपड़े नहीं पहनाये जाते। अरे वाह! यह कैसा इन्साफ़? लड़के क्या सड़क पर पड़े पाये जाते हैं? और लड़कियाँ क्या भगवान की भेजी होती हैं?

ज़रीवाले कपड़ों को लेकर भी माँ से मेरी अकसर लड़ाई होती थी। मगर माँ एक न सुनती थीं। उल्टे सारी औरतें मुझ पर खीः खीः कर हँसती थीं। मैंने पिताजी के पास माँ की शिकायत की तो वे भी ठहाके लगाकर हँसने लगे। माँ ने मामाजी से भी कहा और वे भी ख्याः ख्याः कर हँसने लगे।

लड़कियों को अकसर ज़रीवाले नये घाघरा-चोली मिलते थे। शादी-ब्याहों में पहनने के लिए मेरे पास सिर्फ़ एक कोट और पतलून! पीले रेशमी कपड़े की बनी! मगर इतनी मैली दिखाई देती कि पूछिए मत। बाक़ी समय में माँ मेरे ये कपड़े गट्ठर में बाँधकर रख देती थीं। और ऐसे कसकर बाँधती थीं कि मेरे कपड़े हमेशा के लिए मसक गये थे। सलवटें पड़ी थीं। उस पर तरह-तरह के दाग़ भी लगे हुए थे। मेरे शिकायत करने पर माँ कहतीं, "तुम्हीं कुछ भी खाते रहते हो और वही गन्दे हाथ कपड़ों में पोंछते हो।"

मैं कहता, "हम क्या करें? तुम भी तो अपने आँचल से हाथ पोंछती हो। वही आदत हमें पड़ गयी है। मेरे कोट में पल्लू होता तो मैं भी पल्लू से हाथ पोंछता। पल्लू नहीं है, इसलिए तो कोट से ही हाथ पोंछना पड़ता है।"

"लुच्चे, मैं क्या नयी, ज़रीवाली साड़ी से हाथ पोंछती हूँ?"

"मुझे नया कोट, नयी पतलून सिलवा दो, तो मैं भी नहीं पोंछूँगा। मगर तुम मुझे नये कपड़े सिलवाकर देती ही नहीं। कपड़े पुराने हैं, इसलिए उनसे हाथ पोंछता हूँ।" मेरी दलील लाजवाब होती थी।

मगर क्या फ़ायदा? माँ इसके बाद भी मेरे लिए नये कपड़े नहीं बनवाती थीं। मतलब कभी-कभी बनवाती तो थीं। लेकिन बराबर यही सुनाती रहतीं, "लड़कों के कपड़ों को कौन देखता है। कैसे भी हों क्या फ़र्क़ पड़ता है?"

निमा दीदी नाक सिकोड़ती हुई कहती, "चाची, ये नये कपड़े पहने भी तो क्या? लगते हैं जोकर के जोकर!"

इस पर गुस्सा होकर मैं उसे मारने दौड़ता था। वह भागकर दादी के पीछे जा छुपती थी। ऐसी तो डरपोक और भगोड़ी होती हैं लड़कियाँ। उस पर दुष्ट भी।

कहने को मेरे पास एक ज़रीवाली टोपी हुआ करती थी। शादी-ब्याह में जाते समय माँ अलमारी से उसे निकालकर मुझे देती थीं। फिर मैं टोपी पहन इतराता फिरता।

लेकिन जिन शादी-ब्याहों में मैं जाया करता था, वे अकसर मेरे ननिहाल में होते थे। वहाँ मेरे तीन मामा हुआ करते थे और उनकी नज़र मेरी ज़रीवाली टोपी पर हुआ करती थी। ज़रीवाली अपनी टोपी पहन मेरे वहाँ पहुँचते ही वे हौले से मेरी टोपी सिर से उठा लेते थे। देखते-देखते मेरी टोपी ग़ायब हो जाती। पीछे मुड़कर देखो तो टोपी नदारद। तीनों मामाओं के हाथ देखता। हाथ ख़ाली होते थे। टोपी कहीं भी नहीं होती थी।

मैं गुस्सा होकर उन्हें मुक्के मारने लगता और पूछता, "कहाँ है मेरी ज़रीवाली टोपी?"

तीनों मामा अपने ख़ाली हाथ दिखाते हुए मुझसे कहते, "हमें क्या पता? हमें क्या पता?"

फिर मैं ज़ोर-ज़ोर से रोने लगता।

इस पर माँ मुझी को एक झापड़ मार कहती, "रो क्यों रहा है तू? ज़रा चैन नहीं लेने देता! गधा कहीं का!"

फिर नानी आतीं और मेरे मामाओं को डाँट देतीं। तब जाकर मेरी टोपी वापस आती और मेरे सिर पर विराजमान होती।

मामा कहते, "टोपी तो इसके सिर पर है। ख़ामख़्वाह रोये जा रहा है।"

फिर मैं आँसू पोंछ नानी के पास बताशा माँगने जाता, मगर बताशा खाते समय भी एक हाथ से सिर पर टोपी पकड़े रहता। इसके बाद पूरी शादी में मैं कभी एक हाथ से तो कभी दोनों हाथों से टोपी सँवारे हुए घूमता।

इससे बड़ी समस्या पेश आती। बताशा माँगने और खाने के लिए हाथ ख़ाली ही न मिलता। बाक़ी बच्चों के साथ खेलने में भी अड़चन पैदा होती। मुझे बार-बार दोनों हाथों से सिर पर टोपी पकड़े घूमते देखते, तो सभी मुझ पर हँसते रहते। हम उम्र लड़के मेरे सिर पर चपत लगाकर भाग जाते। मेरे हाथ भी ख़ाली नहीं होते थे कि बदले में उन्हें चपत लगाऊँ। खाना खाते समय भी मैं टोपी पहने रहता। कहीं मामा फिर चुराकर भागे तो? लोग हँसते थे। हँसा करें। इनके भी टोपी लेकर भागनेवाले तीन दुष्ट मामा होते तो पता चलता।

ले-देकर एक इकलौती ज़रीवाली टोपी थी मेरी। मगर उसे ढंग से पहन शान से इतराते फिरना नसीब में न था मेरे। और उधर लड़कियाँ ठाठ से ज़रीवाले घाघरे पहन, अपनी लौंग के लशकारे लिये इतराती फिरती थीं। इसलिए तो मैं चाहता था कि माँ मेरे लिए कोट और पतलून बनवा दें। लेकिन माँ ने मेरी बात कभी नहीं मानी। मैं अच्छा नहीं लगता था न उन्हें!

लड़कियों के नाक की लौंगें चमकती थीं। यही नहीं, उनके कान में भी सुन्दर-सी बालियाँ होती थीं। हीरे, मोती जड़ी हुईं। किसी के कान में लाल माणिक तो किसी के झुमके से लगी मोतियों की बेलें होती थीं जो ऊपर चढ़ती हुई बालों में फँसी होती थीं। माथे पर बालों के किनारे से होती हुई सोने की चेन भी चमकती थी, जिसके बीचोंबीच माथे पर ठीक टीके पर चमकता पदक हुआ करता था। बालों में सोने का फूल जड़ा होता था। कमली नाम की एक लड़की की तो वेणी में भी सोने के बड़े-बड़े फूल गुँथे होते थे। गले में भी सोने के हार लटकते रहते थे। तरह-तरह के हार—चन्द्रहार से लेकर चम्पाकली हार तक। कुछ हार कुत्ते के गले के पट्टे की तरह लड़कियों के गले से चिपके होते थे, तो कुछ नाभि तक लटकते रहते थे। कमर में सोने

का कमरबन्द, जिसमें नन्ही-नन्ही ज़ंजीरें और छम-छम करते घुँघरू लगे होते थे। पैरों में छम-छम बजती पायलें हुआ करती थीं।

हाथ भी कहाँ ख़ाली होते थे। उँगलियों से लेकर पूरी बाँहों तक सोने से लदे होते थे। उँगलियों में लाल, नीले, पीले नगीने जड़ी अँगूठियाँ, कलाई पर चूड़ियाँ, बाजुओं पर बाज़ूबन्द। इनके अगर सींग और पूँछ होती न, तो वे भी सोने से लदी होतीं। फिर तो अपनी-अपनी पूँछ घुमाती इतराती फिरती हर लड़की।

इतराने से फ़ायदा? कभी छम-छम करती इधर भागतीं, कभी छम-छम करती उधर! फिर बालों पर हाथ फेरतीं–यूँ ऽ ऽ! फिर गले के हार ठीक करतीं। कभी गर्दन को झटका दे कान की बालियाँ चमकातीं, तो कभी चूड़ियाँ बजाती हुई बुज़ुर्गों को झुककर प्रणाम करतीं। फिर खु खु खु हँसती हुई दूर एक कोने में दौड़ जातीं और एक दूसरी के कान में फुसफुसाने लगतीं।

बुज़ुर्ग महिलाएँ कहतीं, "बड़ी प्यारी लगती है आपकी जमना! नज़र उतार देना घर जाते ही।"

दूसरी कोई औरत मथुरा की ठुड्डी उठा कहती, "वाह! क्या ठाठ हैं बिटिया रानी के! जगमगा रही है!"

हुः! जगमगा रही है! इतने सारे ज़ेवर पहनते तो हम भी जगमगा उठते! मगर ज़ेवर ही तो नहीं थे। अब जब ज़री के कोट-पतलून ही नहीं थे, तो ज़ेवर तो दूर की बात!

मैं अकसर माँ के पास खिटखिट करता, "देखो न, लड़कियाँ किस तरह इतराती घूमती हैं–सज-धजकर! हमारे पास कुछ भी नहीं।"

माँ गुस्सा होकर कहतीं, "तुम भी घूमो। जाओ, जी भरकर इतराओ। मेरे पास खिटखिट मत करो...।"

हम कैसे इतराएँ? हमारे पास इतराने के लिए था ही क्या? न ज़रीवाले कपड़े, न ज़ेवर। ले-देकर एक ज़रीवाली टोपी। उसे भी दोनों हाथों से पकड़े रहना पड़ता ताकि मामाजी उड़ा न ले जाएँ। और फिर हम लाख इतराएँ, ध्यान कौन देता? कौन बलाएँ लेता? अन्तूचाचा थोड़े न मेरी ठुड्डी उठा कहते, "अरे वाह! कैसा चाँद-सा लग रहा है हमारा राजा बेटा।"

बुज़ुर्ग पुरुष मिलकर गपशप में मशगूल रहते थे, और हम नन्हे पुरुष ज़रा उनके पास गये नहीं कि ये डाँट देते, "कितनी बार कहा है। बड़े बातें कर रहे हों, तो बीच में नहीं बोलना चाहिए। क्या चाहिए तुम्हें? जाओ अपनी माँ से कहो।"

माँएँ देतीं तो बुज़ुर्ग पुरुषों के पास हम जाते ही क्यों भला? मगर बुज़ुर्ग पुरुषों को नन्हे पुरुषों की ज़रा भी परवाह नहीं होती थी। वे नन्हे पुरुषों को बराबर डाँटते रहते और बुज़ुर्ग महिलाओं की शिकायत करने जाओ तो उल्टे उन्हीं का पक्ष लेते।

वे यह कभी नहीं समझ पाते थे कि नन्हे पुरुषों के साथ कितने अत्याचार हो

रहे हैं कि महिलाएँ खुदगर्ज़ होती हैं, ज़री के कपड़े और ज़ेवर हथिया कर अमीर बनती जाती हैं। वे तो यह समझते ही नहीं कि नन्हे पुरुषों को किस क़दर ग़रीबी में दिन बसर करना पड़ रहा है। हम नन्हे पुरुष करें तो क्या करें?

बचपन में इतने अत्याचार सह चुका था, इसलिए मैंने सोच रखा था कि बड़ा होकर महिलाओं की तानाशाही और उनके पूँजीवाद के ख़िलाफ़ आन्दोलन छेड़ दूँगा।

मगर बड़ा होकर देखता क्या हूँ कि खुद महिलाओं ने ही अपने साथ हो रहे अन्याय के ख़िलाफ़ आन्दोलन छेड़ रखा है और बेवक़ूफ़ पुरुष आन्दोलन में उनका साथ दे रहे हैं।

अरे वाह! यह कैसा न्याय!!

कोंकण का जहाज़ : एक रोमांचकारी सफ़र

'भाऊ का धक्का'—मुम्बई बन्दरगाह—पहुँचते ही हमेशा की तरह विक्टोरियावाले और कुली के साथ हमारी लड़ाई छिड़ गयी। गिरगाँव से बोरीबन्दर तक आने के विक्टोरियावाला हमसे दो रुपये माँग रहा था। मामाजी उसे सवा रुपये के ऊपर एक पाई देने को तैयार नहीं थे।

माँ होठों-ही-होठों में बुदबुदाये जा रही थीं, "हिम्मत कैसे पड़ती है। इनकी इतने पैसे माँगने की? हम क्या बोरे में सोना भरके निकलते हैं?"

"और भैया को भी देखो, सवा रुपया दे रहा है। इस तरह पैसे उड़ाएगा तो कल को बाल-बच्चे खाएँगे क्या?" मौसी बोलीं।

"हमारा शान्तू ताँगेवाले से लड़ने में उस्ताद है। स्टेशन से गाँव में आता है तो चार आने के ऊपर एक पाई नहीं देता ताँगेवाले को। स्टेशन पर तो अकेला चार-चार कुलियों पर भारी पड़ता है—लड़ने के मामले में!" पूनावाली बुआजी ने अपने किसी शान्तू नामक भतीजे की बहादुरी का बख़ान किया।

हम बच्चे यह घमासान लड़ाई भयभीत नज़रों से देखे जा रहे थे। अनजाने में मैंने अपना माथा पकड़ रखा था तो मेरी दोनों बहनें माँ के पीछे छुपी हुई थीं। उन्होंने आँखें भी मींच ली थीं, मौसी का बेटा वसन्त मुझसे तीन साल बड़ा था। वह बार-बार लड़ाई में हाथ बँटाने के इरादे से आगे बढ़ने की कोशिश कर रहा था और मौसी उसे पीछे खींच रही थीं।

सच्चाई हमारी तरफ़ होते हुए भी मामाजी की हार के आसार साफ़ नज़र आ रहे थे। तभी सदू भागवत और केशव बापट वहाँ आ पहुँचे। दोनों अखाड़े में जाया करते थे। बल्कि 'ब्राह्मण सभा' के अखाड़े में ही दिन-रात पड़े रहते थे। दोनों हम लोगों को छोड़ने 'भाऊ का धक्का' तक आये थे, हमें जहाज़ में बिठाने के लिए। मामाजी और विक्टोरियावाले को लड़ते देखा तो दोनों आगे बढ़े और जी जान से लड़ने

में जुट गये। यह देखा तो दूसरे दो ताँगेवाले विक्टोरियावाले की मदद के लिए आगे बढ़े। ताँगेवाले ने चाबुक उठाया तो सदू भी सीना तानकर आगे बढ़ा। मैंने अपनी आँखें मूँद लीं। मुझे यक़ीन हो गया कि अब हिन्दू-मुस्लिम दंगा छिड़ने ही वाला है।

सौभाग्य से इसी समय वहाँ पुलिसवाला आ गया। पुलिसवाले को देखते ही सबके ऊँचे स्वर धीमे पड़ गये। विक्टोरियावाला दाढ़ीवाला मुसलमान था, वह भी सहम गया। आख़िर एक रुपया छः आने पर सुलह हो गयी। यानी दोनों पक्षों ने आपस में समझौता कर लिया।

हालाँकि सदू और केशव इस सुलह के सख़्त ख़िलाफ़ थे। बोले, "एक रुपये के काम के लिए तुम छः आने ज़्यादा दे रहे हो! इसका क्या मतलब? दाढ़ीवाले की दाढ़ी से डर तो नहीं गये? अपन तो दाढ़ीवाले की दाढ़ी उखाड़कर हाथ में रख देते! क्या समझे?"

उनकी बहादुरी को मैं देर तक चकित नज़रों से देखता रह गया।

मुझे लगा था कि अब उनकी वीरता का आतंक कुलियों पर भी छा जाएगा। मगर ऐसा नहीं हुआ। कुली भी अड़ गये। सामान जहाज़ में चढ़ाने का पूरा एक रुपया माँगने लगे।

माँ देखती ही रह गयीं। बोलीं, "लो! अब क़दम-क़दम पर एक-एक रुपया ख़र्च करने लगे तो करोड़पती भी कौड़ी-कौड़ी का मोहताज हो जाएगा।"

सौभाग्य से आज माँ जीवित नहीं हैं। आज एअरपोर्ट से घर तक टैक्सी के दस रुपये देते मुझे देखतीं, तो बेहोश हो जातीं। उन्हें यक़ीन हो जाता कि उनका बेटा एक साथ दस करोड़पतियों को भिखारी बनाकर छोड़नेवाला है।

सदू कुली पर गुर्राया, "छः आने मिलेंगे।"

"इतने सामान के छः आने? तीन बक्से, तीन बड़े-बड़े गट्ठर, चार बोरे और ये छोटी-छोटी दस-बारह गठरियाँ। दम निकल जाएगा ढोते-ढोते, साहब।" कुली कुछ इस क़दर हैरान-परेशान हो गया कि उसने सिर का साफ़ा उतार दोनों हाथों से मसल दिया।

"गठरियों का हिसाब लगाते हो? बड़े आये! लोटे और खाने के डिब्बे का भी एक आना माँगने लगोगे, इस हिसाब से तो!" मौसी बरस पड़ीं।

मौसी की ओर ध्यान दिये बग़ैर उसने फिर सामान गिनते हुए कहा, "ठीक हिसाब लगाकर ही सवा रुपया बोला है, साहब!"

इस पर पूनावाली बुआजी फुफकार उठीं, "देखो देखो, मेरा बक्सा और गठरी अलग-अलग गिन रहा है!"

"देखो, सामान उठाते हो तो बोलो। वरना हमीं सिर पर ढो लेंगे। यह मत समझो कि इस्त्रीवाले कपड़े पहने हुए साहब लोग हैं। सामान उठाने से डर जाएँगे। कोंकण की पैदाइश है कोंकण की! क्या समझे?" केशव ने सुना दिया।

"साहब आपका एक-एक गट्ठर बोरे से भारी है! एक आदमी के बस की बात नहीं है।" कुली ने गट्ठर के वज़न का अन्दाज़ा लगाया।

"अरे देखने में बड़ा लगता है। अन्दर सिर्फ़ कपड़े हैं। कपड़ों का वज़न ही कितना होता है।" अपनी बात का सबूत पेश करने के इरादे से सदू ने गट्ठर उठाना चाहा। खुद पहलवान था, मगर गट्ठर उठाते हुए डगमगा गया। क्योंकि गट्ठर में सिर्फ़ कपड़े नहीं थे। खरल-बट्टा, तवा वग़ैरह जो सामान बोरे में नहीं समाया वह सारा माँ ने गट्ठर में बाँध लिया था।

"साहब, आपकी भी बात रह जाए, हमारी भी! बारह आने दे दो।" कुली ने फिर साफा बाँध लिया और वह सामान उठाने लगा।

"छः आने के ऊपर एक पाई नहीं मिलेगी।" उसे रोकते हुए केशव ने कहा।

कुली ने फिर साफा उतार ज़मीन पर पटक दिया। लगा, अब वह समुद्र में कूद जाएगा। मैं डर गया।

लेकिन ऐसा कुछ भी नहीं हुआ। सौदा आठ या दस आने पर पक्का हुआ।

कुली के ज़रा दूर जाते ही मौसी ने अपना गुस्सा उतारा, "समझते क्या हैं अपने आपको! मुम्बई में आ गये तो रोब जमाने लगे! कोंकण में दो मुट्ठी अनाज दें तो कोई भी हँसते हुए उठाता है इतना सामान।"

ख़ैर! कुली को ठिकाने लगाकर हम जहाज़ में चढ़ने की तैयारी करने लगे। जहाज़ खड़ा तो था, मगर उसे धोने का काम चल रहा था। अभी यात्रियों को अन्दर नहीं जाने दे रहे थे।

मामाजी, सदू और केशव जहाज़ के दरवाज़े पर अन्दर घुसनेवालों की भीड़ में, ताक में खड़े रहे। उन्हें देखकर ऐसे लगा जैसे शिवाजीवाली फ़िल्म में शिवाजी के सिपाही हमला बोलने की ताक में हों। किसी भी समय 'हर हर महादेव' का नारा लगाते हुए जहाज़ पर धावा बोल देंगे।

माँ बोलीं, "जहाज़ में, अच्छी-सी जगह मिल जाए, बस!"

मौसी बोलीं, "और नहीं तो क्या! कल घर से चलते समय मैंने भी देवी माँ से मन्नत माँगी है। जहाज़ में अच्छी जगह मिलेगी तो चढ़ावा चढ़ाऊँगी।"

उनकी चिन्ता की एक वजह थी। हमें टिकट गोवा लाइन के जहाज़ के मिले थे। गोवा जानेवाला जाहज़ यात्रियों से खचाखच भरा रहता था। उस पर गोवावालों से पाला पड़ता था! ये गोवावाले यात्री दस-दस के झुण्ड बनाकर यात्रा करते और साथ में ढेर सारे सामानों के पहाड़ लिये चलते! इन्हें छोड़ने के लिए भी बीस-बीस लोगों के झुण्ड आते। ये झुण्ड रत्नागिरी जानेवाले यात्रियों को कुचलते-रौंदते हुए जहाज़ में घुसते और सारी जगह पर कब्ज़ा कर लेते। कम-से-कम रत्नागिरी जानेवाले यात्रियों, ख़ासकर औरतों की उनके बारे में यही धारणा थी।

मौसी बोलीं, "मुए गोवावाले अभी दिखाई नहीं दे रहे।"

"बैठे होंगे कहीं डबलरोटी, बिस्कुट चबाते। क्या पता सवेरे-सवेरे मछली भी खाते होंगे।" माँ बोलीं।

"छिः! बदबू से सिर में दर्द होने लगता है। जाने कैसे खाते हैं ये लोग! टूट ही पड़ते हैं मुए!" मछली के महज़ ज़िक्र से मौसी को कै आने लगी थी।

सामाजिक न्याय, अन्तर्जातीय सामंजस्य आदि आधुनिक विचार इन बेचारियों को अभी छू तक नहीं पाये थे।

इसी दौरान गोवावालों के झुण्ड-के-झुण्ड आ दाख़िल होने लगे और देखते-देखते न सिर्फ़ यात्रियोंवाला शैड, बल्कि पूरा 'भाऊ का धक्का' गोवावालों से भर गया। अच्छा-ख़ासा शोर होता रहा। जहाज़ के प्रवेश-द्वार पर तो पहले से भी ज़्यादा भीड़ दिखाई देने लगी थी और शिवाजी के वे वीर सिपाही—मामाजी, सदू और केशव—शिकंजे में फँसे चूहे लग रहे थे। जहाज़ पर कब्ज़ा करना तो दूर, डर यह लगने लगा कि सही-सलामत जहाज़ के अन्दर पहुँच भी पाएँगे या नहीं।

इस भीड़ में कोई एक सज्जन हमारी दिशा में देखते हुए हाथ ऊपर उठा हिलाये जा रहे थे।

"माँ, वो देखो, कोई हाथ हिला रहा है।"

माँ ने उस तरफ़ देखा और बोलीं, "अरे वो तो केशू चाचा। उन्हीं के साथ तो हम जा रहे हैं। चिल्लाकर बोलो उन्हें, हम यहाँ हैं।"

माँ का आदेश मिलते ही मैं ज़ोर से चिल्ला उठा। मगर गोवावालों का शोर इतना था कि खुद मुझी तक मेरी आवाज़ नहीं पहुँच पायी।

तैश में एक-दूसरे पर बरस रहे गोवावालों को देख मैंने माँ से कहा, "माँ, ये गोवावाले बराबर लड़ते क्यों रहते हैं?"

'अरे बाबा, लड़ते नहीं हैं वे। प्यार से गपशप कर रहे हैं।' प्यार से ऐसे बोलते हैं तो लड़ते कैसे होंगे भगवान जाने!

"मुझे तो नहीं लगता, केशू चाचा जहाज़ के छूटने से पहले हम तक पहुँच पाएँगे।" मौसी बोलीं।

मैंने देखा, केशू चाचा का हाथ अभी भी वहीं से हिलता दिखाई दे रहा था, जहाँ से पहले दिखाई दिया था। हाँ, गोवावालों की भीड़ को चीरकर वे हमारी दिशा में आने की कोशिश में लगे हुए ज़रूर लग रहे थे।

"मैं केशू चाचा को ले आऊँ?" अचानक वसन्त में वीरता के प्रदर्शन की इच्छा जाग पड़ी।

"हिलना मत! खो गये कहीं तो?" मौसी ने वसन्त की गर्दन पकड़ ली और पीठ में भी ज़ोरदार धौल रसीद कर दिया।

इतना होना था कि मेरी माँ भी सतर्क हो गयीं और उन्होंने मेरी गर्दन पकड़ ली। दूसरे हाथ से उन्होंने मेरी दोनों बहनों के हाथ इस तरह पकड़कर रखे कि दोनों

कराह उठीं। तब माँ गुस्सा हो गयीं, मेरी गर्दन छोड़ उन्होंने वह हाथ उन दोनों पर आज़माया। बोलीं, "बस, इनका रोना-धोना शुरू!"

मेरी माँ की ख़ासियत यह थी, कि जब वह अपनी एक औलाद पर गुस्सा होती थीं, तो उन्हें अपनी बाक़ी सन्तान पर भी गुस्सा आता था और फिर वे उन्हें न सिर्फ़ अतीत में किये गुनाहों की सज़ा देती थीं, बल्कि भविष्य में करने जा रहे अपराधों के लिए भी पीटती थीं। उस समय भी ऐसा ही हुआ। हालाँकि मैंने कोई ग़लत काम नहीं किया था, फिर भी दहाड़कर मुझसे बोलीं–

"और तुम करमजले, जहाज़ में चढ़ते वक़्त चप्पल खो दी न तो देख लूँगी। पिछली बार चप्पल खो दी थी तुमने। और टोपी सँभालो अपनी। बेवक़ूफ़ों की तरह गर्दन घुमाते रहोगे और टोपी गिरा दोगे पानी में।"

मैंने उनका हुक्म सिर आँखों पर करते हुए चप्पलें अपने पैर के अँगूठों से कसकर पकड़ लीं, टोपी भी ठीक-ठाक कर ली। मगर माँ को सन्तोष नहीं हुआ। उन्होंने दोनों हाथों से टोपी मेरे सिर पर खींचकर बिठा दी। मेरे कान थे, महज़ इसीलिए टोपी और नीचे नहीं आ सकी और मेरी नाक बच गयी!

टोपी को थोड़ा ऊपर सरकाने के लिए मैंने हाथ उठाये ही थे कि माँ ने फिर एक थप्पड़ से उन्हें नीचे कर दिया और वे मुझे शक से देखने लगीं। बोलीं–

"चप्पल उतार दो अपनी। गठरी में बाँध लेती हूँ। तुम खो दोगे इसमें कोई शक नहीं। या तो तुम खो दोगे या कोई गोवावाला उस पर पैर रखकर तोड़ देगा। लाओ।"

"मगर माँ, मेरे पैर गन्दे हो जाएँगे।" मैंने ज़ोर-ज़ोर से सिर हिलाकर अपना विरोध पुख़्ता करना चाहा।

"पैर गन्दे हो जाएँगे? इतने तो गन्दे, काले-कलूटे कोयलेवाले के-से पैर हैं तुम्हारे! वो क्या गन्दे होंगे?"

माँ की दलील का जवाब मेरे पास नहीं था। फिर भी मैंने कोशिश की, "माँ, लेकिन देखो तो, कितनी गन्दगी है यहाँ।"

"होने दो। हो गये पैर गन्दे, तो क्या बिगड़नेवाला है रे? पैर दिये हैं भगवान ने, तो गन्दे तो होंगे ही।"

यह तर्क अकाट्य था। इस पर माँ की धमकियों की दहशत! मैंने चुपचाप चप्पलें माँ को सौंप दीं। मेरी बहनों की चप्पलें भी उनसे ले ली गयीं और सारी चप्पलें गठरी में बाँध दी गयीं।

इसी समय जहाज़ का दरवाज़ा खुला और अन्दर घुसनेवालों ने हमला बोल दिया। आपस में घमासान युद्ध छिड़ गया। मैं एक तरफ़ खड़ा इस घमासान लड़ाई को देख रहा था। तभी मौसी चीख़ उठीं, "कुचल दिया, भैया को कुचल दिया।"

हमने देखा, मामाजी की गर्दन दो गोवावालों के कन्धों के बीच तिरछी फँसी थी और बाक़ी बचे मामाजी अधर में लटके-लटके ही आगे बढ़ रहे थे। मौसी चीख़ती हुईं

उन्हें बचाने दौड़ीं। माँ ने मौसी को पीछे से खींच लिया। वसन्त खिसक लिया और तीर की तरह भीड़ में घुसा और बुरी तरह फँस गया। तभी किसी ने झटके से मामाजी की गर्दन छुड़ा ली। और मामाजी का सिर भीड़ में खो गया। उनके बाद वसन्त भी खो गया। मौसी घबराहट के मारे हाँफने लगीं। इसी समय पता चला हमारे सामानों में से कुछ ग़ायब हैं। महिला वर्ग में कोहराम मच गया। लेकिन फिर एक कुली ने हमें समझाया कि हमारा वह सामान दूसरे दरवाज़े से जहाज़ पर लादा जा रहा है। दूसरा कुली सामान सिर पर लादे जहाज़ में चढ़ता हुआ दिखाई दिया, तो मन को तसल्ली हुई।

भीड़ कम हो गयी तो हम जहाज़ में चढ़ने के लिए आगे बढ़े। माँ के एक हाथ में कुछ गठरियाँ थीं। दूसरे हाथ से उन्होंने हम तीनों को थाम रखा था। इससे हम तीनों ही आपस में गुत्थम-गुत्था हो गिर रहे थे, चीख़ रहे थे। माँ हमारे गिरने या चीख़ने की परवाह किये बग़ैर तेज़ी से आगे बढ़ी जा रही थीं। जहाज़ में घुसते ही मैंने पीछे मुड़कर देखा, केशू चाचा—जिनके साथ हमें जहाज़ का सफ़र तय करना था, दूर से हाथ हिलाये जा रहे थे। मेरी समझ में नहीं आ रहा था कि वे जहाज़ में कैसे घुस पाएँगे और कैसे हमारा साथ निभा पाएँगे! लेकिन इसी समय एक गोवावाले ने अपने जूते से मेरा नंगा पैर कुचल दिया। मैंने चीख़कर ऊपर सिर उठाकर देखना चाहा तो उसकी कोहनी मेरे मुँह पर आ लगी। तब केशू चाचा की चिन्ता छोड़ मैं अपनी चिन्ता करने लगा।

जहाज़ में घुसकर हम इधर-उधर चकित हो देखे जा रहे थे कि दूर सदू, केशव और मामाजी को हाथ हिलाते हुए हमने देखा। सामान और लोगों की भीड़ को चीरते हुए हम वहाँ तक किसी तरह पहुँचे तो देखा, तीनों ने जगह पकड़ी थी, जिसमें सिर्फ़ छः व्यक्ति बैठ सकते थे।

माँ बोलीं, "इतनी जद्दोजहद के बाद इतनी-सी जगह पायी? इसमें तो हमारा सामान भी नहीं आएगा।"

केशव बोले, "हम सबसे पहले अन्दर आ गये थे, लेकिन जगह पकड़ने के लिए कुछ था ही नहीं न हमारे पास। अगली बार लम्बी-चौड़ी दरी लेकर आएँगे।"

अगली बार के वादे को नारी वर्ग ने घास नहीं डाली। वे नाराज़ थीं, नाराज़ रहीं।

"हम तीनों आते ही पसर गये थे, इसलिए इतनी जगह मिली।"

बात में सच्चाई झलक रही थी। क्योंकि तीनों के कपड़े ख़ासे मैले हो चुके नज़र आ रहे थे। तभी हमारा कुली आ पहुँचा। वह शान्तिपूर्वक दूसरी तरफ़ उँगली उठाकर इशारा करने लगा। देखा, वहाँ उसने अपनी धोती फैलाकर और हमारे सामानों की दीवारें खड़ी कर हमारे लिए जगह ले रखी थी। मामाजी, सदू और केशव के चेहरे उतर गये। लेकिन नारी वर्ग के चेहरे खिल उठे।

पूनावाली बुआजी बोलीं, "उस कुली से अक़्ल उधार ले लो थोड़ी!"

इससे मामाजी, सदू और केशव के चेहरे और भी अधिक मुरझा गये। लेकिन आज की महिलाओं की तरह उस ज़माने की औरतें पुरुषों के मुरझाये चेहरों की परवाह नहीं किया करती थीं। ज़ाहिर था, मुरझाये हुए चेहरे लिये उन पुरुषों ने कुली को तयशुदा पैसों से चार तो क्या, छः आने ज़्यादा दिये।

जगह मिली तो औरतों ने बिस्तर लगा दिये और हम बच्चों को उन पर ज़बरदस्ती लिटा दिया। जहाज़ में सफ़र करते समय औरतों और बच्चों को बराबर लेटे रहना चाहिए, यह नियम कब और कैसे बना यह, मुझे लगता है, शोधकार्य का विषय हो सकता है। कोंकण के जहाज़ों पर इस नियम का निष्ठापूर्वक पालन किया जाता था। बच्चे रह-रहकर कठपुतली की तरह उठ बैठते थे, दरअसल उठने की कोशिश करते थे। मगर सिर उठाते ही उन्हें फिर दबा दिया जाता था। इस सफ़र में हमारे साथ बराबर यही व्यवहार किया जा रहा था।

माँ को इस बात का सन्तोष हुआ कि हमारे पास गोवावालों की दरी नहीं बिछी थी। मगर थोड़े से फ़ासले पर उनकी पूरी बिरादरी बस गयी थी और सब मिलकर ख़ूब शोर मचा रहे थे। माँ शक से उन्हें देखे जा रही थीं। थोड़ी ही देर में वह चीख़ उठीं, "देखो देखो, बोतलें निकाल रहे हैं। अब शराब पीकर हंगामा मचाएँगे जहाज़ में।"

मामा ने कहा, "छोड़ो न। वे लोग आपस में मज़े कर रहे हैं। उनकी बोतलों में सिर्फ़ पानी है।"

"मुझे बेवक़ूफ़ मत बनाओ।" माँ ने मामाजी को चुप करा दिया और हम बच्चों को फिर लिटा दिया। क्योंकि इस बीच गोवावालों का हंगामा देखने के लिए हम उठ बैठे थे।

थोड़ी देर बाद गोवावाले बाजे बजा-बजाकर गाने लगे। माँ फिर चिल्लायीं, "देखा, जहाज़ अभी चला भी नहीं और गाना-बजाना शुरू। अब रत्नागिरी तक पता नहीं क्या कुछ देखना नहीं पड़ेगा..."

मौसी तो इतनी घबरा गयी थीं कि गोवावालों की ओर पीठ कर सो गयी थीं।

बुआजी बोलीं, "उस पर हमारे साथ कोई मर्द भी तो नहीं है।"

उनका इतना कहना था कि हमें केशू चाचा का ख़याल आया। हम इधर-उधर ताक़ते हुए केशू चाचा को ढूँढ़ने लगे। केशू चाचा हमें दूर जहाज़ की सीढ़ी के पास टेढ़े खड़े, हाथ हिलाते हुए नज़र आये। वे टेढ़े इसलिए खड़े थे, क्योंकि उन्हें दोनों पैर रखने की जगह ही नहीं मिली थी। उनके पास चाचीजी कसकर बाँधी हुई गठरी की तरह बैठी थीं।

"वाह! साथ भी ऐसा ढूँढ़ा है कि देखते रहो!" माँ ने मामाजी को ताना दिया।

मामाजी ने माँ के ताने की ओर ध्यान दिये बग़ैर केशू चाचा की दिशा में हाथ हिलाया।

"जगह मिली कि नहीं?" मामाजी ने चिल्लाकर उनसे पूछा।

"जगह मिलेगी ख़ाक! जहाज़ में चढ़ते-चढ़ते नाक में दम आ गया था। उनके तो। जाओ, ले आओ उन्हें।" माँ फुफकार उठीं।

तब पहलवान सदू और केशव केशू चाचा को लाने चले गये। इसी दौरान बुआजी का चेहरा अचानक पीला पड़ गया। उन्होंने अपना मुँह पर हाथ दबाये रखा था।

माँ ने पूछा, "मतली आ रही है? यह लीजिए लौंग। मुँह में रख लीजिए।"

माँ ने अपने बटुए से लौंग निकालकर देनी चाही कि तभी बुआजी अचानक उठकर जहाज़ की मुँडेर की तरफ़ भागीं। उन्होंने मतली कर दी और धम्म से नीचे बैठ गयीं। फिर लुढ़क गयीं।

माँ ने कहा, "लौंग मुँह में रखिए। न हो, यह लीजिए अदरक। चबा लीजिए।"

बुआजी ने हाथ हिलाकर मना कर दिया।

"थोड़ा पानी तो पी लीजिए।" माँ ने फिर मिन्नत की।

बुआजी ने फिर हाथ हिलाकर मना किया।

"इस तरह रत्नागिरी तक का सफ़र कैसे निभेगा?" माँ हैरान थीं।

लेकिन इस पर भी बुआजी ने फिर सिर्फ़ हाथ हिलाया। रत्नागिरी तक के सफ़र में उन्हें हर दो घण्टे में मतली होती रहीं और हर सुझाव पर हाथ हिलाकर मना करती रहीं।

माँ असहाय हो उनकी तरफ़ देखती रहीं। तभी कमज़ोर-सी आवाज़ में मौसी ने कहा, "दीदी मेरे जी में भी कैसा तो हो रहा है।"

इस पर अब माँ को बहुत गुस्सा आया। बोलीं, "उम्मी, तुम जो आफ़त बन मेरे पीछे पड़ी हो न बचपन से! मेरे मरने के बाद ही छूटेगी!"

मुझे लगा अब मौसी की भी वैसी ही मरम्मत होगी जैसी हमारी होती है। मगर माँ ने मौसी के माथे पर कसकर कपड़ा बाँधा। उसे अदरक का टुकड़ा खिलाया और बोलीं, "अब लेटी रहो आँखें मूँदकर।"

इस बीच सदू और केशव का सहारा लिये-लिये केशू चाचा और चाची आ पहुँचीं। पहुँचते ही केशू चाचा ने हम बच्चों को चपत लगा-लगाकर परे हटा दिया और ख़ुद आँखें मूँद पड़े रहे। उन्हीं के पास चाची भी बदन की गठरी बना, मुट्ठी पर ठुड्डी टिका बैठ गयीं।

माँ चौंक गयीं। बोलीं, "क्या हुआ? केशू चाचा को क्या हुआ?"

"सिरदर्द होता है उन्हें इतनी तकलीफ़ उठाने पर। पानी पीएँगे तो आराम आ जाएगा। लाओ तो ज़रा पानी।" चाची ने बताया।

माँ ने चुपचाप ढक्कनवाले लोटे में से पानी प्याले में उँड़ेलकर दे दिया। चाची ने झुककर केशू चाचा से पूछा, "थोड़ा पानी पीएँगे?"

केशू चाचा ने ज़ोर से चीख़कर प्याले को एक तरफ़ हटा दिया।

चाची ने खुलासा किया, "सिर दर्द होता है तो ऐसा ही करते हैं ये। थोड़ी देर बाद पीएँगे।"

हम सब साँस रोक केशू चाचा की ओर देखे जा रहे थे। थोड़ी देर बाद चाची ने शान्त स्वर में फिर पूछा, "अब पीएँगे थोड़ा पानी?"

केशू चाचा ने फिर चीख़कर प्याले को हटा दिया। फिर अचानक उठ बैठे और मामाजी, सदू, केशव की ओर देखकर चीख़े, "मुँह क्या देख रहे हो मेरा, बेवक़ूफ़ो, जाओ मेरा सामान ले आओ।"

सदू और केशव पहलवान आदमी! मगर वे भी लट्ठ खाये बिलाव की तरह हवा में उछले और सामान लाने भागे। केशू चाचा फिर पीठ के बल लेट आँखें मूँद पड़े रहे।

फिर देर तक उनके सिर में दर्द होता रहा। दोपहर रोटी खाने पर दर्द ज़रा कम हुआ। मगर फिर चाय के समय जो सिरदर्द शुरू हुआ तो रत्नागिरी पहुँचने तक बरकरार रहा।

केशू चाचा और चाची के आने से हम बच्चों को फ़ायदा हुआ। लेटने की जगह ही नहीं बची थी। इससे हमें थपकियाँ देकर सुलाने का माँ का इरादा धरा रह गया। मगर केशू चाचा का सामान आ गया तो बैठने की भी जगह न बची। हम शिकायत कर ही रहे थे कि बाजा बजाता हुआ खिलौनेवाला वहाँ आया। माँ ने हाथ के इशारे से उसे आगे बढ़ने के लिए कहा, लेकिन वह वहीं खड़ा रहा। उसके पास तरह-तरह की लुभावनी चीज़ें थीं। मैंने उँगली से माँ को टोकते हुए कहा, "माँ, बाजा ले दो न मुझे।"

"नहीं।"

फिर मेरी बहन उसके पल्लू का छोर खींचती हुई बोली, "माँ, वह आईना देखो न, कितना प्यारा है। ले दो न।"

"नहीं। घर में बहुत हैं।"

दूसरी बहन छोटी थी। वह अपना रोने का हक़ जताती हुई बोली, "ऐं ऽऽऽ मुझे मोटर चाहिए...माँ ऽ ऽ !"

खिलौनेवाले ने तुरन्त मोटर निकालकर, हमें चलाकर भी दिखा दी।

असर वही हुआ जिसकी उम्मीद थी। छोटी बहन और ज़ोर से रोती हुई हठ करने लगी, "हमको मोटर चाहिए ऽऽ!"

मुझे भी ताव आ गया। मैंने भी नाक से सों-सों की आवाज़ करते हुए कहा, "क्या मतलब? इसका क्या मतलब? हमारे लिए तुम कुछ नहीं लेतीं। इसका क्या मतलब?"

मगर माँ ऐसे दिखावों को घास डालनेवालों में से नहीं थीं। बोलीं, "अब चुप भी रहोगे या सिर तोड़ के रख दूँ एक-एक का? हाँ?"

"जाने भी दो न दीदी। बच्चे हैं। अच्छा, तुम्हें क्या चाहिए, बोलो तो।" कहते हुए मामाजी ने छोटी को गोद में उठा लिया। मामाजी द्वारा उठा लिये जाते समय ज़ोर से रोनेवाली छोटी उनके 'क्या चाहिए तुम्हें' पूछते ही रोना रोककर बोली, "मोटर चाहिए।"

तब दूसरी बहन भी मामाजी के पैरों से लिपट बोली, "मामा, मुझे वह आईना चाहिए।"

मैं भी उठ खड़ा हुआ। सीना फुलाकर बोला, "यह अच्छी रही। लड़कियों के नाज़ उठाते हैं। और लड़कों को ठेंगा! इसका क्या मतलब?"

माँ ने मामाजी से कहा, "देखा, ज़रा छूट मिली नहीं कि सिर पे चढ़ जाते हैं। इस तरह नाज़ उठाते रहेंगे तो करोड़पति को कौड़ीपति बनाकर रख देंगे ये शैतान!"

करोड़पति कहीं कौड़ीपति न बन जाए, इसकी बड़ी चिन्ता मेरी माँ को लगी रहती थी। करोड़पति की रक्षा के लिए वो बराबर तैयार रहती थीं। उन्हें यह डर था कि उनके ज़रा ढीले पड़ते ही करोड़पति बेचारा हाथ में कटोरा थाम सड़क पर भीख माँगने निकल पड़ेगा।

लेकिन इस बार की उनकी कोशिश असफल रह गयी। मामाजी ने हमें वे सारी चीज़ें ख़रीदकर दे दीं जो हम चाहते थे।

वैसे मैं बाजा और बिस्कुट, दोनों चाहता था। मगर माँ के मना करने की वजह से मुझे बाजे पर ही सन्तोष कर लेना पड़ा।

बाजा हाथ आते ही मैं उसे ज़ोर-ज़ोर से बजाने लगा। लेकिन उसी समय जहाज़ पर चढ़े इतने सारे बच्चे (और गोवावाले भी) अपने-अपने बाजे बजाने लगे थे कि मेरे बाजे की आवाज़ अलग पहचानना मेरे अपने कानों के लिए भी मुश्किल हो गया था। बाजा बजाने के लिए सीने और पेट में भरपूर हवा भर लेनी पड़ती है। बार-बार हवा भरकर, मैं अपनी पूरी ताक़त लगाकर बाजा बजा रहा था। इससे थोड़ी ही देर में मेरे पेट में कैसा तो होने लगा। बाजा जेब में डाल मैंने पेट पकड़ लिया। लेकिन पेट में होती उथल-पुथल रुकी नहीं। कुछ देर बाद तो उथल-पुथल को रोकना मेरे बस के बाहर हो गया। मैंने कराहते हुए माँ से कहा, "माँ ऽ ऽ, माँ ऽ ऽ मुझे...।"

आगे कुछ अधिक कहने की ज़रूरत ही नहीं पड़ी। मेरी सूरत से ही माँ ताड़ गयीं कि मामला क्या है। कड़कती हुई आवाज़ में बोलीं, "लग गयी न? तभी मैं सोचूँ, मेरे लाड़ले ने अभी तक कोई गुल कैसे नहीं खिलाया! गले-गले खाते हो, फिर भागना पड़ता है लोटा लेकर...।"

मैं मुँह बना-बनाकर कराह रहा था। सभी मुझसे नाराज़ थे, इसलिए किसी से आँखें नहीं मिला रहा था। समझ में नहीं आ रहा था कि सब मुझसे नाराज़ क्यों थे।

क्योंकि जो हो रहा था वह प्रकृति के नियमानुसार ही हो रहा था। वह कोई मेरा किया कराया तो न था। यह ठीक है कि घर से चलते समय हलवा मैंने कुछ ज़्यादा ही खा लिया था। लेकिन बड़ों ने ही तो मुझसे कहा था कि जहाज़ पर खाने के लिए कुछ नहीं मिलेगा।

काफ़ी बहस-मुबाहिसे के बाद तय हुआ कि केशव मुझे ले जाएगा। वह मुझे ले चला तो माँ ने मेरी बहनों से कहा, "और तुम, चुड़ैलो, तुम भी हो आओ। एक ही साथ निबटा लो जो निबटाना है।"

दोनों गर्दन घुमा-घुमाकर कहती रहीं, "हमें नहीं लगी। हमें नहीं जाना है।"

वे यह दिखाना चाहती थीं कि वे मुझसे ज़्यादा समझदार हैं। इसलिए ये नख़रे कर रही थीं। मगर माँ ने उनके नख़रे चलने नहीं दिये। दोनों को ज़बरदस्ती खड़ा करती हुई बोलीं, "कैसे नहीं लगी? लगी है। तुम्हें ज़्यादा पता है या मुझे?"

दोनों बहनें चुपचाप हमारे जुलूस में शामिल हो गयीं। माँ की यह पक्की धारणा थी कि बच्चों को भूख कब लगती है, प्यास कब लगती है, गर्मी कब और क्यों लगती है, यह सब बच्चों से ज़्यादा माँ समझ सकती है। उनकी इस धारणा की वजह से मेरे साथ बड़ा अन्याय हो रहा है, ऐसी मेरी धारणा थी। इससे मुझे उन पर बड़ा गुस्सा आता था। और जब माँ की धारणा सच्चाई में बदल जाती थी तो मेरा गुस्सा और बढ़ जाता था।

हम तीनों का कार्यक्रम ज़ोश-ख़रोश के साथ ख़त्म होता, तब तक जहाज़ का भोंपू बज उठा। इससे हम तीनों को जल्दी से माँ के सुपुर्द कर मामाजी, सदू और केशव चले गये। फिर कुलियों, ख़लासियों के ख़ूब शोर मचाने के बाद और भोंपू बजा-बजाकर जब जहाज़ का गला बैठ गया, तब जाकर कहीं जहाज़ निकल पड़ा। जहाज़ खुले सागर में पहुँचकर ज़रा-सा डोलने लगा तो ही बुआजी फिर झट उठीं और मुँडेर पर जाकर मतली कर आयीं। इससे मौसी भी मुँह बनाने लगीं। तब माँ ने उसे डाँट दिया, "मतली को रोक क्यों रही हो। जाओ, जाकर कर आओ।"

मौसी उठीं और मुँडेर पर जाकर मतली कर आयीं। माँ की नज़रों में मौसी का शुमार भी बच्चों में ही होता था।

मुझे अच्छी तरह मालूम था कि जब तक जहाज़ चल नहीं पड़ता तब तक घर से लाया खाना नहीं खाया करते। इसलिए जहाज़ के चल पड़ते ही ख़ुश होकर मैंने माँ से कहा, "माँ, अब खाना खाएँगे न?"

"अक़्ल के दुश्मन! अब खाना खाएगा? अभी मामा के साथ गया था। न? फिर वही तमाशा करना है?" माँ बोलीं।

"मतलब रत्नागिरी पहुँचने तक कुछ नहीं खाएँगे?" मैंने भयभीत होते हुए पूछा।

"हाँ, और नहीं तो क्या। रत्नागिरी पहुँचकर, फिर वहीं जितना खाना है, खाओ।"

"इस तरह तो हम मर जाएँगे। फिर तुम रोती रहना।" मैंने माँ को उनके बर्ताव के गम्भीर परिणामों से आगाह कराना चाहा।

"इतनी आसानी से मरोगे? छोड़ो। पहले मुझे निगल जाओगे, तब ख़ुद मरोगे।" हमें कब मरना है, यह भी माँ ने तय कर रखा था।

मैं भी ज़िद पर उतर आया था। मैंने कहा, "दादी ने तुमसे क्या कहा है? बच्चों की भूख को मारना ठीक नहीं। कहा है न? मुम्बई लौटते ही दादी से शिकायत करूँगा तुम्हारी। तुम देखना।"

"जाओ, करो शिकायत। अभी जाकर करो चाहे तो। कूद जाओ समुद्र में और जाकर कह दो अपनी दादी से। बच्चों को सिर चढ़ाकर रखती हैं। भुगतना पड़ता है हमें।" बहस में माँ किसी तरह हार नहीं मानती थीं।

थोड़ी देर मैं चुप रहा। फिर बोला, "माँ, कम-से-कम थोड़ा पानी ही दे दो। प्यास लगी है।"

"ऐसे कैसे प्यास लगी? घर से निकलते समय तो पीकर चला था न पूरा एक गिलास?"

"कैसे लगी क्या मतलब? लगी तो लगी! मैंने कोई जानबूझकर प्यास को बुलावा नहीं भेजा था, कि आ जाओ और मुझे लगो।"

"तुम्हें प्यास बिलकुल नहीं लगी है।" माँ ने निर्णायक स्वर में कहा। और फिर प्यास बुझाने के लिए वह मुझे लौंग देने लगी।

मैंने लौंग लेने से साफ़ मना करते हुए ख़ूब शोर मचाया।

तभी केशू चाचा उठ बैठे और चिल्लाये, "क्या हंगामा मचा रखा है बच्चों ने। सो जाओ अब। चलो, सो जाओ।"

उनकी डाँट सुनते ही हम तीनों उतनी कम जगह में भी झट लेट गये और आँखें मूँद पड़े रहे। हमें पानी पीने न देनेवाले केशू चाचा ने एक गिलास पानी पी लिया।

मैंने तो तय कर लिया था, कि अब आँखें मूँदे-मूँदे मर जाएँगे और माँ को रुलाएँगे। काफ़ी देर तक आँखें मूँदे रहा, मगर मौत किसी तरह नहीं आ रही थी। हाँ, प्यास बराबर बढ़ती जा रही थी।

थोड़ी देर बाद माँ ने हमें एक-एक छुहारा दिया। मैंने गुस्से से छुहारा लेने से मना किया तो उसने छुहारा मेरे सामने रख दिया। फिर भी मैंने उसे छुआ नहीं। लेकिन जब ख़याल आया कि मैं नहीं खाऊँगा तो मेरी दुष्ट छोटी बहन खा जाएगी, तब झट मैं छुहारा खा गया। मैं नहीं चाहता था कि मेरी बहनों को बुरी आदतें पड़ जाएँ। थोड़ी देर बाद हमें एक-एक ख़ूबानी मिली। और फिर थोड़ी देर बाद न सिर्फ़ नारियल की बर्फ़ी, बल्कि माँ ने उदारता से तीनों में मिलाकर एक गिलास पानी भी पीने को दिया।

अब गोवावाले पुरुष और स्त्रियाँ एक-दूसरे से लिपटकर नाचने लगे थे। माँ चीख़ उठीं, "छीः! एक-दूसरे से लिपटकर भरे जहाज़ में नाच रहे हैं। मैं कहती हूँ पुरुष ठहरे बेशर्म, अनाड़ी, मगर इन औरतों को अक़्ल है कि नहीं?"

हम बच्चों ने सिर उठाकर नाच देखना चाहा, तो माँ ने ज़ोर-ज़ोर से थपकियाँ देकर हमारे सिर नीचे कर दिये। फिर गोवावालों की तरफ़ पीठ कर, आँखें मूँद हमें सोने के लिए कहा।

इसके बाद माँ और भी अधिक सुधर गयीं। उन्होंने डिब्बा खोला और हमें रोटी-आलू की सब्ज़ी खाने को दी। उस पर फिर तीनों में मिलाकर दो गिलास पानी। बड़े मज़े हो गये। यही नहीं, बाद में हमें मुँडेर के पास खड़े हो समुद्र देखने की इजाज़त भी दे दी। शुरू से इस तरह पेश आतीं तो मैं मरने का प्रण क्यों करता भला? लेकिन माँएँ ऐसी ही होती हैं। वे सिर्फ़ कभी-कभार अच्छा बर्ताव करती हैं।

दोपहर ढल गयी, तो माँ ने कहा, "मामा के साथ गये थे, वहाँ अकेले जा सकोगे? जाओ। तीनों हो आना।"

"लेकिन हमें लगी नहीं है।" तीनों ने एक साथ, एक स्वर में ऐलान किया।

"तुम्हें मालूम या मुझे? जाओ कहती हूँ तो जाओ।" कहकर माँ ने हमें ज़बरदस्ती भेज दिया।

नाराज़ होते हुए हम वहाँ गये और ताज्जुब की बात, जो नहीं हो रहा था, वही हुआ और बहुत ज़्यादा।

वापस आने पर एक-एक लड्डू मिला। फिर दो छुहारे और एक ख़ूबानी। मज़े हो गये।

इस तरह मज़े चल रहे थे कि सूरज पानी में डूबने लगा। छोटी बहन रोने लगी। बोली, "सूरज डूब जाएगा तो कल कैसे आएगा? फिर हमेशा के लिए रात!"

हमने उसे चिढ़ा-चिढ़ाकर और रुलाया। तभी भोंपू बजा और हम धड़ाम-से गिर पड़े। सब कहने लगे, "रत्नागिरी बन्दरगाह आ गया।"

माँ फिर बदल गयीं। फिर बुरी बन गयीं। उन्होंने हम तीनों को पकड़-पकड़कर कपड़े से हमारे मुँह ज़ोर-ज़ोर से पोंछे। सारा सामान समेटा। फिर हम सब लोगों और सामानों के बीच से होते हुए निचली मंज़िल पर आये। केशू चाचा का सिरदर्द फिर बढ़ गया था। इसलिए एक हाथ से हम तीनों को सँभालती हुई माँ दूसरे हाथ से उन्हें भी सहारा दिये चल रही थी।

फिर नावें आ पहुँचीं। वे बराबर ऊपर-नीचे नाच रही थीं। जहाज़ भी ऊपर-नीचे हिल रहा था। कभी नावें जहाज़ से ऊपर उठतीं कभी एकदम गर्त में जा गिरतीं। नावों में उतरने के ख़याल भर से हम भाई-बहन डर गये थे। माँ ने मौसी को आगे बढ़ने के लिए कहा। वह जहाज़ की मुँडेर पकड़, आँखें मूँद चीख़ने लगीं। ख़लासी कह रहे थे, 'हाथ छोड़ो, हाथ छोड़ो'। मगर वह हाथ छोड़ने को तैयार ही न थीं और उसी तरह

चिल्लाये जा रही थीं। तब माँ ने उसे डाँट दिया। मौसी ने हाथ छोड़ दिये और ख़लासियों ने उसे उठाकर नीचे फेंक दिया। मुझे लगा, मौसी डूब गयीं। मगर तभी ख़लासियों ने मुझे भी उठाकर नीचे फेंक दिया। सौभाग्य से पानी में गिरने के बजाय मैं नाव में आ गिरा था। बाक़ी लोग भी नाव में ही आ गिरे थे। ताज्जुब की बात, हमारे बाद हमारा सामान भी आ गिरा।

मैं सँभलकर खड़ा हो गया। तभी एक ख़लासी एक बहुत बड़ा चप्पू उठाकर अचानक हवा में उछला। मैं उसे आश्चर्य से देख ही रहा था कि वह पीछे आता हुआ मुझ पर आ गिरा। मैं चीख़ उठा। तभी वह फिर एक बार उछला। नाव बहुत ज़ोर से ऊपर-नीचे हो रही थी। नाव डूब जाएगी, इसका यक़ीन मुझे कई बार हुआ। मगर नाव नहीं डूबी। मौसी ने मन्नत जो माँगी थी।

आख़िरकार उस ख़लासी का उछलना और मुझ पर आ गिरना बन्द हुआ। फिर उसने मुझे उठाकर पानी में फेंक दिया। वहाँ दूसरे ख़लासी ने मुझे पकड़ा और किनारे पर ला खड़ा कर दिया। किनारे पर अँधेरे में कुछ भी दिखाई नहीं दे रहा था। माँ नहीं दिखाई दे रही थीं। मगर फिर माँ दिखाई दीं और उन्होंने मुझे अपने कब्ज़े में ले लिया।

मैंने कहा, "माँ, हम ननिहाल पहुँच गये न?"

माँ ने कहा, "समझो, पहुँच ही गये। रात यहीं रहेंगे। सवेरे गाड़ी में खाड़ी तक जाएँगे। खाड़ी पार कर फिर घाट चढ़ेंगे। वहाँ से घाटी में उतरकर नहर पार करते ही पहुँच जाएँगे ननिहाल।"

"खाड़ी, घाटी...! सीधी सड़क क्यों नहीं बनाते ननिहाल तक?" अँधेरे में ठोकरें खाता हुआ, माँ के पीछे-पीछे घिसटता हुआ मैं चला जा रहा था।

"पगले, खाड़ी न हो, घाटी न हो, तो महसूस भी होगा कि ननिहाल आये हैं?" —माँ ने सटीक जवाब दिया। उनके पास मेरे हर सवाल का सटीक जवाब हुआ करता था। कैसे, यह पता नहीं!

णाणं पयासयं

वीर नि.सं. 2470

ई.सन् 1944

भारतीय ज्ञानपीठ